JN494678

성격강점과 장애 안에 잠재된 능력

장애와 문제를 넘어, 인간의 잠재력을
이끌어 내는 강점 연구와 실제

Ryan M. Niemiec · Dan Tomasulo 공저 | 김광수 · 이혜연 공역

학지사

First published in English under the title
Character Strengths and Abilities Within Disabilities:
Advances in Science and Practice
by Ryan M. Niemiec and Dan Tomasulo, edition: 1

Copyright © VIA Institute on Character, 2023

Korean Translation Copyright © 2025 by Hakjisa Publisher, Inc.
This edition has been translated and published under licence from
Springer Nature Switzerland AG.

Springer Nature Switzerland AG takes no responsibility and shall not be
made liable for the accuracy of the translation.

All rights reserved.

본 저작물의 한국어판 저작권은
Springer Nature Switzerland AG와의 독점계약으로 ㈜학지사가 소유합니다.
저작권법에 의해 한국 내에서 보호를 받는 저작물이므로
무단 전재와 무단 복제를 금합니다.

세상을 떠난 모든 이에게

그리고 제임스 오 파웰스키(James O. Pawelski)에게도:

라이언 니믹(RMN): 제임스와 아리스토텔레스 방식의 친밀한 통화를 하면서 그에게 나의 둘째 아들이 다운증후군을 가지고 태어났다고 말했습니다. 그러고 나서 몇 달 후 예고도 없이 그가 보낸 『긍정심리학과 장애에 관한 옥스퍼드 핸드북』이 나의 집 문 앞에 도착했을 때 깜짝 놀랐습니다. 제임스의 이 같은 창의적이고 친절한 행동은 말 그대로 성격강점 과학과 실천에 관한 수많은 프로젝트(이 책을 포함하여 오늘날에도 여전히 진행 중)를 촉발시키고 많은 사람에게 긍정적인 영향을 미치고 있습니다.

댄 토마술로(DT): 제임스는 탁월한 글쓰기와 진정성 있는 가르침을 향한 열망을 내게 일깨워 준 스승, 멘토, 동료이자 친구입니다. 그는 삶의 예술에 능숙한 철학자이자 본보기가 됩니다. 제임스의 이전 제자들이 그에 대해 말하는 것이 있는데 그것은 성격강점과 교육에 대한 그의 접근 방식을 보여 줍니다. 그의 제자들은 제임스야말로 "우리가 아는 교수 중에서 유일하게 학생들을 안아 주면서 동시에 엉덩이를 차 버릴 수 있는 교수"라고 말합니다. 나에게도 특별히 그러했고, 이에 대해 평생 고맙게 생각합니다.

역자 서문

이 책은 인간의 장애, 장애 관련 경험, 인간성에 관한 이야기이다. 또한 우리가 진정으로 자각하여 바라보아야 하는 것, 즉 인간의 핵심 정체성, 가장 좋은 점, 잠재된 능력과 가능성에 관한 이야기이다. 이 책은 기존의 장애, 결점, 문제 중심 접근의 한계를 극복, 보완하려는 강점 기반 접근의 과학적 연구와 실제, 그리고 추후 과제에 관한 이야기이다.

2000년대에 들어서면서 심리학에서는 기존 결함(장애, 문제) 중심 접근의 한계에 대한 반성과 검토가 시작되었다. 예컨대, 낙인화의 부작용, 장애나 증상의 제거나 감소에만 그치는 한계, 단기적 효과 발생 이후 많은 재발 현상의 문제, 수많은 개입과 노력에도 불구하고 장애나 증상은 점점 더 증가하는 '치료 유병률 역설' 현상에 직면하여 이러한 문제 대처와 극복을 위한 방안으로 긍정심리학 접근이 시작되었다.

긍정심리학 접근은 인간의 장애, 증상, 역기능과 부정적 측면의 감소나 제거에 치우친 기존 접근의 한계를 극복하고 인간의 전인적 회복 차원에서 긍정적 특성의 개발에 집중한다. 이를 통해 인간의 장애, 문제, 증상의 감소 및 제거를 넘어 개인의 삶에 긍정 정서, 강점, 의미를 구축하고 개인의 회복탄력성과 행복(웰빙) 증진을 시도하는 과학적 접근이다. 이러한 긍정심리학의 여러 연구 주제 중에서 가장 중핵이 되는 부분으로 성격강점 과학이 활성화되고 있다. 이 책은 이러한 맥락에서 성격강점 과학을 인간의 장애 영역에 효과적으로 적용하기 위한 탐구와 그 실제를 다루고 있다.

성격강점은 인간의 사고, 정서, 행동에 반영되고 표현되는 긍정적 특성과 자질로서 개인과 공동체가 건강하고 행복한 삶을 살기 위해서 필요한 성격 특성이다. 기존 심리학과 정신의학에서 인간의 장애와 문제, 결함에 대한 방대한 분류체계와 이에 대한 평가도구로서 정신질환의 진단 및 통계 편람(Diagnostic and Statistics Manual of Mental Disorders, 흔히 DSM이라고 하며 최근 DSM-5-TR까지 개정되어 적용되고 있음)이 개발되어 오랜 기간에 걸쳐 사용되고 있다. 반면, 인간의 건강한 긍정적 특성에 대한 체계적 분류와 평가 체제는 부재하였다. 이러한 실상과 문제에 직면하여 긍정심리학에서는 DSM에 대응하는 평가 체계로서 인간의 긍정적 특성에 대한 공통언어인 성격강점과 미덕의 분류체계, 즉 VIA(Values in Action) 분류체계를 개발, 제시하였다. 시대와 문화를 초월하여 그 가치를 인정받은 6가지 덕성(지성, 인간애, 용기, 절제, 정의, 초월)을 실현하도록 돕는 24가지 강점 특질로 구성된 성격강점이 소개되면서 성격강점 과학의 다양한 연구와 적용이 활성화되고 있다.

인간의 긍정적 특성인 성격강점을 분류하고 이를 측정할 수 있는 방안이 제시된 것은 인간의 건강한 특성, 즉 강점에 대한 과학적 접근을 체계적으로 할 수 있는 토대를 마련했다는 점에서 큰 의의가 있다. 연구자나 전문가뿐만 아니라 아동부터 시작해서 노인에 이르기까지 일반인들과 그리고 다양한 장애로 어려움이 있는 사람들도 자신의 성격강점을 이해, 인식, 개발하며, 삶의 여러 장면이나 상황에서 활용하고 이에 대한 토론과 토의를 통한 상호 공유가 가능하도록 인간의 긍정적 특성에 대한 공통의 언어와 개념을 제공한 것은 VIA 성격강점 분류체계의 가장 두드러진 기여가 되고 있다. 이러한 맥락에서 이 책은 특히 다양한 장애를 안고 있는 사람들에게 인간의 핵심 정체성이자 최고의 자질로서 긍정적 특성의 공통적 언어와 개념인 성격강점을 구체적으로 적용하는 개입의 이해와 연구 및 실제에 대한 탐구를 다루고 있다.

인간의 삶에서 장애는 인간 실존의 명백한 현실이고 피할 수 없는 사실로서 인간 조건의 일부가 되고 있다. 그런데 이러한 장애들이 오늘날 점점 더 증가하고 있다. 장애 관련 국내외 통계 결과 보고는 우리 인간이 모두 장애와 어떤 형태로든 연결되어 있음을 보여 준다. 이러한 통계 결과 앞에 우리는 겸허해진다. 그리고 우리 자신과 타인에 대해 연민과 이해, 공감을 점점 더 키워 갈 수 있다. 이 책은 우리가 이러한 연민과 이해, 공감의 토대 위에서 강점 기반 접근을 시작할 필요가 있음을 강조한다. 인간의 실존인 크고 작은 다양한 장애의 존재에도 불구하고 우리가 모든 사람의 가장 좋은 점, 긍정적인 점, 강점을 찾아서 힘을 북돋고 격려하며 희망을 주는 방식으로 다른 사람들과 연결될 필요성을 이 책은 강조하고 있다. 이러한 측면에서 이 책은 성격강점 기반 접근이 개인을 긍정적으로 연결하는 시너지를 가져오며, 장애가 있는 개인에게도 그만의 고유한 인간성을 되살려 줄 수 있음을 보여 준다. 왜냐하면 인간의 사고, 감정, 행동에 반영된 긍정적 특성인 성격강점은 장애 유무와 정도를 떠나 모든 인간 속에 보편적으로 존재는 공통된 잠재력이자 자질이기에 성격강점 기반 접근이야말로 인간 강점에 대한 공통의 언어를 통해, 장애라는 낙인으로 인해 무시되고 사라진 고유한 인간성을 되살리고, 장애 및 문제 대처와 해결을 넘어 웰빙과 이에 기반한 성장과 발달을 촉진할 수 있다고 본다. 이러한 맥락에서 이 책은 인간 실존인 다양한 장애를 넘어 각자 나름의 온전성을 향해 나아가도록 돕는 강점 기반 접근의 과학적 근거와 구체적 방법, 절차 및 결과와 시사점을 제시하고 있다.

이 책은 무조건 약점보다 강점을 선호해야 한다는 당위적, 기계론적 결론을 제시하는 것이 아니며, 모든 상황에서 강점 접근법이 최선이라는 단순한 제안을 하는 것이 아니다. 중요한 것은 인간의 고통을 지원하고 돌보면서 웰빙을 증진하기 위해 노력하는 연구자, 실무자와 조직 및 시스템 모두에 있어서 새로운 사고(시각)와 보다 균형된 접근법을 취할 필요성을 보여 주고 있다. 따라서 이 책은 성격강점 기반 접근이 이전의 접근을 배제하거나 무시하는 것이 아님을 보여준다. 오히려 기존의 접근을 존중, 수용하면서 기존 접근을 보완하고 기존 접근과의 효과적 통합을 통해 보다 온전한 방향으로 나아갈 필요성과 그 방법을 과학적 증거에 기반하여 제시하고 있다.

성격강점 기반 접근법이 이미 교육, 상담, 슈퍼비전, 리더십 개발, 고위험 아동·청소년 지도, 직장 내 코칭과 임원 코칭, 각종 프로젝트 관리, 간호, 사회복지, 마음챙김 등 여러 분야에서 활용되고 있다. 현재까지 성격강점이 가장 많이 연구 적용되는 분야는 직장과 교육 영역이다. 직장에서 성격강점은 다양한 웰빙, 직무 성취 및 만족, 친사회적 행동, 더 나은 직장 분위기 증진에 기여하는 것으로 효과가 입증되고 있다. 교육적 맥락에서는 웰빙, 자기 존중감, 또래관계 및 대인관계, 학급 및 집단응집력, 학업 동기 및 학업 성취 증진의 효과가 입증되고 있다. 그 밖에 여가, 육아, 건강, 영성, 지구 환경 개선의 영역에서 긍정적 효과가 검증되고 있다. 성격강점은 적용 분야에 관계 없이 크게 두 가지 방향, 즉 웰빙 증진 기능(내면의 평화, 행복, 긍정 정서, 자율성, 마음챙김, 의미, 성취, 건강한 자기 돌봄 등)과 역경 대처 기능(슬픔, 불안, 우울, 만성통증, 트라우마, 자연재해 고통, 전쟁과 테러리즘 고통 등) 방향에서 연구, 적용되어 그 효과가 입증되고 있다. 이 책에서는 성격강점 과학은 성격강점이 역경을 극복하고 회복탄력성을 키우며 웰빙을 증진하는 데 매우 중요한 인간의 긍정적 강점 특성임을 관련 연구에 기초하여 제시하면서도 성격강점 과학이 이제 개척을 시작하여 발전을 향해 도약해 가는 분야이기에 앞으로 보다 더 충분히 엄격하게 연구되고 실천될 필요성 또한 강조하고 있다.

개인이 삶의 주체가 되기 위해서는 목표를 갖고, 올바른 선택을 하며, 자신을 관리하고, 자신을 표현하며, 목표 달성을 위해 자신에게 동기와 에너지와 역량을 부여하는 데 핵심 자원이 되는 성격강점을 발견하고, 그 가치와 중요성을 자각하고 효과적으로 활용하고 개발하도록 돕는 기술과 방법이 필요하다. 이러한 목적과 관점에서 이 책은 구체적으로 지적장애 및 발달장애, 자폐증 장애, ADHD, 트라우마 장애, 정신 및 정서 장애, 신체 및 의학적 장애, 이중 장애 등 여러 장애를 갖고 있는 대상 연구 결과와 적용의 실제 및 방법들을 안내하며 추후 더 연구되고 발전하기 위한 과제들을 제시하고 있다. 이러한 내용은 다양한 장애, 증상, 문제를 갖고 분투하는 사람들과 그들을 조력하는 실무 전문가들에게 온전성을 지향할 새로운 시각과 기존의 방법에 보완, 통합할 방법과 이에 대한 과학적 근거를 제시해 주고 있다. 그리고 이 책의 이러한 내용은 장애나 문제를 안고 있는 대상뿐만 아니라 일반 아동, 청소년 및 성인 대상의 연구와 적용에도 풍부하고 다양한 시사점과 아이디어, 통찰을 준다.

이 책의 공동 저자인 니믹(Niemiec)은 VIA 성격강점연구소의 연구와 교육의 최고 책임자로서 세계적인 성격강점 연구자이자 실천가이다. 니믹은 다운증후군을 앓고 있는 한 자녀와 ADHD를 지닌 두 명의 자녀가 자신에게 성격강점을 가장 잘 가르치는 스승이라고 고백하며, 자신의 구체적 일화를 나누면서 성격강점 과학을 자신의 가정에서부터 시작하여 세상의 여러 영역에 연구, 실천하고 교육하고 있다. 그는 최근 성격강점의 과소사용, 과다사용, 최적 사용 모델을 제시하며 성격강점 진단과 평가 및 적용을 통한 실증적 연구 발전을 촉진하고 있다. 그리고 다른 공동 저자인 토마술로(Tomasulo)는 컬럼비아 대학교 사범대학의 영성심신연구소(SMBI)의 아카데미 책임자로서 지적 장애인의 외상 후 스트레스 장애 기준을 식별하는 진단 매뉴얼-지적 장애(DM-ID) 섹션을 공동 집필하였고, 지적 장애인을 위한 그룹 심리치료의 한 형태로 널리 사용되는 긍정적 상호작용 행동치료(P-IBT)를 개발하였다. 토마술로는 사람들이 각자 어떤 모습을 갖고 있든지 각자의 고유한 인간성을 지닌 인간으로 서로를 연결해 주며 사람들에게 희망을 주는 최고의 도구를 배우는 것이 자신의 심리학 공부의 목표였다고 한다. 그런데 성격강점을 접하고 그 안에 숨겨진 능력과 우아함을 처음 배웠을 때 비로소 심리학을 통해 인간 내면에 있는 최고의 것(특성과 자질)을 인식하고 계발하기 위한 보편적인 언어(도구)를 발견했다고 고백하고 있다. 그는 자신이 10대 시절, 장애를 지닌 사람을 처음 대하게 되었을 때 거북함, 불편감과 혼란 및 두려움을 느꼈었는데 만약 그때에 자신이 성격강점을 알았었더라면 장애가 있는 상대를 보다 편하게 대하고 상대와 더 좋은 관계를 맺을 수 있었을 것이라는 아쉬움과 안타까움을 토로하고 있다. 이러한 배경이 그가 이 책 저술에 참여한 동기와 목표를 주었다고 말한다.

아무쪼록 이 책이 개인과 관계와 공동체의 건강과 성장과 행복을 소망하며 각자의 영역에서 연구하고 실천하며 노력하는 사람들에게 유익이 되길 바란다. 또한 이들을 다양하게 조력하는 정책 전문가와 행정가 및 실무 주무관, 전문기관의 연구 및 실무자, 그리고 그들을 통해 도움을 받고 함께하는 사람들에게 새로운 시각과 관점, 아이디어, 동기를 촉진하고 필요한 도움을 줄 수 있기를 기대한다.

서울교육대학교 교육심리 · 상담 · 특수교육 전공의 박사과정에서 공부하며 새로 태어난 아기의 육아를 위한 벅찬 수고를 병행하면서도 연구에 대한 열정을 갖고 이 책의 번역에 성실하게 함께한 이혜연 선생님, 여러 차례의 교정과 편집 과정에 애써 주신 학지사의 박나리 선생님과 관계자분들, 긍정심리와 성격강점 연구 및 실천의 중요성을 공감하고 이의 연구개발과 번역 출간을 적극 지원해 준 학지사 김진환 사장님, 학교 교육과 상담영역에서 학생과 교사와 학부모들을 돕기 위해 대학과 학교 현장에서 연구 · 개발에 힘쓰며 배움과 나눔과 격려를 공유하고 있는 긍정심리연구팀들, 일일이 열거하지 않았지만 같은 마음으로 함께해 주신 분들의 도움과 노고에 감사드린다.

2025년
대표 역자 김광수

저자 서문

우리 모두가 어느 정도 인생을 오래 살다 보면, 삶 속에서 여러 가지 '장애'라 할 수 있는 것을 경험하게 됩니다. 이 책은 그러한 인간의 장애와 관련 경험에 관한 책입니다. 또한 이 책은 우리 모두의 내면에 있는 깊은 인간성(humanity)에 관한 이야기입니다.

이 책은 또한 우리가 진정으로 보는 것에 관한 이야기입니다. 사람의 핵심, 즉 사람의 가장 좋은 점을 보는 것, 대개는 일반적으로 주목하지 않는, 사람의 잠재된 능력과 가능성, 역량을 보는 것에 관한 이야기입니다.

우리는 지금까지 먼 길을 지나왔습니다

결함 기반, 문제 중심, 장애가 있는 사람, 이러한 단어들은 지난 수십 년 동안 대체로 일반 사람들이 장애가 있는 사람들을 어떻게 인식하고 대해 왔는지를 보여 주고 있습니다. 이것은 누군가가 나와 다르거나, 비정상적이거나, 어떻게든 '나보다 못한' 존재로 인식될 때 그 사람에 대해 취해 왔던 일반적 태도이자 사고방식입니다. 하지만 지난 수십 년 동안 이러한 인식에 서서히 변화가 생기고 있습니다. 실무자와 연구자들은 장애가 있는 사람들 안에 있는 강점을 발견하기 시작했습니다. 그리고 기관과 학교 교실에서, 학부모, 상담사, 지원 스태프들 스스로가 이를 '강점 기반'이라고 부르고 있습니다. 긍정적인 기술이 사람들을 돕는 데 있어 중요한 구성요소이자 초점으로 주목받고 있습니다. 그리고 외부 지원과 자원도 개발되고 있습니다. 어떤 특별한 재능이 나타날 때 이를 강조하고, 홍미(열정)에 대해 평가하며 장려하고 있습니다. 이러한 놀라운 변화를 우리는 **강점 기반**이라고 부르는데 이를 두 단계로 나누어 살펴볼 수 있습니다. 먼저 1단계는 대다수의 기관, 실무자, 연구자들이 스스로 '강점 기반'이라고 생각하는 단계입니다.

이 책은 1단계 강점 기반과 이러한 종류의 강점을 높이 평가하고 그 작업에 대해 먼저 논의할 것입니다. 그런데 새로운 국면(단계)이 또 열리고 있습니다. 장애 분야의 또 다른 강점 영역에 대해서 새로운 과학적 평가, 현장 연구, 실험이 진행되고 있습니다. 이 영역은 인간의 강점 중 가장 중요한 범주인데 그 이유는 이 영역이 개인의 핵심 정체성(즉, 그 사람이 누구인지)과 최고의 특성을 반영하는 유일한 범주이기 때문입니다. 이 영역을 성격강점이라고 합니다. 성격강점 영역에 대한 교육, 과학 및 실천이 장애와 능력 전반에 걸쳐 이루어지고 있으며 특히 장애 분야에서 새롭게 나타나고 있는 변화입니다. 이것이 바로 2단계에서 말하는 강점 기반입니다. 따라서 2단계의 **강점 기반**이 앞으로 이 책의 모든 장에서 초점이 될 것입니다.

장애에 대한 한마디

우리가 장애를 이해하고 이에 접근할 때에 장애라는 용어 자체는 다양한 변증법적[1] 반응을 불러일으킵니다.

솔직히 말해서 우리는 이 책의 제목에 '장애'라는 용어 자체를 사용하고 싶지 않았습니다. 그리고 또 다른 한편으로 이것을 '더 크고 분명하게' 말하고 싶었습니다. 이 두 가지의 본질(장애라는 용어와 장애 용어를 사용하지 않는 것)은 모두 사

1 역자 주: 모순 또는 대립을 근본 원리로 하여 사물의 운동을 설명하려고 하는 논리로, 주제에 대해 서로 다른 견해를 가진 두 명 이상의 사람들 사이의 담론을 일컫는다.

실이며, 이 책의 핵심이 된다고 믿습니다. 우리의 목표는 인간 경험의 다양한 차이, 즉 인간을 쇠약하게 만들 수 있는 경험, 혹은 인간에게 생명을 불어넣을 수 있는 경험, 그리고 이 둘 모두에 해당하지 않는 경험이거나, 이 둘 모두에 해당할 수 있는 경험 등과 같은 다양한 차이점에도 불구하고 이러한 차이를 넘어서서 어떤 경우에서든 '인간에게 가장 좋은 것'이 무엇인지를 강조하는 것입니다. 많은 경우에 사람들이 받은 진단은 별로 주목할 만하지 않으며 그들 자신의 삶에서 그다지 눈에 띄게 드러나지 않거나 그들의 일상적인 활동과 특별한 관련이 없기도 합니다. 하지만 만약 이 용어(즉, '장애')를 우리가 사용하지 않는다면 이러한 자료를 가장 필요로 하고 갈망하는 여러 전문가(연구자, 학자, 학생, 실무자)가 어떻게 이에 관련된 책이나 그 안에 있는 자료를 제대로 찾아볼 수 있을까요? 이것은 현실적으로 쉽지가 않을 것입니다.

이 책은 인간 경험에서 나타나는 차이에 대해 살펴보는 책입니다. 장애 범주 여부에 대해 나열할 수 있는 차이점은 장애가 '있음' 또는 장애가 '없음'으로, 이는 개인이 어떤 특정 기준(예: 생물학적, 심리적, 사회적)을 충족하면 장애를 가지고 있다(있음)고 보고, 특정 기준에 부합하지 않으면 장애를 가지고 있지 않다(없음)고 나누어서 보는 것입니다. 한편, 장애 현상을 연속선상에서 바라보면서 장애의 발현과 표현에 대해 살펴볼 수 있는데, 이는 인간의 각 행동이나 심리적 현상을 어느 정도 적응력이 높거나 낮은 것으로, 어느 정도 주의력이 높거나 낮은 것 등과 같이 표현할 수 있다는 의미입니다. 이는 성격강점 현상을 바라보는 데에도 적용될 수 있는데, 예를 들어 어떤 사람은 특정 상황에서는 점점 더 창의적으로 되지만 다른 상황에서는 덜 창의적이 되는 것과 같이, 성격강점은 이러한 강점 차원의 렌즈를 통해 그 강점의 다소(많고 적음)를 나타내는 연속선상에서 그 성격강점이 많거나 적다고 표현할 수 있습니다. 어쩌면 이것은 우리가 함께 붙잡을 수 있는 또 다른 변증법적 접근(범주 대 차원)방법이 될 수 있습니다. 요컨대, 범주적 접근과 차원적 접근 모두에 나름의 진실, 통찰력, 유용성이 있을 수 있습니다.

장애를 지나치게 범주화하는 데서 오는 문제점은 장애가 유일한 초점이 되면서 다른 모든 것을 무시하고 걸러내어 버리는 오류를 범할 수 있다는 것입니다. 그럴 때 개인의 '인간성'이 사라지고 인간의 고유성과 개성 또한 사라집니다. 그런데 이것은 오늘날 사회에서 흔하게 일어나는 일이 되고 있습니다. 하지만 성격강점은 그 고유한 인간성을 되살려 줍니다. 희망, 협동심(팀워크), 감사, 끈기, 호기심, 겸손, 유머 등으로 가득차서 분별, 탐색, 격려하는 행동은 이전에 무시되어 사라진 개인의 고유한 인간성을 되살릴 수 있는 언어를 제공해 줍니다.

각 장의 배열 및 내부 구조

이 책은 성격강점과 다양한 장애 및 능력의 교차점과 관련된 핵심 개념, 연구 및 실제에 중점을 두고 있습니다. 이 책의 전반적인 구조는 기초부터 시작해서 특정 장애, 특별 주제에 걸쳐 세 가지 섹션으로 구성되어 있습니다. 첫째 섹션인 제1장과 제2장에서는 강점 기반의 의미와 성격강점의 의미에 대한 기초 내용을 다루고 있습니다. 둘째 섹션인 제3~7장에서는 지적장애 및 발달장애, 자폐증, 신체장애, 의학적 장애, 다양한 심리적 장애 등 여러 장애와 성격강점의 교차점에 대해 다루며, 특히 트라우마와 ADHD에 초점을 맞춘 장도 포함되어 있습니다. 이 책의 세 번째 섹션은 지적장애 및 발달장애와 관련된 특수 주제 영역에 초점을 두어 다루고 있습니다. 세 번째 섹션의 장에서는 이중(복합) 진단, 정의-형평성-다양성-포용성(JEDI), 영성 및 의미에 대해 다루고 있습니다.

전체 10개의 장은 각각 다음과 같은 내부 구조로 이루어져 있습니다.

- **챕터 개요**: 각 장의 내용 및 목적에 대한 간략한 개요 부분입니다.
- **개념**: 각 장의 주제와 관련해서 알아야 할 핵심 아이디어와 내용 영역입니다.
- **연구**: 해당 주제 또는 대상에 대한 지금까지의 주요 과학적 연구 결과입니다.
- **실제**: 해당 대상 또는 주제 영역과 관련된 핵심 실천 사항, 실제적인 고려 사항 및 강점 기반 접근법의 구성 요소들입니다. 이 절은 이론 또는 가설에 대한 가장 강력한 증거 또는 그 증거에 대한 가장 강력한 근거에 초점이 맞춰져

있습니다. 즉, 과학 및 핵심 개념의 적용에 중점을 두고 있습니다.

- **향후 방향**: 논의된 내용과 관련하여 과학적 발전이 이루어지기 위해 앞으로 고려할 사항을 다루고 있습니다.
- **주요 내용**: 해당 장의 중요한 내용을 요약하여 제시하고 있습니다.
- **참고문헌**: 이전의 발견과 통찰이 어디에서 비롯되었는지에 대한 관련 문서와 우리보다 앞서 나온 지혜를 인정하고 찾아볼 목록 내용입니다.

이 책의 대상

이 책은 다음과 같은 사람들에게 긍정적인 영향을 끼치기 위해 집필되었습니다.

- **학자, 교수, 연구자**: 긍정적인 영향을 줄 수 있는 새로운 연구 분야를 발굴하고, 성격강점을 기존 연구와 미래 연구 및 프로그램에 통합하며, 새로운 개입 연구를 수행하고, 도움이 필요한 사람들을 대상으로 성격강점의 과학적 연구를 발전시키려는 사람들로 여기에는 교수, 과학자, 작가 등 학계의 많은 사람이 포함됩니다.
- **실무자**: 장애인의 사고방식, 대화, 개입, 프로그램, 슈퍼비전, 리더십, 시스템 전반에 성격강점을 더 잘 통합하도록 돕는 것을 목표로 하는 사람들로 여기에는 사회복지사, 코치, 관리자, 심리학자, 상담사, 교사, 의료팀, 지원팀, 보조 전문가 등이 포함됩니다.
- **리더**: 문화 변화, 리더십 개발, 개인 개발, 조직과 시스템의 직원 및 고객을 배려하는 접근 방식으로서 조직s과 시스템의 성격강점에 주목하며 이를 촉진하고자 하는 조직의 리더, 비영리 혁신가, 변화 주도자, 정책 입안자, 정부(기관)리더들이 해당됩니다.
- **학생**: 학생은 앞에 언급된 범주 중 하나 이상에 해당되는 사람일 수 있으며, 보통의 일반 학생일 수도 있습니다. 학생들은 이 분야의 미래입니다. 성격연구에 대한 기초, 연구를 실용적인 적용 프로그램으로 발전시키는 경로, 다

양한 사람들에게 도움을 주기 위한 통합 사례는 학생의 미래 작업, 혁신 및 적용과 실천 준비를 강화하는 강력한 방법을 촉진하는 내용이 됩니다.

여러분과 이 여정을 함께하게 되어 기쁘게 생각합니다! 이 흥미진진한 작업을 통해 여러분의 과학적이고 실용적인 노력을 우리와 함께해 주시기 바랍니다.

이 책의 많은 사례와 내용에 반영된 성격강점의 잠재력을 보여 주는 시 한 편을 소개합니다.

우리가 보며, 당신도 봅니다

말을 하지 않던 소년이 이제는 호기심 가득한 표정과 장난기 가득한 유머로 반 친구들과 선생님의 긴장을 풀어 주며 즐겁게 소통하는 모습을 봅니다.

학습의 어려움으로 인해 불확실성과 혼란스러운 공허감에 빠졌지만, 이제는 모든 장애물에 용감하게 맞서며 굳건하고 강인하게 도전하며 살아가는 대학생의 모습을 봅니다.

우울증에 시달리던 한 남성이 이제는 새로운 호기심으로 자신의 고통과 창의성을 탐구하고 다양한 자기관리 방법을 깊이 있게 실천하면서 자기를 받아들이는 모습을 봅니다.

다운증후군을 앓고 있는 여성이 공개 프레젠테이션을 통해 자신의 개인적인 어려움을 솔직하게 나누고, 다른 사람들도 자신의 내면에 있는 좋은 점을 발견하도록 영감을 주고자 희망을 표현하는 모습을 봅니다.

자신의 활동성(활력)으로 창의력을 자극하는 리더의 모습과 조직의 많은 직원을 하나로 연결시키는 리더의 친절한 열정을 봅니다.

시한부 선고를 받고 충격을 받은 세 아이의 엄마가 감사와 협동심, 사랑의 마음가짐으로 전환되어 가족과 공동체가 나아갈 길을 제시하는 모습을 봅니다.

당신은 또 무엇을 보고 있나요?

당신의 삶에서 만나는 모든 사람 속에 있는 잠재력을 보고 있나요?

누군가를 도왔을 때 나타나는 당신의 친절성과 사회지능이 얼마나 아름다운지를 보고 있나요?

다른 사람들을 도울 수 있는 새로운 길을 찾기 위해 점점 더 멀리 뻗어 나가는 당신의 학구열을 보고 이를 인정하고 있나요?

다른 사람들과 소통할 때 절제의 힘, 즉 겸손의 바탕이 되는 힘, 용서의 해방감, 신중함이 가져다주는 멈춤, 자기조절의 절묘한 통제력을 보고 있나요?

긍정적인 경험을 할 때마다 그 경험에 기여하는 우리의 성격강점이 있다는 사실을 알아차리고 있나요? 그리고 모든 장애와 역경 속에는 생수가 공급되기를 기다리는 성격강점의 씨앗이 있다는 것을 보고 있나요?

당신은 무엇을 보고 있나요? 당신에게 무엇이 보이나요?

미국 오하이오 신시내티에서 라이언 M. 니믹

미국 뉴욕에서 댄 토마술로

차례

제2부

특정장애와 성격강점

제3부

지적장애 및 발달장애와 성격강점 관련 특별 주제

제1부의 내용은 이 책의 기초가 됩니다. 여기서는 강점의 가치와 강점 기반 접근 방식에 대해 다루고, 강점의 한 유형으로서 성격강점에 대해 자세히 살펴봅니다.

제1장은 강점, 강점 기반 접근법, 장애에 대한 폭넓은 시각을 제공합니다. 특히 웰빙 접근법의 출현에 대해 강조하고 강점이 웰빙에 있어서 중요한 이유를 논의합니다. 이 장의 장애에 대한 모든 논의에서 일반적으로 개인의 흥미, 기술 또는 자원과 같은 강점에 초점을 맞추기 때문에 다양한 종류의 강점에 대한 성찰이 중요합니다. 이 장에서는 강점을 강화하는 데 초점을 맞추는 것이 결점이나 약점을 보완하는 것보다 다양한 상황에서 더 효과적이라는 설득력 있는 과학적 연구 결과가 제시됩니다. 이 장에서는 실제적으로 강점 기반 평가와 약점에서 강점으로의 전환에 초점을 두고 있습니다.

제2장은 성격강점이라는 강점의 범주에 대한 기초를 제공합니다. 성격강점은 과학적이고 실용적인 관점에서 이 책의 모든 장에서 중심 전제이자 논의의 중심이 되므로 이에 대한 체계적 검토가 필요합니다. 따라서 삶의 여러 영역, 웰빙 영역, 역경의 영역에 걸쳐서 발견한 핵심 원칙과 연구 내용에 대해 논의하며, 이 분야에서 가장 많이 연구되면서 실질적인 강점 체계로 알려진 VIA 성격강점 분류체계에 중점을 두고 소개합니다. 그리고 성격강점 기반 접근법에 대한 철저한 개념화와 함께 다섯 가지 성격강점 개입, 사례, 성격강점 실천 개발 전략에 대해 설명합니다.

제 1 부

성격강점과 장애의 기초

Character Strengths and Abilities Within Disabilities

Advances in Science and Practice

제 1 장 장애 및 강점 기반 접근법 소개

개념

이 지구상의 모든 사람 누구나 오래 살다 보면 장애를 겪게 됩니다. 여기에는 예외가 없습니다. 어떤 사람들은 처음부터 특정 질환을 가지고 태어나거나(예: 뇌성마비), 혹은 장애가 시간이 지나면서 나타나거나(예: 정신질환), 갑작스러운 사고의 결과이거나(예: 하반신 마비), 예상치 못한 의학적 상태로(예: 심장마비) 또는 진행성 질환으로(예: 많은 당뇨병 사례), 그리고 노화에 따른 퇴행성 과정(예: 알츠하이머병) 등으로 인해 장애가 발생합니다. 또한 코로나19를 앓았거나 앓고 있는 많은 사람, 또는 코로나19로 인해 심하게 고통받거나 코로나19로 세상을 떠난 사람들의 가족이나 친구에게 미치는 장애의 영향도 고려할 필요가 있습니다. 이렇게 넓은 시각에서 장애를 바라보면 우리는 장애를 피할 수 있는 사람은 거의 없다는 사실을 깨닫게 됩니다. 따라서 장애는 인간 조건의 일부라 할 수 있습니다.

이런 장애들은 점점 증가하고 있습니다. 미국에서 장애인은 가장 큰 소수 집단이 되고 있으며 1990년에서 2000년 사이에는 25% 증가한 것으로 나타났습니다(Disability Funders Network, 2022). 〈표 1-1〉은 장애와 모든 사람의 연관성을 이해하는 데 도움이 되는 몇 가지 일반적인 장애 관련 통계 수치를 보여 줍니다. 이러한 통계는 각 개인과 그 가족, 그리고 사회가 처한 장애의 현실을 우리에게 상기시켜 줍니다. 또한 이러한 데이터는 장애가 인간 경험의 자연스러운 일부라는 많은 과학자와 실무자들의 통찰력을 반영해 줍니다(예: Carter, 2016).

이러한 수치상의 결과 외에도 장애 유형에 따라 장애인에게 나타나는 독특한 신체적, 정신적 영향들이 있습니다. 세계 장애 보고서에 따르면 개발도상국(즉, 대다수 국가)의 사람들이 이러한 문제에 있어서 더 취약한 것으로 나타났습니다(Officer & Shakespeare, 2013).

이러한 통계를 보면 우리는 겸손해집니다. 우리 자신과 사랑하는 사람들이 겪고 있는 일시적, 장기적 장애의 현실을 되돌아볼 때 우리는 모두 장애와 서로 연결되어 있다는 것을 이해하게 됩니다. 우리는 장애로부터 자신을 분리할 수도, 장애로부터 벗어날 수도 없습니다. 이를 통해 우리는 타인에 대한 연민과 이해, 공감이 조금 더 커질 수 있습니다.

이러한 이해와 공감이 우선적으로 강점 기반 접근법의 핵심이 됩니다. 강점 기반 접근법은 각 개인이 모든 사람의 좋은 점, 긍정적인 점, 강점을 찾아내어 사람들에게 힘을 북돋아 주고, 그 근거를 제시하며, 희망을 주는 방식을 통해 다른 사람들과 연결되게 이끌어 줍니다.

〈표 1-1〉 장애의 보편성

백분율	실제 현실
10억 이상(15%)	장애 및 건강 문제가 있는 전 세계 사람들
26%	미국 성인 중 장애가 있는 사람 비율
29%	미국인 가족 중 장애인이 한 명 이상 있는 비율
40%	미국 내 65세 이상 성인 중 장애가 있는 경우
99%	장애를 가진 사람을 알고 있는 경우
100%	오래 살면서 장애를 갖게 되는 경우

참고문헌: 1열: World Health Organization (2021). 2, 4열: Centers for Disease Control (2018). 3열: Disability Funders Network (2022). 5, 6열: 우리가 도출하고 있는 논리적 결론입니다. 한 사람이 경험할 수 있는 가능한 모든 장애를 반영하는 포괄적인 범위입니다.

역사적으로 볼 때 장애는 최근까지도 인간의 강점과 역량의 맥락에서 논의되거나 개념화되지 못했습니다(Wehmeyer, 2013). 최근 수십 년 동안 장애 관련 분야에서는 1990년 「미국 장애인법」에서 주창된 포용 및 차별 금지 접근법, 미국 공립학교에서 「장애인교육법(IDEA)」을 통한 강점 기반 접근법을 향한 움직임, 개별화 교육 계획(IEPs) 의무화 등 여러 가지 획기적인 발전이 있었습니다. 또 다른 돌파구로 미국 지적 발달장애 협회(AAIDD)가 개인의 기능을 문제와 약점이 아니라 다양한 기능 영역의 강점으로 설명하며 환경적인 고려사항을 강조하면서 장애에 대한 사회생태학적 접근법 채택이 이루어졌습니다(Buntinx, 2013; Luckasson et al., 1992).

이 책에서 다루는 다양한 장애, 즉 지적 및 발달 장애, 의료 장애(후천적 장애), 정신 및 신체 장애는 주로 DSM-5나 ICD-11과 같은 분류체계에서 논의됩니다. 이러한 질병적 관념이 심리학과 사회과학, 특히 임상심리학에 널리 퍼져 있습니다(Maddux, 2009). 이러한 분류체계는 질환이나 장애가 있는지 없는지에 대해 모 아니면 도의 관점을 취하고 있습니다. 매덕스(Maddux, 2009)가 설명한 것처럼, 이러한 접근 체계는 여러 가지 잘못된 가정하에 작동합니다. 즉, 일정한 기준에 따라 구분하여 나누는 범주화가 세상에 있는 사실을 보여 주고, 정상과 비정상을 구분할 수 있게 하며, 임상적 판단을 용이하게 하고, 개입을 용이하게 한다는 것입니다. 많은 사람의 삶에서 이러한 지배적인 접근법이 어느 정도 도움이 되기도 하지만(예: 부족한 부분을 알려 주고, 치료 옵션을 용이하게 함), 한계도 있습니다(예: 사람의 일부분만 설명하고, 그 사람이 잘하고 있는 부분은 생략함). 이러한 범주적(categorical) 접근법과 달리, 증상을 이해하고 강점과 같은 현상을 이해하기 위한 차원적(dimensional) 접근법이 있습니다. 차원적 접근법은 어느 정도라는 프레임을 제시하고 특정 상황에서는 개인이 슬픔을 더 많이(또는 덜) 느끼고 호기심을 더 많이(또는 덜) 느끼는 연속체 모델을 흔히 사용하는데, 이러한 접근 방식은 가능한 많은 상황과 시나리오의 문을 열어 두고 개인차가 다양하다는 점을 강조합니다.

웰빙의 연구

웰빙, 강점, 긍정성, 그리고 인간 기능의 성장 지향적 측면에 대한 기초 및 응용 연구를 수행한 여러 분야와 학문이 있습니다. 이를 통칭하여 긍정심리학 또는 웰빙 과학이라고 할 수 있습니다. 긍정심리학은 사람 개인의 내부, 사람 개인과 개인 사이, 사람이 일하고 놀고 상호작용하는 기관과 사회에서 일어나는 다양한 긍정적 영역과 특성에 대한 연구를 포괄하는 통합적인 용어인데, 그동안 심리학이 잘못된 것, 이상, 장애, 투쟁에 초점을 맞추는 것이 일반적이었기 때문에 긍정심리학은 연구와 실천에 새롭고 많은 부가가치를 가져다주고 있습니다(Seligman, 1999). 그러나 긍정심리학은 다른 분야나 학문을 대체하거나 무시하지 않으며, 오히려 그 분야와 연합하고 통합하는 것을 촉진합니다. 긍정심리학의 주요 연구주제 중에서, 특히 성격강점은 약점에서 강점으로 이동하는 것뿐만 아니라 잘못되었거나 도전적이거나 어려운 것을 강점을 사용하여 다루는 것에 중점을 두고 있습니다. 다시 말해, 강점에 초점을 맞추게 되면 약점에서 강점으로 전환하여 바라보는 시각과 고통 속에서도 강점을 사용하려는 관점이 모두 나타납니다(Niemiec, 2023). 우리가 경험하는 고통은 관계의 갈등, 새로운 의학적 진단, 오랜 우울증, 다른 사람의 말을 이해하지 못하는 어려움, 트라우마 경험, 또는 끝날 것 같지 않고 계속되는 어려움, 고난, 장애 및 스트레스 요인 등과 같이 다양한 형태로 나타날 수 있습니다.

긍정심리학 및 웰빙 접근법은 사회사업, 상담, 공공정책, 통합교육, 전환 및 취업 기회, 기타 장애인을 연구하거나 지원하는 모든 영역에서 웰빙을 위한 과학적 측정과 개입 방안을 제공합니다.

긍정심리학 분야의 핵심 분야 중 하나이자 '긍정심리학의 중추'라고도 불리는 것이 성격 특성 또는 성격강점에 대한 연구입니다(Seligman, 1999). 성격강점은 제1장에 이어 이 책의 또 다른 기초 장인 제2장 이후에 나오는 각 장의 내용에 통합되어 제시되고 있습니다. 먼저 이 장(제1장)에서는 일반적인 '강점'에 좀 더 초점을 맞추고 그 안에서 몇 가지 차이점을 도출해 보겠습니다.

왜 강점인가

우리의 뇌는 환경의 결점, 문제, 위험(즉, 투쟁 또는 도피 시스템)을 보고 잘못된 것을 감지하도록 연결되어 있습니다. 건강, 육아, 감정, 사고, 습관 및 기타 여러 가지 심리적, 사회적 현상에 대한 연구에 따르면 나쁜 것이 좋은 것보다 더 강하고 강력한 영향을 준다는 사실이 일관되게 밝혀졌습니다(Baumeister et al., 2001). 마찬가지로 다른 연구에서도 부정적인 것이 긍정적인 것보다 강하고, 긍정적인 것보다 빠르게 성장하며, 긍정적인 것을 지배하고, 긍정적인 것보다 더 다양하고 복잡하다는 결과가 관찰되면서 부정적인 것이 널리 퍼져 있다는 사실에 초점이 맞춰졌습니다(Rozin & Royzman, 2001). 이러한 광범위한 연구 결과는 우리가 문제, 고통, 어려움에 더 집중하고 인생에서 잘되고 있거나, 강하거나, 긍정적인 것을 무시하고 생략하도록 하는 불균형을 가져옵니다. 추가 연구에 따르면 사람들은 자신의 강점보다 약점을 더 유연하게 인식하며, 결과적으로 강점보다는 약점을 개선하거나 교정할 수 있다고 믿는 경향이 있습니다(Steimer & Mata, 2016). 이 연구는 사람들이 약점과 결점을 우선시하는 자연스러운 성향을 지적하고 있습니다. 한편, 이 연구는 강점의 필요성과 강점이 우리의 자연스러운 부정적 성향과 편견을 상쇄하는 데 미칠 수 있는 효과도 지적합니다.

강점의 중요성에 대한 논거를 강화하기 위해, 우리는 강점이 번영에 미치는 역할을 보여 주는 연구와 더불어 문제가 될 정도로 높은 비율로 나타나는 비몰입과 강점맹 현상을 지적하는 연구들을 살펴봅니다. 이 극명한 차이를 보여 주는 데이터는 〈표 1-2〉를 참조하기 바랍니다.

강점에 대해 다루고 생각하는 방식은 다양하게 나타나는데, 인간이 가진 다양한 종류의 강점을 좀 더 자세히 살펴봄으로써 몇 가지 중요한 구분을 해 볼 수 있습니다.

〈표 1-2〉 수치로 살펴보는 고통, 번영, 강점

	연구	인용
고통	2/3의 사람들이 자신의 강점에 대해 의미 있는 인식을 가지고 있지 않음(영국)	Linley (2008)
	80%의 사람들이 번영하지 못하고 있음(미국)	Keyes (2003)
	87%의 사람들이 자신의 업무에 몰입하지 못함(전 세계)	Crabtree (2013)
번영	강점 인식이 높은 경우 강점 인식이 낮은 경우보다 번영할 가능성이 9배 높음(뉴질랜드)	Hone et al. (2015)
	높은 강점 사용이 낮은 강점 사용보다 번영할 가능성이 18배 높음(뉴질랜드)	Hone et al. (2015)
	4개 이상의 대표강점을 사용하는 근로자는 긍정적인 업무 경험과 소명의식을 갖고 일할 가능성이 훨씬 더 높음(유럽)	Harzer & Ruch (2015)
	강점 훈련은 업무 몰입도, 개인적 자원, 강점 활용을 직접적으로 증가시킴(유럽)	Bakker & van Wingerden (2020)

참고: 이 표에서 '높음'은 최상위 사분위수, '낮음'은 최하위 사분위수를 의미함.

다양한 종류의 강점

'강점'이라는 용어가 장애 분야에서 일상적으로 선호하는 용어가 되었습니다. 개인, 집단 또는 조직이 초점을 맞추고 있는 강점의 '유형'을 분명하게 명시하지 않은 채 강점이라는 용어를 사용하는 경우, 이를 일반적인 강점이라고 부를 수 있습니다. 다시 말해, 실무자, 교육자 또는 연구자는 종종 (항상 그런 것은 아니지만) 다른 사람의 내면에 있는 긍정적이고 좋은 것, 성장 지향적인 것을 통해 다른 사람을 도우려 하고 있습니다. 그런데 강점의 세계에서 한 가지 분명해진 것은 강점의 범주나 유형은 매우 다양하다는 것입니다. 일반적인 강점의 일반성(종종 모호성)은 개인의 특정 유형의 강점을 명확히 하는 접근법과는 금방 구분이 됩니다. 우리가 초점을 맞추고 있는 강점의 유형을 분류하고 인식할 필요가 있습니다. 이러한 논의를 위해서 니믹(Niemiec, 2018)이 제시한 재능(능력 또는 지능), 기술(역량), 흥미(열정), 가치관, 자원, 성격강점 등의 강점 범주를 활용할 수 있습니다.

재능이나 능력의 강점은 우리가 선천적으로 잘하는 것을 포괄하고 있습니다. 예를 들어, 공간적 추론 능력, 수학적 및 논리적 능력, 대인관계 능력, 음악적 지능과 같은 능력의 강점을 보여 주는 하워드 가드너(Gardner, 1983)의 다중 지능이 이에 대한 좋은 예입니다. 재능은 생물학적으로 상당 부분 타고나지만, 이를 최대한 발휘하기 위해서는 광범위한 연습이 필요하며, 일부 연구자들은 약 10년 동안 10,000시간의 연습이 필요하다고 추정합니다(Ericsson & Ward, 2007). 뛰어난 신체적(운동적) 재능을 가진 대학 풋볼 선수가 척수 손상을 입어 전문적으로 풋볼을 할 수 없게 되었다고 생각하면 이러한 재능의 상실은 엄청난 손실이 될 수 있습니다. 같은 풋볼 선수라도 강점 사고방식을 활용한다면, 경쟁적으로 경기를 치르는 수많은 국제 휠체어 럭비팀 중 하나에 입단하여 자신의 신체적(운동적) 재능을 다른 형태로 활용할 수 있습니다. 자폐 스펙트럼 장애를 가진 사람들은 종종 많은 양의 정보를 암기하거나 숫자, 퀴즈, 지도 또는 모호한 정보에 대해 특별한 '재능'을 가지고 있다는 고정관념이 있는데, 실제는 자폐인의 약 10% 정도가 이러한 영리한 자질을 가지고 있는 것으로 추정되고 있습니다(Teffert, 2009).

또 다른 유형의 강점은 개인이 개발하는 역량이라고 지칭되는 **기술**입니다. 기술은 학습과 연습을 통해 개발되며, 직업을 얻기 위해 의사소통 기술을 배우거나 승진을 위해 컴퓨터 프로그래밍 기술을 배우는 것과 같이 어떤 목적을 위한 수단이 됩니다. 장애가 있는 사람이 일반적으로 적응하고 성장하기 위해서 필요한 여러 기술이 있습니다. 우울증이 있는 사람은 걷기, 운동, 즐거운 활동 참여 등 행동 활성화 기술을 배워야 합니다(Mazzucchelli et al., 2010). 하반신 마비 환자는 휠체어를 조종하고 상체 근력을 키우는 기술을 배워야 하며, 지역사회에서 접근이 가능하거나 혹은 불가능할 수 있는 지역을 탐색할 때 상황에 맞게 필요한 계획을 세우는 실행 기능도 배워야 합니다.

흥미의 강점 범주에는 삶에 대한 열정이 반영됩니다. 사람마다 여가 시간을 어떻게 보내느냐에 따라 개인의 흥미 분야가 반영되어 나타나는 경우가 많습니다. 여가 시간을 독서, 비디오 게임, 예술이나 음악, 자연 단체에서 자원봉사, 친구와의 대화 등으로 보낼 수 있습니다. 개인의 장애 유형이 무엇이든 그 사람의 흥미를 활용할 수 있는 방법들이 많이 있습니다. 예를 들어, 거동이 다소 불편하지만 야생동물에 대한 열정이 있는 사람은 야생동물에 관한 다큐멘터리를 시청하거나, 친구와 함께 자연 탐방 활동에 참여하여 도움을 받거나, 친구나 지역사회 구성원들과 지역 야생동물에 대해 토론하거나, 글쓰기, 긍정적인 활동 홍보 또는 관련 그룹에 적극적으로 참여함으로써 야생동물 보호를 옹호할 수 있는 방법을 모색할 수 있습니다.

우리는 어떤 강점의 범주가 외부에서 생기는 지원(예: 기기, 사람, 네트워크)으로 지칭될 때 이러한 강점을 자원이라 정의합니다(다른 범주는 내부에 있음). 일반적 자원의 예는 안전한 지역에 사는 것, 돌봐 주는 가족, 친구, 도움을 주는 전문가가 있는 것 등과 같이 다양하게 많이 찾아볼 수 있습니다. 다른 자원들로는 휠체어, 버스 안전띠, 당뇨병 검사 키트, 전자 통신 장치, 점자 필사 서비스 등의 도구도 찾아볼 수 있습니다. 개인이 가정, 직장, 사회 및 인간관계에서 일상생활을 더 온전하고 쉽게 할 수 있도록 돕거나 지역사회에 더 직접적으로 참여할 수 있도록 돕는 도구나 지원도 모두 자원으로 간주할 수 있습니다. 자기결정 접근법은 다른 강점 범주 중에서도 개인이 외부 자원을 활용할 수 있도록 돕는 데 높은 비중을 둡니다(Shogren, 2013; Wehmeyer, 2005). 개인의 문화에 대한 영향력 또한 논의하고 활용해야 할 또 다른 강점 자원이며, 내부 자산이자 외부 자원입니다. 여기서는 지역사회, 음식(음료), 전통(의식), 이야기와 같은 많은 문화적 요소가 외부적 요소이고, 문화적 가치, 언어 표현, 특정 문화적 기술, 이야기 등 문화의 일부 요소는 내부적 요소로 분류하여 자원을 논의합니다. 개인의 창의성, 활력, 정직성(진정성) 강점은 문화적 신념, 예술적 표현, 음식의 표현 및 기타 의식이 가족과 지역사회에서 빛을 발할 수 있도록 합니다.

가치는 강점의 한 유형으로 볼 수 있으며, 아마도 모든 범주 중에서 가장 모호하고 무정형적인 특징을 갖고 있을 것입니다. 예를 들어, 용감성, 많은 친구를 사귀는 것, 자신의 의사소통 능력, 볼링에 대한 흥미, 기타 연주 능력 등 어떤 유형의 강점이라도 거기에 '가치'를 부여할 수 있습니다. 가치관은 우리에게 중요한 것에 대한 내면의 인지적, 정서적 관심과 에너지를 의미하며, 우리가 실제로 취하는 행동, 적극적 참여, 목표 또는 행동을 곧바로 뜻하지는 않습니다. 많은 학파에서 가치를 강조하고 있으며(예: 수용전념치료), 가치를 최대한 활용하려면 가치만으로는 충분하지 않기 때문에 '행동하는 가치' 또는 '가치에 대한 헌신'이라는 의도를 명시하는 것이 필요합니다.

개념적으로는 강점 각각의 범주 사이에는 많은 차이가 있는 것처럼 보이지만, 모든 강점 범주를 전체적으로 함께 연구하여 각 범주의 중복 정도, 고유한 상관관계, 표현 및 결과를 파악한 연구는 아직 없습니다. 따라서 현재 심리학에서는 개념적인 구분에 의존할 수밖에 없습니다. 강점 과학은 앞으로 이러한 범주를 더 면밀히 이해하고 검토함으로써 더욱 심화될 것입니다.

많은 장애 분야에서 앞서 언급한 강점 유형들은 가장 일반적으로 탐구되고 개입되는 강점 영역입니다. 그런데 실무자, 교육자, 연구자, 학부모, 지지조력자, 지도자, 정책 입안자가 집중해야 할 가장 중요한 강점 유형은 바로 성격강점입니다. 그런데 아직 장애 분야의 교육과 실천에서 가장 주목받지 못하는 분야가 바로 성격강점이라는 점이 이 책을 집필하게 된 중요한 이유 중 하나입니다. 제2장에서는 성격강점에 대한 과학과 실천의 기초를 다지고, 제3~10장에서는 성격강점을 장애 영역 또는 논의 중인 주제 영역에 통합하는 데 초점을 맞출 것입니다. 그러나 이 장에서는 '강점'을 주로 '일반적인 강점'이라는 의미로 사용합니다.

연구

강점 또는 약점?

두 그룹을 생각해 봅시다. 한 그룹은 자신의 약점이나 결점에 집중하고 이를 개선하기 위해 노력하도록 요청받습니다. 그리고 다른 그룹은 자신의 강점에 집중하고 이를 증진하기 위해 노력하도록 요청받습니다. 장애인을 도울 때 어떤 접근법이 더 일반적인 방법이라고 생각하나요? 어떤 접근법이 더 나은 결과를 가져올 수 있을까요? 연구자들은 무작위 연구를 통해 강점을 확대하는 그룹과 약점을 개선 및 보완하는 그룹으로 나누어 두 그룹을 일대일로 비교하기 시작했습니다. 그 결과에 일부 독자들은 놀라게 될 것입니다. 여러 연구에서 강점(긍정적) 측면을 증폭하는 접근법이 더 높은 효과가 있는 것으로 나타났습니다. 다음은 이 비교를 테스트한 7개의 연구 결과입니다.

- 외래 환자 치료 센터에서는 부정적 정동(감정) 치료 그룹에 비해 긍정적 정동(감정) 치료 그룹이 불안, 스트레스, 우울, 자살 충동, 긍정적 감정에서 더 큰 효과가 있는 것으로 나타났습니다(Craske et al., 2019).
- 주요우울장애 진단을 받은 개인을 대상으로 한 임상 연구에서는 치료사가 인지행동치료 맥락에서 강점을 구축하거나 결점을 교정하는 데 초점을 맞추도록 했습니다. 강점 강화에 무작위로 배정된 그룹은 결점 감소에 초점을 맞춘 그룹보다 더 나은 효과와 더 빠른 회복을 보였습니다(Cheavens et al., 2012).
- 5개의 연구 결과 개인은 학습에 대한 인센티브가 제공되었을 때조차도 실패보다 성공을 통해 더 많은 것을 배웠습니다(Eskreis-Winkler & Fishbach, 2019).
- 시험을 준비하는 학생들 중에서는 강점 그룹에서만 시험 전 부정적인 감정과 고통을 예방하고 미래에 대해 낙관적으로 생각하는 효과가 유의미하게 나타났습니다(Dolev-Amit et al., 2020).
- 대학원생들 사이에서 강점에 초점을 맞추면 단기적으로는 개인별 성장이 더 크게 증가한 반면(장기적으로는 그렇지 않음), 결점을 보완하는 데 초점을 맞추면 개인적 성장에 별 효과가 나타나지 않았습니다. 두 번째 연구에서는 3개월 후 결점 교정보다 개인 성장에서 더 큰 이점이 있는 것으로 나타났습니다(Meyers et al., 2015).

- 두 연구에서 전문성 개발에 초점을 맞춘 개인은 자신의 상대적 강점을 개발하거나 인지된 약점을 개선하기 위한 전략에 참여했습니다. 강점 그룹은 약점에 초점을 맞춘 그룹에 비해 일관되게 더 높은 수준의 역량, 내재적 동기, 노력 의도를 보였습니다(Hiemstra & Van Yperen, 2015).
- 업무 맥락에서 강점 활용에 대한 조직 지원 인식[1]은 직무 성과에 대한 자기 평가 및 관리자의 평가와 밀접한 관련이 있는 반면, 약점 교정에 대한 조직 지원 인식은 직무 성과와 관련이 없었습니다(van Woerkom et al., 2016).

이러한 연구 중 일부는 장애(예: 우울증)를 가진 사람들을 포함했지만, 일부는 포함하지 않았습니다. 그럼에도 이 연구들은 공통적으로 잘못된 것에만 초점을 맞추는 것은 방정식의 중요한 부분을 놓치고 있는 것이라는 과학적 발견을 보여 줍니다. 또한 약점은 실제로 강점보다 덜 중요하다고 할 수 있습니다. 이러한 연구는 무조건 약점보다 강점을 선호한다는 당연한 결론을 제시하지 않으며, 모든 상황에서 이러한 접근법이 최선이라고 제안하지도 않습니다. 오히려 이러한 연구들은 고통을 지원하면서 웰빙을 증진하기 위해 노력하는 연구자, 실무자 및 시스템에게 새로운 사고와 보다 균형 잡힌 접근법을 취할 필요성을 보여 줍니다.

여러 분야에 걸친 강점 기반 접근

강점에 대한 과학적 경험 연구 수행은 비교적 최근에 이루어졌지만, 이러한 연구에 앞서 그동안 많은 학술적 논의가 있었습니다. 강점에 대한 이론화와 이를 양질의 실무로 연결하는 것이 20년 이상 논의되어 왔으며 여러 분야에 걸쳐 진행되고 있습니다.

사회사업 분야에서 데니스 샐리비(Dennis Saleebey, 1996)는 강점 지향, 이론

1 역자 주: 조직이 구성원들의 공헌도를 존중하고 구성원 복지에 관심을 갖고 있다고 구성원이 믿는 정도를 말한다. 조직 지원은 금전적 보상뿐 아니라 승진이나 교육 훈련의 기회도 포함된다. 조직 지원 인식 수준이 높을수록 구성원 만족도, 성과, 조직 몰입, 조직시민행동 등이 높아지는 것으로 알려져 있다.

화, 사회사업 적용에 있어 초기 선구자였습니다. 그는 중증 정신질환을 앓고 있는 사람들을 대상으로 강점 기반 사례 관리에도 중점을 두었습니다(Saleebey, 1992). 심리치료 분야에서 칼 로저스의 선구적인 작업은 사람 중심 작업과 사람의 인간성(전인성)에 초점을 맞추게 했습니다(Rogers, 1961). 최근에는 성격강점을 심리치료에 접목하여 약점과 강점 모두에 초점을 두면서 한쪽으로 치우친 것에 대한 균형을 강조하는 타이얍 라시드(Tayyab Rashid)의 연구가 있습니다(Rashid & Seligman, 2019).

강점 기반 접근법은 다양하며 리더십(Welch et al., 2014), 고위험 청소년(Arnold et al., 2007), 직장 내 코칭(Peláez et al., 2020), 간호(Gottlieb & Gottlieb, 2017), 상담(Smith, 2006), 슈퍼비전(Lietz & Julien-Chinn, 2017), 조직 업무(Cooperrider & Whitney, 2005), 마음챙김(Niemiec, 2014), 프로젝트 관리(Pearce, 2018), 임원 코칭(Foster & Auerbach, 2015), 교육(Linkins et al., 2015) 등 여러 분야에서 활용되고 있습니다. 이러한 목록이 강점 기반 접근법을 설명하는 데 있어서 완전한 목록은 아니며 강점 기반 접근에 오직 하나의 경로나 모델 또는 이론적 방향이 있는 것도 아닙니다. 그러나 통합적인 접근법이 이론화되어 제안되고 있으며(Niemiec & Pearce, 2021 참조), 이에 대해서는 다음 장에서 논의될 것입니다.

장애 분야에서 강점 기반 접근법은 먼저 사람(인간존재)에 초점을 맞추는데, 이는 니믹(Niemiec et al., 2017) 연구에서 사람을 최고 우선순위로 삼은 것처럼 그 사람이 누구인지, 즉 그의 성격강점이 무엇인지 파악하는 것을 의미합니다. 강점 기반 접근법은 인간이 할 수 없는 것에 주의를 기울이는 대신 할 수 있는 것에 초점을 맞추고, 잘못된 것에 주의를 기울이는 대신 잘되는 것(강점)을 살피며 성장, 긍정적인 것, 능력 부여하기에 우선순위를 둡니다. 자기 결정 접근법은 장애 분야에서 강점에 초점을 맞춘 선도적인 접근법입니다. 자기 결정 접근법은 장애 분야에서 개인의 역량과 환경을 일치시키는 강점 기반 접근법입니다(Wehmeyer, 2020). 이러한 접근법에는 개인이 자신의 삶에서 웰빙이나 삶의 질을 개선하거나 유지하는 데 도움이 되는 일을 촉진하는 인과적 주체가 되고 목적의식을 갖고 의도적인 행동을 하는 것이 내포됩니다(Wehmeyer, 2005). 즉, 개인이 자신의 삶의 주체이며 목표를 향해 열망하며 나아가고 이에 대한 통제력을 가지고 있다고 봅니다(Wehmeyer & Little, 2013). 이렇게 개인이 올바른 선택을 하며, 자신을 관리하고, 자신을 옹호하며, 목표를 달성하기 위해 개발할 수 있는 강점 기술에는 여러 가지가 있습니다(Shogren, 2013).

낙인과 강점

장애인에 대한 낙인 현상이 널리 퍼져 있습니다. 아마도 어떤 장애 집단도 타인의 즉각적이고 지속적인 부정적 판단과 때때로 나타나는 부정적인 개인적 속성, 그리고 타인에 의해 부과되는 제한으로부터 자유로울 수 없을 것입니다. 정신건강에 대한 낙인을 조사한 결과, 사회지능과 친절성 강점이 있는 사람들이 낙인과 덜 관련되는 것으로 나타났으며, 판단력(비판적 사고) 강점을 가진 사람들은 장애를 가진 사람들에게 그 질환에 대한 개인적인 책임을 묻는 경향이 낮은 것으로 나타났습니다(Vertilo & Gibson, 2014).

다투와 니믹(Datu & Niemiec, 2023)은 일반인 21,000여 명을 대상으로 자폐증, 지적 및 발달 장애, 정신질환, 신체장애 등 네 가지 장애 범주에 속하는 사람들에 대한 낙인 수준, 다양한 종류의 장애를 가진 사람들과의 개인적 접촉, 성격강점에 대해서 조사했습니다. 그 결과 친절성, 공정성, 사회지능, 학구열 등의 강점이 낙인이 적은 것과 가장 강한 연관성을 보였고, 리더십, 용기, 사랑, 심미안, 호기심, 유머 등의 강점이 장애 유형에 관계없이 일관되게 낙인이 적은 것과 강한 연관성을 보이는 등의 패턴이 나타났습니다. 끈기, 자기조절, 영성은 일반적으로 더 높은 수준의 낙인과 관련이 있었습니다. 이러한 일반적인 결과는 사람들을 포용하고(공정성), 따뜻함, 배려, 공감, 인류애, 타인 지향성(사랑, 친절성, 사회지능), 장난기와 경쾌함(유머), 작은 것에서도 좋은 것을 찾아보는 것(심미안), 다른 사람을 탐구하고 배우려는 욕구(학구열과 호기심), 다른 사람을 이끌고 자신의 안전지대에서 벗어나려는 의지(리더십과 용기)를 포함하는 사고방식과 접근방식의 가치를 반영합니다. 반면에 자기중심적(예: 끈기, 자기조절)이거나 개인을 초월하여 바라보는 것(예: 영성)과 더 밀접하게 연관되는 강점은 더 큰 낙인 패턴을 촉진할 수 있음을 보여 줍니다. 이는 상관관계를 알아본 연구 결과로서 앞으로 추가 조사 및 잠재적 통찰력, 궁극적인 개입이 더 필요한 영역을 가리키는 지표 역할을 할 수 있으나, 개인의 강점 패턴과 그 강점이 타인을 낙인찍을 것인지에 대한 결론은 아닙니다. 그리고 이러한 성격강점이 한 개인 내에서 체계적으로 시너지 효과를 내며 나타나는 복잡한 상호작용 기제는 아직 밝혀지지 않고 있습니다.

실제(실무)

만약 당신이 교육자나 실무자이거나 한 명 또는 여러 명의 장애인을 지원하는 사람이라면 다음의 간단한 질문에 대해서 생각해 보기 바랍니다. 당신은 강점을 기반으로 개입하는 사람인가요?

전 세계 워크숍과 다양한 분야의 실무자(예: 직장 내 컨설턴트 및 코치, 교육 분야의 교사 및 교수, 클리닉 및 병원의 상담사, 사회복지사, 심리학자)를 대상으로 실시한 설문조사에서 대다수가 이에 대해 '그렇다'고 답하였습니다. 이들은 스스로를 강점 기반 실무자 또는 강점에 기반한 실무를 하고 있다고 인정하고 있습니다. 과연 누가 자신을 '강점 기반'이 아니라고 선언하고 싶어 할까요? 강점 기반이 아니라면 '약점 기반 실무자'라는 뜻이 되니까요. 인간에게는 다양한 장점이 있고 그 장점에 접근하는 방법도 다양하기 때문에 개인의 '강점' 영역에 대해서 얼마든지 탐색할 수 있습니다. 제2장에서 강점 기반 접근과 강점 기반 실무자의 특징에 대해 살펴보기로 하고, 여기서는 강점 기반 평가 접근법에 대해 살펴봅니다.

강점 기반 평가에서는 균형된 탐색, 즉 강점과 약점의 통합에 중점을 둡니다. 이것이 컨설팅(Berg, 2009) 및 심리치료(Rashid & Ostermann, 2009) 맥락에서 명확하게 드러나고 있습니다. 버그(Berg)는 내담자와 내담자 환경의 강점 및 자산뿐만 아니라 내담자와 내담자 환경의 약점에도 초점을 맞추는 접근법에 대해서 주장합니다. 실무자가 내담자의 강점을 넓게 바라보면 개인을 이해하는 데 필요한 복잡성이 추가되지만, 내담자의 환경이 추가되면 실무자가 개인의 강점과 문제의 근원을 보다 더 잘 이해할 수 있는 기회가 제공됩니다(Wright & Lopez, 2009).

분틴스(Buntinx, 2013)는 이러한 환경에 대한 개념 중 일부를 장애 영역으로 확장하여 강점에 대한 4단계 기능적 접근을 제안하였는데, 그 접근법에는 다음의 평가 내용이 포함됩니다.

1. 개인의 기능적 강점과 약점에 대한 평가(여기에는 개인의 건강하고 튼튼한 기능 영역과 긍정적인 잠재력뿐만 아니라 활동 제한, 의료 및 건강 상태 및 기타 장애가 포함됩니다.)
2. 개인의 포부, 욕구 및 필요에 대한 평가
3. 개인의 목표, 목표 달성을 위한 활동 목표 달성에 도움이 되는 지원 및 자원에 초점을 맞춘 개별화 지원 계획 평가
4. 지원 개선을 위해 개인의 삶의 질 측면에서 과거 및 현재 지원 노력의 평가

강점 기반 평가의 또 다른 영역은 개인이 가지고 있는 각 강점 범주와 각 범주에 대해 어떻게 평가할지를 고려하는 것입니다. 따라서 강점 유형에 대한 이전 논의로 돌아가서 각 영역에 대한 강점 기반 평가 질문을 다음 예시와 함께 살펴봅니다. 〈표 1-3〉을 참조하세요. 일부 평가 문항은 개인이 겪고 있는 장애 유형에 따라 조정할 수 있습니다.

〈표 1-3〉 다양한 종류의 강점 평가하기

강점 영역	설명	평가 질문	논평(코멘트)	사례
재능(능력)	타고난, 선천적인 능력	• 당신은 무엇을 잘하나요? • 당신에게 가장 자연스러운 것은 무엇인가요? • 다른 사람들은 당신이 정말 잘하는 것이 무엇이라고 말하나요?	다른 범주만큼 잘 변하지는 않지만, 연습을 통해 시간이 지남에 따라 활용하고 성장시킬 수 있습니다.	신체(운동), 언어, 음악, 대인관계, 개인 이해(개인의 마음속에서 생기는), 공간적 추론, 수학적 및 논리적 추리
기술(역량)	목적을 위한 수단으로 습득한 숙련된 강점	• 당신은 직무를 위해 어떤 기술을 개발했나요? • 당신은 어떤 일상 업무에 대해 잘하는 법을 배웠나요? • 당신이 사람들과 소통하는 데 가장 도움이 되는 것은 무엇인가요?	이는 업무, 학업, 자기관리 및 성장에 중요한 요소입니다.	개인적(분노 관리 및 의사소통 기술), 직무 관련(타이핑 기술, 대중연설 기술), 학교 관련(주의력 기술, 학습 실천 기술), 사회적(주도성 기술, 경청 기술, 공감 기술)
흥미(열정)	하고 싶다고 느끼는 활동 및 여가 영역의 강점	• 여가 시간에는 무엇을 하고 싶나요? • 집에서 가장 하고 싶은 일은 무엇인가요? • 가장 재미있는 일은 무엇인가요?	이는 각 개인에게 특별히 관련되는 주제이므로 토론하고 싶은 흥미와 설렘을 불러일으킵니다.	예술, 블로그, 수집, 운동(걷기), 게임, 언어, 사진, 소셜 미디어, 스포츠, 여행, 글쓰기, 자원봉사, 요가
자원	직장, 학교, 지역사회, 가정에서 개인을 돕고, 안내하고, 유지하게 하는 외부 지원의 강점	• 가정에서 누가 당신을 응원하나요? • 지역사회나 직장에서 누가 당신을 지원하나요? • 업무를 더 잘 수행하거나 수업에 더 원활하게 참여할 수 있도록 어떤 지원이 마련되어 있나요?	이러한 자원은 무수히 많으며, 특히 환경이 변할 수 없거나 변하지 않을 때 사람과 환경을 더 잘 연결하고 조율하는 데 도움이 됩니다.	가족, 이웃(지역사회), 친구, 의료진, 심리학자, 장애 지원팀, 자원봉사자 그룹, 지지 그룹, 영적(종교) 커뮤니티, 생활환경의 안전, 지역사회의 자원에 대한 접근성, 교통수단, 접근성 있는 장비(예: 휠체어, 목발)

(계속)

강점 영역	설명	평가 질문	논평(코멘트)	사례
가치관	자연스럽게 동기를 부여하고 개인이 소중하게 여기는 삶의 측면의 강점	• 당신에게 중요하거나 소중한 것은 무엇인가요? • 삶에서 행동하게 하는 원동력은 무엇인가요?	가치는 우리의 생각과 느낌 속에 나타납니다(반드시 행동을 반영하는 것은 아님). 가치관은 다른 강점 범주와 중첩되는 일반적인 용어로, 한 개인이 자신의 성격 강점, 자원 등을 가치 있게 여길 수 있습니다.	근면, 자유, 가족, 단순함, 성실, 우정, 공정성, 전통, 이해, 재산, 헌신, 지역사회, 환경, 윤리, 봉사, 영성, 자존감, 포용, 독립성(몇 가지 예시)
성품 (성격강점)	핵심 정체성을 반영하고, 긍정적인 결과를 창출하며 더 큰 공익에 기여하는 긍정적인 성격 특성의 강점	• 당신의 가장 큰 장점은 무엇인가요? • 어떤 면에서 당신은 좋은 사람인가요? • 성공하는 데 도움이 되는 자질은 무엇인가요? • 회복탄력성을 갖추려면? • 당신이 다른 사람을 위해 좋은 일을 했던 사례는 어떤 것이 있나요?	성품은 우리의 생각, 느낌, 의지(의욕), 행동을 통해 나타납니다. 이 범주는 다른 모든 강점 범주의 원동력이 됩니다.	심미안, 용감성, 창의성, 호기심, 공정성, 용서, 감사, 진실성, 유머, 겸손, 희망, 판단력, 친절성, 사랑, 학구열, 리더십, 끈기, 통찰력, 신중성, 자기조절, 사회지능, 영성, 협동심, 활력

성격강점 범주는 다른 강점 범주의 원동력으로 간주됩니다(Niemiec, 2018). 따라서 성격강점은 다른 강점 범주가 작동하는 데 도움이 됩니다. 예를 들어, 피아노 연주에 음악적 지능(재능)이 있는 사람은 자기조절(절제), 신중함(다른 활동 중에도 연습 시간을 계획하기), 끈기(연습을 계속하기), 희망(피아노를 성공적으로 연주할 미래를 바라보기), 창의성(연습을 신선하고 재미있게 진행하기), 활력(연습에 긍정적인 에너지 유지하기) 등의 성격강점을 규칙적이고 깊이 있게 사용할 필요가 있습니다. 성격강점이 없다면 재능은 분명 흐지부지될 것입니다. 새로운 기술을 개발하기 위한 학구열, 흥미를 추구하기 위한 호기심, 자원을 활용할 수 있는 사회지능과 같은 성격강점이 필요하듯 성격강점이 없다면 다른 범주의 강점(기술,

흥미, 자원 등)도 마찬가지로 흐지부지될 것입니다.

약점에서 강점으로의 전환

이 장에서 논의한 연구를 바탕으로 보면 강점에 집중하는 것이 중요하지만 강점은 종종 우리가 소홀하게 생각하는 요소임이 분명합니다. 강점에 초점을 맞추는 것은 때로는 잘못된 것에 초점을 맞추는 것을 보완(교정)하는 것이기도 하고, 때로는 잘못된 것을 재구성하거나 새롭게 전환하는 것입니다.

다음은 강점으로 초점을 전환하는 것이 실질적으로 왜 중요한지와 그 파급효과에 관한 개인적인 이야기입니다. 이러한 사례는 세계보건기구에 제출된 세계 장애 보고서의 주요 권고 사항에 해당하는 긍정적인 재평가(예: Garland et al., 2011)와 개인에 대한 초점을 모두 강조하고 있습니다(Officer & Shakespeare, 2013).

내(니믹) 아들 중 한 명은 다운증후군을 앓고 있습니다. 일반적으로 발달이 정상인 아이들에 비해 몸을 가누고, 앉고, 기고, 서며, 걷는 것이 늦었습니다. 사실, 아들은 어릴 때 움직임 발달이 지연되었는데 이후 기어가는 단계로 완전히 건너뛰었습니다. 아들은 (다리와 손으로 엉덩이를 움직이면서) 바닥을 기어다니기만 했습니다. 몇 년 전 그 시기에 나는 아이를 데리러 어린이집에 갔는데, 그때 우리 아이는 교실에 마지막까지 남아 있던 아이였습니다. 어느 날 나는 아이가 블록을 가지고 노는 모습을 지켜보다가 어린이집 선생님과 이야기를 나누기 시작했습니다. 곧바로 내 목소리를 알아차린 아이가 뒤돌아서더니 나에게 다가오기 시작했습니다. 나는 선생님께 아이가 또래 친구들처럼 걸었으면 좋겠다고 무심코 말을 건넸습니다. 그러자 선생님은 망설임 없이 "글쎄요, 굴러다니는 것만으로도 충분해요. 이 아이는 가고 싶은 곳이면 어디든 갈 수 있어요. 다른 아이들이 방 반대편에서 놀고 있으면 이 아이는 가고 싶은 곳에 금방 도착해요."라고 했습니다. 이전부터 그러한 점을 이해하고 있었지만, 선생님의 말은 더 직접적이고 의미심장하게 다가왔습니다. 선생님은 내 코앞에 닥쳐 있는, 내 마음 한구

석에 희미하게 전의식 상태로 있던 현실을 보다 긍정적으로 재구성해서 말해 주었습니다. 나는 아이의 질주하는 이동 행동을 긍정적인 행동이라는 실제로 보지 못하고 있었습니다. 그것은 아들의 필요를 충족시키고 성취감을 주는 행동이었습니다. 그것은 정말 그의 큰 강점이었습니다.

이 대화를 계기로 선생님과 더 많은 대화를 나누게 되었고, 실제로 아들이 서둘러 움직이는 속도가 매우 빠르다는 것을 함께 관찰하게 되었습니다. "가끔은 또래 친구들이 걷는 것보다 더 빨리 도착할 때도 있어요!" 선생님은 감탄했습니다. "그리고 넘어지지도 않아요."라며 농담을 던졌습니다. 선생님의 관찰은 내가 아들을 긍정적으로 재평가하고 통찰력을 키우는 데 도움이 되었습니다. 나는 기쁨과 호기심, 감사의 렌즈(관점)를 가지고 아이의 스쿠팅(서둘러 이동하기) 모습에 더 많은 관심을 기울였습니다. 아들이 스쿠팅을 할 때마다 그것이 긍정적인 행동이고 실제로 아들이 매우 빠른 스쿠터(서둘러 이동하는 사람)이기 때문에 감사하기 시작했습니다! 물론 나는 아들이 걷는 모습을 보고 싶었지만, 그것은 아들의 열망이라기보다는 내 열망에 가까웠고, 아들은 지금 이대로도 나름 잘하고 있었습니다. 아들은 자신의 필요를 충족시킬 뿐만 아니라 스스로 자신의 욕구를 만족시키고 있었고, 그렇게 함으로써 힘을 얻는 것 같았습니다. 부모로서 나는 아들을 관찰하고 상호작용할 때 긍정적인 기준점을 설정하고, 점점 더 강점에 기반을 둔 부모가 되기 위해 주의를 기울이며 노력하였습니다.

나(토마술로)는 10대 시절 정서적 장애를 가진 사람들에 대한 나의 반응이 부끄러웠습니다. 장애를 가진 사람들을 보았을 때 처음 나타나는 반응은 일종의 거부감이었습니다. 나는 그 사람을 피하고, 무시하고, 외면하면서 더 말이 없어졌습니다. 내가 이런 반응을 보이는 것이 스스로도 이해할 수 없었지만 그 반응이 매우 신경 쓰였습니다. 무엇이 그렇게 두려웠을까요? 무엇이 내 일상을 방해했을까요? 처음에는 감정이 좀 이상해 보이거나 너무 큰 소리를 지르거나 사회적으로 어색해 보이는 사람들에게 이런 반응을 보였지만, 신체적 장애가 있는 사람들에게도 이런 반응을 보인다는 것을 알게 되었습니다. 그리고 내가 이런 반응을 보인다는 사실에 다소 당혹감을 느꼈습니다. 사실 나의 청소년기 경험

중 어떤 것도 이런 유형의 반응을 일으키는 데는 영향을 주지 않았습니다.

내 고향에 지적장애와 정신질환을 앓고 있는 리치라는 남자가 있었습니다. 리치는 코가 매우 크고 약간 기형적이었으며 걸음걸이가 비정상적으로 빨랐습니다. 리치는 학생들에게 놀림을 당하고 부모로부터 외면당했으며 아이들에게도 감춰져 드러나지 않았습니다. 하지만 리치는 모든 고등학교 스포츠 팀의 팬이었습니다. 리치는 항상 다른 사람들의 장난에 개의치 않는 듯 보였고, 눈이 마주치면 인사하고 손을 흔들었습니다. 고등학교 축구, 농구, 레슬링, 야구 시합에 늘 참석했던 리치는 항상 상대방의 무시하는 조롱과 비아냥거리는 흉내, 비하 발언을 듣곤 했습니다. "멍청아, 집에 가!", "찌질아!" 등 10대들의 잔인한 비난과 비웃는 흉내로 끊임없는 조롱이 계속됐습니다. 가끔 부모나 교사, 코치 중 한 명이 "그만해!"라고 소리치곤 했지만 그러한 상황은 전혀 나아지지 않았습니다. 리치가 나타나 팀을 응원했습니다. "힘내, 할 수 있어, 할 수 있어!" 그에게는 또한 약간의 쉰 목소리가 있었고 가끔 그가 말을 더듬어 응원하는 것조차 우리에게 불쾌감을 주거나 불쾌감을 주는 반응을 불러일으키기도 했습니다. 이런 경기들에서 리치를 봤을 때 나는 그가 왜 그곳에 있는지 궁금했습니다. 왜 그런 취약하고 노출된 상황에 자신을 내맡기는 걸까요? 나는 한편으로 리치가 안쓰러웠고 동시에 그가 다른 사람들의 표적이 되지 않기를 바랐습니다. 왜 그는 집에 있지 않을까? 아니면 조용히 있거나? 아니면 관람석 한가운데가 아닌 다른 곳에 앉으면 어떨까? 다시 말해, 제발 그렇게 행동하지 않고 내 삶을 좀 더 편하게 해 주면 어떨까?

리치가 자신의 존재를 알릴수록 사람들은 나처럼 아예 입을 닫거나 혹은 그를 조롱하는 사람들처럼 행동했습니다. 그러한 리치의 존재는 사람들의 반응을 일으켰습니다. 심지어 평정심을 유지하려 애쓰는 학부모와 교사, 코치들도 영향을 받았습니다. 리치 주변 사람들은 공평하지 않았습니다. 리치에게 다정하게 대하는 모습은 전혀 찾아볼 수 없었습니다. 아무도 리치에게 인사하지 않았고, 아무도 웃지 않았고, 아무도 악수하지 않았습니다. 나도 사람들의 그러한 반응을 눈치채면서 리치에게 어떤 다정하고 친절한 행동도 하지 않도록 마음이 닫혔습니다.

리치는 어디에서나 볼 수 있었습니다. 내가 여동생을 댄스 수업에 데려다주거나 금요일 밤 피자를 사러 갈 때, 마트에 갔을 때도 리치를 볼 수 있었습니다. 리치는 항상 기분이 좋아 보였고 항상 분주하게 움직이며 자리를 떴습니다. 가끔씩 리치는 10대 여자아이에게 대화를 시도하기도 했지만, 그때마다 항상 여자아이는 아무 대꾸도 하지 않고 돌아서거나, 정중하지만 무뚝뚝한 인사만 했습니다. 이런 만남 중에 몇 번은 여자아이들이 그의 외모나 말투에 대해 끔찍한 말을 하면서 끝이 났지만, 리치가 비열하거나 부정적인 반응을 보인 적은 단 한 번도 없었습니다. 사실, 내가 리치에게 들은 유일한 대답은 "괜찮아, 괜찮아."였습니다. 리치에게는 어떤 악의도 전혀 찾아볼 수 없었습니다.

고등학교를 졸업할 무렵 나는 시내의 한 아이스크림 가게에 취직했고, 얼마 지나지 않아 매니저가 되어 아이스크림을 만들고, 문을 열고, 닫고, 청소하는 일로 사장님을 도와드렸습니다. 나는 아이스크림 가게를 관리하는 데 자부심을 느꼈고 사장님과 아주 잘 지냈습니다. 시간이 지나면서 사장님은 나에게 더 많은 책임을 맡기며 급여를 올려 주었고, 근무가 끝나면 내가 원하는 것은 무엇이든 먹을 수 있다는 보너스도 더해졌습니다. 그리고 내 친구들과 같은 반 친구들도 가게에 자주 왔습니다. 그 일은 내게 돈도 벌고, 친구들과 어울리며, 맛있는 아이스크림도 먹을 수 있는 완벽한 방법이었습니다.

그런데 어느 날 리치가 가게에 들어와서 럼 건포도 아이스크림콘을 주문했습니다. 리치에게 서빙을 하고 콘을 꺼내서 가져가라고 하는 동안 리치는 니켈, 다임 등 여러 개의 동전으로 30센트를 세는 지루한 과정을 시작하고 있었습니다. 그는 3센트가 부족했지만 나는 걱정하지 말라고 괜찮다고 말했습니다. 그때 한 손님이 우리의 교환 모습을 보더니, 리치에게 돈을 넣어 두라고 하며 그 콘은 자신이 준 선물이라면서 대신 계산해 주었습니다. 이것은 리치에게 일어난, 지금까지 내가 본 최초의 친절한 행동이었습니다. 그 남성이 돈을 건네자 리치는 무슨 말을 해야 할지, 어떻게 행동해야 할지 몰라 얼음이 되어 버렸습니다. 내가 콘을 내미는 동안 리치는 카운터에서 잔돈을 주워 주머니에 다시 넣었습니다. 리치의 촉촉해진 눈동자가 손님과 내 사이를 왔다 갔다 했습니다. 리치는 내 손에서 콘을 받아들며 고개를 힘차게 흔들고, 우리 둘에게 겸손하지만 생동감 넘치는 감사를 전했습니다. 그러고는 일사불란한 동작으로 아이스크림을 먹기 시작하더니 재빨리 문 쪽으로 걸어가면서 중얼거렸습니다. "괜찮아, 괜찮아." 리치는 친절을 어떻게 받아야 하는지 전혀 몰랐습니다.

그 후 리치는 매일 찾아왔습니다. 마치 친절과 행운이 아이스크림 가게와 연결되어 있는 것처럼 그는 내가 가게 문을 열자마자 그곳에 왔고, 럼 건포도 아이스크림을 사서 다 먹은 후에도 오래 머물곤 했습니다. 얼마 지나 사장님은 이 사실을 깨닫고 이것이 영업에 좋지 않다고 생각하여 나에게 리치가 아이스크림을 다 먹고 나면 더 이상 여기에 머물 수 없다고 말하라고 하였습니다. 그래서 나는 사장님 말씀대로 그 자리는 아이스크림을 먹는 사람들을 위한 자리이니, 다 먹은 후에는 다른 사람이 앉을 수 있도록 자리를 비워야 한다고 리치에게 설명하였습니다. 리치는 내 말을 이해했지만 나가서는 문 바로 밖에 계속 서 있었습니다. 사장님은 이 새로운 상황이 마음에 들지 않아서 경찰을 부르겠다고 말했습니다. 며칠 동안 우리는 이 상황을 처리할 수 있는 다른 방법을 논의했고, 그 과정에서 나는 사장님에게 리치를 청소하는 사람으로 고용할 것을 제안했습니다. 이렇게 하면 리치와 아이스크림 가게를 연결할 수 있고, 저녁에 나를 도와주면서 낮에는 가게 근처를 돌아다니지 않는 것이 거래 계약의 일부라고 말해 줄 수 있었습니다. 그러나 사장님은 이 제안을 단칼에 거절했고 곧 경찰이 개입할 것이 분명해졌습니다.

그런데 전혀 상상할 수 없는 일이 벌어졌습니다. 38세에 불과했던 사장님의 아내가 갑자기 뇌동맥류로 사망하여 일주일 동안 가게 문을 닫았습니다. 마을 사람들은 모두 사장님의 아내를 알았기에 장례식장은 매일 밤 문전성시를 이뤘습니다. 마지막 날 밤, 리치도 뒤에서 묵주를 들고 그 자리에 와 있었습니다. 사장님이 와 줘서 고맙다는 인사를 건네자 리치의 눈동자가 이리저리 흔들렸습니다. "괜찮아, 괜찮아."라는 말만 되풀이할 뿐이었습니다.

그 후 사장님은 내가 가게 문을 닫는 밤 시간에 청소를 도와달라며 리치를 고용했습니다. 리치는 열심히 일했고 덕분에 평소 걸리던 청소 시간이 절반으로 줄었습니다. 아이스크림 기계를 청소하고, 탄산음료 분수를 닦고, 설거지를 하고, 의자를 테이블 위에 올려놓고 바닥을 닦는 일상이 반복되었습니다. 리치는 낮에는 자리를 비웠지만 밤 시간에는 충실히 모습을 드러냈습니다. 바닥이 마르는 동안 우리는 앉아서 맛있는 아이스크림콘을 먹곤 했습니다. 나는 보통 초코칩을 먹었는데, 리치는 럼 건포도를 계속해서 선택했습니다.

그러던 어느 날 리치가 나타나지 않았습니다. 그다음 날도 그다음 날도 나타나지 않았습니다. 리치에게 무슨 일이 있었는지에 대한 소문이 돌았습니다. 밤에 길을 걷다가 차에 치였다, 병원에 입원했다, 가출했다는 등의 여러 소문이 돌았습니다. 나는 그에게 무슨 일이 있었는지 항상 궁금했습니다. 무슨 일이 있었는지 알아보려고 노력했지만 다시는 리치를 볼 수 없었고 곧 나는 아이스크림 가게를 떠나 대학과 대학원을 다녔습니다.

이후 내 경력과 소명, 그리고 니믹의 권유로 이 책을 함께 쓰게 된 것은 여러모로 리치에게서 영감을 받은 것 같습니다. 리치는 내가 지적 및 정신 장애로 어려움을 겪고 있는 사람과 직접적으로 관계를 맺은 첫 번째 사람이었습니다. 그의 순수함과 삶에 대한 열정, 무지와 배움에 대한 의지, 관계에 대한 열망은 내가 마음을 닫아 두었던 사람들에 대한 눈과 가슴을 열어 주었습니다. 리치로부터, 그리고 내가 함께 일한 사람들을 통해 배운 것은 지적, 정신적 장애가 심하다 하더라도, 그들 역시 당신이나 나와 크게 다르지 않다는 것입니다. 그들은 사랑을 갈망하고, 애정, 연민, 친절을 필요로 하며, 소외감을 느끼면 상처를 받고, 지도가 필요하고, 의미 있는 관계를 원하고, 배신당하거나 자신의 욕구를 충족시키지 못하면 분노하며, 우리처럼 인생의 진로에 대해 혼란스러워하고 불확실한 가운데 있습니다.

심리학자로서 사람들이 어떤 모습이건 그들을 같은 인간으로 서로 연결해 주고, 사람들에게 희망을 주는 최고의 도구를 제공하는 것이 무엇인지 배우는 것은 내가 심리학을 처음 수강할 때부터 추구해 온 목표였습니다. 성격강점 뒤에 숨겨진 힘과 우아함을 처음 배웠을 때, 심리학을 통해 우리 내면에 있는 최고의 것을 계발하기 위한 보편적인 언어를 발견했다고 처음 느꼈습니다. 내가 리치를

알았을 때 성격강점이 있었으면 좋았을 텐데 하는 아쉬움이 남습니다.[2]

향후 방향

수십 년, 아니 단지 10년만을 되돌아봐도 강점 및 강점 기반 접근법이 얼마나 발전했는지 알 수 있습니다. 모든 조력자가 강점 기반 접근법을 개발하고 극대화하여 다른 사람의 행복과 건강한 관계 형성을 돕고 갈등, 어려움, 문제를 관리할 수 있도록 하는 데 있어 '앞으로 가야 할 먼' 미래에 나타날 가능성을 상상하는 것 또한 흥분되는 일입니다.

강점 심리학의 성장을 위해 지금 당장 필요한 영역은 사람들 속에 있는 다양한 종류의 강점을 평가하고 궁극적으로는 이에 대해 통합적 개입을 하는 것입니다. 이를 위한 첫 번째 단계는 실무자와 시스템이 어떤 유형의 강점에 초점을 맞출 것인지를 보다 분명하게 하고 그 강점 범주가 무엇인지 이름을 붙여 명명하고, 이를 탐색하고, 적절한 개입을 하는 것입니다. 이와 관련하여 각 강점 유형이 시간이 지남에 따라 어떻게 발전하고, 유연하게 변화하며, 강점 사용 시 어떤 결과를 다양하게 가져오는지에 대해 차별화하는 것이 중요합니다. 이러한 향후 연구 영역들과 더불어 자연스럽게 떠오르는 질문은 더 나은 효과를 위해서 강점 범주를 어떻게 결합할 수 있을까 하는 것입니다. 예를 들어, 성격강점, 재능, 흥미 등의 결합이 강력하고 내적인 강점 시너지 효과를 가져올 수 있을까요? 또한 긍정적 개입이 이러한 각 영역뿐만 아니라 하나의 강점 영역에 개입하여 다른 강점 영역을 강조하고 영향을 미치는데 어떤 기능과 역할을 할 수 있을까요?

---

2 이 절의 일부는 『아메리칸 스네이크 피트: 윌로우브룩의 희망, 그릿, 회복탄력성(American Snake Pit: Hope, Grit, and Resilience in the Wake of Willowbrook)』에 실린 내용이다.

주요 내용

- 장애는 널리 퍼져 있습니다. 대부분의 인간에서 자신이나 가족 또는 친구가 장애의 영향을 받은 경험이 있으며, 어느 정도 오래 살다 보면 모든 사람이 장애의 영향을 받게 됩니다.
- 인간은 잘못된 것에 초점을 맞추고 부정적이거나 결점에 기반을 둔 사고방식을 취하는 데 익숙해져 있습니다. 따라서 강점에 초점을 맞추면 보다 현실적이고 정직한 균형을 유지할 수 있습니다.
- 인간은 재능(능력), 기술(역량), 흥미(열정), 자원(지원), 가치관, 성격강점 등 다양한 종류의 강점을 가지고 있습니다. 특히 성격강점은 다른 강점 영역이 기능하게 하고, 풍요롭게 하며, 그 강점 영역에 추진력을 제공하는 기반이 된다고 볼 수 있습니다.
- 강점에 초점을 맞춘 그룹과 약점(결점)에 초점을 맞춘 그룹을 비교한 최소 7개의 연구에서 강점 초점 그룹이 모든 연구에서 더 나은 성과를 거두었습니다.
- 중점을 두는 강점의 유형에 관계없이 강점 기반 평가에는 기능적 접근법, 개인과 환경의 강점 및 약점의 균형을 맞추는 접근법 등 여러 가지 유용한 접근법이 있습니다.
- 실무자는 강점 기반 사고방식을 취하며, 긍정적인 재평가를 통해 약점에서 강점으로 초점을 전환할 수 있습니다.

참고문헌

Arnold, E. M., Walsh, A. K., Oldham, M. S., & Rapp, C. A. (2007). Strengths-based case management: Implementation with high-risk youth. *Families in Society, 88*(1), 86-94. https://doi.org/10.1606/1044-3894.3595

Bakker, A. B., & van Wingerden, J. (2020). Do personal resources and strengths use increase work engagement? The effects of a training intervention. *Journal of Occupational Health Psychology*. https://doi.org/10.1037/ocp0000266

Baumeister, R. F., Bratslavsky, E., Finkenaeuer, C., & Vohs, K. D. (2001). Bad is stronger than good. *Review of General Psychology, 5*(4), 323–370. https://doi.org/10.1037/1089-2680.5.4.323

Berg, C. J. (2009). A comprehensive framework for conducting client assessments: Highlighting strengths, environmental factors and hope. *Journal of Practical Consulting, 3*(2), 9–13.

Buntinx, W. H. E. (2013). Understanding disability: A strengths-based approach. In M. L. Wehmeyer (Ed.), *The Oxford handbook of positive psychology and disability* (pp. 7–18). Oxford University Press.

Carter, E. W. (2016). A place of belonging: Research at the intersection of faith and disability. *Review and Expositor, 113*(2), 167–180.

Centers for Disease Control and Prevention. (2018). *Disability and health data system (DHDS)*. Available from: http://dhds.cdc.gov. Accessed on 23 Sept 2022.

Cheavens, J. S., Strunk, D. R., Lazarus, S. A., & Goldstein, L. A. (2012). The compensation and capitalization models: A test of two approaches to individualizing the treatment of depression. *Behaviour Research and Therapy, 50*, 699–706.

Cooperrider, D., & Whitney, D. (2005). *Appreciative inquiry: A positive revolution in change*. Berrett-Koehler.

Crabtree, S. (2013). *Worldwide, 13% of employees are engaged at work*. Gallup. Found at: https://news.gallup.com/poll/165269/worldwide-employees-engaged-work.aspx

Craske, M. G., Meuret, A. E., Ritz, T., Treanor, M., Dour, H., & Rosenfield, D. (2019). Positive affect treatment for depression and anxiety: A randomized clinical trial for a core feature of anhedonia. *Journal of Consulting and Clinical Psychology, 87*(5), 457–471. https://doi.org/10.1037/ccp0000396

Datu, J., & Niemiec, R. M. (2023). *Disability: Character strengths, stigma, and acceptance across different disabilities*. Data from 21,800 people, collected on the VIA Institute on Character website.

Disability Funders Network. (2022). *Disability stats and facts*. Available at https://www.disability- funders.org/disability-stats-and-facts. Accessed on 23 Sept 2022.

Dolev-Amit, T., Rubin, A., & Zilcha-Mano, S. (2020). Is awareness of strengths intervention sufficient to cultivate wellbeing and other positive outcomes?

Journal of Happiness Studies. https://doi.org/10.1007/s10902-020-00245-5

Ericsson, K. A., & Ward, P. (2007). Capturing the naturally occurring superior performance of experts in the laboratory: Toward a science of expert and exceptional performance. *Current Directions in Psychological Science, 16*(6), 346-350. https://doi.org/10.1111/j.1467-8721.2007.00533.x

Eskreis-Winkler, L., & Fishbach, A. (2019). Not learning from failure—The greatest failure of all. *Psychological Science, 30*, 1733. https://doi.org/10.1177/0956797619881133

Foster, S. L., & Auerbach, J. E. (2015). Positive psychology in coaching: Applying science to executive and personal coaching. Executive College Press.

Gardner, H. (1983). *Frames of mind: The theory of multiple intelligences*. Basic Books.

Garland, E. L., Gaylord, S. A., & Fredrickson, B. L. (2011). Positive reappraisal mediates the stress-reductive effects of mindfulness: An upward spiral process. *Mindfulness, 2*(1), 59-67. https://doi.org/10.1007/s12671-011-0043-8

Gottlieb, L. N., & Gottlieb, B. (2017). Strengths-based nursing: A process for implementing a philosophy into practice. *Journal of Family Nursing, 23*(3), 319-340. https://doi.org/10.1177/1074840717717731

Harzer, C., & Ruch, W. (2015). The relationships of character strengths with coping, workrelated stress, and job satisfaction. Frontiers in Psychology, 6. https://doi.org/10.3389/ fpsyg.2015.00165

Hiemstra, D., & Van Yperen, N. W. (2015). The effects of strength-based versus deficit-based self-regulated learning strategies on students' effort intentions. *Motivation and Emotion, 39*, 656-668. https://doi.org/10.1007/s11031-015-9488-8

Hone, L. C., Jarden, A., Duncan, S., & Schofield, G. M. (2015). Flourishing in New Zealand workers: Associations with lifestyle behaviors, physical health, psychosocial, and work-related indicators. *Journal of Occupational and Environmental Medicine, 57*(9), 973-983. https://doi.org/10.1097/JOM.0000000000000508

Keyes, C. L. M. (2003). Complete mental health: An agenda for the 21st century. In C. L. M. Keyes & J. Haidt (Eds.), *Flourishing: Positive psychology and the life well-*

lived (pp. 293-312). American Psychological Association.

Lietz, C. A., & Julien-Chinn, F. J. (2017). Do the components of strengths-based supervision enhance child welfare workers' satisfaction with supervision? *Families in Society, 98*(2), 146-155. https://doi.org/10.1606/1044-3894. 2017.98.20

Linkins, M., Niemiec, R. M., Gillham, J., & Mayerson, D. (2015). Through the strengths lens: A framework for educating the heart. *Journal of Positive Psychology, 10*(1), 64-68. https://doi.org/10.1080/17439760.2014.888581

Linley, A. (2008). *Average to A+: Realising strengths in yourself and others. CAPP Press.* Luckasson, R., Coulter, D. L., Polloway, E. A., Reiss, S., Schalock, R. L., Snell, M. E., et al. (1992). *Mental retardation: Definition, classification, and systems of supports* (9th ed.). American Association on Mental Retardation.

Maddux, J. E. (2009). Stopping the "madness": Positive psychology and deconstructing the illness ideology and the DSM. In S. J. Lopez & C. R. Snyder (Eds.), *Oxford handbook of positive psychology* (2nd ed., pp. 61-69). Oxford University Press.

Mazzucchelli, T. G., Kane, R. T., & Rees, C. S. (2010). Behavioral activation interventions for well-being: A meta-analysis. *Journal of Positive Psychology, 5*(2), 105-121.

Meyers, M. C., van Woerkom, M., de Reuver, R., Bakk, Z., & Oberski, D. L. (2015). Enhancing psychological capital and personal growth initiative: Working on strengths or deficiencies? *Journal of Counseling Psychology, 62*(1), 50-62. https://doi.org/10.1037/cou0000050

Niemiec, R. M. (2014). *Mindfulness and character strengths: A practical guide to flourishing*. Hogrefe.

Niemiec, R. M. (2018). *Character strengths interventions: A field-guide for practitioners*. Hogrefe. Niemiec, R. M. (2023). Mental health and character strengths: the dual role of boosting well-being and reducing suffering. Mental Health and Social Inclusion, Vol. ahead-of-print No. ahead-of-print. https://doi.org/10.1108/MHSI-01-2023-0012

Niemiec, R. M., & Pearce, R. (2021). The practice of character strengths: Unifying definitions, principles, and exploration of what's soaring, emerging, and ripe with potential in science and in practice. *Frontiers in Psychology, 11*, 590220.

https://doi.org/10.3389/fpsyg.2020.590220

Niemiec, R. M., Shogren, K. A., & Wehmeyer, M. L. (2017). Character strengths and intellectual and developmental disability: A strengths-based approach from positive psychology. *Education and Training in Autism and Developmental Disabilities, 52*(1), 13-25.

Officer, A., & Shakespeare, T. (2013). The world report on disability and people with intellectual disabilities. *Journal of Policy and Practice in Intellectual Disabilities, 10*(2), 86-88. https://doi.org/10.1111/jppi.12031

Pearce, R. (2018). Be a project motivator: Unlock the secrets of strengths-based project management. Berrett-Koehler Publishers.

Peláez, M. J., Coo, C., & Salanova, M. (2020). Facilitating work engagement and performance through strengths-based micro-coaching: A controlled trial study. *Journal of Happiness Studies: An Interdisciplinary Forum on Subjective Well-Being, 21*(4), 1265-1284. https://doi.org/10.1007/s10902-019-00127-5

Rashid, T., & Ostermann, R. F. (2009). Strength-based assessment in clinical practice. *Journal of Clinical Psychology: In Session, 65*(5), 488-498.

Rashid, T., & Seligman, M. E. P. (2019). *Positive psychotherapy: Clinician manual.* Oxford University Press.

Rogers, C. (1961). *On becoming a person.* Houghton Mifflin.

Rozin, P., & Royzman, E. B. (2001). Negativity bias, negativity dominance, and contagion. *Personality and Social Psychology Review, 5*(4), 296-320.

Saleebey, D. (1992). *The strengths perspective in social work practice.* Longman.

Saleebey, D. (1996). *The strengths perspective in social work practice: Extension and cautions.* Social Work, 41(3), 296-305.

Seligman, M. E. P. (1999). The president's address. American Psychologist, 54, 559-562. Shogren, K. A. (2013). Self-determination and transition planning. Paul H. Brookes Publishing. Smith, E. J. (2006). *The strength-based counseling model. The Counseling Psychologist, 34*(1), 13-79.

Steimer, A., & Mata, A. (2016). Motivated implicit theories of personality: My weaknesses will go away, but my strengths are here to stay. *Personality and Social Psychology Bulletin, 42*(4), 415-429. https://doi.org/10.1177/0146167216629437

Teffert, D. A. (2009). The savant syndrome: An extraordinary condition. A synopsis: Past, present, future. *Philosophical Transactions of the Royal Society of London. Series B, Biological Sciences, 364*(1522), 1351-1357. https://doi.org/10.1098/rstb.2008.0326

van Woerkom, M., Mostert, K., Els, C., Bakker, A. B., de Beer, L., & Rothmann, S. (2016). Strengths use and deficit correction in organizations: Development and validation of a questionnaire. *European Journal of Work and Organizational Psychology*. https://doi.org/10.108 0/1359432X.2016.1193010

Vertilo, V., & Gibson, J. M. (2014). Influence of character strengths on mental health stigma. *Journal of Positive Psychology, 9*, 266-275. https://doi.org/10.1111/1467-9450.00242

Wehmeyer, M. L. (2005). Self-determination and individuals with severe disabilities: Reexamining meanings and misinterpretations. *Research and Practice in Severe Disabilities, 30*, 113-120. Wehmeyer, M. L. (Ed.). (2013). *The Oxford handbook of positive psychology and disability*. Oxford University Press.

Wehmeyer, M. L. (2020). Strengths-based approaches to disability, the supports paradigm, and the importance of the supports intensity scales. *Revista Educação Especial, 33*, 1-14.

Wehmeyer, M. L., & Little, T. D. (2013). Self-determination. In M. L. Wehmeyer (Ed.), The Oxford handbook of positive psychology and disability (pp. 116-136). Oxford University Press.

Welch, D., Grossaint, K., Reid, K., & Walker, C. (2014). Strengths-based leadership development: Insights from expert coaches. *Consulting Psychology Journal: Practice and Research, 66*(1), 20-37. https://doi.org/10.1037/cpb0000002

World Health Organization. (2021). *Disability and health*. https://www.who.int/news-room/fact- sheets/detail/disability-and-health. Accessed on 23 Sept 2022.

Wright, B. A., & Lopez, S. J. (2009). Widening the diagnostic focus: A case for including human strengths and environmental resources. In S. J. Lopez & C. R. Snyder (Eds.), *Oxford handbook of positive psychology* (2nd ed., pp. 71-487). Oxford University Press.

제2장 성격강점: 능력의 발견, 웰빙 그리고 회복탄력성 계발

개념

2004년 사회과학 분야에서 획기적인 성과가 있었습니다. 과학에 기반한 성격강점 분류체계가 세상에 소개된 것입니다(Peterson & Seligman, 2004). 50명이 넘는 과학자들이 3년 동안 협업한 결과, 인간의 긍정적 특성에 대한 합의된 명명법(즉, '공통 언어')이 공개되었습니다. 이것의 출발은 다음과 같은 질문에서 시작되었습니다. 인간의 가장 좋은 점, 즉 최고의 특성은 무엇일까요? 모든 인간 속에 내재된 긍정적 특성은 무엇일까요? 무엇이 인간으로 하여금 충만한 삶, 좋은 삶, 의미 있는 삶을 살 수 있도록 할까요?

과학자들은 이러한 질문에 대해 다음과 같은 여러 가지 방법으로 탐구를 했습니다.

- 가장 대중적인 세계 종교 문헌, 고대 철학자들(예: 아리스토텔레스 등)의 사상과 문헌, 미덕 분야의 주요 저서(예: 벤저민 프랭클린)를 포함하여 미덕, 강점, 긍정적 특성에 관한 광범위한 문헌 조사(Dahlsgaard et al., 2005; Peterson & Seligman, 2004)
- 강점, 미덕 및 관련 분야(예: 도덕심리학 및 발달심리학)에 대한 연구 문헌의 검토(Peterson & Seligman, 2004)

- 성격강점을 측정 · 평가하기 위해 심리측정 방법적으로 신뢰할 수 있고 타당한 측정 도구(성인 및 청소년용)를 개발하고, 이를 전 세계 다양한 사람들에게 실시(Park et al., 2006; Peterson & Seligman, 2004)
- 케냐의 마사이족과 그린란드 북부의 이누이트족을 포함한 오지 문화권까지 방문하여 그들의 문화에서 보편적 성격강점 목록들이 존재하고 표현되고 있는지, 그리고 이러한 성격강점을 표현하고 육성하며 활성화하는 방법이나 기관들이 있는지에 대해 질문하고 토론(Biswas-Diener, 2006)
- 각 집단(지원자)의 성격강점을 평가하고 면밀히 조사하기 위한 강점 기준의 수립(Peterson & Seligman, 2004). 12가지 기준과 정의는 〈표 2-1〉을 참조하

〈표 2-1〉 24가지 성격강점의 준거(Peterson & Seligman, 2004)

성격강점 준거	준거의 정의
아주 흔하거나 보편적임(보편성)	이 특성은 전 세계의 모든 사람에게 존재하며 특정 문화나 국가에 국한되지 않는다.
측정 가능성	우수한 심리 측정법을 보여 주는 간단한 자기 보고형 검사 사용을 통해 사람들의 이 특성이 정확하게 평가될 수 있다.
성취(실현)에 기여	이 특성은 자신과 타인의 행복한 삶을 실현하고 다양하게 성취하는 데 기여한다.
도덕적 가치 보유	이 특성은 명백하고 유익한 결과가 당장 없더라도 그 자체로 도덕적인 가치가 있다.
타인에게 무해함	강점을 드러내는 것이 다른 사람들을 위축시키거나 피해를 주지 않고, 오히려 그 강점의 사용이 주변 사람들과 함께 성장할 가능성을 더 높여 준다.
반대 특성의 존재	긍정적인 특성의 반대 특성을 확인하기 위한 언어 검사 결과 대부분의 경우 이 긍정적 특성과 반대되는 부정적 특성이 존재한다.
유사 특성으로 나타남	이러한 강점은 상황과 시간에 따라 다양한 행동으로 나타난다.
특수성	각 강점은 VIA 분류의 다른 강점특성과 잘 구별되며 다른 특성으로 분석될 수 없다.
모본의 존재	각 강점은 서로 합의되는 모범(귀감) 또는 문화적으로 관찰되는 역할 모델을 통해 구체화된다.
영재의 존재	이러한 강점을 강하게 드러내는 일부 젊은(어린) 사람들이 존재한다.
결여된 사람의 존재	특정 상황에서 그 강점이 완전히 부족하거나 결여된 사람들이 있다.
교육기관 및 의식, 제도의 존재	공동체의 규모가 클수록 그 강점을 표현하거나 유지하기 위한 의식이나 방법을 갖고 있으며, 이를 격려 또는 육성하기 위한 제도나 규칙, 역할 및 방법이 존재한다.

세요. 예를 들어, 그 기준의 하나로 어떤 성격강점이 사용될 때 그 강점의 사용이 다른 사람(강점)을 폄하하거나 깎아내리지 않아야 하며, 그 자체로서 유익을 주는 것이 중요합니다.

다음에서 설명하는 각각의 과학적 조사 영역과 준거는 이후 20년 동안 성격강점 과학이 발전함에 따라 계속 연구 · 확장되어 왔습니다.

이러한 엄격한 접근 방식으로 이루어진 연구 결과, 종교와 고대 철학에서 발견될 뿐만 아니라 수 세기에 걸쳐 오늘날에도 여전히 유효하고 중요한 것으로 입증된 6가지 보편적 미덕과 각각의 미덕 아래에 24가지 성격강점을 포함하는 VIA 성격강점 분류체계가 만들어졌습니다. 예를 들어, 호기심과 창의성은 지혜(미덕)의 강점, 진실성과 끈기는 용기(미덕)의 강점, 친절성과 사회지능은 인간애(미덕)의 강점에 해당됩니다. 〈표 2–2〉에서 간략한 설명과 함께 소개된 전체 VIA 성격강점 분류체계를 확인해 보세요.

2004년 VIA 성격강점 분류체계가 발표된 이후 전 세계적으로 수백 건의 연구가 진행되었으며, 이를 통해 성격강점에 대한 다양한 지식과 실천 사례가 축적되었습니다. 그리고 이러한 통찰이 축적되어 성격강점은 다음의 긍정적인 다각적 성격 특성으로 정의할 수 있게 되었습니다.

1. 성격강점은 개인의 핵심 정체성을 반영합니다.
2. 성격강점은 자신과 타인에게 긍정적인 결과를 가져옵니다.
3. 성격강점은 공동의 선에 기여합니다(Niemiec, 2018).

즉, 성격강점은 다음과 같은 각 질문에 답하는 데 도움이 됩니다. 나는 누구인가? 어떻게 하면 더 나은 관계를 구축하고, 더 많은 것을 성취하고, 더 건강해지고, 인생에서 더 많은 의미를 찾을 수 있을까? 어떻게 하면 더 나은 사람이 될 수 있고, 가족이나 공동체를 지원할 수 있으며, 사회적 공익에 더 많이 기여할 수 있을까?

〈표 2-2〉 성격강점과 미덕의 분류(Peterson & Seligman, 2004)

미덕	성격강점	정의
지혜	창의성	독창적, 새로운 방식으로 사물을 보거나 행동하기
	호기심	탐구적, 새로움 추구, 경험에 대한 개방성
	판단력	비판적 사고, 이성적 사고, 심사숙고함
	학구열	새로운 기술 및 주제 숙달하기, 지식 쌓기
	조망, 통찰력	현명한 조언 제공, 전체적인 관점(큰 틀)에서 바라보기
용기	용감성	두려움, 위협 또는 도전에 직면함, 옳은 일을 위해 목소리 내기
	끈기	지속하기, 시작한 일을 끝내기, 장애물 극복하기
	진실성	진실을 말하기, 믿을 만한 태도, 성실한 태도
	활력	활기차고, 열정적이며, 전심전력으로 일을 처리하기
인간애	사랑	진실함이 있음, 따뜻함을 보여 줌, 친밀한 관계를 중요시함
	친절성	관대함, 배려함, 인정 많음, 다정하고 우호적임
	사회지능	자신 및 타인의 감정과 동기를 인식하고 그에 따라 행동하기
정의	협동심	충성심, 단체의 노력에 기여하기
	공정성	공정하게 행동함, 감정에 치우쳐 결정을 내리지 않음
	리더십	일을 완수하기 위해 그룹을 조직하고, 다른 사람들을 적극적으로 안내함
절제	용서	자비심이 있음, 타인의 단점을 수용함, 상처를 흘려보냄(놓아줌)
	겸손	겸허함, 다른 사람에게 주의를 기울임, 과시하지 않음
	신중성	주의 깊게 선택함, 조심스러움, 과도한 위험을 감수하지 않음
	자기조절	자제력을 가짐, 절제력 있음, 충동과 감정을 관리함
초월	심미안	경외감, 경이로움, 감탄, 고양감 경험하기
	감사	삶의 좋은 점에 감사하기, 감사 나누기, 축복받은 느낌 갖기
	희망	낙관적, 긍정적, 미래 지향적, 최고를 기대하는 태도
	유머	장난기 넘치고, 밝은 면을 보고, 다른 사람들에게 웃음을 줌
	영성	의미 찾기, 삶의 목적 찾기, 성스러운 것과 연결하기

VIA 성격강점연구소 저작권(2004–2023). 모든 권리 보유. 허가를 받아 사용함.

이 정의를 바탕으로 성격강점의 특성 다섯 가지를 살펴보면 다음과 같습니다. 이러한 특성은 성격강점의 깊이와 뉘앙스(미묘한 차이)를 보다 쉽게 이해할 수 있는 토대가 됩니다.

성격강점은 차원적이다

흑백논리, 모 아니면 도의 이분법적 사고방식으로 질병, 이상, 질환, 장애를 분류(범주화)하는 진단 체계(ICD-11 및 DSM-5)로 가득 찬 세계에도 차원(강도나 정도에 따른)에 기반을 둔 현상 또한 존재합니다. 성격강점은 이러한 차원적 현상의 하나로, 그 정도(강도)로 표현될 수 있습니다. 어떤 사람이 항상 창의적인 것은 아니며, 창의성이 그 사람의 본질을 완전히 다 포착하여 알려 주는 것도 아닙니다. 오히려 자신이 처한 상황과 개인 및 대인관계 변수에 따라 그 사람이 '어느 정도' 창의적이라고 할 수 있는 것입니다(Miller, 2013; Niemiec, 2018; Peterson & Seligman, 2004).

성격강점은 다원적이다

성격강점 과학을 통해 얻게 되는 결과로, 현장을 변화시키는 통찰력 중 하나는 성격강점이 다원적(복합적)이라는 것입니다(Peterson, 2006). 성격강점은 개인화된 고유한 특성으로, 각 개인은 자신만의 성격강점을 가지고 있고 이를 개인마다 독특한 방식으로 표현합니다. 다원적 접근법에 따르면 사람들은 단순히 용감하거나 사랑스럽거나 호기심이 많거나 공정한 것이 아니라, 다양한 성격강점이 함께 결합되어 풍부하고 개인적인 태피스트리(여러 가지 색실로 그림을 짜 넣은 직물)를 구성한다고 봅니다. 개인이 처한 상황이 점점 더 어려워지거나 복잡해질수록 발현되는 성격강점의 조합은 증가됩니다. 예를 들어, 뒷마당의 나무를 바라보며 커피를 마시는 사람은 주로 심미안과 호기심의 강점을 발휘하는 반면, 직장에서 해고된 후 자신이 처한 상황을 보다 관대하게 대처하고 싶은 사람은 자신의 다양한 성격강점을 불러올 필요가 있습니다. 이러한 사람은 현재 자신의 부정적 감정에 대한 자기조절, 새로운 직장을 알아보고 계획하는 신중함, 스트레스 상황에서도 중심을 유지하는 겸손함, 자기용서 및 자기친절, 이직 과정에서 동료들을 대하는 사회지능, 새로운 분야에 도전하는 용감성, 호기심, 학구열 등의 다양한 강점을 함께 (조합하여) 활용할 수 있습니다.

성격강점은 상황(맥락) 속에서 표현된다

성격강점은 내면에서는 인지적, 정서적, 자발적으로 경험되지만, 외면에서는 말과 행동으로 표현되고 그 타당성이 드러납니다. 그리고 성격강점의 구체적 표현은 상황과 맥락에 따라 달라집니다. 개인은 직장, 학교, 가정, 지역사회에서 각기 다른 정도의 성격강점을 표현할 수 있으며, 영역과 맥락에 따라 성격강점 표현의 빈도(강점을 표현하는 빈도), 지속 시간(강점을 표현하는 시간), 강도(강점을 표현하는 정도)도 달라집니다. 또한 해당 영역 내의 각 상황은 개인의 성격강점 표현에서 미묘하거나 명백한 변화를 이끌어 냅니다. 예를 들어, 어떤 사람이 직장 동료가 주말에 경험한 속상한 일에 대해 이야기할 때 그 동료를 안아 주고 위로하면서 자신의 사랑 강점을 발휘하고, 1시간 후 상사에게 그날의 업무 보고를 할 때에는 따뜻하고 친절하게 대하는 행동으로 사랑 강점을 발휘할 수 있습니다. 그리고 그날 저녁 집에 가서는 배우자가 좋아하는 저녁 식사를 준비해 주는 것으로 사랑 강점을 표현할 수 있습니다. 삶의 각 영역에서 각 상황은 환경, 맥락, 함께 있는 다른 사람들, 함께 있는 각 사람의 심리적 상태(기분, 성격 등), 상호작용한 시간의 양에 따라 다르게 전개되는데, 이때 성격강점의 조합과 강점이 표현되는 정도도 이런 상황에 따라 달라집니다.

24개 성격강점이 모두 중요하다

그동안 이루어진 연구 결과, 각 성격강점은 다양한 긍정적 변인들과 밀접한 관련이 있는 것으로 나타납니다(Peterson & Seligman, 2004). 예를 들어, 희망과 활력 강점은 행복과 가장 강력한 연관성이 있는 것으로 반복되어 밝혀지고 있으며(예: Park et al., 2004; Proctor et al., 2009), 끈기 강점은 어떤 일을 성취하는 데에 중요하고(예: Lounsbury et al., 2009), 긍정적 감정, 몰입, 의미, 긍정적 관계 등의 다른 변인들도 각각 성격강점과 상관관계가 가장 높은 것으로 나타났습니다(Wagner et al., 2019). 성격강점과의 연관성이 특정 결과를 바로 보장하는 것은 아니며 각 개인과 상황에 따라 차이가 있을 수 있지만, 성격강점으로 인해 이러한 긍정적인 효과가 나타날 가능성이 높습니다. 성격강점과 긍정적인 결과 사이의 연관성 외에도, 연구 결과에 따르면 모든 인간은 24가지 성격강점을 어느 정도 다 표현할 수 있는 능력을 가지고 있다는 것이 이론적 가정이며 그 효과가 검증되고 있습니다(Biswas-Diener, 2006; Niemiec, 2018; Peterson & Seligman, 2004). 따라서 각 개인에게는 24개 각각의 성격강점이 모두 중요합니다. 예컨대, 한 개인이 건강하고 행복한 삶을 살기 위해서 어떤 상황에서는 신중성과 자기조절 강점이 필요하고, 다른 상황에서는 창의성, 호기심, 통찰력이 필요할 수 있습니다.

성격강점은 개발 가능하다

'성격강점이 개발 가능하다'는 이론적 개념은 '마지막까지 최선을 다하라'는 메시지를 우리에게 전해 줍니다. 모든 성격강점은 진심으로 목표를 정하여 강화하거나 향상시킬 수 있습니다(Niemiec, 2018; Pang & Ruch, 2019). 성격 특성에 대한 연구에 따르면 개인의 성격은 원래 생각했던 것보다 훨씬 더 가변적이기에 성격의 변화가 반드시 점진적이지만은 않습니다(Blackie et al., 2014; Hudson & Fraley, 2015; Roberts et al., 2017). 성격의 변화를 가져올 수 있는 요인에는 여러 가지가 있는데, 그중 하나가 의도적인 개입입니다(예: Borghans et al., 2008). 개입 연구에 따르면 성격의 변화(성격강점을 포함하여)를 이끌어 내기 위한 의도적인 시도가 긍정적인 영향을 미칠 수 있음을 보여 줍니다(Yeager et al., 2014; Hudson & Fraley, 2015; Roberts et al., 2017). 개인이 자신의 대표강점 중 하나에 집중하고 그 대표강점을 개발하려고 결심할 수도 있고(Gander et al., 2013), 본인의 성격강점 프로파일에서 낮은 성격강점 중 하나를 개선하고 싶을 수도 있습니다(Proyer et al., 2015). 지난 20년간 새롭게 밝혀진, 성격강점이 개발 가능하다는 경험적 연구 결과는 자기계발을 목표로 하는 참여자뿐만 아니라 내담자, 환자, 근로자 및 학생들에게 더 나은 서비스를 제공할 수 있도록 실무자를 격려합니다.

연구

이 글을 쓰는 시점에서 볼 때 VIA 성격강점검사와 VIA 분류 관련 성격강점 연구는 900건 이상이 발표되었습니다(VIA Institute, 2023). 이 수치에는 창의성, 리더십, 영성, 감사 등 개별 성격강점에 관한 방대한 문헌과 개인 성격강점에 대한 수만 건의 연구는 제외되어 있습니다. 이 방대한 연구에는 상관관계, 인과관계, 대상, 상황, 성격강점 그룹화, 성격강점에 대한 다른 평가 척도를 통해 조사한 다양한 연구 등이 포함됩니다.

성격강점이 가장 많이 연구된 분야는 직장과 교육 영역입니다. 직장에서의 성격강점은 다양한 웰빙(Littman-Ovadia & Steger, 2010), 직무성취 효과(Harzer et al., 2021), 친사회적 행동(Freidlin & Littman-Ovadia, 2020), 더 나은 직장 분위기(van Woerkom & Meyers, 2014)와 관계가 있는 것으로 나타났습니다. 교육적 맥락에서의 성격강점 개입은 여러 연구를 통해 일관되게 웰빙 효과와 관련되는 것으로 나타났으며(예: Oppenheimer et al., 2014; Proctor et al., 2011; Quinlan et al., 2014), 학교 전체와 학교 조직 내부에서 강점 실행에 대한 논의와 함께 이의 적용(실천)이 성공적으로 이루어지고 있습니다(Coppley & Niemiec, 2021; White & Waters, 2014). 그 밖의 다른 생활영역에서도 성격강점이 탐구된 사례가 많이 있습니다. 〈표 2-3〉은 성격강점이 적용된 영역의 여러 예를 제시하고 각 영역의 연구 사례와 그 결과를 보여 주고 있습니다.

〈표 2-3〉 삶의 여러 기능 영역에 걸쳐 이루어진 성격강점 연구 예시

삶의 영역	참고문헌 (1개로 제한)	주요 결과
직장업무	Bakker & van Wingerden (2020)	강점 훈련이 업무 몰입도, 개인적 자원, 강점 활용도를 높인다는 무작위 연구 결과를 보여 준다.
학교(교육)	Haslip et al. (2019)	교사와 어린이의 사례에서 강점을 발견하고 공감, 애정, 우정, 돕는 행동, 긍정적인 말하기와 강점의 연관성을 찾는 연구가 이루어졌다.
긍정적인 관계	Kashdan et al. (2017)	파트너의 성격강점을 인식하고 인정하면 관계에 대한 헌신, 만족도, 친밀감, 욕구 충족이 더 높아질 것으로 예측되었다.
관계-우정	Wagner (2018)	이 연구에 따르면 진실성, 유머, 친절성, 공정성 등 특정 성격강점은 또래 친구들이 가장 바람직하고 중요하게 여기는 것으로 나타났고, 또한 다른 성격강점도 더 높은 또래 수용성과 관련이 있는 것으로 나타났다.
여가	Wagner et al. (2021)	성격강점 프로파일은 여가 영역과 유의미한 연관성을 보였으며, 이는 번영과도 연결되었다.
육아	Allen et al. (2022)	강점에 기반한 양육은 성장, 긍정적 재평가, 감정 처리과정과 관련이 있다.
건강	Proyer et al. (2013)	성격강점, 특히 자기조절, 호기심, 심미안, 감사, 희망, 유머 등의 강점이 다양한 건강 행동과 밀접한 관련이 있다.
영성	Niemiec et al. (2020)	영성과 성격강점을 통합하는 근거를 탐구하고 성격강점과 대중적인(일반적인, 포괄적인) 영성의 상호 시너지 효과를 만들기 위한 이론적 모델과 실천을 제안하고 있다.
지구 및 환경	Merino et al. (2020)	성격강점은 자연과의 교감과 밀접한 관련성이 있었는데, 특히 심미안이 가장 관련이 높았고, 학구열과 호기심이 그 뒤를 이었다.

수백 개의 연구를 분석한 또 다른 관점에 의하면 두 개의 큰 집단군(다양한 종류의 웰빙 증진과 관련된 연구 집단군과 여러 가지 역경 이해 및 극복과 관련된 연구 집단군)으로 나누어 고찰하는 것입니다. 전자(다양한 종류의 웰빙 증진하기)의 경우, 성격강점은 행복의 인과적 요인으로서 신체적 건강, 긍정적인 관계, 성취감, 삶의 의미에 영향을 주고 있습니다. 후자(역경의 이해, 관리 및 극복)의 경우, 성격강점은 일상의 긴장부터 인생의 주요 사건에 이르기까지 스트레스와 갈등을 처리

하는 데 중요한 영향을 주고 있습니다. 이론에 따르면 인생에서 최적의 번영을 누리기 위해서는 성격강점의 웰빙 및 기회 증진 기능과 역경 대처 기능이 모두 필요하다고 봅니다(Niemiec, 2020). 〈표 2-4〉에 이 두 가지 연구 집단군에 대한 성격강점 연구의 관련 사례들이 제시되어 있습니다.

성격강점에 대한 연구(학문)는 성격강점의 결과(효과)에 초점을 둔 내용뿐만 아니라 성격강점 측정, 추가이론 논문(예: 강점의 과다 사용과 과소 사용), 요인분석 연구, 질적 연구, 인터뷰 연구, 사례 연구, 강점 역동 연구, 특정집단 대상 연구 등과 같이 매우 광범위하게 확장되고 있습니다. 이 중 일부는 이 책의 다른 장에서 다루고 있는데, 예를 들어 제3장은 측정, 제6장은 과다 사용 및 과소 사용에 대해서 다루고 제4, 5, 6, 7, 8장에서는 특정 집단의 성격강점 연구에 대해서 다룹니다.

〈표 2-4〉 웰빙과 역경의 영역에 대한 성격강점 연구 사례(예시)

	참고문헌(1개로 제한)	주요 결과
웰빙 영역		
내면의 평화	Cherif et al. (2022)	내적 평화의 두 가지 유형과 가장 밀접하게 연관된 1차적 성격강점은 희망이었고, 활력과 감사가 그 뒤를 이었으며, 내적 평화와 연관된 2차적 성격강점은 용서와 영성이었다.
행복	Proyer et al. (2013)	여러 연구에 걸쳐 행복과 가장 밀접한 관련이 있으며, 이 연구에서 행복의 원인이 되는 성격강점은 활력, 희망, 사랑, 호기심, 감사(이 특정 연구에서는 사랑을 유머로 대체함)로 나타났다.
긍정적 감정	Wagner et al. (2019)	긍정적 감정과 가장 연관성이 높은 성격강점(자체 보고서 및 정보 제공자 보고서 기준)은 활력, 희망, 유머였다.
자율성	Harzer (2016)	종합적인 검토 결과, 자율성과 가장 밀접한 관련이 있는 성격강점은 진실성, 용감성, 통찰력인 것으로 나타났다.
마음챙김	Pang & Ruch (2019)	전체 마음챙김 및 대부분의 마음챙김 기술과 가장 연관성이 높은 성격강점은 희망, 용감성, 호기심, 활력, 사회지능이었다.
의미	Peterson et al. (2007)	의미와 가장 연관성이 높은 성격강점은 영성, 감사, 희망, 활력, 호기심이었다.

(계속)

	참고문헌(1개로 제한)	주요 결과
성취	Villacís et al. (2021)	성격강점은 대학생들의 학업 성취도와 긍정적인 연관성이 있는 것으로 나타났다.
건강한 자기돌봄	Weziak-Bialowolska et al. (2023)	건강한 자기관리 활동 및 일상생활 습관과 가장 밀접하게 관련이 있는 성격강점은 활력, 희망, 자기조절, 호기심, 감사였다.
역경 영역		
슬픔(애통)	Blanchard et al. (2021)	성격강점은 상실을 경험한 성인들 사이에서 세 가지 시점에 걸쳐 안정성을 보였으며, 일부 강점은 장애 및 우울증 감소와 관련이 있었다.
불안	Freidlin et al. (2017)	사회불안장애가 있는 사람과 없는 사람을 성격강점 과다 사용 및 과소 사용 패턴에 따라 정확하게 분류할 수 있었다(거의 90%의 정확도).
우울	Schutte & Malouff (2019)	메타 분석에 따르면, '새로운 방식으로 대표강점을 사용하는' 개입을 한 후 무작위 대조 검사 결과 더 큰 웰빙, 더 큰 번영, 더 높은 강점 수준 및 우울증 감소로 이어졌다.
청소년기의 대처	Toback et al. (2016)	정신과에 입원한 청소년을 대상으로 최고 성격강점(대표강점)과 대처 전략을 연결하는 무작위 연구 결과 자기효능감 및 자존감에 대한 지속적인 효과가 나타났다.
만성 통증	Graziosi et al. (2020)	24가지 성격강점 중 활력은 통증 자기효능감과 가장 높은 연관성을 보였으며, 활력 강점 개입을 하면 통증에도 불구하고 활력과 기능할 수 있는 능력이 향상되었다.
트라우마(외상)	Peterson et al. (2008)	개인이 보고한 충격적인 사건이 많을수록 성격강점 점수가 높게 나타났다(몇 가지 예외 있음).
자연재해	Duan et al. (2015)	자연재해를 경험한 중국인들 사이에서는 성격강점/덕목과 회복탄력성 사이에 밀접한 관계가 있었으며, 성격강점이 외상 후 성장에 크게 기여하는 것으로 나타났다.
전쟁과 테러리즘	Shoshani & Slone (2016)	장기간의 전쟁, 테러, 정치적 분쟁에 노출된 1,000명 이상의 청소년들 사이에서 수많은 성격강점이 정신적 증상과 부적인 관련이 있는 것으로 밝혀졌다.

실제(실무)

강점 기반 개입법을 사용하는 실무자(지원 대상이 누구든)를 어떻게 지원해 주어야 할까요? 한 사람이 다른 사람을 돕기 위해 어떤 강점을 일반적으로 혹은 심도 있게 활용할 수 있는 방법은 무수히 많습니다. 또한 매우 가벼운 정도(예: "커피 한 잔 드릴까요?" 또는 회의가 끝날 때 "당신의 강점 중 하나를 말씀해 주시겠습니까?")부터 높은 정도(예: 회의의 모든 행동에 강점을 체계적으로 통합하는 것)에 이르기까지 그 적용 범위도 매우 넓습니다. 새로운 과학과 모범적인 실제에 기반을 둔 실무자를 위한 개입법을 제안하고자 니믹과 피어스(Niemiec & Pearce, 2021)는 성격강점 실무자의 최적 접근법에 초점을 맞췄습니다. 이들은 **성격강점 기반 개입법**을 정의하면서 다음과 같은 7가지 핵심 요소를 제안했습니다.

1. **교육하기(Educates)**: 실무자는 성격강점에 대해 가르치고, 강점의 근거와 중요성을 설명하며, 강점 관련 오해(예: 강점은 행복이다 또는 강점은 약점을 무시하는 것이다 등)를 바로잡고, 강점 활용 관련 질문을 하고 관련 개입 방안을 제공합니다.
2. **구체화하기(Embodies)**: 실무자는 그들의 개입 방식에서 성격강점을 구체화합니다. 즉, 성격강점 활용의 역할 모델이 됨으로써 내담자와 상호작용할 때 성격강점을 인식하고, 탐색하며 적용하는 법을 보여 줍니다.
3. **활력 불어넣기(Energizes)**: 실무자는 자동조종 장치 반응 경향, 고착된 사고와 행동의 반복된 일상, 강점맹 패턴에서 벗어나도록 활력을 북돋아 줍니다(Biswas-Diener et al., 2011).
4. **능력 부여하기(Empowers)**: 실무자는 성격강점에 초점을 맞춰 사람들이 잘못된 것(약점)에서 강한 것(강점)으로 나아갈 수 있도록 돕고, 또는 강한 것(강점)을 사용하여 잘못된 것(약점)을 극복할 수 있도록 도와줍니다(Niemiec, 2023).
5. **역경 관리하기(Manages adversity)**: 실무자는 문제와 어려움을 솔직하게 인정

하여 수용하고, 상황 및 관계에 맞게 이러한 고통을 탐색합니다. 그리고 성격강점을 활용하여 어떻게 역경을 직면하고, 관리하며, 극복할 수 있는지에 대한 전략을 제시하고, 문제 속에서 방황하지 않고 그 안에 있는 긍정적인 면이 경시되지 않으며 균형을 유지하도록 조력합니다(Niemiec, 2020).

6. **연결하기(Connects)**: 실무자는 긍정적인 핵심 특성이 사람들이 서로 관계를 맺고 연결되도록 돕는 결합체 역할을 한다는 것을 알고 있습니다. 따라서 실무자는 성격강점을 사용하여 내담자와 연결되고 내담자가 다른 사람이나 세상 및 자기 자신과 더 많이 연결될 수 있도록 힘을 북돋아 줍니다.
7. **씨앗을 키우기(Cultivates seeds)**: 실무자는 잡초(부정적인 것)만 뽑는 것이 아니라 씨앗(긍정적인 것)을 키우는 것의 유익점을 깨닫습니다. 문제 처방적인 접근만을 취하기보다는 성격강점에 대해 설명하는 용어를 우선적으로 사용하여 내담자가 자신의 성격강점에 대해 인식하고, 탐색하며, 긍정적인 행동을 향해 성장하도록 돕습니다(Linkins et al., 2015; Niemiec, 2014).

이상은 성격강점 기반 접근법의 핵심적 내용으로, 성격강점 기반 실무자의 여러 가지 핵심 행동체계이기도 합니다. 성격강점 접근법을 구축하고 내담자와 함께 이를 적용하는 것은 도움을 주는 실무자 자신뿐만 아니라 내담자에게도 에너지를 불어넣는 방법이 됩니다. 실무자는 자연스럽게 나타나는 자신의 최고 특성으로 스스로에게 활력을 불어넣고, 토론, 교육, 능력 부여를 통해 내담자나 학생에게 그 에너지를 전달하여 그들도 스스로에게 활력을 주는 특성을 활용할 수 있도록 격려합니다. '에너지'에 초점을 맞추면, 일곱 가지 원소의 첫 글자가 아인슈타인의 유명한 에너지 방정식인 $E=mc^2$로 어떻게 도표화되는지 생각해 볼 수 있기 때문에 이를 **$E=mc^2$ 모델**로 생각해 볼 수 있습니다[네 개의 E와 한 개의 m과 두 개의 c(c의 제곱)로 구성된 일곱 가지 원소를 기억하는 방법을 활용해서 성격강점 기반 핵심 개입방법 일곱 가지 요소 기억하기].

이 목록이 비록 완전한 목록은 아니지만, 실무자가 성격강점을 활용하여 모든 내담자와 함께 작업할 때 활용할 수 있는 유용한 틀을 제공합니다.

개입(중재)

성격강점 개입의 연구가 많지만, 표준연구방법(즉, 무작위, 이중맹검법, 위약 대조 검사)을 통해 연구된 성격강점 개입(중재)의 수는 아직은 많지 않습니다. 그럼에도 강점 개입에 대한 메타분석은 긍정적인 결과를 보여 주고 있습니다(예: Bates-Krakoff et al., 2022; Ghielen et al., 2017; Schutte & Malouff, 2019). 이러한 연구에 따르면 강점은 긍정적인 행동 변화(Bates-Krakoff et al., 2022), 행복감 증가 및 우울증 감소(Schutte & Malouff, 2019), 업무 몰입도, 개인 성장, 그룹 및 팀에 유익한 결과 증가(Ghielen et al., 2017)로 이어지고 있습니다. 이러한 긍정적인 종합적 검토에도 불구하고 구체적 행동 변화에 초점을 맞춘 연구가 앞으로 더 많이 필요합니다. 니믹(Niemiec, 2018)은 성격강점 개입을 분류하는 실무자를 위한 가이드 라인을 제시하여, 실무자가 표준연구를 살펴보는 것뿐 아니라 더 나아가 개입방법 구성에 대한 과학적 또는 이론적 근거가 있는 연구를 주의 깊게 살펴볼 것을 권장합니다. 여기에는 질적 연구에서 채택한 개입과 효과가 입증된 대규모 중재 프로그램 안에서 한 가지 구성 요소로 이루어진 개입도 포함될 수 있습니다.

이러한 맥락에서 연구 증거에 기반한 것으로 실무자들이 내담자에게 매우 유익하다고 보고한 다섯 가지 개입방법을 공유하면 다음과 같습니다. 각 개입방법마다 내담자 또는 학생의 실제 사례도 함께 제공됩니다.

VIA 성격강점검사(VIA 설문조사) 실시하기: 성격강점검사 실시 역시 긍정적인 개입방법입니다. 이 검사를 실시하고 결과를 검토하면 자기이해가 깊어지고, 부정적인 사고방식을 극복할 수 있으며, 향후 건강한 행동을 위한 길을 찾고 만들어 가는 데 도움이 됩니다.

희민 씨에게 성격강점검사 결과에 대해 반응이 어땠는지를 묻자, 그는 호기심이 자신의 가장 높은 강점으로 나왔는데, 지금까지 호기심이 자신의 성격강점이라고 생각해 본 적이 없었기 때문에 처음에는 이러한 검사 결과에 놀랐다고 말했습니다. 그런데 곰곰이 생각해 보니 희민 씨의 삶에는 거의 항상 호기심이 있었다는 것을 알게 되었습니다. 희민 씨는 매일 상사에게 질문을 하면서 업무를 잘 수행하려고 노력했습니다. 연애 상대와 갈등이 생겼을 때 그 해결책을 모색하는 것에도 그의 호기심이 숨어 있습니다. 소셜 미디어 게시물과 인터넷 사이트를 호기심을 갖고 검색해 보는 것 역시 그의 흥미거리입니다. 또한 가정용품이 고장 났을 때 가정용품을 직접 수리하고 조립하기(DIY) 동영상을 찾아보며 기술과 지식을 탐구하는 것도 그의 호기심에서 나온 것입니다.

성격강점을 확인하고 소중히 여기기: 웰빙이나 성격강점을 측정하여 인식하는 것과 자신의 최고 특성을 진정으로 인정하고 이에 감사하는 것은 별개의 사안입니다. 강점을 진정으로 인정하고 감사하는 것에는 성격강점을 가정과 직장 및 학교에서 취하는 행동과 연결하여 활용하는 것이 포함됩니다. 또한 성격강점이 왜 자신에게 가치 있고 의미 있는지를 숙고하는 것도 포함됩니다.

성은 씨는 상당히 부정적이고 비관적인 성격의 소유자였습니다. 성은 씨는 사장님의 권유로 VIA 성격강점검사를 실시하였습니다. 성은 씨는 자신의 상위 성격강점 다섯 가지를 검토한 후, 각 강점에 대해 두 가지 질문을 기록했습니다. '나는 이 강점을 어떻게 바라보는가? 나는 왜 이 강점을 가치 있게 여기는가?' 성은 씨는 이 활동에 매우 신중하게 전략적으로 접근했습니다. 그 결과, 성은 씨에게 일어난 일을 스스로 믿을 수가 없었습니다. 성은 씨는 자신의 상위 다섯 가지 강점에 대한 관련 사례를 무려 20페이지 분량이나 작성했습니다! 성은 씨는 가족, 친구, 동료들과 함께 각각의 강점을 어떻게 활용하고 있는지에 대해 상세하게 기록해 나갔습니다. 성은 씨는 자신의 최고 강점(대표강점)인 끈기가 직장에서 승진을 할 수 있도록 인내하게 하여 가족을 경제적으로 부양하는 데 어떻게 큰 도움이 되었는지 탐구했고, 자신의 창의성과 영성 강점이 어떻게 에너지, 아이디어, 인맥으로 자신을 채우고 자신이 더 행복해지는 데 도움이 되는지를 써 나갔습니다.

대표강점 확장 및 활용하기: 이 개입은 앞의 두 가지 개입을 발전시킨 것입니다. 대표강점을 새로운 방식으로 사용하는 것은 여러 연구에서 탐구, 조사되었으며, 이러한 개입 연구에 대한 메타분석 결과, 대표강점을 다양하게 사용하면 번영, 삶의 만족도, 강점 활용도가 높아지고 우울증이 감소하는 것으로 나타났습니다(Schutte & Malouff, 2019).

해인 씨는 평생 우울증으로 고생한 사람이었습니다. 해인 씨는 많은 방법을 시도하면서 끈기 있게 지속했고 포기하지 않았습니다. 해인 씨는 자신의 성격강점을 발견하고 매일 자신의 대표강점을 활용하기 위한 계획을 세웠습니다. 해인 씨는 식료품 마트에서, 딸과 함께 있을 때, 새로운 직장을 구할 때 등 자신의 일상생활 속에서 자신의 강점을 새롭게 활용할 방법을 매일 아침마다 하나 이상 계획했습니다. 몇 주 후, 해인 씨는 자신을 막고 있던 천장이 열리고 더 이상 자신이 어떤 틀 속에 갇혀 있지 않다고 느끼게 되었습니다. 이제 해인 씨는 위에서 빛나는 밝은 빛과 생동감 넘치는 푸른 하늘을 볼 수 있었습니다. 해인 씨는 더 자유롭게 그리고 자신을 있는 그대로 표현할 수 있게 되었습니다.

강점 발견 연습하기: 사람들의 강점을 찾아보는 연습은 자신은 물론, 자신이 아는 사람이든 모르는 사람에게든 어느 누구에게나 적용할 수 있습니다. 강점 발견하기(이름 붙이기), 발견한 강점의 근거 설명하기(근거 제시하기), 관찰한 것의 중요성 인식(인정)하기 및 공유하기의 3단계 SEA(Spot, Explain, Appreciate) 모델은 강점 발견을 위한 유용한 프레임(틀)이 될 수 있습니다. 강점 발견하기는 연습을 통해 향상되는 기술입니다. 주완 씨는 자신의 강점 발견 연습에 대해 다음과 같이 말했습니다.

> 일단 '강점 고글'을 쓰고 나면 나를 막을 방법이 없습니다. 나는 나와 접촉하는 모든 사람에게서 그들의 성격강점을 찾아볼 수 있습니다. 식료품점의 계산원, 신발 가게의 직원, 방금 학교에서 돌아온 아이, 나에게 전화를 하는 할머니, 산책할 때 마주치는 이웃, 심지어 내가 시청하는 TV 시리즈의 다양한 등장인물에게서도 성격강점을 찾아볼 수 있습니다. 내가 강점을 사용할 때 내 안의 강점을 알아차리는 것이 가장 어려운 부분이지만, 강점 발견하기를 통해 이것도 점점 나아지고 있습니다.

강점 연계(정렬)하기: 강점 작업에서 중요한 발견은 자신의 대표강점을 일상생활의 업무 및 활동에 의식적으로, 그리고 성공적으로 연계(정렬)시킬 수 있다는 것입니다. 통제된 실험연구에 따르면 자신의 대표강점을 업무와 의도적으로 연계한 근로자는 삶의 만족도가 더 높았고 인생의 소명이 된 일을 경험한 것으로 나타났습니다(Harzer & Ruch, 2016).

마케팅 고위 임원인 재기 씨는 업무에 지쳐 가고 있었습니다. 재기 씨는 자신의 대표강점 다섯 가지를 나열하고, 직장에서 가장 많이 하는 주요 업무 다섯 가지를 나열한 다음, 이 두 가지 목록을 연계하여 일치시키는 방법, 즉 각 주요 업무에 적어도 한 가지 이상의 대표강점을 가져와 사용할 수 있는 방법을 찾았습니다. 매일 아침 팀 회의를 주도하는 업무 활동에서 한 명의 팀원, 자신의 조직, 혹은 자신의 분야에 대해 감사(그리고 감사의 근거)를 표현하는 방법을 생각하고 회의 때 감사를 표현하기로 결정했습니다. 고객과 전화 통화를 하는 업무 활동에서는 고객에게 조언만 하는 대신 자신의 강점인 호기심을 활용하여 고객에 대해 탐색하고 질문하는 데 더 많은 시간을 할애하기로 결정했습니다. 마케팅용 프레젠테이션을 만드는 활동에서는 자신의 강점인 판단력/비판적 사고를 활용하여 경영진이 중요하게 생각하는 바대로 그의 발표 슬라이드에 첨가할 강력한 연구 자료와 관련 근거가 있는지 확인했습니다. 이렇게 성격강점과 다른 강점을 업무에 접목한 후 재기 씨는 더욱 활기차게 일하며 성취감을 느꼈습니다.

연구 기반 개입에 대한 보다 심도 있는 논의는 『성격강점 개입(Character Strengths Interventions)』(Niemiec, 2018) 책을 참고하기 바랍니다.

자가 실행

다른 사람에게 성격강점을 적용하고 싶거나 적용 중인 실무자, 교육자, 관리자, 학부모 및 그 외 전문가는 자신이 먼저 성격강점을 사용해 볼 것을 강력히 권장합니다. 이것은 다른 사람을 지원할 수 있는 힘과 이해의 토대를 마련하는 데 큰 도움이 될 것입니다. 이 원칙을 뒷받침하는 네 가지 원칙을 소개하면 다음과 같습니다.

자신을 알기: 자기인식이 필수적인 출발점입니다. 우리 모두는 성격강점과 관련하여 광범위한 수준의 내적인 강점맹(강점 무지, 강점 망각) 증상을 가지고 있으므로, 24가지 성격강점에 대한 인식과 이해를 증진시키고, 자신이 어떤 대표강점을 가지고 있으며 이를 실행하고 나타낼 수 있는지에 대해 파악하는 것이 가장 먼저 해야 할 개인적인 작업입니다.

가르친(말하는) 것을 따르고 실천하기: 다른 사람에게 조언하고 가르치면서도 정작 자신은 그렇게 실천하려는 노력조차 하지 않는 사람처럼 가식적인 것은 없습니다. 성격강점을 먼저 자신에게 적용하는 개인적 작업은 다른 사람을 도울 때 성격강점을 더 쉽고 능숙하게 적용하는 데 직접적인 도움이 될 수 있습니다. 도와주는 사람(조력자)은 이미 스스로 해 보았기 때문에 강점을 탐색하는 방법을 더 잘 이해할 뿐만 아니라, 강점 및 강점 사용에 대한 지혜와 강점 성장의 견고한 위치에서 출발하게 됩니다.

우리가 반복적으로 하는 행동이 우리 자신입니다: 아리스토텔레스의 명언을 응용한 이 말은 우리가 일상적으로 반복하는 행동이 우리의 정체성을 반영한다는 사실을 강조합니다. 우리가 무의식적으로라도 화를 내거나 공격적인 행동을 반복한다면 그것은 우리 자신의 중요한 부분이 됩니다. 이와 같이 용감성과 친절성을 계속 실행하면 그것이 우리의 정체성이 됩니다.

중요한 것은 실행하는 것뿐입니다: 고틀립(Gottlieb, 2012)의 표현을 응용한 이 말은 행동의 중요성을 강조합니다. 우리는 많은 아이디어를 연구하고 토론할 수 있고, 새로운 연구 결과가 나올 때까지 기다릴 수도 있으며, 그래서 수많은 실행 방안을 알고 성찰해 볼 수 있지만, 결국 자신(자신의 삶)과 직접 관련되는 단 한 가지는 실제 행동으로 옮기고 경험하는 것입니다.

실행 유형(방법)

그러면 이제 자연스럽게 다음 질문이 떠오릅니다. 어떻게 실행해야 할까요? 자신과 자신의 내담자를 위해 실행을 시작하고, 발전시키고, 유지할 수 있는 네 가지 일반적인 방법을 제시하면 다음과 같습니다.

규칙적으로 실행하기: 매일 같은 시간에 규칙적으로 실행하는 반복적 일정을 갖는 것입니다. 매일 하루를 마무리하면서 자신의 성격강점을 어떻게 활용했는지 일기를 쓰거나, 매일 아침 가족과 함께 아침 식사를 하면서 호기심을 활용하거나, 매일 점심시간에 자신의 대표강점을 상기하면서 이후 시간의 업무에서 대표강점을 어떻게 활용할 수 있을지 미리 생각하는 시간을 잠시 가져 볼 수 있습니다.

일상에서 연습(실행)하기: 자신의 일상과 습관(예: 샤워하기, 커피 내리기, 잠자리 정리하기)을 생각하면서 두 가지 질문을 던져 보기 바랍니다. 이 일상에서 나는 어떤 성격강점을 자연스럽게 사용하고 있는가(비록 그 강점의 사용이 아무리 작을지라도)? 자신의 일상에 더 많은 활력을 불어넣기 위해 어떤 성격강점을 사용하고 싶은가? 어떤 사람은 매일 아침 양치질을 잊지 않고 습관적으로 하면서 그때에 자기조절을 사용하고 있다는 것을 깨닫게 되는데 이는 어느 정도의 훈련과 자기관리를 반영해 줍니다. 자신의 양치질을 더 천천히, 더 조심스럽게, 더 세심하게 하는 습관을 들이기 위해 더 친절하고 신중하게 양치질을 실행할 계획을 세울 수 있습니다. 이러한 접근 방식은 성격강점을 의도적으로 삶의 일부로 만드는 데 도움이 됩니다.

외부 단서를 통해 실행하기: 강점을 활용하도록 외부 알림을 설정합니다. 이 실행 연습에서는 외부 자극을 자신의 내적 특성(강점)으로 주의를 돌리는 단서로 활용합니다. 생활하면서 무심한 일상에 빠져 자신의 강점을 잊어버리기 쉽기 때문에 이러한 실행과 연습이 매우 중요합니다. 따라서 개인적으로 설정한 단서가 있으면 그 단서가 나타나는 순간에 자신의 대표강점으로 주의를 전환할 수 있습니다. 예를 들어, 종소리가 자연스럽게 들리거나 다른 사람이 웃는 모습을 발견할 때마다 그것을 자신의 대표강점으로 주의를 돌리라는 단서(신호)로 삼을 수 있습니다. 마찬가지로, 직장과 집 등 여러 장소에 메모나 그림, 기타 스티커를 붙여 두고 이것을 볼 때마다 그 상황에서 자신의 강점으로 돌아가도록 스스로에게 보내는 신호(단서)로 삼을 수 있습니다.

비공식적으로 실행하기: 생활하면서 필요할 때마다 성격강점을 활용하기 바랍니다. 갈등, 예상치 못한 스트레스 요인, 내적 문제들이 몇 주에 걸쳐 크고 작은 규모로 발생할 수 있습니다. 앞서 소개한 유형의 실행(연습)을 평소 많이 하면 할수록 어려운 순간에 자신의 성격강점을 사용할 수 있는(사용하여 대처할 수 있는) 준비와 역량을 더 많이 갖추게 됩니다. 평소의 지속적 실천(시간)이 어려울 때에 성격강점 실행의 '성과'를 얻고 더 큰 회복탄력성과 통찰력(관점)을 통해 개인에게 나타날 유익을 준비하는 시간이 됩니다.

향후 방향

기초 연구 측면에서 볼 때, 심리학 분야에서 성격강점에 대한 연구는 VIA 성격강점검사와 VIA 분류체계의 등장 이후 과거에 찾아볼 수 없을 정도로, 예상을 훨씬 뛰어넘는 수준으로 크게 증가했습니다. 마찬가지로 다양한 분야, 특히 조직, 교육, 코칭 분야 실무자들의 성격강점 응용 프로그램 개발에 대한 열정과 창의성 열기가 넘치고 있습니다. 그러나 이 두 그룹(연구자와 실무자)을 잇는 다리 중 하나인 성격강점 개입 관련 무작위 대조 실험(RCT) 연구[1]는 아직까지 활발히 이루어지지 않고 있습니다.

따라서 향후 방향에 대한 가장 중요한 과제는 실험실과 실제 환경에서 성격강

1 역자 주: 무작위 대조 실험(Randomized-Controlled Trials: RCT)이란 데이터의 편차를 줄이기 위해 피험자를 무작위로 실험군과 대조군으로 나누어 비교하는 것을 말한다.

점 개입의 효능과 효과성을 엄격한 연구설계로 탐구하는 것입니다. 여기에는 다양한 환경에서 여러 집단을 대상으로 한 성격강점 단회기, 다회기 프로그램 개입 연구가 포함됩니다. 성격강점 개입이 어떻게 이루어질 때, 그리고 어떤 요인과 기제를 통해 효과적인지를 밝히기 위해 추가적인 연구를 하는 것이 필요합니다. 더불어 개인과 집단의 번영을 돕기 위해 고유한 개인에 맞게, 개인들 간의 관계에 맞게, 그리고 더 큰 사회 시스템에 맞게 개입방법을 조정하는 것은 성격강점 연구에 보다 큰 발전을 촉진할 수 있을 것입니다.

주요 내용

- 성격강점은 개인의 핵심 정체성을 반영해 주고, 자신과 타인에게 긍정적인 결과를 가져오며, 공동의 선에 기여하는 긍정적인 성격 특성입니다(Niemiec, 2018).
- VIA 성격강점 분류체계는 사회과학의 종합적인 획기적 성과로, 인간에게 가장 좋은 것(긍정적 특성)에 대한 '공통 언어' 프레임(틀)을 제공해 줍니다.
- 24가지 성격강점은 특성과 유사한 것으로, 다른 사람을 깎아내리거나 폄하하지 않으며, 각각 서로 구별되고, 그 자체로 가치가 있으며, 측정 가능하고 보편적이며, 모든 사회에서는 이를 육성할 수 있는 기관들이 있습니다.
- 성격강점은 차원적이고, 다원적이며, 상황에 맞게 표현되고, 개발될 수 있습니다. 또한 24가지 강점은 모두 중요합니다. 이는 각각의 강점에서 나타나는 서로 다른 결과와 유익이 있기 때문입니다.
- 성격강점에 대한 과학적 연구는 다양한 맥락에 걸쳐 이루어지고 있는데, 개인의 다양한 영역에서의 웰빙 유익과 여러 종류의 역경 대처 및 극복의 유익이라는 두 가지 큰 연구 집단군에 주목합니다.
- 성격강점 기반 접근법 또는 성격강점 기반 실무자는 강점에 대해 교육하고, 강점을 구현하며, 강점으로 활력과 힘을 북돋아 주고, 역경을 관리하고, 연결하고, 강점의 씨앗을 키우는 사람입니다($E = mc^2$ 약어로 표시됨).
- 과학적 근거와 실무자의 열정에 기반을 둔 다양한 성격강점 개입이 있으며, 여기에는 강점 정렬(연계)하기, 발견하기, 가치 평가하기, 활용하기 등이 포함됩니다.

- 다른 사람들과 함께 사용할 수 있는 가장 좋은 성격강점 실행법은 종종 스스로에게 먼저 시도해 본 실행법입니다. 자신의 성격강점을 활용(개발)하는 것, 즉 공식적, 비공식적, 일상적, 단서 기반 실행(연습)하기를 구축하는 것은 사람들이 자신의 강점을 최적으로 활용하도록 돕기 위한 기본적이면서도 핵심적인 작업입니다.

참고문헌

Allen, K. A., Waters, L., Arslan, G., & Prentice, M. (2022). Strength-based parenting and stress-related growth in adolescents: Exploring the role of positive reappraisal, school belonging, and emotional processing during the pandemic. *Journal of Adolescence*. https://doi.org/10.1002/jad.12016

Bakker, A. B., & van Wingerden, J. (2020). Do personal resources and strengths use increase work engagement? The effects of a training intervention. *Journal of Occupational Health Psychology*. https://doi.org/10.1037/ocp0000266

Bates-Krakoff, J., Parente, A., McGrath, R. E., Rashid, T., & Niemiec, R. M. (2022). Are character strength-based positive interventions effective for eliciting positive behavioral outcomes? A meta-analytic review. *International Journal of Wellbeing, 12*(3), 56–80. https://doi.org/10.5502/ijw.v12i3.2111

Biswas-Diener, R. (2006). From the equator to the north pole: A study of character strengths. *Journal of Happiness Studies, 7*, 293–310. https://doi.org/10.1007/s10902-005-3646-8

Biswas-Diener, R., Kashdan, T. B., & Minhas, G. (2011). A dynamic approach to psychological strength development and intervention. *Journal of Positive Psychology, 6*(2), 106–118. https://doi.org/10.1080/17439760.2010.545429

Blackie, L. E. R., Roepke, A. M., Forgeard, M. J. C., Jayawickreme, E., & Fleeson, W. (2014). Act well to be well: The promise of changing personality states to promote well-being. In A. C. Parks & S. Schueller (Eds.), *The Wiley-Blackwell handbook of positive psychological interventions* (pp. 462–474). Wiley-Blackwell.

Blanchard, T., McGrath, R. E., & Jayawickreme. (2021). Resilience in the face of interpersonal loss: The role of character strengths. *Applied Psychology: Health and Well-Being*. https://doi.org/10.1111/aphw.12273

Borghans, L., Duckworth, A. L., Heckman, J. J., & ter Weel, B. (2008). The economics and psychology of personality traits. *Journal of Human Resources, 43*(4), 972–1059. https://doi.org/10.1353/jhr.2008.0017

Cherif, L., Niemiec, R. M., & Wood, V. (2022). Character strengths and inner peace. *International Journal of Wellbeing, 12*(3), 16–34. https://doi.org/10.5502/ijw.v12i3.2195

Coppley, J., & Niemiec, R. M. (2021). Character strengths interventions in education systems. In M. L. Kern & M. L. Wehmeyer (Eds.), *The Palgrave handbook of positive education* (pp. 395–420). Palgrave Macmillan. https://doi.org/10.1007/978-3-030-64537-3_16

Dahlsgaard, K., Peterson, C., & Seligman, M. E. P. (2005). Shared virtue: The convergence of valued human strengths across culture and history. *Review of General Psychology, 9*, 203–213. https://doi.org/10.1037/1089-2680.9.3.203

Duan, W., Guo, P., & Gan, P. (2015). Relationships among trait resilience, virtues, post-traumatic stress disorder, and post-traumatic growth. *PLoS One*. https://doi.org/10.1371/journal. pone.0125707

Freidlin, P., & Littman-Ovadia, H. (2020). Prosocial behavior at work through the lens of character strengths. *Frontiers in Psychology, 10*, Article 3046. https://doi.org/10.3389/fpsyg.2019.03046

Freidlin, P., Littman-Ovadia, H., & Niemiec, R. M. (2017). Positive psychopathology: Social anxiety via character strengths underuse and overuse. *Personality and Individual Differences, 108*, 50–54. https://doi.org/10.1016/j.paid.2016.12.003

Gander, F., Proyer, R. T., Ruch, W., & Wyss, T. (2013). Strength-based positive interventions: Further evidence for their potential in enhancing well-being and alleviating depression. *Journal of Happiness Studies, 14*, 1241–1259. https://doi.org/10.1007/s10902-012-9380-0

Ghielen, S. T. S., van Woerkom, M., & Christina Meyers, M. (2017). Promoting positive outcomes through strengths interventions: A literature review. *Journal of Positive Psychology*. https://doi.org/10.1080/17439760.2017.1365164

Gottlieb, R. S. (2012). *Spirituality: What it is and why it matters.* Oxford University Press.

Graziosi, M., Yaden, D., Clifton, J., Mikanik, N., & Niemiec, R. M. (2020). A strengths-based approach to chronic pain. *Journal of Positive Psychology*. https://doi.org/10.1080/1743976 0.2020.1858337

Harzer, C. (2016). The eudaimonics of human strengths: The relations between character strengths and well-being. In J. Vitterso (Ed.), *Handbook of eudaimonic well-being* (pp. 307-322). Springer. https://doi.org/10.1007/978-3-319-42445-3_20

Harzer, C., & Ruch, W. (2016). Your strengths are calling: Preliminary results of a web-based strengths intervention to increase calling. *Journal of Happiness Studies, 17*(6), 2237-2256. https://doi.org/10.1007/s10902-015-9692-y

Harzer, C., Bezuglova, N., & Weber, M. (2021). Incremental validity of character strengths as predictors of job performance beyond general mental ability and the big five. *Frontiers in Psychology, 12*. https://doi.org/10.3389/fpsyg.2021.518369

Haslip, M. J., Allen-Handy, A., & Donaldson, L. (2019). How do children and teachers demonstrate love, kindness and forgiveness? Findings from an early childhood strength-spotting intervention. Early Childhood Education Journal. Advance online publication. https://doi.org/10.1007/s10643-019-00951-7

Hudson, N. W., & Fraley, R. C. (2015). Volitional personality trait change: Can people choose to change their personality traits? *Journal of Personality and Social Psychology, 109*(3), 490-507. https://doi.org/10.1037/pspp0000021

Kashdan, T. B., Blalock, D. V., Young, K. C., Machell, K. A., Monfort, S. S., McKnight, P. E., & Ferssizidis, P. (2017). Personality strengths in romantic relationships: Measuring perceptions of benefits and costs and their impact on personal and relational well-being. *Psychological Assessment*. https://doi.org/10.1037/pas0000464

Linkins, M., Niemiec, R. M., Gillham, J., & Mayerson, D. (2015). Through the strengths lens: A framework for educating the heart. *Journal of Positive Psychology, 10*(1), 64-68

Littman-Ovadia, H., & Steger, M. (2010). Character strengths and well-being among volunteers and employees: Toward an integrative model. *Journal of Positive Psychology, 5*(6), 419-430.

Lounsbury, J. W., Fisher, L. A., Levy, J. J., & Welsh, D. P. (2009). An investigation of character strengths in relation to the academic success of college students. *Individual Differences Research, 7*(1), 52-69.

Merino, A., Valor, C., & Redondo, C. (2020). Connectedness is in my character: The relationship between nature relatedness and character strengths. *Environmental Education Research*. https://doi.org/10.1080/13504622.2020.1825630

Miller, C. B. (2013). *Moral character: An empirical theory*. Oxford University Press.

Niemiec, R. M. (2014). *Mindfulness and character strengths: A practical guide to flourishing*. Hogrefe.

Niemiec, R. M. (2018). *Character strengths interventions: A field-guide for practitioners*. Hogrefe. Niemiec, R. M. (2020). Six functions of character strengths for thriving at times of adversity and opportunity: A theoretical perspective. *Applied Research in Quality of Life*. https://doi.org/10.1007/s11482-018-9692-2

Niemiec, R. M. (2023). Mental health and character strengths: the dual role of boosting well-being and reducing suffering. Mental Health and Social Inclusion, Vol.ahead-of-print No. ahead-of-print. https://doi.org/10.1108/MHSI-01-2023-0012

Niemiec, R. M., & Pearce, R. (2021). The practice of character strengths: Unifying definitions, principles, and exploration of what's soaring, emerging, and ripe with potential in science and in practice. *Frontiers in Psychology, 11*, 590220. https://doi.org/10.3389/fpsyg.2020.590220

Niemiec, R. M., Russo-Netzer, P., & Pargament, K. I. (2020). The decoding of the human spirit: A synergy of spirituality and character strengths toward wholeness. *Frontiers in Psychology*. https://doi.org/10.3389/fpsyg.2020.02040

Oppenheimer, M. F., Fialkov, C., Ecker, B., & Portnoy, S. (2014). Teaching to strengths: Character education for urban middle school students. *Journal of Character Education, 10*(2), 91-105.

Pang, D., & Ruch, W. (2019). The mutual support model of mindfulness and character strengths. *Mindfulness*. https://doi.org/10.1007/s12671-019-01103-z

Park, N., Peterson, C., & Seligman, M. E. P. (2004). Strengths of character and well-being. *Journal of Social & Clinical Psychology, 23*, 603–619. https://doi.org/10.1521/jscp.23.5.628.50749

Park, N., Peterson, C., & Seligman, M. E. P. (2006). Character strengths in fifty-four nations and the fifty US states. *Journal of Positive Psychology, 1*, 118–129. https://doi.org/10.1080/17439760600619567

Peterson, C. (2006). *A primer in positive psychology*. Oxford University Press.

Peterson, C., & Seligman, M. E. P. (2004). *Character strengths and virtues: A handbook and classification*. Oxford University Press and American Psychological Association.

Peterson, C., Ruch, W., Beerman, U., Park, N., & Seligman, M. E. P. (2007). Strengths of character, orientations to happiness, and life satisfaction. *Journal of Positive Psychology, 2*, 149–156.

Peterson, C., Park, N., Pole, N., D'Andrea, W., & Seligman, M. E. P. (2008). Strengths of character and posttraumatic growth. *Journal of Traumatic Stress, 21*, 214–217.

Proctor, C., Maltby, J., & Linley, P. A. (2009). Strengths use as a predictor of well-being and health-related quality of life. *Journal of Happiness Studies, 10*, 583–630.

Proctor, C., Tsukayama, E., Wood, A. M., Maltby, J., Fox Eades, J., & Linley, P. A. (2011). Strengths gym: The impact of a character strengths-based intervention on the life satisfaction and well-being of adolescents. *Journal of Positive Psychology, 6*(5), 377–388.

Proyer, R. T., Ruch, W., & Buschor, C. (2013). Testing strengths-based interventions: A preliminary study on the effectiveness of a program targeting curiosity, gratitude, hope, humor, and zest for enhancing life satisfaction. *Journal of Happiness Studies, 14*(1), 275–292. https://doi.org/10.1007/s10902-012-9331-9

Proyer, R. T., Gander, F., Wellenzohn, S., & Ruch, W. (2015). Strengths-based positive psychology interventions: A randomized placebo-controlled online trial on long-term effects for a signature strengths vs. a lesser strengths-intervention. *Frontiers in Psychology, 6*. https://doi.org/10.3389/fpsyg.2015.00456

Quinlan, D. M., Swain, N., Cameron, C., & Vella-Brodrick, D. A. (2014). How 'other people matter' in a classroom-based strengths intervention: Exploring interpersonal strategies and classroom outcomes. *Journal of Positive Psychology*. https://doi.org/10.1080/1743976 0.2014.920407

Roberts, B. W., Luo, J., Briley, D. A., Chow, P. I., Su, R., & Hill, P. L. (2017). A systematic review of personality trait change through intervention. *Psychological Bulletin, 143*(2), 117-141.

Schutte, N. S., & Malouff, J. M. (2019). The impact of signature character strengths interventions: A meta-analysis. *Journal of Happiness Studies, 20*, 1179-1196. https://doi.org/10.1007/s10902-018-9990-2

Shoshani, A., & Slone, M. (2016). The resilience function of character strengths in the face of war and protracted conflict. *Frontiers in Psychology, 6*. https://doi.org/10.3389/fpsyg.2015.02006

Toback, R. L., Graham-Bermann, S., & Patel, P. D. (2016). Outcomes of a character strengths-based intervention on self-esteem and self-efficacy of psychiatrically hospitalized youths. *Psychiatric Services, 67*(5), 574-577. https://doi.org/10.1176/appi.ps.201500021

van Woerkom, M., & Meyers, M. C. (2014). My strengths count! Effects of a strengths-based psychological climate on positive affect and job performance. *Human Resource Management, 54*(1), 81-103.

VIA Institute. (2023). *What the research says about character strengths*. Available at: https://www. viacharacter.org/research/findings. Accessed 2 Jan 2023.

Villacís, J. L., de la Fuente, J., & Naval, C. (2021). Good character at college: The combined role of second-order character strength factors and phronesis motivation in undergraduate academic outcomes. *International Journal of Environmental Research and Public Health, 18*. https://doi.org/10.3390/ijerph 18168263

Wagner, L. (2018). Good character is what we look for in a friend: Character strengths are positively related to peer acceptance and friendship quality in early adolescents. *Journal of Early Adolescence*. https://doi.org/10.1177/02 72431618791286

Wagner, L., Gander, F., Proyer, R. T., & Ruch, W. (2019). Character strengths and PERMA: Investigating the relationships of character strengths with a multidimensional framework of well-being. *Applied Research in Quality of Life*.

https://doi.org/10.1007/s11482-018-9695-z

Wagner, L., Pindeus, L., & Ruch, W. (2021). Character strengths in the life domains of work, education, leisure, and relationships, and their associations with flourishing. *Frontiers in Psychology*. https://doi.org/10.3389/fpsyg.2021.597534

Weziak-Bialowolska, D., Bialowolski, P., & Niemiec, R. M. (2023). Character strengths and health-related quality of life in a large international sample: A cross-sectional analysis. *Journal of Research in Personality, 103*. https://doi.org/10.1016/j.jrp.2022.104338

White, M. A., & Waters, L. E. (2014). A case study of 'The Good School': Examples of use of Peterson's strengths-based approach with students. *Journal of Positive Psychology*. https://doi.org/10.1080/17439760.2014.920408

Yeager, D. S., Johnson, R., Spitzer, B. J., Trzesniewski, K. H., Powers, J., & Dweck, C. S. (2014). The far-reaching effects of believing people can change: Implicit theories of personality shape stress, health, and achievement during adolescence. *Journal of Personality and Social Psychology, 106*(6), 867-884. https://doi.org/10.1037/a0036335

Character Strengths and Abilities Within Disabilities

Advances in Science and Practice

제2부의 각 장은 다양한 장애에 초점을 맞추고 있으며, 각 장마다 세부적인 분석, 연구, 실제적 고려 사항을 다루되 전체적으로 성격강점이라는 렌즈(방법)를 통해 기술하고 있습니다.

먼저 제3장에서는 지적장애 및 발달장애(IDD)와 자폐 스펙트럼 장애에 주목하고, 이러한 장애를 지닌 사람들의 성격강점을 고려하는 데 필요한 일곱 가지 원칙을 살펴봅니다. 성격강점에 대한 연구가 지적장애 및 발달장애를 지닌 사람들에 대한 평가, 이들을 지원하는 스태프의 성격강점, 그리고 자폐성 장애를 지닌 사람들과 같이 이 범주에 속하거나 혹은 속하지 않을 수 있는 하위 집단의 성격강점에 초점을 맞추어 이루어지고 있습니다. 최근의 연구는 지적장애 및 발달장애를 지닌 사람들에게 성격강점을 적용한 프로그램의 성과에 초점을 맞추고 있습니다. 즉, 강점 발견하기(알아차리기) 관련 전략과 사례에 중점을 두고 다양한 수준의 평가와 개입을 검토하고 있습니다. 이에 기존의 증거 기반 프로그램과 개별화 교육 계획(IEPs) 및 개별화 강점 계획(ISPs)을 조정하는 방법에 대해 논의하고 예시를 제시합니다.

제4장에서는 주의력 결핍 및 과잉 행동장애(ADHD)에 성격강점을 도입하는 방법에 주목합니다. 주의력 결핍 및 과잉 행동장애(ADHD)는 전 세계적으로 많은 과학적 연구에서 논의되고 있지만, 아직 ADHD에 성격강점을 통합하는 방안은 상대적으로 거의 찾아보기가 어렵습니다. 이 책에서는 지금까지 진행된 학술적 연구를 검토하고 성격 과학에서 ADHD로 이론적 확장을 실시하며, 이를 기존 ADHD 치료와 통합하거나 잠재적인 독립형 집중 분야로 활용할 수 있는 다양하고 강력한 개입방법을 제시합니다.

제5장에서는 트라우마, 외상 후 성장, 회복탄력성에 대해 살펴봅니다. 여기에서는 장애 및 회복탄력성의 역설과 같은 몇 가지 개념이 논의되고, 성격강점과 트라우마에 관한 몇 가지 연구가 검토됩니다. 성격강점, 특히 희망 강점의 변화 잠재력을 사례와 함께 검토하고 예를 들어 설명합니다.

제6장에서는 기존 심리적 관점의 제한적인 일반적 패턴과 건강생성론적 관점(병을 유발하는 요인보다 행복과 건강을 유발할 수 있는 요인에 초점을 맞추는 접근)의 부재라는 측면에서 정신과적 장애의 범주를 폭넓은 시각으로 살펴봅니다. 성격강점이 정신적 문제에 대해 완충 효과가 있다는 연구 결과와 성격강점이 웰빙을 증진하고 고통을 감소시키는 이중적 역할을 한다는 연구 결과를 살펴봅니다. 또한 성격강점의 과다 사용, 과소 사용, 최적 사용의 개념을 과학적 관점에서 검토합니다. 일반적인 접근 방식(예: 접수면접 및 치료 계획 절차)에서부터 완화 효과(과다 사용된 강점 관리)와 견인 효과(과소 사용된 강점 끌어올리기) 등과 같이 특정 개입을 목표로 삼을 수 있는 일반적인 접근 방식부터 고유한(구체적인) 성격강점에 이르기까지 다양한 사례를 살펴봅니다.

그리고 제7장에서는 신체 및 의학적 장애에 대해 살펴봅니다. 이에 대해 다루는 장애의 범위는 여러 권의 교과서 내용에 해당할 정도로 방대하지만, 여기서는 성격강점이 과학적 주목을 받는 장애에 가장 중점을 두었습니다. 예를 들어, 만성 통증, 심장병, 코로나19가 여러 연구를 통해 밝혀졌습니다. 실제(실무) 영역에서는 성격강점 실천을 통한 신체적 건강 증진과 건강의 다섯 가지 기둥을 우선적으로 다룹니다. 또한 강점 개입을 통해 소진(번아웃)을 줄임으로써 질병을 관리하며 건강관리 및 의료 전문가를 지원하는 방법에 대해서도 논의합니다.

제2부

특정장애와 성격강점

Character Strengths and Abilities Within Disabilities

Advances in Science and Practice

제3장 지적장애 및 발달장애, 자폐 스펙트럼 장애와 성격강점[1]

개념

> 앞으로 지적장애 및 발달장애 분야에서 결함에 대한 평가와 교정을 넘어 평가와 개입 단계에서 성격강점을 우선적으로 연구하고 실천하는 접근법으로 주의를 확장할 것을 권장합니다(p. 22). Niemiec et al. (2017) Education and Training in Autism and Developmental Disabilities

지난 수십 년 동안 지적장애 및 발달장애(IDD) 분야에서 강점을 지향하는 긍정적 변화가 일어나고 있습니다. 개인과 그들의 필요, 욕구, 강점을 더욱 강조하고, 각 개인의 긍정적인 면을 바라보는 방향으로 시스템이 서서히 개선되고 있으며, 전문가들은 결함 교정 접근법을 넘어서 보다 대안적 질문을 하며 대안적 활동을 실천하고 있습니다. 그러나 기술, 흥미, 자원 등의 강점과 비교해 볼 때

---

1 **설명**: 이 장에서는 IDD(지적장애 및 발달장애)라는 용어가 자주 사용됩니다. 예를 들어, 다운증후군은 지적장애의 일반적 원인이지만 다운증후군을 지닌 사람 중 일부는 지적장애가 없으며, 자폐증 환자의 69%도 지적장애가 없습니다(Autism Speaks, 2022). 즉, 많은 연구에서 IDD 내의 다양한 특정 진단을 분석하지 않으므로 이 장에서는 인지, 적응, 정신 모두 혹은 하나의 기능 영역에 결함이 있는 사람을 나타내는 광범위하고 포괄적인 의미로 IDD 용어를 사용합니다. 이는 DSM-5에서 신경발달장애라고 부르는 경우에 해당합니다(다른 장에서 다른 특정 신경발달장애를 다룹니다). 이 장에서는 과학적 연구에 기반하여 진단적 구분을 할 때, 지적장애와 자폐증을 별도로 구분하여 연구(예: Datu & Niemiec, 2023)하는 것처럼 이를 구분하여 강조합니다.

성격강점에 대한 강조는 아직 널리 실행되고 있지 않습니다.

과학적 측면에서 간략히 살펴보면, 긍정심리학 및 지적장애 관련 문헌에 대한 체계적 검토 결과, 13개의 긍정심리학 구성개념(및 22개의 검사 도구)이 확인되었습니다. 가장 일반적인 구성 요소는 성격강점, 긍정적 정서 웰빙, 그리고 성장이었습니다(Albaum et al., 2021). 이 장에서는 IDD를 가진 사람들을 위한 성격강점 과학 및 실천의 중요성에 주목합니다. 제1부의 각 장에서 소개한 기본 개념, 연구, 사례를 바탕으로 교육자, 전문가, 관리자, 기타 리더가 새롭고 광범위하게, 진정으로 포용적인 방식으로 사고하도록 돕기 위해 성격강점이 통합되는 핵심적 방법에 대해 살펴봅니다. 이는 성격강점 기반 접근에 부합하는 성격강점 사고방식 형성에 도움이 됩니다. IDD에 대한 성격강점 사고방식과 접근 방식을 촉진하기 위한 일곱 가지 핵심 원칙을 살펴보면 다음과 같습니다.

1. 성격강점은 포용성의 언어를 제공합니다

다른 사람을 포용하거나 조직적으로 포용하는 방식을 취하는 사람은 성격강점을 활용하고 있는 사람입니다. 포용의 핵심에는 타인에 대한 공정성과 정의로운 행동이 내포되어 있습니다. 사실, 성격강점을 활용하지 않고는 다른 사람을 포용할 수 없습니다. 우리가 좀 더 깊이 들여다볼수록 포용에는 모든 성격강점이 존재한다는 것을 알 수 있습니다. 예컨대, 포용하기 위해서는 통찰력 강점, 즉 그것의 중요성에 대해 폭넓은 관점으로 바라보는 것이 필요합니다. 또한 포용적 접근을 장려하는 리더십 강점, 낡은 시스템에 도전하는 용감성 강점, 이것들을 실행하기 위한 협동심과 끈기 강점이 필요합니다. 또한 소외된 사람들을 참여시키기 위해 창의성 강점을 사용하거나, 새로운 접근 방식을 탐구하기 위해 학구열 강점 및 모든 사람의 강점과 재능을 활용하고 모두가 인정하는 환경을 만들기를 추구하는 희망(낙관성) 강점의 사용이 필요할 수 있습니다. 이처럼 24가지 성격강점 각각은 포용으로 가는 길에 또는 포용에 대한 직접적인 표현을 하는 가운데 사용되고 활성화될 수 있습니다.

2. 성격강점은 능력에 초점을 둡니다

많은 강점 기반 접근법은 소비자, 독자, 참여자 및 구성원이 참여하게 되는 작업에서 '장애' 또는 '비장애'라는 이분법적인 일방적 접근법이나 이러한 사고방식으로 시작하지 않는다는 것을 상기시키기 위해 약점에서 강점을 재구성하는 방식으로 시작합니다. 이와 같은 접근법은 처음부터 개인과 집단의 능력, 역량, 강점에 초점을 맞추는 것입니다. 이때 가장 좋은 출발점은 그 사람이 누구인지(예컨대, 그 사람의 핵심 정체성), 즉 그 사람의 가장 좋은 점을 형성하고 그 사람을 가장 활기 있고 몰입하게 만드는 성격강점(대표강점)에 초점을 두는 것입니다. 그리고 재능, 기술, 흥미와 같은 다른 강점도 사람들의 능력에 초점을 맞추는 데 있어서 필요하고 중요합니다.

3. 성격강점은 평등화 요소입니다

DSM-5 및 ICD-11과 같은 범주 체계는 사람을 범주 중 하나 또는 둘 등으로 나누어 분류하는데, 일반적으로 어떤 사람은 진단을 받고(진단받은 사람), 다른 사람은 진단을 받지 않는 것(진단받지 않은 사람)으로 분류합니다. 스포츠도 이와 비슷한 접근법을 취하는데, 이기는 팀과 지는 팀, 우승한 팀과 패배한 팀으로 구분됩니다. 이러한(진단받은 자 또는 진단받지 않은 자로 분류하는) 접근법은 자신에게 있는 강점을 어느 정도로 표현하고, 상황에 따라 그 강점을 다양하게 표현하는 단계적 차이나 상황적 특이성이라는 성격강점에서의 차원적 접근 방식과는 구별됩니다.

모든 사람은 자신의 내적 역량인 성격강점을 표현할 잠재력을 가지고 있는데 이때 '누가 가장 친절하고 누가 가장 용서를 잘하는가?'라는 단절된 접근법이 아니라 '당신이 누구든 이 상황에서 친절이나 용서를 어떻게, 어느 정도 표현할 수 있을까?'라는 보편적인 평등화 접근법에 초점을 맞춥니다. 그런데 이러한 성격강점 접근법이 모든 강점 범주에 해당되는 것은 아닙니다. 예를 들어, 능력과 지능의 강점에서는 바이올린 연주, 농구 또는 복잡한 수학 공식 계산 등에서 훨씬 더 재능이 있는 사람과 그렇지 않은 사람으로 구분하여 나눌 수 있습니다.

4. 성격강점은 극단으로 치우치는 것을 잡아 주는 균형자입니다

사람들이 장애가 있는 사람들과 소통하는 여러 가지 방법이 있습니다. 그런데 사람들은 흔히 극단에 빠지곤 합니다. 사람들이 취하는 일반적인 접근법에는 무시하기, 달래기, 지나친 칭찬(예: "와, 그 선물 잘 골랐네, 정말 대단해.", "너는 모든 면에서 정말 대단해.") 등이 포함됩니다. 또 다른 극단에는 상대방의 최악의 상황을 가정하고, 상대방을 포용하려 하지 않으며 상대방을 자신보다 못하거나, 약하거나, 무능력하거나, 치명적인 결함이 있는 사람으로 간주하는 비하적 접근법이 있습니다. 사람들은 이러한 비하적 접근법을 의식적으로 인식하지 않을 수 있습니다. 균형 잡힌 접근법은 상대방의 인간성과 그 가치를 보고, 상대방 속에 있는 최선의 것을 찾으며, 상대의 강점과 약점의 실체를 보는 것입니다. 즉, 보통의 사람들과 마찬가지로 장애가 있는 사람들의 인간성(인간적 가치)을 보고 그들과도 연결되어 소통할 수 있는 것입니다.

이렇게 균형을 잡아 주는 성격강점의 역할에 대해 생각해 볼 수 있는 또 다른 방법은 성격강점이 과소 또는 과다하게 사용될 때 성격강점 사용에서 어떻게 균형을 맞출 수 있는지 고려하는 것입니다(Niemiec, 2019). 다운증후군을 가진 사람은 유머를 과도하게 사용하거나 다른 사람을 성가시게 하거나 상처를 줄 수 있음에도 불구하고 계속 웃거나 같은 농담을 반복하는 경우가 있습니다. 이 사람에게는 자신의 유머가 불친절하게 여겨질 수 있음을 인지하게 하고, 그 상황에서 다른 사람을 배려하는 친절성 강점을 사용하도록 피드백을 주며, 농담 대신 자신이 보여 줄 수 있는 친절한 행동을 생각하도록 조력할 필요가 있습니다. 과다하게 사용한 성격강점에서 그 균형을 맞추기 위해 이루어지는 접근 방식을 완화(tempering) 효과라고 합니다(Niemiec, 2019). 또 다른 예로, 자폐증을 가진 한 학생이 평소 자신에게 많은 시간과 도움을 주는 반 친구에게 고맙다는 표현이나 어떤 감사 표시도 하지 않을 때 이 학생은 감사 강점을 과소 사용하고 있는 것입니다. 이때 이를 관찰한 교사, 상담사 또는 보조교사는 감사의 중요성에 주목하게 하고 자폐를 지닌 학생이 자신의 대표강점을 사용해서 감사를 하도록 도움을 줄 수 있습니다. 이를 견인 효과라고 하는데, 이는 강점 사용에 균형을 맞추는 또 다른 방법입니다(Niemiec, 2019). 이 연구의 사례에서 자폐를 지닌 학생에게 학구열 강점이 가장 높으므로 자신의 대표강점인 학구열을 활용하여 감사에 대해 배우고, 감사의 근거와 중요성을 익히며 감사를 행동으로 표현하는 사례를 읽어 보는 시간을 갖도록 권장할 수 있습니다.

5. 성격강점 접근법은 성장 마인드를 갖추는 접근법입니다

성장 마인드(마음가짐)를 갖는다는 것은 우리가 재능이나 지능만으로 성장하는 것이 아니라 강한 노력과 헌신(집중)을 통해 성장할 수 있다는 것을 이해하는 것입니다(Dweck, 2006). 성장 마음가짐은 어려울 때 기회를 찾고 실패할 때 배우는 자세의 마음가짐입니다. 항상 성장 마음가짐으로 사는 사람은 없지만, 주어진 상황에서 이러한 마인드를 갖추는 데 도움이 되는 몇 가지 특징이 있습니다. 〈표 3-1〉은 성장 마음가짐의 몇 가지 요소와 각 요소의 핵심이 되는 성격강점에 대해 설명합니다. 성격강점을 성장 마음가짐의 핵심 요소와 일치시키는 것 외에도, 24가지 성격강점의 모든 강점은 학습하고 개선하는 성장 마음가짐을 위한 주제가 될 수 있습니다. 청소년을 대상으로 한 연구에 따르면 강점에 대한 성장 마음가짐을 갖는 것이 더 큰 웰빙 및 강점 사용 증진과 관련이 있는 것으로 나타났습니다(Jach et al., 2018).

〈표 3-1〉 성장 마음가짐 요소와 관련된 성격강점

성장 마음가짐 원칙	성격강점 근거
성취한 것은 (타고난 재능뿐만 아니라) 대부분 노력에 기인함	도전과 어려움 속에서도 계속해서 나아갈 수 있도록 노력하는 힘(에너지)이 되는 **끈기**
실수와 비판을 통해 기꺼이 배우려는 의지	지식의 깊이를 더하기 위한 **학구열**, 대안적 견해를 이해하는 **판단력**과 **비판적 사고력**
지능과 능력을 개발할 수 있음	가장 좋은 것을 기대하며 가능성, 역량, 발전 방향으로 생각하는 **희망**
모르는 것이 있으면 이를 인정하고 질문함	질문하고, 검색하고, 탐구하는 **호기심**, 자존심과 모든 것을 알아야 한다는 욕구를 내려놓는 **겸손함**
도전적인 과제를 찾고 위험을 감수함	필요에 따라 역경과 어려움에 맞설 수 있는 **용감성**

성격강점 접근법을 취하는 사람은 누구일까요? 특정 성격강점이 높은 전문가와 비전문가가 있을까요? 낙인에 관한 대규모 연구에 따르면 친절성, 공정성, 사회지능의 성격강점이 자폐증과 지적장애 및 발달장애를 가진 사람들을 덜 낙인찍는 것과 가장 관계가 높게 나타났습니다(Datu & Niemiec, 2023). 덜 낙인찍는 경향은 그 외 리더십, 사랑, 용감성 성격강점과도 매우 강력한 상관관계가 있었습니다. 한편, 자기조절은 자폐증과 지적장애 및 발달장애를 가진 사람들에 대한 낙인을 높이는 것과 관련이 있었습니다(자폐증에 한해서는 끈기도 관련이 있었음). 이러한 연구 결과가 낙인을 줄이고 성격강점 기반의 성장 지향적 접근 방식을 강화하기 위해 특정 성격강점을 발휘하는 개입 효과를 입증해 주는 것은 아니지만, 이에 대한 즉각적 성찰과 추가 연구를 위한 몇 가지 토대를 제공해 줍니다.

6. 역경을 헤쳐 나가는 데 있어 성격강점이 매우 중요합니다

장애는 그 특성상 독특한 도전과 스트레스 요인을 수반합니다. 지적장애 및 발달장애를 지닌 많은 사람은 추가적인 신체적, 심리적, 사회적 문제에 직면합니다(Gilmore & Cuskelly, 2014; Wehmeyer, 2013). 성격강점 이론에 따르면 성격강점은 역경을 극복하고 회복탄력성을 키우는 데 있어 매우 중요하지만 아직 충분히 개척되지 않은 분야이기도 합니다(Niemiec, 2020).

역경은 접근성 문제, 교통 문제, 정책 문제, 사회적 규범 등 환경이나 상황(예: 직장, 학교, 지역사회)이 장애를 지닌 사람들을 배제, 방해, 제한하는 방식 등의 여러 형태로 나타날 수 있습니다. 사회 환경은 일반적으로 장애가 없는 사람들 중심으로 형성되었기 때문에 다양한 장애가 있는 사람들에게는 적합하지 않을 수 있습니다(Wehmeyer, 2013). 각각의 환경적 장애물을 하나하나 짚어내고 여기에 집중한다면, 그 장애물은 성격강점으로 극복할 수 있습니다. 끈기, 창의성, 용감성, 활력, 공정성 등과 같은 성격강점 없이는 어떤 역경이나 환경적 장애물도 극복할 수 없습니다.

7. 성격강점(및 대표강점)은 소속감을 갖는 길을 제공합니다

외로움은 지적장애 및 발달장애를 지닌 사람들의 큰 문제가 되고 있습니다. 영국에서 이루어진 연구 결과에 따르면 장애가 있는 사람들은 장애가 없는 사람보다 외로움을 경험할 가능성이 훨씬 더 높게 나타났습니다(Emerson et al., 2021). 이 연구자들은 (지적장애 및 발달장애뿐만 아니라) 장애에 대해 전반적으로 연구를 실시하였는데, 12개월 이상 신체적 또는 정신적 건강 상태가 어떠한지, 질병이 있는지 그리고 그것이 일상적인 활동 수행에 부정적인 영향을 미치는지 여부를 알아보았습니다. 그 결과 장애는 낮은 사회적 지지감, 사회적 고립감, 낮은 안녕감과 관련이 있는 것으로 나타났습니다. 길모어와 커스켈리(Gilmore & Cuskelly, 2014)가 지적장애 및 발달장애를 지닌 사람들(아동 및 성인)만을 대상으로 한 과학적 분석 결과, 지적 및 발달 장애인의 약 절반이 만성적으로 외로움을 느끼는 것으로 나타났는데, 이는 일반 인구의 약 15~30%보다 훨씬 많은 수치입니다. 연구자들은 지적장애 및 발달장애를 지닌 사람들이 외로움에 매우 취약하다는 사실을 관찰했습니다.

외로움에 대한 한 가지 표적화된 치료법은 외로움을 겪는 사람들이 사회 및 지역사회에 더 많이 참여하고, 지원하고, 통합되도록 돕는 것이며, 더 구체적으로 말하자면 그들의 소속감을 촉진하는 것입니다. 소속감은 강력한 관계를 형성하고 유지하려는 인간의 근본적인 욕구입니다(Baumeister & Leary, 1995). 기본적으로 개인이 새로운 환경이나 상황에 진입할 때 소속감과 관련하여 스스로에게 던지는 핵심 질문이 있으며, 개인을 지원하기 위해 취할 수 있는 최적의 전략이 있습니다(Walton & Brady, 2017). 개인의 가장 중요하고 본질적인 성격 특성인 대표강점은 이러한 전략과 개념적으로 일치합니다. 〈표 3-2〉는 사람들이 새로운 환경에 들어갔을 때 그 환경에 속할 수 있는지 또는 속할 수 없는지 여부를 판단하는 데 필요한 네 가지 일반적인 질문을 제시합니다. 각각의 소속감 관련 질문에 대한 지원 전략과 대표강점을 제시하면 〈표 3-2〉와 같습니다.

〈표 3-2〉 소속감 질문, 지원 전략 및 대표강점 정렬

소속감에 관한 질문 (Walton & Brady, 2017)	지원 전략 (Walton & Brady, 2017)	전략과 연계된 대표강점
나를 알아보고 인정하는 사람이 있나요?	사람을 인식하고 인정하기	상호작용에서 한 사람의 대표강점에 이름을 붙이거나 주목하는 것은 그 사람이 '인정받고 있다'고 느끼는 데 도움이 됩니다(예: Niemiec, 2018).
나는 연결되는 사람이 있나요?	그곳에서 다른 사람들과 개인적인 유대감 형성	자신과 비슷한 대표강점을 공유하면 친밀감과 유대감이 형성됩니다(Kashdan et al., 2018).
사람들은 나를 소중히 여기거나 좋아하나요?	소속감이 차단되지 않도록 환경에서 공통된 문제를 이해할 수 있는 이야기 제공하기, 소속감을 표현할 수 있는 대상을 넓히기	24가지 성격강점이 모두 중요하며, 어떤 강점이 높은 사람이든 그 사람 나름의 가치가 있고 중요하며 그룹에 기여할 수 있다고 설명합니다(Niemiec & Pearce, 2021).
이곳이 내가 속하고 싶은 환경인가요?	가치 있는 목표 추구의 기회를 제공하는 환경을 제시하기	대표강점이 개인적 또는 공동의 목표에 도달할 수 있는 경로를 제공한다고 설명합니다(Linley et al., 2010).

지적장애 및 발달장애를 지닌 사람들을 대상으로도 소속감이 연구되었습니다. 에릭 카터(Carter, 2016; Carter et al., 2016)는 지적장애 및 발달장애를 지닌 환자와 그 가족을 대상으로 심층 인터뷰를 실시하여 깊이 있는 관계로 가는 과정을 나타내는 주제를 조사했는데, 이들이 주목한 배경은 신앙 공동체 환경에서의 소속감이었습니다. 연구팀은 지적장애 및 발달장애를 가진 사람들이 소속감을 느끼는 10가지 주제를 확인했습니다(이는 지적장애 및 발달장애가 없는 사람들에게도 적용될 수 있음). 10가지 주제는 존재감, 초대받음, 환영받음, 알려짐, 수용됨, 지원받음, 보살핌, 친구가 됨, 필요로 함, 사랑받음입니다. 이러한 차원들은 깊이 있는 관계와 포용적인 공동체의 특성을 반영해 줍니다. 소속감의 차원에서 성격강점을 조사한 것은 아니지만, 성격강점과 소속감은 강한 연관성이 있는 것으로 보입니다. 여기서 다음과 같은 연관성을 제안합니다.

1. 사랑, 친절성, 협동심과 같은 긍정적인 관계를 구축하는 데 중요한 성격강

점(Wagner et al., 2019)은 소속감을 촉진하는 데 도움이 될 수 있습니다.

2. 진실성, 유머, 친절성, 공정성 등 우정을 쌓는 데 중요한 성격강점(Wagner, 2018)은 소속감을 촉진하는 데 도움이 될 수 있습니다.
3. 소속감 관련 질문의 지원 전략에서 언급된 바와 같이 대표강점을 인식하고 평가하는 것의 중요성(Kashdan et al., 2018)이 이러한 소속감 차원과도 관련될 수 있습니다.

연구

지적장애 및 발달장애에 대한 접근 방식은 전통적으로 진단 중심의 의학적 모델과 정신병리, 무능력과 '부정적' 감정, 구조 및 문제 모두 혹은 그중 하나의 존재에 초점을 맞춘 결함 기반의 심리적 모델에 기반을 두고 있습니다(Danforth, 2001; Dykens, 2006; Niemiec et al., 2017; Wehmeyer, 2013). 많은 과학적 문헌은 지적장애 및 발달장애에 대해 진단 중심의 의학적 모델이나 결함 기반의 심리적 모델의 접근 방식을 반영하고 있습니다. 그럼에도 지적장애 및 발달장애를 가진 사람들을 위한 강점 기반 접근법과의 통합은 서서히 발전해 왔으며 지적장애 및 발달장애를 지닌 사람들의 기술, 자원, 흥미, 능력에 중점을 두고 있습니다. 이러한 중요한 변화를 강점 기반 1단계라고 부릅니다.

연구자들은 강점 기반 접근법을 더욱 체계적이고 과학적으로 활용하여 지적장애 및 발달장애를 지닌 사람들을 평가하고, 그들에게 능력을 북돋아 주고, 치료하고, 돌보기 위해서 성격강점을 강조하고 이러한 접근을 구축해야 한다고 장애 분야에 촉구했습니다(Niemiec et al., 2017). 사람의 핵심이 되는 성격강점을 통합하도록 강점을 확장하는 것을 강점 기반 2단계로의 발전이라고 부릅니다. 이 단계에서는 최신 과학적 지식과 최고의 실제를 개인과 집단에 능력을 북돋아 주는 방식으로 적용합니다. 또한 지적장애 및 발달장애를 지닌 사람들을 위해 이러한 방식으로 성격강점을 활용하는 것은 긍정적 방법으로 개인에게 유익할 뿐만 아니라 비용도 적게 드는 접근법이라는 점에서도 주목받고 있습니다(Raley et al., 2020).

평가도구, 스태프의 성격강점, 지적장애 및 발달장애를 지닌 사람들의 성격강점, 성격강점의 결과 등 네 가지 영역을 중심으로 성격강점과 지적장애 및 발달장애 관련 연구들을 소개하면 다음과 같습니다.

평가도구

장애를 지닌 사람들을 대상으로 여러 가지 긍정적인 구성요인이 조사되었습니다. 예를 들어, 인지장애가 있는 청소년과 없는 청소년을 대상으로 이루어진 연구에서 희망, 낙관성, 통제력, 자기결정의 구성요인을 측정한 결과, 희망과 낙관성이 장애가 있는 청소년과 없는 청소년의 삶의 만족도를 예측하는 것으로 나타났습니다(Shogren et al., 2006). 130명의 지적장애 및 발달장애를 지닌 사람들을 표본으로 연구하여 우수한 심리측정법을 갖춘 단축형 웰빙 평가도구인 PHI-지적장애 검사처럼 지적장애에 특화된 긍정 지향적이며 웰빙에 초점을 맞춘 많은 검사가 있습니다(Monterde et al., 2022). 또한 다섯 가지 항목으로 구성된 삶의 만족도 척도(Diener et al., 1985)와 같이 지적장애 및 발달장애를 지닌 사람들에게 적용할 수 있는 단축형 웰빙 검사도 많이 있습니다. 실제로 긍정심리 평가에 관한 많은 내용이 소개된 교재가 집필되었으며(예: Ruch et al., 2022), 여러 검사가 긍정심리 평가에 적용될 수 있었습니다. 하지만 여기서는 특히 지적장애 및 발달장애의 성격강점 평가 연구에 초점을 맞추고자 합니다.

성격에 대한 초기의 평가 접근법은 VIA 분류 작업 이전에 개발되었으며, 이를 긍정적 성격 특성-발달장애 척도(ASPeCT-DD)라고 합니다(Woodard, 2009). 이 척도는 정보 제공자가 관찰한 발달장애인의 긍정적인 특성을 측정하는 타당한 척도로, 이 척도에 의해 측정된 특성은 주로 용서, 유머, 감사, 용감성, 자기조절, 친절성, 낙관성/희망과 같은 VIA 성격강점입니다.

2004년 VIA 분류체계가 등장한 이후, 지적장애 및 발달장애를 지닌 사람들의 성격강점을 평가해야 할 필요성도 높아졌습니다. VIA 성격강점검사와 지적장애 및 발달장애를 지닌 사람들을 대상으로 한 포용성 수준에 대한 공식적인 연구가 캔자스 대학교와 VIA 연구소의 연구자들에 의해 시작되었습니다. 연구자들은 장애가 있는 청소년과 장애가 없는 청소년을 비교하고 지적장애 및 발달장애를 지닌 사람들 및 기타 장애가 있는 청소년에게 VIA 청소년 성격강점검사를 사용하기 위한 심리측정학적 지원방안을 발견했습니다(Shogren et al., 2018). 장애가 있는 청소년과 장애가 없는 청소년의 신뢰도 점수는 비슷했지만, 장애가 있는 청소년은 장애가 없는 청소년보다 성격강점에서 낮은 점수를 받는 경향이 있었습니다(Shogren et al., 2017a, b, 2018). 장애가 있는 청소년들이 긍정적 구성요인에서 자기 자신을 더 낮게 평가하는 경향이 있다는 연구 결과는 자기 결정성 측정에서도 나타났으며, 이는 환경이 청소년의 신념에 영향을 미칠 수 있다는 가능성을 시사해 줍니다(Shogren et al., 2016).

VIA 척도의 용어에 대한 추가 연구가 슈워츠 등(Schwartz et al., 2022)에 의해 지적장애 및 발달장애를 가진 성인들을 대상으로 확장되었습니다. 24개 성격강점에 대한 이들의 연구에는 구어체 표현과 함께 상징적 용어 없이 측정 항목을 보다 구체적으로 개선하는 작업이 포함되었습니다. 이 연구는 현재 진행 중이지만, 지적장애 및 발달장애를 지닌 사람들과의 인터뷰를 통해 VIA 평가가 그들의 자기인식과 자존감을 높인다는 사실이 밝혀졌습니다. 또한 예비조사 자료에 따르면 창의성, 공정성, 희망, 영성 강점이 좀 더 이해하기 어려운 성격강점에 속하고, 반면에 유머, 친절성, 끈기, 자기조절 강점은 가장 이해하기 쉬운 강점으로 밝혀졌습니다(Schwartz, 2022). 상대적으로 이해하기 어려운 성격강점은 구체적인 검사 문항이 부족하여 추상적인 성격이 강하고, 반면에 이해하기 쉬운 강점은 친절하고 재미있는 사람, 열심히 일해야 하고(끈기), 행동을 잘 조절하고 절제해야 하는 사람(자기조절) 등의 표현과 같이 장애를 둘러싼 사회적 담론과도 일치하는 것으로 보입니다(Schwartz, 2022).

스태프의 성격강점

슈워츠 등(Schwartz et al., 2022)은 지적장애 및 발달장애를 지닌 성인들을 대상으로 VIA 척도를 사용하는 임상가들을 대상으로 연구한 결과, 자기이해와 자존감 증진, 강점 이해를 위한 체계 제공, 서비스 시스템 전반의 의사소통 지원, 강점 기반 개입의 형성 등 수많은 실제적 활용 사례들을 발견했습니다. 다른 연구에서 자폐 및 기타 발달장애가 있는 내담자를 지원하는 치료 프로그램 및 학교 스태프들을 대상으로 한 VIA 성격강점검사가 실시되었습니다(Korn et al., 2016). 스태프들의 가장 높은 상위 강점은 친절성, 진실성, 유머, 공정성, 사랑이었습니다. 연구진은 이러한 성격강점이 전염성이 있으며 스태프들 간에 상호 유익을 가져다준다는 사실을 관찰했습니다. 이는 함께 일하는 사람, 감독 및 지도하는 사람, 다른 사람을 지원하는 사람 등 두 명 이상의 사람들 사이에서 발생할 수 있는 강점 상호 발현의 선순환을 반영하는 것으로 보입니다(Niemiec, 2014, 2018). 콘(Korn)과 동료들(2016)은 스태프들을 면담하고 지적장애 및 발달장애를 지닌 사람들에게 성격강점을 사용할 때의 이점을 분석한 결과, 성격강점은 내담자에게 동기를 부여하고, 강점을 키우고, 성과를 극대화하고, 부정적인 결과를 피하고, 적절한 대처를 촉진하고, 끈끈한 관계를 구축하며, 사람들의 독특한 요구를 충족시키고, '올바른' 일을 하는 데 도움이 된다는 강력한 결과를 많이 발견했습니다.

발달장애 서비스 종사자를 대상으로 한 연구에서 유머, 협동심, 공정성, 진실성, 친절성, 자기조절, 학구열, 통찰력 강점이 상위 성격강점(대표강점)으로 나타났습니다. 인터뷰 결과, 종사자들은 자비심이 있으며 의미 있는 돌봄을 제공하고, 직장에서 자신의 번영을 위해 스스로 동기를 부여하며, 내담자의 복지를 지원하기 위해 성격강점을 사용하는 것으로 나타났습니다(Darewych et al., 2020).

장애를 지닌 사람들의 성격강점

성격강점이 비슷한 자폐증을 가진 사람들과 그렇지 않은 사람들을 비교한 연구에서 자폐증을 가진 사람들은 상대적으로 자신의 강점에 대한 지식과 사용 빈도가 낮았고, 강점을 사용하는 자폐증 증상의 사람들이 강점을 덜 사용하는 자폐증 증상의 사람들보다 삶의 질, 웰빙, 정신건강 수준에서 높은 점수를 얻은 것으로 나타났습니다(Taylor et al., 2023). 자폐증을 지닌 사람들을 대상으로 VIA 성격강점검사를 실시한 또 다른 연구에서는 진실성, 심미안, 학구열, 공정성, 친절성이 가장 높은 성격강점(대표강점)으로 나타났으며, 그들의 삶의 만족도는 감사, 희망, 진실성과 관련이 있는 것으로 나타났습니다(Nocon et al., 2022).

자폐증을 포함한 지적장애 및 발달장애를 지닌 사람 306명을 대상으로 이루어진 국제 연구에서 상위 5개의 성격강점은 학구열, 진실성, 공정성, 판단력, 심미안으로 나타났습니다. 그리고 하위 5개의 성격강점은 자기조절, 끈기, 활력, 영성, 리더십이었습니다(Umucu et al., 2022). 이 연구자들은 강점에 대한 평정에서 다른 장애 집단에 비해 지적장애 및 발달장애 집단의 강점 점수가 낮게 나타났는데, 이에 따라 지적장애 및 발달장애인의 강점 발견을 강화할 필요성을 제시했습니다. 지적장애 및 발달장애를 지닌 성인을 대상으로 한 이 연구는 앞서 언급한 쇼그렌과 동료들(Shogren et al., 2016, 2017a, b)의 청소년 대상 연구 결과와 유사하게 나타나 지적장애 및 발달장애를 지닌 사람들의 낮은 성격강점 평정 특성을 보여 줍니다. 우무쿠 등(Umucu et al., 2022)은 지적장애 및 발달장애를 지닌 사람들이 다른 장애가 있는 집단보다 학습에 대한 지지도가 높다는 것을 관찰했는데, 이는 새로운 주제를 배우고 성장하려는 강한 욕구, 즉 학구열을 반영하는 것으로 보았습니다.

발달장애가 있는 사람들에게 직접 서비스를 제공하는 미국의 START라는 국가 기관은 성격강점을 그들의 서비스에 포함시키고 있습니다. 접수면접 시 각 내담자는 VIA 성격강점검사지를 받아 직접 작성하거나 스태프가 접수 과정과 토론을 통해 내담자의 대표강점을 파악하는 과정을 수행합니다. 접수면접 시에 이루어진 강점 발견(N=3010) 결과와 공식적인 VIA 성격강점검사 참여자(N=188) 대상 추적 조사 결과, 이 두 가지 다른 절차를 통해 도출된 상위 다섯 가지 성격강점은 동일했습니다! 각각의 상위 성격강점 순서는 달랐지만, 동일하게 확인된 대표강점은 사랑, 친절성, 유머, 호기심, 창의성이었습니다(Beasley et al., 2023). 또한 두 가지 평가 접근법 모두에서 심미안, 학구열, 진실성은 상위 10위 안에 들었으며, 용감성, 끈기, 활력, 희망, 감사는 상위 13위 안의 강점으로 나타나 대규모 표본의 지적장애 및 발달장애를 지닌 사람들의 성격강점에 대해 측정하는 두 가지 접근법 모두 높은 신뢰성이 있음을 보여 주었습니다.

자폐아 자녀에 대한 학부모 보고서는 성격강점에 대한 학습의 출처였습니다. 몇몇 연구에서는 성격강점에 대한 부모와 아동의 연구 결과를 모두 조사했습니다. 키르히너 등(Kirchner et al., 2016)은 아스퍼거 장애자와 일반인을 대상으로 조사한 결과, 아스퍼거 장애자는 (인지적 강점인) 판단력/비판적 사고, 창의성, 학구열이 가장 높고, 일반인은 (사회적/정서적 강점인) 친절성, 공정성, 유머, 사랑이 가장 높다는 사실을 발견했습니다. 아스퍼거 집단의 삶의 만족도와 가장 긍정적인 연관성을 보인 것은 사회적/정서적 강점이었습니다. 삼손과 안토넬리(Samson & Antonelli, 2013)는 아스퍼거 장애를 가진 사람들의 유머 강점에 초점을 맞춰 조사한 결과, 일반인(연령, 성별, 교육 수준과 일치)은 유머 강점이 8위로 나타난 것에 비해, 아스퍼거 장애를 가진 사람들의 유머 강점은 평균적으로 16위에 위치하는 것을 발견했습니다. 또한 행복의 유형(쾌락적 및 헤도닉 유형의 행복과 몰입이나 의미와 같은 유다이모닉 유형의 행복)을 함께 조사했을 때, 아스퍼거 장애를 지닌 사람들의 경우 유머는 즐거움(쾌락)하고만 관련이 있는 반면, 정상적으로 발달하는 사람의 경우 유머가 즐거움, 몰입, 의미와 관련이 있다는 것을 발견했습니다.

지적장애 및 발달장애를 지닌 자녀 또는 자폐증을 지닌 자녀(청소년 또는 성인)에 대한 부모들의 보고에 대한 질적 연구에 따르면, 대부분의 부모가 하나 이상의 특성(97%)을 보고했는데(Wilkinson et al., 2022) 가장 많이 보고된 긍정적 특성은 성격 관련(82%)과 사교성(53%)이었습니다. 또 다른 연구에서는 자녀의 가장 좋은 점에 대한 부모 153명의 설명을 코딩하기 위한 구조 체계로 VIA 분류를 사용했습니다. 연령대는 3세에서 11세까지로 다양했으며, 모든 연령대에서 부모가 가장 많이 지지하는 강점은 사랑, 친절성, 유머였고, 자녀가 학교에 입학하는 시기에는 끈기 강점이 높은 지지를 받았습니다. 아동 행동 체크리스트(행동/정서적 문제를 감별하는 데 사용되는 검증된 측정도구)의 점수가 높을수록 인간애 중심의 성격강점을 지지할 가능성이 낮았습니다(Cost et al., 2021).

카터 등(Carter et al., 2020)은 다른 가족 구성원들의 보고를 통해 형제자매가 자폐성 장애와 자폐증을 지닌 사람들을 어떻게 인식하는지 조사했습니다. 그 결과 형제자매들은 이들의 성격강점을 보통에서 높은 수준까지로 평가했습니다. 대부분 개인이 여러 가지 성격강점을 가진 것으로 묘사되었는데, 이는 성격강점이 쉽게 발견될 수 있을 뿐만 아니라 지적장애 및 발달장애를 가진 사람들의 형제자매에 의해 인식되는 성격강점의 수준이 높다는 것을 보여 줍니다.

교사 및 교육자를 대상으로도 자폐증을 가진 학생들의 성격강점에 대한 관찰 연구가 이루어졌습니다. 7~8세와 10~11세에 걸쳐 친절성, 자기조절, 끈기가 가장 많이 지지된 강점인 반면, 학생이 고집스러운 행동이나 증상 심각도에서 높은 점수를 받은 경우 용감성 강점에 대한 지지가 감소했습니다(Mirenda et al., 2022).

성격강점의 결과

지적장애 및 발달장애를 가진 사람들의 성격강점 평가 결과에 대한 과학적 연구 결과가 교육계 안팎에서 서서히 밝혀지고 있습니다. 린킨스 등(Linkins et al., 2014)은 교육적 맥락에서 성격강점을 적용하기 위한 몇 가지 전략을 제시했는데, 여기에는 VIA 성격강점검사를 활용한 성격강점 언어 및 렌즈 개발, 타인과 자신의 성격강점 인식 및 사고, 성격강점 연습 및 적용, 집단 성격강점의 발견·축하 및 함양 등 네 가지 주요 영역이 포함되었습니다. 이러한 영역은 장애아동과 비장애 아동이 함께 있는 유럽의 한 통합학급에 적용 및 평가되어 아동

간 차별을 줄이고 학급 분위기를 개선하는 효과를 가져왔습니다(Bressoud et al., 2018). 피드백을 통해 이러한 활용이 지적장애 및 발달장애에 적용 가능하다는 사실이 밝혀졌고 다른 교실, 학교, 심지어 전체 교육 시스템에 더 폭넓게 적용할 것이 권장되었습니다. 코플리와 니믹(Coppley & Niemiec, 2021)은 장애가 있는 학생들의 약 15%만 지원을 받는 공교육 시스템에서 성격강점을 적용한 몇 가지 예나 실사례들을 설명합니다(Institute of Education Sciences, 2022).

몇 주간에 걸쳐 성격강점 개입 프로그램이 실시되었습니다. 예를 들어, 한 통제된 개입 연구가 유아교육 장면의 신경발달 장애 아동을 대상으로 진행되었습니다. 교실에서 각 회기당 30분씩 8회기로 진행된 프로그램에서는 감사, 낙관성(희망), 끈기, 활력 등 여러 가지 특정 성격강점에 초점을 맞추는 개입이 포함되었으며, 교사가 평가하는 실행 기능에서 초기 효과가 나타났습니다(Naples & Tuckwiller, 2021). 유럽에서 초등학교 4~6학년을 대상으로 16주 동안 진행된 한 연구에서는 학습, 웰빙, 사회적 기술을 증진하기 위해 아이들에게 성격강점을 인식하고 활용하는 방법을 가르치는 데 중점을 두었습니다. 연구 결과, 흥미의 지속, 집단 응집력, 학급 분위기에서 개선 효과가 나타났습니다. 교사 인터뷰에서 밝혀진 유익한 내용의 예로는 다른 사람의 강점을 찾아 이름 붙이기, 서로를 지지하기, 안녕감 증진, 긍정적인 상호작용 등이 있었습니다(Vuorinen et al., 2018).

이 장의 앞부분에서 언급했듯이 소속감과 지적장애 및 발달장애를 지닌 사람들에 대한 흥미로운 연구가 진행되고 있으며 이는 상당한 잠재력을 지니고 있습니다. 카터(Carter)와 동료들(2015)은 공동체 활동에 더 많이 참여할수록 높은 성격강점 점수가 예측되고, 이루기 힘든 행동에 직면할수록 낮은 성격강점 점수가 예측된다는 사실을 발견했습니다(Carter et al., 2015). 이러한 연구 결과는 지역사회에서 포용과 연결의 필요성을 강조할 뿐만 아니라 지적장애 및 발달장애를 지닌 사람들이 초대받고, 환영받고, 알려지고, 수용되고, 지원받고, 돌봄받고, 친구가 되고, 필요로 하고, 사랑받는다고 느낄 기회를 만들어 주는 것이 중요함을 시사합니다(Carter, 2016).

자폐증과 지적장애 모두 또는 둘 중 하나가 있는 389명의 청소년을 대상으로 행복감에 대해 연구한 결과, 하나 이상의 영역에서 청소년의 성격강점, 신앙, 지역사회 참여, 소수자 지위에 따라 더 높은 행복감이 예측되었습니다(Biggs & Carter, 2015). 또 다른 웰빙 연구에 따르면 아스퍼거 증후군 사람들의 삶의 만족도와 가장 연관성이 높은 성격강점은 희망 강점이었습니다(Kirchner et al., 2016).

지적장애 및 발달장애를 가진 사람들의 성격강점에 대한 연구가 계속 발전함에 따라 앞서 언급한 연구들은 과학적 발전의 중요한 토대를 마련하여 긍정적인 효과뿐만 아니라 새로운 지평을 열고 있습니다.

실제(실무)

이전 영역에서 살펴본 바와 같이, 연구에 따르면 지적장애 및 발달장애를 지닌 사람들의 특성을 고려한 성격강점의 활용은 실행이 가능할 뿐만 아니라 그들이 직접 성공적으로 활용할 수 있는 것으로 나타났습니다. 여기에서는 이와 관련된 다양한 실제적 평가 및 개입 전략에 대해 자세히 살펴봅니다.

개입으로서의 평가

성격강점 실행의 중요한 첫 단계는 평가입니다. 이는 개인 또는 집단의 성격강점을 측정할 수 있는 경로를 찾는 것, 즉 더 많은 연구를 통해 검증된 평가 방법을 찾는 것을 의미합니다. 실무자와 과학자들은 평가가 개입 그 자체이며, 특히 일반적으로 잘 드러나지 않는 긍정적인 자질을 측정할 때의 평가가 개인적이고 실질적이라는 점을 기억하고 이를 상기해야 합니다.

성격강점을 측정할 수 있는 몇 가지 단계가 있는데, 이를 통해 지적장애 및 발달장애를 지닌 사람 각각에 맞게 조정할 수 있습니다. 검증된 표준화 접근법부터 시작하여 다양한 평가 적용 단계로 진행할 수 있습니다.

1. 개인이 온라인 VIA 성격강점검사(일반적으로 VIA 설문조사라고 함, 18세 이상 대상) 또는 VIA 청소년 성격강점검사(일반적으로 VIA 청소년 설문조사라고 함, 8~17세 대상)를 실시합니다. 이 검사는 수검자가 혼자 실시할 수 있습니다. 이 검사는 검증된 표준화 성격강점 측정 도구로, 여러 다른 언어로도 번역되어 많은 검증 절차를 거쳤습니다. 전자(VIA 성격강점검사)는 96문항(강점별 4문항), 후자(VIA 청소년 성격강점검사)는 98문항(6문항인 협동심을 제외한 강점별 4문항)으로 구성되어 있습니다. 지금 VIA 성격강점검사를 실시하면 그 수검자는 전 세계 3,000만 명(2023년 중반 기준)의 응답자 중 한 명이 됩니다.
2. 개인은 국가등록 장애인 증명서류로 부모, 전문가 또는 고용주 등의 지원을 통해 VIA 성격강점검사를 실시합니다. 쇼그렌 등(Shogren et al., 2015)은 다양한 수준의 지적장애 및 발달장애 청소년을 지원하는 사람들이 일반적 검사 지침을 준수하여 도움을 주되 장애 청소년에게 지나친 영향을 주지 않으면서 적절한 방법으로 VIA 성격강점검사를 실시할 수 있도록 지원하는 문서를 만들었습니다. 이 지원 문서에는 일반적 권장 사항, 항목별 특정 권장 사항, 심리적 적응, 인지적 지원, 문항 재구성 전략 및 예시가 포함되어 있습니다.
3. '대표강점 설문조사' 또는 '성격강점의 전반적 평가'와 같이 검증된 단축형 성격강점 측정을 실시합니다. 이러한 측정 도구는 서로 다른 유형의 도구이지만, 상위 강점(대표강점)을 측정하는 간결한 검사입니다.
4. 24가지 성격강점 목록을 축약된 구체적인 정의와 함께 제공합니다. 개인이 직접 또는 지원 담당자와 함께 단어와 의미를 살펴보고 '자신이 누구인지 가장 잘 설명하는' 강점에 동그라미를 치도록 합니다. 〈표 3-3〉의 처음 두 열은 이러한 접근법을 제공합니다.
5. 개인의 네트워크(예: 가족, 전문가, 또래, 동료)에 해당하는 주변 사람들이 개인을 대신하여 성격강점 360°를 작성하도록 준비합니다. 이 방법은 전 세계 여러 집단과 대상에게 널리 사용되고 있으며, 개인에 대한 고유한 통찰,

이야기, 강점 데이터를 이끌어 내는 것으로 밝혀졌습니다(Niemiec, 2014, 2018). 이 접근법의 변형은 4번에서 논의된 내용(24가지 성격강점 목록)을 개인의 네트워크 사람들에게 배포하는 것입니다. 여러 사람이 개인을 대신하여 측정을 완료한 후, 데이터를 취합, 종합, 요약하면서 여러 사람 또는 여러 상황에서 발견된 최고 강점을 조사하게 됩니다.

6. 개인을 잘 아는 부모, 보호자 또는 지원 전문가가 개인을 대신하여 VIA 성격강점검사 또는 VIA 청소년 성격강점검사를 실시합니다. 이 접근법은 특정 의사소통이나 이해력에 어려움이 있는 사람들을 위해 사용될 수 있습니다. 또한 의사소통이나 이해력에 어려움이 있는 사람들과 함께 일하며 그들을 돌보는 사람들에게 유용한 정보를 제공할 수 있습니다.

이 평가 접근법들은 VIA 성격강점연구소(2022)에서 제공하는 검증된 20가지 성격강점 측정법과 마찬가지로 무료입니다. VIA 성격강점연구소 사이트(www.viacharacter.org)에서는 학생, 직원, 내담자 또는 연구대상자 그룹의 데이터를 무료로 수집할 수 있으며, 매년 수백 명의 연구자가 이 사이트를 이용하고 있습니다.

초기 실행 단계

참가자들은 성격강점 평가를 받은 후 발견한 새로운 지식을 행동으로 옮기고 싶어 하는 경우가 많습니다. 지적장애 및 발달장애를 지닌 사람들을 대상으로 성격강점 개입을 실시하는 많은 실무자와 교육자는 24가지 강점 각각에 대해 사용하기 쉽게 실질적인 제안을 하는 것이 가장 필요한 전략이자 자원이라고 말합니다. 〈표 3-3〉은 쉽고 분명한 설명과 사례 외에도 각각의 성격강점을 활용할 수 있는 실질적인 제안을 한 가지씩 제시하며, 이는 지적장애 및 발달장애를 지닌 사람들의 접근성을 고려한 것입니다. 이러한 제안은 대화, 브레인스토밍, 심지어 강점을 강화하기 위한 일상적 연습의 출발점이 될 수 있습니다.

〈표 3-3〉 사용자가 활용하기 쉬운 설명, 사례, 실행 단계가 포함된 성격강점

성격 강점	설명	사례	가능한(취할 수 있는) 실제적 행동
창의성	당신은 쓸모 있는 독특한 것을 만드는 것을 좋아합니다. 문제를 해결하기 위해 다양한 방법을 생각할 수 있습니다.	매주 수업에서 기타를 연주하는 청년은 매 공연마다 독특한 의상을 입기로 결정합니다.	새로운 방식으로 활동하기, 새로운 것을 창조하기(미술, 음악, 글쓰기 등)
호기심	당신은 새로운 것을 탐험하는 것을 좋아합니다. 새로운 활동을 시도하고 새로운 사람들을 만나는 데 관심이 많습니다.	어린 자녀가 휴가 중 부모에게 각 도시에 대해 몇 가지 질문을 합니다.	친구에게 한 번도 물어보지 않은 것을 물어보기, 새로운 주제 탐색하기
판단력	당신은 논리적이며 생각하는 것을 좋아합니다. 누군가가 의견을 제시하면 다양한 방식으로 검토하는 것을 좋아합니다.	모든 옵션을 생각하며 TV 리모컨을 프로그래밍하기 위해 다양한 접근 방식을 시도하는 10대 청소년	상황의 세부 사항을 살펴보기, 다른 아이디어에 열린 자세로 임하기
학구열	당신은 계속 배우길 원하며 아는 것을 깊이 있게 파고드는 것을 좋아합니다. 가능한 한 많은 것을 배우기 위해 많은 시간을 투자합니다.	특정 주제에 대해 많은 것을 배우는 데 관심이 있어서 대학 강의를 듣는 성인	모든 상황에서 한 가지 새로운 것을 배우기
통찰력	당신은 현명하며 실수를 통해 배웁니다. 또한 어려움을 겪고 있는 다른 사람들에게 조언을 제공합니다.	한 친구가 농구팀에 패한 후 속상해할 때 그의 친구가 그에게 말합니다: "괜찮아. 그냥 게임일 뿐이야."	도움이 필요한 친구에게 조언 제공하기
용감성	당신은 두려움에 직면합니다. 문제가 생기면 문제를 해결하기 위해 바로 그 문제를 향해 나아가며, 옳은 것을 옹호합니다.	젊은 여성이 대중 연설을 하기 전에 긴장하고 있습니다. 그녀는 심호흡을 하고 두려움에 맞서며 단상에 올라갑니다.	두려워하는 것에 맞서기, 스스로 도전하기
끈기	당신에게 목표가 있으면 계속 나아가며, 그 길에 방해가 되는 것은 무엇이든 극복하려 합니다. 당신은 시작한 일은 끝까지 완수합니다.	청년은 스트레스를 받을 때 스스로 좌우명을 혼자 되뇝니다: "일단 해 보는 거야. 최선을 다하자."	어려운 일이 닥쳤을 때 포기하지 않기, 계속 시도하기
진실성	당신은 진실을 말합니다. 다른 사람들에게 정직하고 진실한 사람으로 여겨집니다.	소녀가 자신이 진실을 말하는 것이 편하지 않더라도 사람들에게 진실을 말하는 것을 선택하겠다고 외칩니다.	사람들에게 진실을 말하기, '진짜 자신'이 되기

(계속)

성격 강점	설명	사례	가능한(취할 수 있는) 실제적 행동
활력	당신은 에너지가 넘치고 삶에 열정적입니다. 항상 사람들과 함께 즐겁게 이야기합니다.	친절한 청소년이 여러 활동과 스포츠 행사에서 항상 사람들을 가장 먼저 맞이합니다.	행동하기! 몸을 움직이기!
사랑	당신은 다른 사람에게 사랑을 베풀고 다른 사람으로부터 사랑을 받습니다. 사람들과 가까워지는 것을 소중히 여깁니다.	청소년이 긍정적인 상호작용을 통해 다른 사람을 따뜻하게 배려하며 안아 줍니다.	따뜻하고 강한 경청자 되기, 진정성 있는 경청자가 되기
친절성	당신은 사람들을 위해 좋은 일을 자주 합니다. 당신은 잘 도와주고 배려심이 많으며 관대합니다.	여성이 사람들에게 친절하게 대하는 것에서 큰 기쁨을 얻는다고 말합니다.	다정하고 친절하게 대하기, 배려하기, 다른 사람을 돕기 위해 시간을 내기
사회 지능	당신은 자신의 감정과 다른 사람의 감정을 잘 알고 있습니다. 당신은 여러 상황에서 적합한 일을 하는 것처럼 보입니다.	남성이 슬픈 표정을 짓고 있는 동료의 얼굴을 보고 안부를 묻습니다.	다른 사람에게 기분이 어떤지 물어보기, 자신의 기분이 어떤지 사람들에게 말하기
협동심	당신은 팀의 일원이 되는 것을 중요하게 생각하며 단체에 충성합니다. 당신은 항상 팀과 단체에서 당신의 의무를 다합니다.	젊은 여성이 자원봉사를 통해 지역사회에 자신의 시간과 재능을 기부하기로 결심합니다.	한 명 이상의 사람들과 함께 일하고, 단체와 함께 시간 보내기
공정성	당신은 모든 사람이 평등하다고 굳게 믿으며 자신이 대접받고 싶은 방식으로 다른 사람들을 대합니다.	여성이 동료가 혹사당하는 것을 보고 상사에게 공정성을 요구합니다.	내가 대접받고 싶은 방식으로 다른 사람을 대하기
리더십	당신은 사람들을 조직하는 데 능숙합니다. 당신은 단체에서 동조자보다는 리더가 되고 싶어 합니다.	남성이 '발언권'이 없는 사람들(약자나 소수자)의 옹호자가 되는 것을 즐긴다고 설명합니다.	단체를 위한 활동을 구성하기, 단체가 할 수 있는 아이디어를 공유하기
용서	당신은 다른 사람들이 당신에게 해를 끼친 후에도 다시 기회를 줍니다. 당신은 힘든 일을 잘 흘려보냅니다.	남자가 놀림을 당했을 때, 그것을 떠나 버리고 '흘려버리기'로 결심합니다.	상처받은 감정 놓아주기, 다른 사람의 약점을 수용하기

(계속)

성격강점	설명	사례	가능한(취할 수 있는) 실제적 행동
겸손	당신은 겸손한 사람이며 자신을 자랑하지 않습니다. 당신은 다른 사람들에게 관심을 기울입니다.	음악가가 자신이 무대에서 공연하는 것도 좋아하지만 다른 사람들이 관심을 받게 하는 것이 더 행복하다고 말합니다.	다른 사람들이 자신의 성공 이야기를 하게 하기, 자신이 잘했을 때 자랑하지 않기
신중성	당신은 너무 큰 위험을 감수하지 않도록 신중하게 계획을 세우는 것에 능숙합니다. 당신은 책임감이 강하고 시간 약속을 잘 지킵니다.	매우 체계적이고 목표를 위해 전념하는 사람이라고 친구들에게 지칭되는 사람	먼저 생각하기! 위험을 무릅쓰기 전에 잠시 멈추기, 주의를 기울이기
자기조절	당신은 절제력이 있고 스트레스를 잘 다룹니다. 나쁜 습관(예: 식습관, 음주)을 잘 조절합니다.	여성이 가족에게 금연을 결심했다고 선언합니다.	분노 조절하기, 자신을 돌보기
심미안	당신은 종종 주변의 아름다움을 관찰하고 경이로움을 크게 느낍니다. 당신은 당신과 다른 사람들이 하는 일이 '딱 맞는 것'이기를 원합니다.	남자가 박물관에 들어와 예술 작품의 아름다움과 정밀함에 감탄합니다.	자연, 예술, 아이디어 그리고 사람들의 선한 모습에서 아름다움 찾기
감사	당신은 종종 자신의 삶에서 일어나는 좋은 일들에 대해 감사함을 느낍니다. 거의 항상 사람들에게 '고맙다'고 말합니다.	커플이 새로운 친구와 인맥을 넓히게 된 것에 대해 감사를 표합니다.	사람들에게 "감사합니다."라고 말하기, 감사하는 이유를 설명하기
희망	당신은 낙관적이며 긍정적입니다. 당신은 미래를 기대하고 좋은 면을 봅니다.	젊은 여성이 룸메이트의 낙관주의에 대해 '그녀는 앞날을 생각하고, 오직 앞만 본다.'라고 설명합니다.	특히 다른 사람들이 그렇지 않을 때 긍정적인 태도를 취하기, 사람들의 좋은 점을 찾아보기
유머	당신은 사람들이 미소 짓고 웃게 만드는 것을 좋아합니다. 당신은 사람들과 장난하는 것을 좋아하며 우울한 상황을 재미있는 상황으로 바꿉니다.	그룹 안에서 쾌활하고 장난기가 많은 남자, 농담으로 다른 사람들이 미소 짓고 웃게 만듭니다.	웃기! 농담하기, 다른 사람들과 함께 많이 웃기
영성	당신은 삶의 목적과 의미에 대한 감각이 풍부합니다. 당신은 특정 종교나 믿음의 배경 속에서 실천합니다.	청년이 자연 속을 산책하며 동물, 나무, 그리고 주변의 '생명'과 교감합니다.	가장 중요하다고 생각한 것을 하기, 삶의 목적을 찾기

지적장애 및 발달장애를 지닌 사람들의 실질적인 적용을 확장하기 위해, 그들의 성격강점에 관한 논문에서 당시의 문헌을 바탕으로 다양한 긍정심리학 개입 방안을 정리한 니믹 등(Niemiec et al., 2017)의 연구를 참고했습니다. 이들은 성격강점을 알아차리는 기술을 향상시키는 것과 같이 지적장애 및 발달장애를 지닌 사람들에게 가장 쉽게 적용될 수 있는 개입에 중점을 두었습니다. 활동 중에는 친절성이나 감사 등 특정 성격강점에 초점을 맞춘 전략도 있었고, 특유의 강점을 새로운 방식으로 활용하는 등 누구에게나 개별화할 수 있는 전략도 있었습니다. 우리는 이 목록을 확장하여 지적장애 및 발달장애를 지닌 사람들을 위해 적용할 수 있는 증거에 기반한 추가적인 성격강점 활동을 제공합니다. 〈표 3-4〉에는 니믹 등(Niemiec et al., 2017)의 활동과 추가 개입이 포함되어 있고, 이 중 상당수는 니믹(Niemiec, 2018)의 저서에 설명되어 있으며, 활동에 대한 설명과 참고문헌(각각 한 가지 인용으로 제한)도 제공합니다. 지적장애 및 발달장애를 지닌 개개인은 모두 다르므로 이러한 적용을 모든 사람에게 보편적인 것으로 간주해서는 안 되며, 고려해야 할 추가적인 렌즈(방법)로서의 의미가 있습니다. 앞의 6개 항목은 모든 성격강점에 맞게 조정할 수 있는 일반적인 전략이며, 뒤의 6개 항목은 특정 강점을 대상으로 하는 전략입니다.

강점 알아차리기

강점 알아차리기란 자신 또는 타인의 성격강점을 **발견**(spot)하고, **설명**(explain)하고, 이를 **인정 · 칭찬**(appreciate)하는 것을 의미합니다(SEA 모델, Niemiec, 2018). 강점 알아차리기를 위한 핵심 자질은 그 사람을 관찰하여 '보고', 보이는 것에 대한 행동적 '증거를 제시'하고, 그 사람이 가진 최고의 자질(성격강점)에 대해 '인정하거나 여기에 가치를 부여하고 칭찬하는 것'입니다. 전 세계 수만 명의 사람들이 이 접근법을 배웠으며, 긍정적인 영향이 즉각적으로 나타나는 경우가 많았는데 특히 지적장애 및 발달장애를 지닌 사람들에게는 그 영향이 더욱 강력합니다. 결점이나 개선해야 할 부분 또는 하고 싶은 일반적인 사안에 초점을 맞추

〈표 3-4〉 지적장애 및 발달장애 대상에게 사용(적용)할 수 있는 성격강점 개입방법

개입방법	설명	과학적 근거
대표강점 사용하기	상위 강점 다섯 가지 중 하나를 확인하고 이를 매일 새로운 방식으로 활용하세요.	Schutte & Malouf (2019)
다른 사람의 강점을 알아차리는 기술 개발하기	다른 사람의 행동에서 강점을 찾고, 관찰한 것을 알아차리고 설명합니다.	Quinlan et al. (2019)
스스로 강점을 알아차리는 기술 개발하기	자신이 최고인 상태였을 때, 몰입도가 높았을 때, 특별히 행복했을 때를 떠올려 보세요. 각 상황에서 나타나는 자신의 성격강점과 그 강점을 어떻게 사용했는지 기록해 봅니다.	Seligman et al. (2005)
성격강점 360°	자신의 상위 다섯 가지 강점에 대한 피드백을 받고 다양한 상황에서 주변 여러 사람으로부터 피드백받은 사례의 패턴을 살펴봅니다.	Niemiec (2018)
'~인 것처럼' 행동하기	개선하고 싶은 성격강점과 그 강점을 사용할 수 있는 상황을 말해 보고, 해당 상황에서 그 강점에 부합하는 방식으로 행동합니다.	Blackie et al. (2014)
인식-탐색-적용을 사용하여 목표 설정	더 잘 알고 싶은 강점을 말해 보고, 과거에 그 강점을 사용한 사례를 살펴봅니다. 그 강점을 적용하기 위한 실행 계획을 세웁니다.	Niemiec (2014)
행복강점(활력) 목표 설정	걷기, 움직임, 운동, 기타 활동을 통해 매일 활동량을 늘립니다.	Proyer et al. (2013)
행복강점(희망) 목표 설정	미래의 시점에서 가능한 자신의 최고의 모습을 시각화하여 글로 써 보고, 현실적이고 긍정적인 방식으로 그 세부 사항을 확인합니다. 그때 필요한 성격강점 경로를 생각해 봅니다.	Meevissen et al. (2011)
행복강점(호기심) 목표 설정	매주 하는 일 중 싫어하는 일(예: 설거지, 청소하기)을 한 가지 선택합니다. 감각을 사용하여 그 활동과 관련된 새로운 특징 세 가지를 찾아 집중하고 이에 호기심을 갖습니다.	Langer (2006)
친절성 세기	1주일 동안 했던 친절한 행동을 추적합니다.	Otake et al. (2006)
축복 세기	매일 감사한 일 세 가지와 그 일이 생긴 이유를 적습니다.	Gander et al. (2013)
재미있는 것 세 가지 말하기	매일 재미있었던 일 세 가지와 그 이유를 적습니다.	Wellenzohn et al. (2016)

는 것이 아니라, 인간으로서 그들에게 가장 중심이 되는 것(성격강점), 그것이 어떻게 독특하게 표현되는지, 그리고 그것이 어떻게 그들에게 혜택을 가져다줄 수 있는지에 초점을 맞추는 것이 중요합니다. 서로 다른 두 명의 의료 전문가가 지적장애 및 발달장애를 앓고 있는 2세 아동을 처음 만난 두 가지 사례를 살펴보겠습니다.

전문의가 진료실로 들어왔습니다. 전문의는 부모와 인사도 나누지 않고 바로 대화를 시작했습니다.

의사는 "지난주에 두 번의 검사에서 낙제점을 받았어요."라고 말했습니다.

아동의 아버지는 "사실, 지난주에 두 사람이 검사를 판독했는데 한 검사는 보통 범위이고 다른 검사는 필요한 수준에 약간 못 미친다고 했어요."라고 말했습니다.

의사는 "아니요, 둘 다 낙제점입니다."라고 대답했습니다.

그리고 대화는 종료되었습니다.

처음 병원에 방문했을 때 같은 아이가 다른 전문의에게 진찰을 받았습니다.

의사는 진료실에 들어와 부모와 인사를 나눈 후 잠시 멈춰서 소년을 바라보았습니다. 소년은 다리와 팔을 빠르게 위아래로 움직이고 몸을 좌우로 흔들었습니다.

"와, 정말 활기차네요. 매우 대단한 에너지를 보여 주고 있네요!" 의사는 감탄했습니다.

의사는 계속해서 소년을 관찰하고 검사했습니다.

"아이가 열심히 최선을 다하고 있다는 것을 알 수 있습니다. 세기관지염에도 불구하고 호흡을 열심히 하고 있습니다. 계속 노력하고 또 노력하네요. 포기하지 않고요."

부모와 의사는 세기관지염 치료에 대해 이야기를 나누었고, 의사는 지그시 아이를 지켜보았습니다.

"그리고 아이가 얼마나 호기심이 많은지도 알려 주고 싶어요. 아이는 우리가 있는 곳을 계속 쳐다보고 장난감이나 물건이 눈앞에 놓일 때마다 그 장난감을 탐색하고 싶어 합니다."

이 두 의사 모두 긍정심리학이나 성격강점에 대한 정식 교육을 받은 적이 없을 가능성이 높습니다. 그러나 두 번째 의사는 '활기차다'(즉, 활력), '열심히 최선을 다한다'(즉, 끈기), '호기심이 많다'라는 단어로 아이의 강점을 쉽게 알아차리고 언어화하는 것으로 볼 때 자연스럽게 강점을 발견하는 기술을 보여 주고 있습니다. 이것이 아이와 부모에게 미치는 영향은 즉각적으로 나타나 아이의 건강이 좋아지고, 의사와 더 많이 소통하며, 아이에 대해 더 깊이 이해하게 되었습니다. 강점 알아차리기는 단순하고 일상적이며 순간적인 것처럼 보이지만, 결함 중심의 의료 문화, 결점을 발견하고 진단하라는 전문적인 요구와 그렇게 했을 때 주어지는 보상, 바쁜 의료 업무 현실, 무엇이 잘못되었는지를 더 쉽게 알아차리는 모든 인간의 부정적 편향 본능 등을 고려하면 강점 알아차리기가 때로는 엄청난 작업처럼 보일 수도 있습니다. 그러나 동시에 강점이라는 렌즈를 통해 사람들을 바라보고 기존의 대화에서 강점을 엮어 내는 접근법은 누구나, 연령에 관계없이 모든 사람과 함께할 수 있는 방법입니다.

경우에 따라 강점을 알아차리려면 간병인, 지지자 또는 전문가가 부드럽게 밀어붙여야 할 수도 있습니다. 이러한 예는 내가(라이언 니믹) 다운증후군을 앓고 있는 자녀를 그가 다니는 어린이집에 데리러 갔을 때 경험해 볼 수 있었습니다. 나는 보육교사들에게 오늘 하루가 어땠는지 물어보곤 했습니다. 한 보육교사는 나를 보자마자 아들에 대한 관찰 내용을 알려 주곤 했는데, 대부분 부정적이거나 사소한 것들이었습니다(예: 점심시간에 부를 때 오지 않았다거나 자유 놀이 시간에 다른 아이의 장난감을 가져갔다는 등). 며칠 동안 이런 패턴이 계속된 후에도 나는 보육교사에게 오늘 하루가 어땠는지 물어봤고 보육교사는 또다시 평소와 같은 대답을 했습니다. 그래서 나는 "알겠습니다, 말씀해 주셔서 감사합니다. 그렇게 하도록 노력하겠습니다."라고 말한 뒤 그 보육교사에게 "오늘 혹시 아들이 잘한 점은 무엇인가요? 오늘 하루 중 가장 좋았던 점은 무엇인가요?"라고 물었습니다. 보육교사는 이러한 질문에 놀라는 반응을 보이다가 잠시 생각한 후 아들이 하루 동안 보여 준 두 가지 긍정적인 행동(즉, 점심시간에 밥을 다 먹었고 자유

놀이 시간에는 또래 두 명과 함께 놀았다는 점)을 말해 주었습니다. 나는 보육교사가 관찰해 준 것에 대해 감사를 표했습니다. 그러나 더 놀라운 것은 그 간단한 (추가) 질문이 보육교사를 변화시켰다는 것입니다. 그 이후로 매일매일 보육교사는 보고서에 긍정적인 관찰 내용을 공유했습니다(물론 아들로 인해 힘들었다는 점을 무시하지는 않았습니다). 나는 매일 보육교사가 그러한 긍정적인 부분을 내게 적극적으로 알려 주고 싶어 한다는 것을 알았고(때로는 그렇게 하기 위해 나를 찾기도 했습니다!), 보육교사가 하루 동안 아들의 좋은 점을 찾기 위해 주의를 기울인다는 것을 확실히 느꼈습니다.

또 다른 예는 우리 실무자 동료 중 한 명인 제인(Jane)이 자폐증을 가진 사람들에게 접근하는 방법인데 제인은 성격강점 발견하기, 알아차리기 및 탐색하기를 사용하는 다양한 방법을 보여 주고 있습니다. 제인은 청소년을 대상으로 하는 개입에서 다양한 강점 알아차리기 전략을 활용합니다. 다음은 제인이 짝지어 대화할 때 제시하는 개방형 및 폐쇄형 질문 중 일부입니다.

- 공정성 강점이 높은 사람은 누구인가요? 그리고 리더십이 최고 강점인 사람은 누구인가요?
- 창의성 강점은 무엇을 의미하나요? 창의성 강점을 어떻게 사용해 보았나요?
- (한 청소년에게 다른 청소년에 대한 질문) 짐(Jim)은 진실성 강점을 어떻게 사용하나요?
- (한 청소년에게 다른 청소년에 대한 질문) 톰(Tom)에게 보이는 성격강점은 무엇인가요?
- (한 청소년에게 다른 청소년에 대한 질문) 짐(Jim)의 용감성 강점 중 어떤 점이 마음에 드나요?

SEA 모델의 각 단계에는 이러한 질문과 종합적인 접근법이 내재되어 있습니다. 각 질문을 다양하게 구성해 봄으로써 사람들이 자신과 타인의 성격강점을 보고(발견, See), 탐색하고(Explore), 적용 및 인정(Apply & Appreciate)할 수 있는 특질로서 성격강점을 배울 수 있는 많은 방법이 존재합니다.

성격강점 발견의 또 다른 예는 집단 프로그램 맥락에서 찾을 수 있습니다. 지적장애 및 발달장애를 가진 사람들을 위한 강점 알아차리기 집단 프로그램을 진행하면서 1시간 동안의 집단 경험을 성공적으로 이끌기 위해 사용할 수 있는 목록과 단계를 발견하여 제시합니다. 이 목록은 집단상담 전에 각 참가자의 가장 높은 두 가지(또는 그 이상) 성격강점을 파악했다고 가정합니다.

- 소개: 성격강점은 사람들 속에서 발견되어 개발할 수 있는 개인의 최고 자질임을 설명합니다.
- 대표강점 공유: 각 개인이 자신의 대표강점 두 가지를 공유하고, 그 강점 중 하나를 어떻게 사용했는지 한 가지 이상의 예를 제시하도록 합니다.
- 즉흥적으로 강점 알아차리기: 참가자의 공유가 끝나면 집단원들에게 "이 친구에게서 찾을 수 있는 또 다른 성격강점이 있나요?"라는 질문을 던집니다.
- 진행자는 일부 참가자가 강점을 발견하는 데 도움을 줄 필요가 있을 수 있으며, 어떤 참가자의 차례에서 집단원들이 그에 대해 즉흥적으로 발견해 준 강점이 없는 경우(이런 경우가 구두로 진행되는 집단에서는 매우 드물지만) 진행자가 그 개인의 강점을 찾아 알려 줄 준비가 되어 있어야 합니다.
- 요약: 진행자는 강점 알아차리는 것의 가치를 다시 한번 강조하고, 집단 프로그램의 가장 흥미로운 부분으로 제시하며, 참가자들이 매일 각자의 주변 사람들을 대상으로 강점 알아차리기 연습을 하도록 격려합니다.

이 그룹에서 관찰한 결과, 비록 검증되지 않은 증거이기는 하지만 다음과 같은 몇 가지 통찰 사항을 발견할 수 있었습니다.

- 모든 성격강점이 자신과 지적장애 및 발달장애를 지닌 다른 사람에게서 발견될 수 있습니다.
- 참가자들은 강점을 자신의 삶에서 행동과 이야기로 연결할 수 있습니다.

- 참가자들은 동료들의 성격강점을 알아차리는 데 매우 열정적입니다.
- 참가자들은 이러한 집단의 일원이 됨으로써 기쁨, 에너지, 자신감을 경험합니다.

관찰된 성격강점을 추적한 결과, 이러한 집단활동에서 가장 자주 발견되고 논의된 강점은 창의성, 용감성, 진실성, 사랑, 유머, 학구열, 협동심, 용서, 친절성 등이었습니다. 가장 적게 발견되고 논의된 강점은 신중성, 사회지능, 통찰력, 판단력(비판적 사고), 자기조절 등이었습니다. 가장 적게 언급된 강점은 추가적인 설명과 구체적인 예시를 통해 그 강점을 발견하고 논의할 필요가 있습니다. 하지만 이러한 강점 중 두 가지(자기조절과 신중성)는 전 세계적으로 VIA 성격강점검사에서 가장 흔하지 않은 강점 중 하나로 지속적으로 나타나고 있습니다(McGrath, 2015). 자기발견 및 자기지지('그게 나야'라는 접근법) 방법을 통해 얻은 성격강점 결과와 측정 검사 접근법을 사용하여 나타난 성격강점 결과를 비교해 보고, 가장 잘 이해되지 않는 자신의 성격강점을 앞에서 논의된 데이터들(자주 발견되는 강점, 적게 발견되는 강점)과 비교해 보는 것은 흥미로운 일입니다(Schwartz et al., 2022).

사례 예시: 불편한 친구

스코프(Scope)에서 장애가 있는 사람들에 대한 인식을 조사한 결과, 2/3의 사람들이 장애인과 대화하는 것을 불편하게 느낀다는 사실을 발견했습니다(Aiden & McCarthy, 2014). 영국에서 진행된 이 연구는 그러한 불편함이 장애를 지닌 사람들에게 말을 잘못하지는 않을까 하는 우려와 장애인들과의 상호작용 경험 부족에서 기인하는 경우가 많다는 사실도 발견했습니다. 다음 경우에서 알 수 있듯이 성격강점은 인식에 영향을 미칠 수 있는 중요한 기회를 제공합니다.

사춘기 친구인 우정이와 진호는 매일 뜨거운 여름 햇볕 아래서 함께 야외 스포츠를 즐겼습니다. 그중 몇 번은 진호네 집에 들어가 더위를 식히며 비디오 게임을 하기도 했습니다. 그리고 진호의 형인 지적장애 및 발달장애를 지닌 윤호도 종종 이들과 함께 게임을 했습니다. 윤호는 친절했고 또래 친구들과 함께 놀고 싶어 했습니다. 그러던 어느 날 우정이의 가족 저녁 식사 자리에서 우정이는 부모님에게 윤호가 불편하다고 말했습니다.

"윤호 형에게 뭐라고 말해야 할지 모르겠어요."라고 우정이가 말했습니다.

우정이의 어머니는 "학교에서 만나는 다른 친구들처럼 똑같이 대하면 안 될까?"라고 물었습니다.

"이건 달라요. 가끔은 윤호 형이 무슨 말을 하는지 이해하지 못하겠어요. 그래서 뭐라고 대답해야 할지 몰라서 불편해요. 그냥 지어내거나 '응' 또는 '알았어, 좋아'라고 대답하고 그냥 넘어가요."

우정이의 어머니는 "그래, 어쩌면 윤호 형과 대화하는 것이 다르게 느껴질 수 있어."라고 동의하면서 "하지만 새로운 사람과 대화할 때는 항상 잘 모르는 것들이 있지 않니? 얼마 전에는 학교에서 좋아하는 여학생과 대화하는 데 어려움을 겪었다고 말했었잖아."

"네, 맞아요."

"윤호의 성격강점이 무엇인지 생각해 보았니?" 어머니가 더 물었습니다.

"윤호 형의 뭐요?"

"윤호의 성격강점, 윤호의 가장 좋은 특성 말이야. 창의성, 호기심, 끈기, 진실성 같은 거."

"아, 네, 기억나요." 우정이는 지난 학년에 배운 내용을 떠올렸습니다.

"음……. 윤호 형은 우리가 하는 게임을 순서대로 돌아가며 하는 것을 매우 잘하기 때문에 공평해요. 그리고 윤호 형은 항상 저에게 다가와서 말을 걸기 때문에 꽤 용감하다고 말하고 싶어요. 제 말은, 만약 제가 그렇게 했다면 제 스스로 용감하다고 생각했을 거예요. 윤호 형은 제가 무엇을 좋아하는지, 우리가 하는 게임에 대해 물어봐요. 그래서 꽤 호기심이 많다고 생각해요."

"윤호에게 중요한 특성인 것 같네. 그런 점을 잘 파악했구나." 어머니가 말했습니다. "윤호와 함께 놀 때 그런 식으로 윤호에 대해 생각할 수도 있겠구나?"

우정이는 어머니와 했던 말대로 했습니다. 우정이는 진호의 집에 들어가기 직전에 윤호 형의 공정성, 용감성, 호기심에 대해 생각했습니다. 그리고 함께 놀면서 윤호 형의 강점을 관찰하고 다른 강점도 찾아보려고 노력했습니다. 이러한 새로운 마음가짐은 우정이의 불편함을 없애 주었습니다. 우정이와 윤호는 세월이 흐르며 더 친밀한 사이가 되었습니다.

이 시나리오는 장애가 있는 사람들이 겪는 일반적인 상황(주변에서 불편함을 느끼는 사람들)과 불편함을 극복하기 위한 구체적인 전략을 모두 보여 줍니다. 성격강점은 장애가 있는 사람에 대한 인식뿐만 아니라 그들과의 대화와 상호작용 자체를 변화시킬 수 있는 실질적이고 의미 있는 방안을 제공합니다.

개입 적용

장애의 중증도에 따라 지적장애 및 발달장애를 지닌 사람을 지원하기 위해 적용할 수 있는 적응법은 매우 많습니다. 여기서 이러한 적응법에 대한 모든 문헌과 사례를 논의하는 것은 이 장의 범위를 넘어서는 것이기에, 성격강점 맥락에서 논의된 몇 가지 예를 소개하고자 합니다.

성격강점 개입이 처음부터 지적장애 및 발달장애를 가진 사람들을 위해 만들어진 것은 아니지만 지혜롭고 주의 깊게 적용한다면 더 많은 사람에게 상당한 도움이 될 수 있는 프로그램과 교육적 도구가 많이 있습니다. 성격강점 분야의 한 예로 증거 기반 프로그램인 마음챙김 기반 강점 연습(MBSP)이 있는데(Niemiec, 2014), 이 프로그램은 전 세계에서 가장 인기 있는 마음챙김 프로그램으로 관련된 세 건의 연구에서 여러 변인에 걸쳐 우수한 효과가 나타났으며, 이 프로그램에 대한 체계적 문헌 고찰에서는 여러 가지 웰빙 유익에 주목하였습니다(Prasath et al., 2021). 쇼그렌과 동료들(Shogren et al., 2017a)은 지적장애 및 발달장애를 가진 사람들에게 이 프로그램이 적용될 수 있는 잠재력을 강조했습니다. 그 결과, 지적장애 및 발달장애를 가진 사람들을 위한 MBSP의 초안이 작성되어 초기 테스트를 거쳤으며, 이를 MBSP-Access라고 부릅니다(Niemiec et al.,

2022). 이 프로그램에는 여러 단계의 적용이 포함됩니다. 적용의 첫 번째 단계는 MBSP의 여덟 가지 주제와 강점 활동 및 명상을 각각 가져와 보다 구체적이고 단순화된 버전을 만드는 것입니다. 두 번째 단계는 발바닥 명상과 같이 지적장애 및 발달장애를 지닌 사람들에게 유익한 것으로 밝혀진 마음챙김 또는 강점 활동에 대한 새로운 연구 결과를 통합하는 것입니다(Singh et al., 2003). 다음 단계는 교수 스타일(예: 사람 중심 접근법 제공), 교재(예: 시각적 교수법 사용), 교수 방법(예: 내용 축적하기가 아닌 반복, 연습) 등 지적장애 및 발달장애를 지닌 사람들을 지원하기 위한 최적의 실무자 접근법을 뒷받침하는 증거 기반 과정의 내용과 방법을 통합하는 것입니다.

집단 치료(Yalom, 1995)의 적용이 지적장애 및 발달장애를 지닌 사람들을 위해 성공적으로 수행되었습니다. 상호작용 행동치료(IBT)는 집단 치료와 사이코드라마의 원리를 성격강점과 같은 긍정심리학 구성 요소와 통합합니다(Tomasulo, 2014). 또 다른 적용은 연기 방법과 창의적 연극놀이를 성격강점 적용과 통합하여 지적 및 정신적 장애를 지닌 사람들을 위한 효과적인 치료법으로 사용하는 것입니다(Tomasulo & Szucs, 2015). 실무자가 지적장애 및 발달장애가 있는 내담자, 학생 또는 동료의 참여를 유도할 수 있는 창의적인 방법은 여러 가지가 더 있습니다. 예를 들어, 연구자들은 비디오 피드백을 사용하여 특히 문해력이 거의 또는 전혀 없는 사람들이 자신의 성격강점을 탐색하고 이해하도록 창의적으로 도와주었습니다(Szucs et al., 2019).

개별화 계획

이 실용적인 전략에서는 학교 상황을 중심으로 지적장애 및 발달장애를 지닌 사람들을 위한 두 가지 유형의 계획을 설명하지만, 이 개념은 직장과 가정에서의 계획 및 목표 설정과 같이 다른 상황과 맥락에서도 적용될 수 있습니다. 두 가지 유형의 계획은 기존의 개별화 교육 계획(IEP)과 이번에 소개하는 개별화 강점 계획(ISP)입니다. 이 두 가지 계획을 설명하는 데 사용된 1페이지 분량의 유인물을 보려면 부록 B를 참조하기 바랍니다.

개별화 교육 계획(IEP)

개별화 교육 계획(IEPs)은 미국 공립학교의 특수교육을 받는 모든 학생에게 법으로 요구되며, 다른 많은 국가에서도 이와 유사하게 적용됩니다. IEP에는 계획에 학생의 강점을 활용해야 한다고 설명되어 있지만, 이것이 명확하게 정의되어 있지 않으며 계획에서 쉽게 간과되거나 완화될 수 있습니다. 학교의 일반적인 접근 방식을 보면 강점을 기술로 해석하여 학생의 기능적 기술(예: 일상 활동 기술, 이동 기술, 안전 기술, 행동 기술, 의사소통 기술) 또는 학업 기술(예: 새로운 단어를 빨리 배우거나 많은 사실을 알고 있거나 수학 기술을 이해함)을 강조하는 것입니다. 따라서 개별화 교육 계획과정에 성격강점을 반영하기 위한 토론을 제시하고자 합니다.

IEP는 발달장애인을 위한 교육적 초점을 설정하며, IEP 회의에는 일반적으로 교사, 물리치료사, 언어치료사, 작업치료사, 보조 전문가, 교장, 사례관리자, 학부모, 그리고 이상적으로는 학생 본인이 참여합니다. 그러나 이러한 회의의 대부분에서 학생 개인의 삶에서 가장 중요한 논의가 이루어질 수 있음에도 불구하고 대부분은 당사자 학생을 참여시키지 않습니다. 따라서 앞서 언급했듯이 학생의 학업적, 사회적인 어려움과 약점, 그리고 이러한 어려움과 약점을 해결하기 위한 목표를 강조하느라 학생의 강점은 지나쳐 버릴 수 있습니다.

성격강점을 통합하는 것은 회의에서 그리고 목표 및 계획단계에서 다양한 방식으로 이루어질 수 있습니다. 성격강점은 목표 그 자체(예: 교실의 사회적 상황에서 용기를 키우겠다)가 될 수도 있고, 목표에 도달하기 위한 경로(예: 수학 문제에 도전할 때마다 호기심을 활용하겠다)가 될 수도 있습니다(Niemiec, 2018).

결점 기반에서 성격강점 기반으로의 전환을 증진하고 진심으로 강점을 지지하기 위해 다음과 같은 몇 가지 제안을 합니다.

1. 적절한 경우 모든 IEP 회의에 학생을 포함(초대)합니다.

2. 학생의 대표강점을 언급하는 것으로 회의를 시작합니다. 학생이 학교(및 가정)에서 이러한 강점을 어떻게 사용했는지에 대한 사례와 이야기를 제시합니다.
3. 회의 중에 학생이 공유하고, 피드백과 아이디어를 제시하고, 보고에 응답하고, 질문 및 답변할 수 있는 공간을 제공합니다.
4. 학교에서 학생의 대표강점을 활용하고 개발할 수 있는 목표를 설정합니다.
5. IEP의 학업과 사회적 목표 모두 혹은 둘 중 하나의 경우, 학생이 목표를 달성하기 위해 자신의 성격강점 중 하나를 사용할 수 있는 방법을 한 가지 이상 나열합니다.

개별화 강점 계획(ISP)

개별화 강점 계획(ISP)은 지적장애 및 발달장애가 있고 없음에 관계없이 학생의 강점에 초점을 맞춘 계획입니다(다른 강점 범주도 통합할 수 있음). 이 개념은 원래 저자 중 한 명(니믹)이 1990년 「미국 장애인법」의 법적 설계자 중 한 명인 알린 메이어슨(Arlene Mayerson)의 동생이자 VIA 연구소의 회장인 닐 메이어슨(Neal Mayerson)과 나눈 토론에서 나온 것입니다. 이제 ISP는 과학적으로 연구되고 있는 새로운 접근 방식입니다. 구조와 작성해야 할 영역 및 질문은 다음에 설명되어 있으며, 더 자세한 내용은 부록 B에서 확인할 수 있습니다.

ISP에서는 학생의 강점과 강점을 증폭, 탐색, 강화 및 협력하는 방법에 초점을 맞출 수 있습니다. 학생의 대표강점은 ISP에서 가장 중요할 수 있습니다. 잠재적인 계획 수립 양식에는 다음과 같은 세부 사항이 포함될 수 있습니다.

- 정보 확인
- 상위 다섯 가지 대표강점
- 개인적 목표(학업적, 사회적)
  - 이 문장을 완성하세요: 저는 ……를 할 수 있기를 원합니다.
  - 나의 목표를 달성하기 위해 하나 이상의 대표강점을 사용하는 방법

은…….

– 나의 목표 달성을 위해 실천할 활동은…….

– 어떤 장애물이 발생할 수 있는가?

– 나는 언제 나의 목표에 도달했는지 알 수 있을 것이다……. 그것은…….

- 성격강점 목표
  - 내가 성장하는 것을 보고 싶은 성격강점 한 가지는 무엇인가?
  - 나의 강점을 탐색하거나 연습할 몇 가지 방법은 다음과 같다.
  - 어떤 장애물이 발생할 수 있는가?
  - 나는 내가 목표에 도달한 시점(때)을 알 수 있을 것이다. 그 시점은…….
- 부모와 보호자 또는 가정환경의 다른 사람들로부터의 지원

ISP의 절차는 학생이 VIA 청소년 성격강점검사(또는 이 장의 앞부분에서 설명한 것과 유사한 방법)를 받는 것으로 시작합니다. 학생은 지원 담당자(교사, 개입 전문가, 관리자)와 일대일로 만나 설문 결과를 논의하고 ISP를 작성합니다. 이를 위해 한두 번의 회의가 필요할 수 있습니다. 학생은 이 양식을 집에 있는 부모(보호자)에게 가져가 지원, 동의 및 의견을 구합니다. 이 중요한 단계는 학교와 가정의 협력을 증진하고 가정에서의 지원과 목표 통합의 가능성을 열어 줍니다. 그런 다음 학생은 두 가지 목표(대표강점이 포함된 개인 목표와 성격강점 목표)에 대한 작업을 시작합니다.

그 후 정기적으로(예: 매주 또는 격주) 짧은 후속 미팅을 예약하여 진행 상황을 확인하고 지원을 제공합니다. 이러한 회의에서 성찰 시트를 활용할 수 있습니다. 성찰 시트는 간단하고 간결하게 작성해야 합니다. 여기에는 다음의 내용이 포함됩니다.

- 매일 목표에 집중했던 부분을 체크할 수 있는 공간
- 이번 주에 개인 목표를 달성하기 위해 내가 한 일은…….
- 이번 주에 성격강점 강화 목표를 실천하기 위해 한 일은…….

의도적인 성격강점 계획이 없다면 교사, 전문가, 관리자들은 학생들이 스스로 최고 자질을 발휘하고 향상되기를 기대할 수 없습니다. 벤저민 프랭클린(Benjamin Franklin)이 말했듯이 '준비하지 않는 것은 실패를 준비하는 것'입니다. ISP(개별화 강점 계획)와 성격강점이 반영된 IEP(개별화 교육 계획)를 구현함으로써 학생들은 자신의 최고 자질을 활용하고 소중히 여기며, 동료의 최고 자질을 장려하고, 학업 및 사회적 목표를 향해 나아가는 데 도움이 되는 최고 자질을 발휘하는 필수 기술을 배우게 됩니다. 다시 말해 학생들은 그들이 성인이 되어서 해야 할 일, 즉 성격강점을 일상생활에 접목하는 일을 하고 있는 것입니다.

향후 방향

성격강점과 지적장애 및 발달장애를 지닌 사람들의 통합이라는 측면에서 우리가 아는 것보다 모르는 것이 아직 더 많기 때문에 과학자들에게는 무수히 많은 가능성이 열려 있습니다.

우리는 먼저 발달장애인의 웰빙과 회복력 향상에 초점을 맞춘 추가 개입 연구의 필요성을 강조합니다. 초기 연구에서는 감사와 같은 특유의 강점 활용과 대표강점 활용이 긍정적인 역할을 하는 것으로 나타났습니다. 지적장애 및 발달장애를 지닌 사람들을 위한 이러한 개입을 시행하고, 심화시키고, 적용하는 것이 개인, 전문가 및 시스템에 광범위한 혜택을 가져올 수 있었습니다. 성격강점이 긍정적인 관계를 촉진하는 방법, 성취감 개발을 가져오는 뉘앙스(미묘한 차이), 긍정적인 문화와 환경에 기여하는 방법 등 그 이점들이 아직 다 밝혀지지 않은 상태로 남아 있습니다.

기존의 증거 기반 프로그램을 지적장애 및 발달장애를 가진 사람들에게 적용할 수 있는 기회가 있습니다. 앞서 설명한 마음챙김 기반 강점 연습(MBSP) 프로그램이 그 한 예입니다. 또한 지적장애 및 발달장애를 지닌 사람들을 위해 성격강점을 명시적으로 포함하지 않으면서도 잠재적으로 부가가치를 창출할 수 있도록 개발된 프로그램도 있습니다. 예를 들면, 긍정적 행동 지원 개입, 자기 결정성 증진 개입, 기존의 많은 전환 계획 프로그램 등이 있습니다.

주요 내용

- 지적장애 및 발달장애를 지닌 사람을 지원하는 모든 전문가는 성격강점 사고방식을 개발할 수 있으며, 성격강점 사고방식에는 포용의 언어, 성장 마인드(마음가짐) 접근 방식, 소속감을 높일 수 있는 방법, 웰빙과 회복탄력성을 키울 수 있는 방법 등에 대한 이해가 포함됩니다.
- VIA 성격강점검사는 성격강점을 측정하는 검증된 포괄적 접근 방식이며, 이를 개인과 그룹에 적용하고 결과를 전달하기 위한 최소 여섯 가지 방법이 있습니다.
- 반복된 연구에 따르면 지적장애 및 발달장애를 지닌 사람들은 다양한 성격강점이 높을 수 있으며, 부모와 형제자매도 그들의 성격강점을 쉽게 관찰하고 인정하는 것으로 나타났습니다.
- 지적장애 및 발달장애를 지닌 사람이 VIA 성격강점검사 또는 VIA 청소년 성격강점검사를 완료한 후 즉시 취할 수 있는 실질적인 다음 단계들이 있습니다.
- 문헌에는 지적장애 및 발달장애를 지닌 사람들이 자신의 성격강점이나 대표강점을 통해 혜택을 얻을 수 있도록 돕는 근거에 기반한 몇 가지 개입방법이 제시되어 있습니다.
- 강점 알아차리고 보기, 설명하기, 평가하기(SEA model)의 연습은 모든 전문가, 가족 구성원 또는 개인에 의해 활용될 수 있습니다.
- 성격강점은 많은 사람이 지적장애 및 발달장애를 지닌 사람과 대화할 때 겪는 불편함을 극복하는 데 쉽게 사용할 수 있습니다.
- 성격강점이 반영된 IEP(개별화 교육 계획)와 ISP(개별화 강점 계획)는 보다 포괄적이고 총체적이며 정확하고 영감을 주는 접근 방식으로 지적장애 및 발달장애를 지닌 사람들의 성공을 돕기 위해 전문가와 시스템에 의해 배포될 수 있습니다.
- 성격강점을 활용한 추가 개입은 전문가가 자신의 성격강점을 이해하고, 지적장애 및 발달장애가 있는 각 개인에게 가장 적합한 성격강점을 활용하게 하는 방법을 알려 주며, 성격강점을 기반으로 하는 IEP와 ISP를 주도하고 설명하는 절차적 전략을 지원하도록 배치할 수 있습니다.

참고문헌

Aiden, H. S., & McCarthy, A. (2014). *Current attitudes towards disabled people*. Scope. Available at: https://research-information.bris.ac.uk/ws/portalfiles/portal/88783477/Aiden_and_ McCarthy_2014.pdf

Albaum, C., Chan, V., Sellitto, T., Vashi, N., Hastings, R. P., & Weiss, J. A. (2021). Redressing the balance: A systematic review of positive psychology in the intellectual disability literature. *International Review of Research in MR*. https://doi.org/10.1016/bs.irrdd.2021.08.003

Autism Speaks. (2022). *Autism statistics and facts*. Found at: https://www.autismspeaks.org/ Baumeister, R. F., & Leary, M. R. (1995). The need to belong: Desire for interpersonal attachments as a fundamental human motivation. *Psychological Bulletin, 117*(3), 497-529.

Beasley, J. B., Caoili, A., & Klein, A. (2023). The assessment of character strengths in people with developmental disabilities: Unpublished data. National Center for START Services, Institute on Disability.

Biggs, E. E., & Carter, E. W. (2015). Quality of life for transition-age youth with autism or intellectual disability. *Journal of Autism and Developmental Disorders*. https://doi.org/10.1007/s10803-015-2563-x

Blackie, L. E. R., Roepke, A. M., Forgeard, M. J. C., Jayawickreme, E., & Fleeson, W. (2014). Act well to be well: The promise of changing personality states to promote Well-being. In A. C. Parks & S. Schueller (Eds.), *The Wiley-Blackwell handbook of positive psychological interventions* (pp. 462-474). Wiley-Blackwell.

Bressoud, N., Shankland, R., Ruch, W., & Gay, P. (2018). *Character strengths and children with special needs: A way to promote well-being all together*. Conference paper: International Conference on Well-Being in Education Systems.

Carter, E. W. (2016). A place of belonging: Research at the intersection of faith and disability. *Review and Expositor, 113*(2), 167-180.

Carter, E. W., Boehm, T. L., Biggs, E. E., Annandale, N. H., Taylor, C. E., Loock, A. K., & Liu, R. Y. (2015). Known for my strengths: Positive traits of transition-age youth with intellectual disability and/or autism. *Research and Practice for Persons with Severe Disabilities, 40*(2), 101-119. https://doi.org/10.1177/1540796915592158

Carter, E. W., Biggs, E. E., & Boehm, T. L. (2016). Being present versus having a presence: Dimensions of belonging for young people with disabilities and their families. *Christian Education Journal, 13*(1), 127-146.

Carter, E. W., Carlton, M. E., & Travers, H. E. (2020). Seeing strengths: Young adults and their siblings with autism or intellectual disability. *Journal of Applied Research in Intellectual Disabilities.* https://doi.org/10.1111/jar.12701

Coppley, J., & Niemiec, R. M. (2021). Character strengths interventions, systems change, and positive education. In M. Kern & M. L. Wehmeyer (Eds.), *The Palgrave handbook on positive education.* Palgrave Macmillan.

Cost, K. T., Zaidman Zait, A., Mirenda, P., Duku, E., Zwaigenbaum, L., Smith, I. M., Ungar, W. J., Kerns, C., Bennett, T., Szatmari, P., Georgiades, S., Waddell, C., Elsabbagh, M., & Vaillancourt, T. (2021). "Best things": Parents describe their children with autism spectrum disorder over time. *Journal of Autism and Developmental Disorders.* https://doi.org/10.1007/s10803-021-04890-4

Danforth, S. (2001). A pragmatic evaluation of three models of disability in special education. *Journal of Developmental and Physical Disabilities, 13*(4), 343-359. https://doi.org/10.102 3/A:1012281312012

Darewych, O. H., Braganza, M. E., Newton, N. J., Kozman, K. H., & Argyle, H. (2020). Examining character strengths of developmental services workers in Canada: A mixed-methods pilot study. *Journal of Social Service Research.* Advance online publication. https://doi.org/10.108 0/01488376.2020.1825586.

Datu, J., & Niemiec, R. M. (2023). *Disability: Character strengths, stigma, and acceptance across different disabilities.* Data from 21,800 people, collected on the VIA Institute on Character website.

Diener, E., Emmons, R. A., Larsen, R. J., & Griffin, S. (1985). The satisfaction with life scale. *Journal of Personality Assessment, 49,* 71-75. https://doi.org/10.1207/s15327752jpa4901_13 Dweck, C. (2006). Mindset: The new psychology of success. Random House.

Dykens, E. M. (2006). Toward a positive psychology of mental retardation. American

Journal of Orthopsychiatry, 76(2), 185–193.

Emerson, E., Fortune, N., Llewellyn, G., & Stancliffe, R. (2021). Loneliness, social support, social isolation and wellbeing among working age adults with and without disability: Cross-sectional study. *Disability and Health Journal, 14*(1), 100965. https://doi.org/10.1016/j.dhjo.2020.100965

Gander, F., Proyer, R. T., Ruch, W., & Wyss, T. (2013). Strength-based positive interventions: Further evidence for their potential in enhancing well-being and alleviating depression. *Journal of Happiness Studies, 14*, 1241–1259. https://doi.org/10.1007/s10902-012-9380-0

Gilmore, L., & Cuskelly, M. (2014). Vulnerability to loneliness in people with intellectual disability: An explanatory model. *Journal of Policy and Practice in Intellectual Disabilities, 11*(3), 192–199. https://doi.org/10.1111/jppi.12089

Institute of Education Sciences. (2022). *Students with disabilities*. Accessed on October 3, 2022. Found at https://ies.ed.gov/.

Jach, H. K., Sun, J., Loton, D., Chin, T. C., & Waters, L. E. (2018). Strengths and subjective well-being in adolescence: Strength-based parenting and the moderating effect of mindset. *Journal of Happiness Studies, 19*, 567–586. https://doi.org/10.1007/s10902-016-9841-y

Kashdan, T. B., Blalock, D. V., Young, K. C., Machell, K. A., Monfort, S. S., McKnight, P. E., et al. (2018). Personality strengths in romantic relationships: Measuring perceptions of benefits and costs and their impact on personal and relational well-being. *Psychological Assessment, 30*, 241–258. https://doi.org/10.1037/pas0000464

Kirchner, J., Ruch, W., & Dziobek, I. (2016). Brief report: Character strengths in adults with autism spectrum disorder without intellectual impairment. *Journal of Autism and Developmental Disorders, 46*, 3330–3337. https://doi.org/10.1007/s10803-016-2865-7

Korn, M. A., Woodard, C. R., & Tucker, C. A. (2016). Positive character traits of special education staff: Commonalities and applications. *International Journal of Special Education, 31*(3).

Langer, E. (2006). *On becoming an artist: Reinventing yourself through mindful creativity*. Ballantine Books.

Linkins, M., Niemiec, R. M., Gillham, J., & Mayerson, D. (2014). Through the lens of strength: A framework for educating the heart. *Journal of Positive Psychology*. https://doi.org/10.108 0/17439760.2014.888581

Linley, P. A., Nielsen, K. M., Gillett, R., & Biswas-Diener, R. (2010). Using signature strengths in pursuit of goals: Effects on goal progress, need satisfaction, and Well-being, and implications for coaching psychologists. *International Coaching Psychology Review, 5*(1), 6-15.

McGrath, R. E. (2015). Character strengths in 75 nations: An update. *Journal of Positive Psychology, 10*, 41-52. https://doi.org/10.1080/17439760.2014.888580

Meevissen, Y. M. C., Peters, M. L., & Alberts, H. J. E. M. (2011). Become more optimistic by imagining a best possible self: Effects of a two week intervention. *Journal of Behavior Therapy and Experimental Psychiatry, 42*, 371-378.

Mirenda, P., Zaidman-Zait, A., Cost, K. T., Smith, I. M., Zwaigenbaum, L., Duku, E., Kerns, C., Georgiades, S., Vaillancourt, T., Elsabbagh, M., Bennett, T., & Szatmari, P. (2022). Educators describe the "best things" about students with autism at school. *Journal of Autism and Developmental Disorders*. https://doi.org/10.1007/s10803-022-05761-2

Monterde, N., Blanco, I., & Hervas, G. (2022). Adaptation and incremental validity of the Pemberton happiness index: A new measure of integrative Well-being for people with intellectual disabilities. *Journal of Mental Health Research in Intellectual Disabilities*. https://doi.org/10.1080/19315864.2022.2098431

Naples, L. H., & Tuckwiller, E. D. (2021). Taking students on a strengths safari: A multidimensional pilot study of school-based wellbeing for young neurodiverse children. *International Journal of Environmental Research and Public Health, 18*. https://doi.org/10.3390/ijerph18136947

Niemiec, R. M. (2014). *Mindfulness and character strengths: A practical guide to flourishing*. Hogrefe.

Niemiec, R. M. (2018). Character strengths interventions: A field-guide for practitioners. Hogrefe.

Niemiec, R. M. (2019). Finding the golden mean: The overuse, underuse, and optimal use of character strengths. *Counseling Psychology Quarterly, 32*, 453-471. https://doi.org/10.1080/09515070.2019.1617674

Niemiec, R. M. (2020). Six functions of character strengths for thriving at times of adversity and opportunity: A theoretical perspective. *Applied Research in Quality of Life*. https://doi.org/10.1007/s11482-018-9692-2

Niemiec, R. M., & Pearce, R. (2021). The practice of character strengths: Unifying definitions, principles, and exploration of what's soaring, emerging, and ripe with potential in science and in practice. *Frontiers in Psychology, 11*, 590220. https://doi.org/10.3389/fpsyg.2020.590220

Niemiec, R. M., Shogren, K. A., & Wehmeyer, M. L. (2017). Character strengths and intellectual and developmental disability: A strengths-based approach from positive psychology. *Education and Training in Autism and Developmental Disabilities, 52*(1), 13.

Niemiec, R. M., Weinbrandt, D., Taylor, E., & Aunos, M. (2022). Mindfulness-based strengths practice—Access (MBSP-Access). A program and research process in development for people with intellectual/developmental disability.

Nocon, A. S., Roestorf, A., & Menéndeza, L. M. G. (2022). Positive psychology in neurodiversity: An investigation of character strengths in autistic adults in the United Kingdom in a community setting. *Research in Autism Spectrum Disorders, 99*. https://doi.org/10.1016/j.rasd.2022.102071

Otake, K., Shimai, S., Tanaka-Matsumi, J., Otsui, K., & Fredrickson, B. (2006). Happy people become happier through kindness: A counting kindness intervention. *Journal of Happiness Studies, 7*, 361-375.

Prasath, P. R., Morris, C., & Maccombs, S. (2021). Mindfulness-based strengths practice (MBSP) group intervention: A systematic review. *Journal of Counselor Practice, 12*(1), 1-22. https://doi.org/10.22229/asy1212021

Proyer, R. T., Ruch, W., & Buschor, C. (2013). Testing strengths-based interventions: A preliminary study on the effectiveness of a program targeting curiosity, gratitude, hope, humor, and zest for enhancing life satisfaction. *Journal of Happiness Studies, 14*(1), 275-292. https://doi.org/10.1007/s10902-012-9331-9

Quinlan, D., Vella-Brodrick, D. A., Gray, A., & Swain, N. (2019). Teachers matter: Student outcomes following a strengths intervention are mediated by teacher strengths spotting. *Journal of Happiness Studies, 20*, 2507-2523. https://doi.org/10.1007/s10902-018-0051-7

Raley, S. K., Shogren, K. A., & Cole, B. P. (2020). Positive psychology and education of students with disabilities: The way forward for assessment and intervention. *Advances in Neurodevelopmental Disorders*. https://doi.org/10.1007/s41252-020-00181-8

Ruch, W., Bakker, A. B., Tay, L., & Gander, F. (2022). *Handbook of positive psychology assessment*. Hogrefe.

Samson, A. C., & Antonelli, Y. (2013). Humor as character strength and its relation to life satisfaction and happiness in autism spectrum disorders. *Humor: International Journal of Humor Research, 26*(3), 477-491.

Schutte, N. S., & Malouff, J. M. (2019). The impact of signature character strengths interventions: A meta-analysis. *Journal of Happiness Studies, 20*, 1179-1196. https://doi.org/10.1007/s10902-018-9990-2

Schwartz, A. E. (2022, September 22). Personal communication.

Schwartz, A. E., Caoili, A., Beasley, J. B., Kramer, J. M., & Kalb, L. G. (2022). Clinical applications of the VIA inventory of strengths with individuals with intellectual/developmental disabilities. *Journal of Positive Psychology, 18*, 439.

Seligman, M. E. P., Steen, T. A., Park, N., & Peterson, C. (2005). Positive psychology progress: Empirical validation of interventions. *American Psychologist, 60*, 410-421. https://doi.org/1 0.1037/0003-066X.60.5.410

Shogren, K. A., Lopez, S. J., Wehmeyer, M. L., Little, T. D., & Pressgrove, C. L. (2006). The role of positive psychology constructs in predicting life satisfaction in adolescents with and without cognitive disabilities: An exploratory study. *Journal of Positive Psychology, 1*(1), 37-52.

Shogren, K. A., Wehmeyer, M. L., Forber-Pratt, A. J., & Palmer, S. B. (2015). *VIA inventory of strengths for youth (VIA-youth): Supplement for use when supporting youth with intellectual and developmental disabilities to complete the VIA-youth*. Kansas University Center on Developmental Disabilities.

Shogren, K. A., Gotto, G. S., Wehmeyer, M. L., Shaw, L., Seo, H., Palmer, S., ... Barton, K. N. (2016). The impact of the Self-Determined Career Development Model on self-determination outcomes. *Journal of Vocational Rehabilitation, 45*, 337-350. https://doi.org/10.3233/JVR-16083

Shogren, K. A., Singh, N., Niemiec, R. M., & Wehmeyer, M. (2017a). Character strengths and mindfulness. In M. Wehmeyer (Ed.), *Oxford handbooks online*. DOI: https://doi.org/10.1093/oxfordhb/9780199935291.013.77.

Shogren, K. A., Wehmeyer, M. L., Lang, K., Niemiec, R. M., & Seo, H. (2017b). The application of the VIA classification of strengths to youth with and without disabilities. *Inclusion, 5*(3), 213-228. https://doi.org/10.1352/2326-6988-5.3.213

Shogren, K. A., Shaw, L. A., Raley, S. K., Wehmeyer, M. L., Niemiec, R., & Adkins, M. (2018). Assessing character strengths in youth with intellectual disability: Reliability and factorial validity of the VIA-youth. *Intellectual and Developmental Disabilities, 56*(1), 13-29. https://doi.org/10.1352/1934-9556-56.1.13

Singh, N., Wahler, R., Adkins, A., & Myers, R. (2003). Soles of the feet: A mindfulness-based self-control intervention for aggression by an individual with mild mental retardation and mental illness. *Research in Developmental Disabilities, 24*. Retrieved from https://hsrc.himmelfarb. gwu.edu/smhs_psych_facpubs/748

Szucs, A., Schau, C., Muscara, K., & Tomasulo, D. (2019). Character strength activation for people with intellectual and developmental disabilities using video feedback in groups. *Journal of Education and Learning, 8*(1). https://doi.org/10.5539/jel.v8n1p12

Taylor, E. C., Livingston, L. A., Clutterbuck, R. A., Callan, M. J., & Shah, P. (2023). Psychological strengths and well-being: Strengths use predicts quality of life, well-being and mental health in autism. *Autism*. https://doi.org/10.1177/13623613221146440

Tomasulo, D. (2014). Positive group psychotherapy modified for adults with intellectual disabilities. *Journal of Intellectual Disabilities, 18*(4), 337-350. https://doi.org/10.1177/1744629514552153

Tomasulo, D., & Szucs, A. (2015). The ACTing cure: Evidence-based group treatment for people with intellectual disabilities. *Dramatherapy, 37*(2-3), 100-115. https://doi.org/10.1080/02630672.2016.1162824

Umucu, E., Lee, B., Genova, H. M., Chopik, W. J., Sung, C., Yasuoka, M., & Niemiec, R. M. (2022). Character strengths across disabilities: An international exploratory study and implications for positive psychiatry and psychology. *Frontiers in Psychiatry, 13,* 863977. https://doi.org/10.3389/fpsyt.2022.863977

VIA Institute on Character. (2022). *VIA assessments*. Found at: https://www.viacharacter.org/ researchers/assessments. Accessed on 1 Sep 2022.

Vuorinen, K., Erikivi, A., & Uusitalo-Malmivaara, L. (2018). A character strength intervention in 11 inclusive Finnish classrooms to promote social participation of students with special education needs. *Journal of Research in Special Educational Needs*. https://doi.org/10.1111/1471-3802.12423

Wagner, L. (2018). Good character is what we look for in a friend: Character strengths are positively related to peer acceptance and friendship quality in early adolescents. *Journal of Early Adolescence*. https://doi.org/10.1177/0272431618791286

Wagner, L., Gander, F., Proyer, R. T., & Ruch, W. (2019). Character strengths and PERMA: Investigating the relationships of character strengths with a multidimensional framework of well-being. *Applied Research in Quality of Life, 15*, 307-328. https://doi.org/10.1007/s11482-018-9695-z

Walton, G. M., & Brady, S. T. (2017). The many questions of belonging. In A. J. Elliot, C. S. Dweck, & D. S. Yeager (Eds.), *Handbook of competence and motivation: Theory and application* (pp. 272-293). The Guilford Press.

Wehmeyer, M. L. (Ed.). (2013). *The Oxford handbook of positive psychology and disability*. Oxford University Press.

Wellenzohn, S., Proyer, R. T., & Ruch, W. (2016). Humor-based online positive psychology interventions: A randomized placebo-controlled long-term trial. *The Journal of Positive Psychology, 11*(6), 584-594. https://doi.org/10.1080/17439760.2015.1137624

Wilkinson, E., Vo, L. T. V., London, Z., Wilson, S., & Bal, V. H. (2022). Parent-reported strengths and positive qualities of adolescents and adults with autism spectrum disorder and/or intellectual disability. *Journal of Autism and Developmental Disorders*. https://doi.org/10.1007/s10803-021-05405-x

Woodard, C. (2009). Psychometric properties of the ASPeCT-DD: Measuring positive traits in persons with developmental disabilities. *Journal of Applied Research in Intellectual Disabilities, 27*, 433-444.

Yalom, I. (1995). *The theory and practice of group psychotherapy* (4th ed.). Basic Books.

제4장 성격강점과 주의력 결핍 및 과잉 행동장애(ADHD)

개념

미국 질병통제예방센터(2022) 통계에 따르면 3~17세 아동 중 ADHD 진단을 받은 비율이 9.8%에 달합니다. 연구에 따르면 미국 외 많은 국가에서도 아동의 ADHD 유병률이 적어도 미국만큼 높으며, DSM 진단 범주로 측정할 때 유병률이 가장 높게 나타납니다(Faraone et al., 2003). 2003년 자료(National Institute of Mental Health, 2003)에 의하면 미국 성인의 ADHD 유병률은 4.4%로 나타났습니다.

ADHD에 대한 논의는 일반적으로 두 가지 'D'인 결핍(deficit)과 장애(disorder), 그리고 그에 따른 증상과 부정적인 영향에 초점을 두고 시작합니다. 우리도 D(결핍과 장애)에 대해 다루지만, 많은 ADHD 상황에서 그리고 개인들의 마음에 필요한 것, 즉 성격강점에 기반한 균형된 관점으로 시작하고자 합니다. ADHD 관련 평판이 좋은 저자들의 수많은 책과 워크북을 검토한 결과 내적 역량, 성격강점 또는 기타 강점에 대한 활동 탐색, 토론이나 통찰은 현저하게 부족했습니다. 그런데 기워크(Giwerc, 2011)의 연구는 드물게도 ADHD가 있는 성인의 성격강점에 대한 통찰력을 이례적으로 제시하고 있었습니다.

ADHD의 증상에 대해 모 아니면 도, 비정상 대 정상 기능이라는 이분법적인 시각으로 보지 않고, ADHD의 증상이 더 많거나 또는 더 적은 정도로 보는 것

같이 연속적인 선상에서 ADHD를 이해하는 것이 보다 유익합니다. 또한 이것은 ADHD의 어떤 측면들은 적응적이고 긍정적이며 개인의 고유한 강점이 될 수 있다는 것을 내포합니다(Archer, 2016; Sedgwick et al., 2019). 연구자들은 ADHD에 대한 긍정적인 표현과 그 성과에 대해 이해를 높이는 것이 ADHD에 대한 잘못된 낙인을 줄이고 건강한 심리교육과 삶의 질을 증진하는 데 중요하다고 보고 있습니다(Stolte et al., 2022). 또한 ADHD의 강점에 대한 인식이 높아지면 진단받은 개인이 자신의 진단을 수용하고, 받아들이며, 스스로 관리하고, 학습과 직업 생활에서 훨씬 더 자신에게 적합한 선택을 하는 데 도움이 될 수 있습니다(Schippers et al., 2022). 실제로 ADHD 연구자들은 진단 기준을 뛰어넘어 장애뿐만 아니라 능력, 그리고 환경적 장벽과 함께 환경적 촉진요인을 탐색하면서, 보다 넓고 균형 잡힌 방식으로 ADHD를 연구하는 것이 중요하다고 강조하고 있습니다(Mahdi et al., 2017). 이러한 균형 잡힌 관점은 강점과 결점을 함께 바라보는 최근의 심리치료 경향을 반영하고 있습니다(Rashid & Seligman, 2018).

어떤 행동을 그 정도의 차이에 초점을 두고 연속선 모형의 관점에서 바라보면서, 상황과 맥락에 따라 발생하는 변화를 인식하고 인정하는 것이 중요합니다. 예컨대, 10세의 한 어린이가 집에서는 숙제하고 있는 형제자매를 짜증 나게 하는 과잉 행동/열정을 보이다가도, 몇 시간 후 밖에서 놀 때는 친구들에게 재미와 흥미를 주고 활기찬 스포츠 활동을 만들고 이끌어 가는 리더십을 발휘하는 과잉 행동/열정을 보일 수도 있습니다.

연속선 모형의 적용 가능성에도 불구하고, 일반적으로 인정하는 의학적 모델의 관점을 통해 ADHD를 생각하는 것, 즉 DSM-5의 진단 기준에 따라 ADHD를 바라보는 것이 아직까지 가장 일반적인 시각과 방식입니다. 이 기준에 따르면 아동은 부주의 모두 혹은 과잉 행동/충동성의 여섯 가지 증상 기준을 충족해야 합니다(17세 이상은 다섯 가지 증상 기준을 충족해야 함). 부주의 증상의 예를 들어 보면 과제를 정리하는 데 어려움을 겪고, 쉽게 주의가 산만해지며, 일상 활동을 잘 잊어버리고, 부주의하여 실수를 하며, 꾸준한 정신적 노력이 필요한 작업을 회피하거나 싫어하는 것 등이 있습니다. 과잉행동/충동성의 예로는 안절부절못하고, 마치 '모터에 의해 움직이는' 것처럼 행동하고, 지나치게 말을 많이 하고, 질문이 끝나기도 전에 대답을 하고, 다른 사람을 자주 방해하거나 침해하는 행동 등이 있습니다.

DSM-5에서 ADHD는 신경발달장애로 분류되고 있는데, 러셀 바클리 박사(Russell Barkley, 2014)는 이 장애에 대해서 다양한 결함, 즉 움직임, 계획하기, 일의 조직, 억제력을 통제하는 인지 과정에서의 실행 기능 결함을 광범위하게 문서화하여 보고했습니다. 그는 이 장애의 신경인지적 기반 때문에 대부분의 개인이 평생 영향을 받게 된다고 덧붙입니다. ADHD는 실행 기능에서 문제가 되지만, 실행 기능의 과학은 합의된 조작적 정의를 아직 제시하지 못하고 있습니다. 이 개념에 대해 글을 쓴 학자들의 가장 일반적인 특징은 실행 기능이 자기조절이라는 점입니다(Barkley, 2012). 예일대의 저명한 ADHD 학자인 토머스 브라운(Thomas Brown, 2013)은 ADHD가 대부분 무의식적으로 작동하는 뇌의 자기관리 시스템인 집행 기능의 발달적 장애로 나타나는 복합 증후군이라고 언급하면서 DSM-5 이후의 새로운 조작적 정의를 제시했습니다. 이러한 장애는 상황에 따라 가변적이고 만성적이며 일상생활의 여러 측면에서 개인의 기능을 크게 방해합니다(p. 20). 브라운은 ADHD의 손상된 실행 기능의 몇 가지 예로 정리 및 우선순위 지정(활성화), 집중, 지속 및 과제 주의 전환(집중), 주의력 조절, 노력 지속 및 처리 속도(노력), 좌절 및 감정 관리(감정), 작업 기억 사용 및 회상 접근(기억), 모니터링 및 자기조절(행동)에서의 문제를 들어 설명합니다. 이러한 요소는 심층적인 신경심리학적 요소이지만 끈기, 신중성, 사회지능, 자기조절과 같은 특정 성격강점의 잠재적 역할과 관련된 궁금증을 유발합니다.

유전학(genetics)과 뇌화학(brain chemistry)이 결합하여 신경화학 물질인 도파민의 이동/과정에 차이가 나타나고 이것이 환경에 대한 사람들의 다양한 반응에 영향을 미치기 때문에 여러 면에서 '**장애**'라는 표현보다는 '**차이(또는 다르다)**'라는 표현을 사용하는 것이 ADHD를 더 잘 설명할 수 있습니다(Archer, 2016).

연구

앞서 언급한 강점에 대한 일부 학자들의 관찰 보고(예: Archer, 2016) 외에도 ADHD를 지닌 성인의 강점에 대해 살펴본 연구가 몇 가지 더 있습니다. 특히 세드윅 등(Sedgwick et al., 2019)은 성공적인 ADHD 성인에 대한 질적 연구를 제공하고 VIA 분류와 비교하면서 이 주제를 탐구했습니다. 이들은 성인 6명을 대상으로 ADHD의 장점과 단점, ADHD로 인해 무언가를 성취하는 데 도움이 되었던 시기, ADHD가 사라지면 놓치게 되는 것들에 대한 질문을 통해 그들의 개인적인 지식과 삶의 경험을 탐구하였습니다. 이 연구의 주요 결과는 인지적 역동성, 용기, 에너지, 인간애, 회복탄력성, 초월성이라는 여섯 가지 중요한 주제로 나타났습니다. 이들은 겉으로 보기에도 정의와 절제라는 덕목만 제외하고 VIA 분류의 다른 덕목과 정확히 일치합니다. 인지적 역동성(나중에 설명하는 하위 주제)은 지혜, 용기와 밀접하게 연결되며, 에너지(활력)와 회복력(끈기)은 용기의 덕목과 일치하고, 인간애와 초월성은 이미 VIA 덕목으로 제시되어 있습니다.

각각의 중요한 주제에 대해 더 자세히 알아보기 위해 세드윅 등(Sedgwick et al., 2019)은 인지적 역동성의 하위 주제인 확산적 사고, 초집중, 창의성, 호기심에 주목하였습니다. 연구 참가자들은 확산적 사고는 창의성이라는 성격강점과 일치하며, 흐름 상태가 유사한 초집중은 몰입과 학구열 성격강점과 유사하다고 설명했습니다. 용기의 하위 주제는 비순응주의, 모험심, 용감성, 성실성, 끈기 등으로 나타났습니다. 이 중 일부는 자주 '남들과 다르다'고 느끼고, 이방인처럼 느껴지며, 어려움을 극복하고, 자신의 선택에 책임을 지며 위험을 감수하는 것으로 묘사되었습니다. 용감성, 끈기, 진실성이라는 성격강점이 여기에 직접적으로 반영되어 있습니다. VIA 분류의 또 다른 용기 강점은 활력인데, 세드윅과 동료들은 이를 에너지라는 더 큰 주제로 설명합니다. 풍부한 에너지 또는 열정적인 활력은 정신적, 심리적, 육체적 에너지라는 하위 주제로 설명됩니다. 참가자들이 묘사한 목적의식과 심리적 의지(의도)는 각각 영성과 용감성의 성격강점을 반영합니다. 인간애 주제에는 자기수용, 감정 인식, 유머, 사회지능이라는 주제 요소가 포함됩니다. 후자의 두 가지는 실제 성격강점이며, 감정 인식은 VIA 분류에서 사회지능의 한 차원으로 간주됩니다(Peterson & Seligman, 2004). 참가자들은 자기수용을 자신의 ADHD 증상과 기능 장애에도 불구하고 자신을 용납하는 것으로 설명했으며, 이는 용서의 특성, 즉 자신의 한계에 대해 스스로를 놓아주고 용서하는 것으로 볼 수 있습니다(Niemiec & McGrath, 2019). 회복탄력성 핵심 주제에는 ADHD를 일상적으로 관리하는 맥락에서 정서적, 인지적, 행동적 특성으로 나타나는 회복탄력성과 자기조절이라는 하위 주제가 포함됩니다. 이 핵심 주제는 위기 상황에서 침착함을 유지하는 능력, 멀티태스킹 성향, 비선형적 사고 능력으로 나타나는 회복탄력성을 ADHD의 강점이라고 설명한 아커(Archer, 2016)의 연구 결과와 일치합니다. 세드윅과 동료들의 여섯 번째 핵심 주제는 초월성이며, 하위 주제인 아름다움과 탁월성의 감상인 심미안 강점을 담고 있는 것으로 나타났습니다. 감사와 희망 성격강점도 이 초월성 주제와 일치할 가능성이 높습니다. ADHD에서 직간접적으로 가장 적게 언급되는 강점 범주는 정의의 덕목(협동심, 리더십, 공정성)과 절제의 덕목(신중성, 겸손)입니다. 이 연구는 ADHD에 대한 긍정적인 관점의 중요성과 성격강점과의 연계성을 통해 보다 균형 잡힌 관점을 우리에게 제공하고 있습니다.

다른 연구에서 스키퍼 등(Schippers, 2022)은 ADHD 진단을 받은 200명 이상의 네덜란드 성인을 대상으로 조사했습니다. 연구진은 그들의 연구에서 창의성, 역동성, 유연성, 사회 정서적 기술, 고차원적 인지 기술 등 여러 가지 핵심 주제를 발견했습니다. 연구진은 일부 참가자가 자신의 충동성과 과잉 행동을 자신의 삶에서 긍정적인 측면으로 간주하고 있다는 사실도 발견했습니다. 이 연구자들은 별도의 집중(포커스) 집단 면담을 통해 주제별 연구 결과를 검토했으며, 그 결과 정직하고 개방적인 태도 등이 ADHD를 지닌 채 살아가는 데 추가적인 요소로 확인되었습니다. 다시 한번 강조하지만, VIA 성격강점은 이러한 중요한 연구 결과와 밀접하게 연관되어 있습니다.

ADHD를 가진 성인과 그렇지 않은 성인을 VIA 성격강점검사를 통해 비교한 연구에 따르면, ADHD가 없는 성인이 끈기, 신중성, 자기조절 강점에서 훨씬 더 높은 점수를 받았습니다(Ramsay et al., 2022). 이 연구 결과에서 세 가지 낮은 성격강점(끈기, 신중성, 자기조절)이 덜 강조되는 경향이 있는데, ADHD가 있는 대다수의 사람은 이 세 가지 성격강점이 낮은 것이 우려될 수 있다는 점이 이전 연구 결과와 일치합니다. 반면, 다른 연구에서는 창의성, 판단력, 진실성, 통찰력, 활력과 같은 특정 성격강점이 더 강조되고 있습니다. 다른 연구에 따르면 ADHD는 자기친절, 공통된 인간애, 마음챙김과 같은 자기자비적 반응과는 관련이 적으며 오히려 자기비판, 고립, 과잉 동일시 등의 비자기자비적 반응과 유의미한 관련이 있는 것으로 나타났습니다(Farmer et al., 2023). 후자의 비자기자비적 반응은 웰빙과의 관계를 완전히 매개하는 것으로 나타났습니다. 이러한 연구는 성격강점, 그리고 특정 강점의 과소 활용이 ADHD와 그 일부 어려움을 이해하는 데 중요하다는 것을 보여 줍니다.

여러 연구 그룹에서 ADHD 아동에 대한 강점 기반 접근법의 중요성과 학교 환경에서의 개입에 대한 연구 결과를 제시하고 있습니다(Climie & Mastoras, 2015; McDougal et al., 2022). ADHD 아동 및 청소년의 긍정적인 특성도 탐구되었습니다. 마흐디 등(Mahdi et al., 2017)은 5개국(브라질, 인도, 사우디아라비아, 남아프리카공화국, 스웨덴)에서 76명의 참가자(ADHD 환자, 가족, 전문 간병인)를 대상으로 반 구조화 인터뷰를 통한 질적 연구를 진행했습니다. 여기에서 가장 많이 보고된 강점은 에너지 및 추진력, 창의성, 고도의 집중력, 친화력, 공감, 타인을 돕고자 하는 의지 등이었습니다. VIA 성격강점 언어로 표현하면 이러한 자질은 활력, 창의성, 친절성, 사회지능과 일치하는 것으로 나타납니다.

다른 연구에서는 ADHD와 특정 성격강점을 따로 탐구했습니다. 그중 가장 좋은 예는 창의성과 ADHD의 연관성 연구입니다. ADHD를 지닌 사람들을 대상으로 창의적 사고력, 창의적 스타일, 창의적 성과가 연구되었습니다. 한 연구 결과에 따르면 일반 성인의 ADHD 증상은 더 높은 확산적 사고와 관련이 있으며 특정 수준의 증상까지 확산적 사고가 예측되는 것으로 나타났습니다(Stolte et al., 2022). 표준화된 측정 점수와 실제 창의력 성취 정도에서 ADHD가 있는 성인이 그렇지 않은 성인보다 더 창의적인 성과를 보인다는 연구 결과가 있습니다

(White & Shah, 2011).

ADHD를 대상으로 한 앞의 초기 연구 결과들을 24가지 성격강점의 VIA 분류를 통해 살펴보면, 절제 범주(자기조절, 신중성, 용서, 겸손의 성격강점을 포함하는 범주)가 가장 적은 비중을 차지하는 것으로 보입니다. 이 범주는 자제력 강점으로 간주되는데 ADHD가 종종 억제력 부족 또는 자기 통제력 부족과 관련된 것으로 특징지어지기 때문에 이러한 특정 성격강점이 ADHD를 이해하는 데 중요한 주제가 될 수 있는 것은 타당한 결과입니다.

학습장애

학습장애를 동반하는 ADHD 아동의 수는 대략 20~30%로 추정됩니다(Learning Disabilities Association of America, 2023). 이처럼 ADHD와 학습장애의 동반율이 높고, 이 둘은 DSM-5의 같은 신경발달장애 범주에 속하기 때문에 학습장애에 대한 추가 내용을 제공합니다. 두 가지 증상을 모두 살펴본 몇 가지 연구를 간략히 소개하고, 이어지는 실제(실무) 절에서는 두 증상을 모두 가진 사람에게 적용된 성격강점 사례에 대해 설명합니다.

학습장애는 말하기나 쓰기, 산수/계산, 추론/사상의 통합을 통한 학습과 관련된 문제를 지칭하며, 가장 일반적으로 읽기, 쓰기, 철자 또는 수학과 관련되어 나타납니다. 학습장애와 ADHD를 가진 개인은 학습 기술에 대한 지식은 비슷할 수 있지만, 학습 과제에 대한 접근 방식이 다르기 때문에 각각의 증상에 대해 다른 접근 방식이 필요합니다(Reaser et al., 2007). 무엇보다 자기효능감과 진정성을 활용하는 것이 ADHD와 학습장애 모두에 중요합니다(Costello & Stone, 2012).

학습장애와 ADHD 모두 혹은 이 중 하나의 증상을 가진 소수의 학생을 대상으로 한 연구가 진행되었습니다. 이 연구에 따르면 학생들이 자기 결정성과 긍정심리학의 여러 실천 방법 중에서 강점을 확인하고 활용하는 프로그램에 참여한 후 긍정적인 효과를 경험한 것으로 나타났습니다(Farmer et al., 2015).

실제(실무)

이 절에서 논의된 모든 사례와 연습은 ADHD 아동이나 성인 모두에게 적용할 수 있습니다. 여기서는 ADHD를 가진 사람들이 성격강점을 활용하고 실천하는 것을 목표로 하지만, 제1장에서 설명한 것처럼 개인의 기술, 흥미, 재능, 자원 등 다른 여러 범주의 강점의 활용과 실천도 필요하고 또 그래야 합니다.

많은 실무자가 보고하듯이, 개인의 고착된 부정적 편견에 대응하여 사람들이 무엇이 좋은지 파악하고, 성격강점을 발휘하거나 활용하여 번영하고 역경을 극복하며 의미 있고 충만한 삶을 살 수 있도록 돕는 것이 매우 중요합니다. 이러한 관점에서 이 절을 기술합니다.

성격강점과 ADHD의 정교한 통합으로 아동 및 성인 집단을 대상으로 한 증거 기반 개입이 필요합니다. 향후 연구에 필요한 정보를 제공하고 실무자의 기초 실무에 기여하기 위해 이론적 연구(예: Niemiec, 2018), 이전 절에서 논의한 과학 및 성격강점에 대한 더 넓은 과학(예: VIA Institute, 2023)과 성격강점 및 성격강점 개입의 실제(Niemiec & Pearce, 2021)에 기반한 전략을 제시하고자 합니다.

다음의 네 가지 일반적인 적용 분야에서 과학적, 실제적 탐구가 이루어지길 제안합니다.

1. 기존 ADHD 치료 및 접근 방식에 성격강점 통합하기
2. 내담자의 성격강점(증진)을 목표로 하기
3. 성격강점 개입 사용하기
4. 성격강점 활용하기(실무자가 자신의 강점을 사용하기)

이러한 각 영역과 관련하여 실질적인 개념과 적용에 대해 논의하고자 합니다.

기존 ADHD 치료 및 접근 방식에 성격강점 통합하기

지금까지 ADHD 환자의 치료, 지원 및 관리 측면에서 성격강점을 활용하거나 통합하는 것은 주목받지 못했습니다. 오히려 전통적인 증거 기반 접근법은 약물치료 방식입니다. 대체적으로 발달과정 중인 아동 및 청소년의 중증 ADHD에 대한 표준 접근 방식은 약물치료와 행동치료를 병행하는 것입니다. 행동치료와 관련하여, 부모-자녀 상호작용 치료(PCIT), 부모 교육 훈련(PMT), 긍정적 부모교육 프로그램(Triple P), 행동 개입 연구(RUBI) 등 여러 실용적인 부모교육 프로그램이 ADHD 행동 문제에 도움이 되는 것으로 나타났습니다. 이와 관련하여 ADHD 성인과 ADHD 아동의 부모를 대상으로 일상생활 유지, 주의 산만 관리, 자기 모니터링, 과제 및 활동 분량 나누기, 좋은 행동 칭찬하기, 명확하고 구체적인 언어 사용, 긍정적인 경험 개발, 선택권 활용, 식사, 운동, 수면 등 건강한 생활 습관 만들기 등과 같은 여러 가지 행동 전략이 사용되고 있습니다.

이러한 접근 방식들, 즉 약물치료, 행동적 접근 및 부모교육은 성격강점 접근과 결합됨으로써 유익을 얻을 수 있습니다. 성격강점은 이러한 접근 방식들과 상호 배타적이지 않습니다. 예를 들어, ADHD 치료제를 복용하는 내담자를 지원하는 의료진이나 심리학자가 의도적으로 다양한 성격강점을 강조하며, 이를 환기시키고, 함께 노력하여 순응도를 높일 수 있습니다.

- 매일 자신의 복용량과 사용량을 스스로 모니터링하는 자기조절 강점: 내담자(또는 부모)는 스마트 기기 또는 자가 모니터링 양식을 통해 사용량을 추적합니다.
- 약 사용에 대한 구체적인 계획을 세우는 신중성 강점: 약을 복용해야 할 시간에 맞춰 개인이 지나가는 곳에 약을 두고 식사나 기타 일상적인 행동과 연계하는 방법과 같이 환경적 단서와 연계하는 다양한 성공적 계획을 세울 수 있습니다.
- 성공적인 복약 순응에 대한 긍정적인 유익과 기대감을 공유하는 희망 강점:

희망 강점은 8세부터 12세 사이의 천식 환자들 사이에서 복약 순응도를 예측하는 중요한 변수로 나타났습니다(Berg et al., 2007).

- 약 복용의 비용과 이점을 분석할 수 있는 판단력 및 비판적 사고력 강점: 복약 순응도를 방해하는 한 가지 장애물은 부작용에 대한 개인의 우려입니다. 복용할 때 비용과 복용함으로써 얻을 수 있는 잠재적 유익을 복용하지 않을 때의 비용 및 복용하지 않을 때의 유익 옆에 배치해 비교해 볼 수 있습니다. 이런 4사분면 접근법은 치료 접근법에 대해 균형 잡힌 비판적 사고를 하도록 촉진할 수 있습니다.

이러한 사례에 성공적으로 배치된 성격강점을 직접 언급하거나 해당 주/월에 사용할 성격강점을 라벨로 표시하는 것은 내담자에게 힘을 북돋아 주는 방법(구조)이 될 수 있습니다.

ADHD 아동의 부모를 대상으로 한 교육 집단에서 다양한 방식으로 성격강점을 활용하면 긍정적인 효과를 얻을 수 있습니다. 다음은 실무자가 집단체험에서 사용할 수 있는 일곱 가지 예시인데, 괄호 안에 해당 활용 전략이 표시되어 있습니다.

- 이번 주에 자녀에게 사용한 강화 행동 전략은 정말 잘한 일이었습니다. **창의성**을 발휘하여 당신의 일정에 맞게 방법을 찾아낸 것 같네요!(사용된 성격강점을 알아차리기)
- 이 집단에서 궁금한 것을 질문하고 다양한 주제를 탐구하는 등 많은 **호기심**을 보이는 것을 보았습니다. 자녀가 파괴적인 증상을 보일 때 호기심을 활용할 수 있는 방법에 대해 생각해 보셨나요?(부모의 강점 사용을 목표로 하는 방법)
- 순간적으로 발생하는 세부적인 증상에 매몰되지 않고, 삶과 육아라는 큰 그림을 바라볼 줄 아는 **통찰력** 강점이 높은 것 같습니다. 육아하면서 당신의 이 놀라운 성격강점을 어떻게 상기시킬 수 있을까요?(부모가 앞으로 그 강점을 더 잘 사용할 수 있도록 격려하는 것)

- 자녀 양육에 대해 공유할 때마다 저는 당신이 이 모든 일을 하도록 이끄는 **사랑** 강점과 잠시 멈춰서 자신의 삶과 자녀와의 관계에 **감사**하는 모습에 감동받습니다. (강점 사용 패턴에 대한 일반적 강화)
- 매일 20분 동안 자녀와 일대일 시간을 체계적으로 보내겠다는 목표를 세우고 싶으신 것으로 알고 있습니다. 이 목표를 성공적으로 달성하는 데 도움이 되는 당신의 **성격강점**은 무엇인가요?(어떤 목표 달성에 도움이 되는 성격강점에 주목하기)
- 한 인간으로서 당신의 가장 핵심적이고 최고의 자질이 되는 최상위 성격강점(대표강점)을 살펴봅시다. 분명히 이러한 각각의 **(대표)강점**이 자녀 양육에 있어 매우 중요하겠지요? 이러한 강점에는 자녀와의 관계에서 진정성 있고 진실한 태도를 보이는 것이 포함됩니다. 부모로서 매일 이러한 **대표강점**을 어떻게 발휘할 수 있을까요?(부모가 가진 대표강점의 중요성 강조)
- 이번 주에는 여러 가지 독특한 스트레스를 많이 받으셨을 것입니다. 이러한 스트레스로 인해 이번 주에 우선순위를 두고자 했던 육아 및 행동 방식에 큰 타격을 받으셨을 것입니다. 또한 장애물과 문제를 극복하고 모든 일을 끝내고 이에 대해 논의하기 위해 오늘 이 자리에 함께 모이기까지 상당한 **끈기**를 보여 주셨다는 점을 주목하고 싶습니다!(부모님의 고통과 어려움을 확인하면서 강점 사용을 주입하기)

이러한 방식 중 어떤 것도 상담사(임상가)로 하여금 그들의 치료 방법을 변경하거나 새로운 접근 방식을 채택할 것을 요구하지 않는 것에 주목하기 바랍니다. 니믹(Niemiec, 2018)의 저서에서 논의한 바와 같이, 성격강점은 어떤 이론적 방향이나 심리적 접근 방식에도 통합될 수 있으며, 이를 위해 해당 접근 방식이나 프로그램의 기초와 이론을 재구성할 필요는 없습니다.

기존 프로그램을 ADHD에 맞게 조정하기

ADHD에 대한 또 다른 통합적 관점은 특별히 ADHD 환자를 위해 연구되지는 않았지만, 효과가 입증된 프로그램(증거 기반 프로그램)을 고려하는 것입니다. ADHD에 맞게 이론적 근거와 적용이 고안될 수 있다면, 이러한 프로그램으로 연구할 기회가 무르익었다고 볼 수 있습니다. 이와 관련하여 좋은 근거가 있는 성격강점 프로그램 중 하나는 마음챙김 기반 강점 연습(MBSP; Niemiec, 2023) 프로그램입니다. MBSP는 일반 대중과 실습생(보통 성인)에게 적용되는 8주간의 매뉴얼화된 프로그램으로, 성격강점과 마음챙김에 대한 최신 과학적 지식과 모범적 실제를 통합한 것입니다. 일부 연구에 ADHD에 대한 마음챙김 프로그램이 유익할 가능성이 있는 것으로 나타났지만(Mitchell et al., 2015; van de Weijer-Bergsma et al., 2012), 아직 성격강점과의 통합은 공식적으로 연구되지 않았습니다. 그러나 MBSP가 지금까지 가장 널리 사용되어 온 기존 마음챙김 프로그램보다 우수하다는 것이 세 가지 연구에서 입증될 만큼 마음챙김 개입에 대한 성격강점의 부가가치는 상당한 것으로 나타났습니다(Hofmann et al., 2019; Monzani et al., 2021; Pang & Ruch, 2019).

MBSP는 주의력 자기조절 능력의 향상과 호기심, 개방성, 수용성의 발달을 강조하는데 일반적으로 사람들이 당연하게 여기는 식사, 듣기, 걷기, 일하기 등과 같은 일상적인 행동 속에 마음챙김 적용을 도입하는 것에 중점을 둡니다. 일상의 영역, 목표 설정, 관계 형성, 스트레스 관리, 다양한 맥락에서의 강점 과다 사용 및 과소 사용에 대한 마음챙김 강점 인식, 탐색, 적용에 대한 강조는 ADHD에 쉽게 적용할 수 있는 중요한 요소입니다.

ADHD에 대한 MBSP의 공식적인 적용에는 도입 마음챙김 수행, 간략한 강의 및 조언 부분, 개별 성격강점 활용에 대한 토론 확대 등을 포함하는 접근 방식으로 이루어질 수 있습니다. MBSP는 성인에게 가장 자주 적용되어 왔지만, 청소년과 대학생에게도 효과가 있다는 새로운 증거가 나오고 있습니다(Park, 2020).

전반적으로, 표준 ADHD 치료 접근 방식에 성격강점을 통합하는 것은 순응도를 높이고, 관계 형성을 촉진하며, 당사자와 가족에게 힘을 북돋아 주는 도구를 제공하는 간단한 방법으로 이루어질 필요가 있습니다.

건강 습관과의 통합

앞서 언급했듯이 생활습관 조절과 건강한 생활 측면에서 신체건강을 최적화하는 것은 ADHD 관리에서 중요한 요소가 됩니다. 니믹(Niemiec, 2019b)은 건강한 식습관 및 음주, 수면, 운동 및 활동, 대인관계(사회적 관계), 자기관리 등 건강의 다섯 가지 핵심 요소를 제시하며 이들 각각의 기초가 되는 성격강점의 중요성을 강조했습니다. 6만 명을 대상으로 한 연구에서 연구자들은 활력, 희망, 자기조절, 감사의 성격강점이 신체건강 영역에서 가장 중요하다는 사실을 발견했습니다(Weziak-Bialowolska et al., 2023). 이러한 성격강점에 의도적으로 초점을 맞추면 ADHD 환자에게 신체적, 심리적으로 이중의 이점을 제공할 수 있습니다.

내담자의 성격강점 증진을 목표로 하기

이 장에서 살펴본 과학적 연구 결과를 고려할 때, 실무자는 많은 ADHD 환자에게 강점이 될 수 있는 성격강점을 파악하고 이에 대한 논의에 주의를 기울일 필요가 있습니다. 창의성, 활력, 유머, 호기심, 통찰력, 용감성과 같은 성격강점은 이러한 논의에 좋은 출발점이 될 수 있습니다. 실무자는 고전적인 성격강점 모델인 인식(aware), 탐색(explore), 적용(apply) 모델(AEA; Niemiec, 2018, 2023)을 활용하여 모든 성격강점을 목표로 삼아 토론의 틀을 제공할 수 있습니다. 예를 들어, 실무자는 활력 강점에 적용할 경우 다음과 같은 질문을 사용할 수 있습니다.

- **인식하기**: 당신의 성격강점 프로파일(1부터 24까지의 강점 순위)에서 활력은 어디에 있나요? 이 성격강점을 자신의 일부라고 생각하나요? 이에 대해 의견을 말해 주세요.
- **탐색하기**: 스트레스를 받을 때 활력 강점을 발휘하여 도움을 받은 적이 있나요? 어떤 상황에서 활력을 발휘할 가능성이 가장 높은가요? 당신이 활력을 상황에 맞게 강력하고 효과적으로 발휘할 때, 그 활력은 어떤 모습으로 나타나나요? 실제로 활력이 필요할 때 어떻게 하면 활력을 높일 수 있나요? 활력

이 ADHD 증상에 어떻게 도움이 될 수 있나요?

- **적용하기**: 자신과 다른 사람들에게 도움이 되는 방식으로 활력을 사용하기 위한 전략은 무엇일까요? 매일 활력을 사용하기 위한 당신의 실행 계획에 대해 논의할 수 있을까요?
- 실무자는 특정 강점에 대해 의도적으로 근거에 기반한 개입을 적용할 수도 있습니다. 다음은 니믹(Niemiec, 2018) 연구에서 가져온 몇 가지 예입니다.
  - **창의성**: 확산적 사고, 즉 하나의 정답을 찾는 것이 아니라 여러 가지 다른 해결책을 만들어 내는 사고를 개발하세요(Scott et al., 2004). 문제를 정의한 후, 문제에 대한 잠재적 해결책 관련 아이디어 목록을 브레인스토밍하세요.
  - **호기심**: 싫어하는 활동을 생각해 보세요. 이 활동을 하는 동안 이 활동의 새로운 세 가지 특징이나 기능에 주목하세요(Langer, 2006).
  - **통찰력(조망)**: 현명한 사람과 대화를 해 보세요(또는 그 사람과의 대화를 상상해 보세요). 상상하는 경우, 질문과 답변, 토론의 뉘앙스, 제공될 조언 등의 측면에서 전체 대화를 시각화해 보세요(Baltes & Staudinger, 2000). 이렇게 하면 지혜와 관련된 지식이 향상됩니다.
  - **용감성**: 용기 있는 행동의 결과에 집중합니다(예: 도움을 받는 사람을 생각하거나, 행동의 선함을 상기하거나, 행동해야 할 의무에 대해 생각하기)(Pury, 2008).
  - **활력**: 야외, 특히 자연에 나가면 열정과 활력이 높아집니다(Ryan et al., 2010). 개인이 야외에서 휴식을 취하고 자연 속에서 시간을 보낼 수 있게 하루를 계획하도록 권장할 수 있습니다.
  - **유머**: 다음 주 동안 매일 하루가 끝날 때마다 자신이 경험했거나 실행했던 가장 재미있던 일 세 가지를 적고 왜 그런 일이 일어났는지 설명하세요(Gander et al., 2013).

성격강점 개입 사용하기

ADHD가 있는 사람들을 돕기 위해 연구하고 조정할 수 있는 수많은 성격강점 개입(Niemiec, 2018, 2023의 매뉴얼 참조)이 있습니다. 적용할 수 있는 개입의 몇 가지 예로는 대표강점을 새로운 방식으로 사용하기, 성격강점 인식하기, 성격강점 정렬하기 등이 있습니다. 여러 가지 면에서 이 연습 절의 각 하위 내용은 성격강점 개입의 한 형태가 됩니다.

성격강점 과다 사용, 과소 사용, 최적 사용에 대한 논의는 강점에 대한 이해와 관리에 대한 안목(렌즈, 시각)을 제공합니다(Niemiec, 2019a). 이러한(과다 사용, 과소 사용) 강점은 니믹(Niemiec, 2020)이 이론화한 것처럼 완화 효과(과다 사용된 강점 관리)와 견인 효과(과소 사용된 강점 끌어올리기)를 통해 더욱 강화될 수 있습니다. 과다 사용 및 과소 사용 강점 군집에 대한 조사는 사회불안장애(Freidlin et al., 2017) 및 강박장애(Littman-Ovadia & Freidlin, 2019)와 같은 심리적 장애에 대한 이해를 심화시키는 맥락에서 검토되었지만, 이 글을 쓰는 시점까지 ADHD의 맥락에서 과다, 과소, 최적 사용 모델이 연구된 적은 없습니다. 이 장의 논의를 바탕으로 독자는 활력, 창의성, 호기심의 과다 사용과 신중성 및 자기조절의 과소 사용과 같은 (ADHD 대상) 잠재적 가설을 도출할 수 있습니다. 이러한 조합은 상황과 개인에 따라 다르며 이러한 영역을 조사하기 위해서는 경험적 실증연구가 필요합니다.

재구성(리프레이밍) 또는 긍정적 재평가는 ADHD의 맥락에서 탐색할 수 있는 또 다른 중요한 개입방법입니다. 재구성한다는 것은 대화를 바꾸고, 사고방식을 바꾸고, 개인을 더 총체적으로 바라보고, 스스로에게 힘을 북돋아 주고, 많은 경우 더 현실적으로 바라보는 것입니다. 첫 번째 질문으로 '이 행동에는 어떤 강점이 존재할까요?'라는 것이 떠오릅니다. 그 강점이 환경의 요구 및 기대와 정확히 일치하지 않는 방식으로 표현되거나 경험을 유발하는 강점일 수 있습니다. 이는 해당 상황에서 강점이 과도하게 사용되거나 부족하게 사용되었음을 보여 줍니다(Niemiec, 2019a). 상황적 불균형의 정도에 관계없이 나타나는 잠재적인 성격강점을 파악하는 것은 내담자에게 통찰력과 재구성을 위한 '언어'를 제공할 수 있습니다. 여기서는 부주의, 과잉 행동, 충동성이라는 세 가지 전형적인 ADHD 증상군과 그 증상으로 표현되는 성격강점 사용의 두 가지 예를 살펴보겠습니다.

그런데 여기서는 재구성 맥락에서 인지되고 사용될 수 있는 과다 사용과 과소 사용에 대한 해석까지는 다루지 않습니다.

〈표 4-1〉은 ADHD 진단, 증상 또는 유형을 대체하기 위한 것이 아닙니다. ADHD 용어에 추가적으로 제시하는 것입니다. 이러한 재구성은 실무자가 실제 상황에 있는 인간을 보고, 결점 기반 사고에 빠지지 않도록 도와줍니다.

〈표 4-1〉 기존 ADHD 증상에 대한 성격강점 재구성 사례

ADHD 유형	ADHD 증상	성격강점	재구성 사례
부주의 (주의력 결핍)	업무에 집중하는 데 어려움	호기심	주현이는 많은 주제와 활동에 호기심이 많아서 이리저리 뛰어다니는 경우가 많습니다.
	말을 듣지 않음	끈기	정민이는 비디오 게임과 모험 소설 읽기에 집중하며, 이에 장애가 되거나 방해되는 모든 것(예: 그만두라는 사람들의 말)에 개의치 않고 당면한 과업에 몰두하는 경우가 많습니다.
과잉 행동	가만 있지 못함-손과 발 두드리기	창의성	상우는 특히 팀 회의에서 공유하고 싶은 새로운 아이디어가 떠오를 때면 다른 사람들과 새로운 아이디어와 통찰을 공유하고 싶어 발을 두드리고 펜을 만지작거리기 시작합니다.
	마치 모터가 달린 것처럼 행동함	활력	새벽이는 흥분하여 행복한 에너지가 끊임없이 넘치는 것처럼 행동합니다. 새벽이의 활력은 스포츠 활동과 사회적 상호작용에서 가장 잘 드러납니다.
충동성	차례를 기다리는 것이 어려움	용감성	준희는 다른 사람들을 실망시키거나 화나게 하는 것에 대한 두려움이 있지만, 그 두려움을 극복하고 다른 사람들을 화나게 할 위험을 감수하면서도 쉬는 시간에 쉽게 줄을 건너뛰는 용기를 발휘합니다.
	다른 사람들에게 끼어들기	학구열	수영이는 다양한 주제에 대해 토론하고 탐구하기를 열망하기 때문에 때때로 다른 사람의 문장을 마무리하기도(다른 사람의 말을 끊어 버리기도) 합니다. 수영이는 이 점을 잘 알고 있기 때문에 자신의 강점인 공정성을 발휘하여 다른 사람들도 자신의 문장을 마무리할 수 있도록(자신의 말을 끊는 것을 허용) 합니다.

성격강점 활용하기(실무자가 자신의 강점을 사용하기)

마지막으로 고려해야 할 중요한 영역은 성인 또는 아동 ADHD 환자에게 지원을 제공하는 전문가(또는 부모)의 성격강점입니다.

전문가, 부모, ADHD 대상자와 함께 성격강점에 대해 논의할 때, ADHD 대상자를 돕는 사람이 각 성격강점을 의도적으로 사용할 수 있는 한 가지 방법을 보여 주는 사례 표를 제시하면 다음과 같습니다(〈표 4-2〉 참조).

〈표 4-2〉 실무자(또는 부모)가 ADHD 아동을 지원하기 위해 모든 성격강점을 사용할 수 있는 방법(하나의 성격강점당 하나의 행동 사례로 제한했음)

성격강점	실무자 자신의 강점 사용 예(강점당 한 가지만)
창의성	문제를 해결하는 데는 여러 가지 방법이 있다는 점에 주목합니다.
호기심	의문이 드는 경우, 특히 문제 행동의 패턴이 나타날 때는 질문합니다.
판단력(비판적 사고)	상대방이 한 가지 사고방식에 갇혀 있을 때 정중하게 다른 견해를 제시합니다.
학구열	자기 자신, 성공하는 방법, 최선의 건강 및 치료 접근 방식에 대해 배울 수 있는 개인의 학습 역량에 직접적으로 호소합니다.
통찰력	지지적 방식으로 자신의 경험과 관찰에 기반한 조언을 합니다.
용감성	개인의 행동이나 말이 격렬함에도 불구하고 용기를 내어 상황에 도전하고, 방향을 전환하고, 논의합니다.
끈기	개인의 결점 기반 성향이 만연하기 때문에 끈기 있게 성격강점을 발견하고 칭찬합니다.
진실성	효과가 잘 나타나지 않는 치료법이나 전략에 대해 직접 의견을 말합니다.
활력	적절한 상황에서 상대와 비슷하게 열정을 표현하면서 함께합니다.
사랑	따뜻하고 진정성 있는 태도로 상대방의 말을 경청합니다. 주어진 상황에서 상대방과 전적으로 함께하고 있음을 보여 줍니다.
친절성	실수한 후에 자신에게 더 친절하게 대하는 자기친절을 실천하도록 격려합니다.
사회지능	자신의 반응성과 충동성으로 어려움을 겪을 때 공감을 표현합니다.
협동심	팀 접근법(또는 팀 활동)을 선택합니다. 어떤 일을 할 때 다른 사람들을 돕기 위해서 한 팀으로 함께 일할 수 있는 방법에 대해서 논의합니다.

(계속)

성격강점	실무자 자신의 강점 사용 예(강점당 한 가지만)
공정성	상대방의 의견에 동의하지 않는 상황에서 상대방의 의견을 허용하는 접근 방식으로 공정성을 사용합니다.
리더십	개인이 어려움을 겪거나 정리하지 못하는 활동이나 공동 작업을 조직하여 정리합니다. 이를 통해 리더십의 역할 모델을 보여 줍니다.
용서	사소한 반응성 의견이나 행동이 일어나며 욱할 때 내적으로 그대로 두는(흘려보내는) 연습을 합니다.
겸손	상대에게 믿음직한 정신적 지주 역할을 할 수 있도록 안정감 있게 중심을 유지하는 롤모델을 보여 줍니다.
신중성	저녁 또는 주말 계획에 대한 아이디어를 제안하고 각 단계별로 수행할 행동 조치를 취합니다.
자기조절	마음챙김 호흡을 함께 연습합니다. 산만한 생각이 떠오를 때마다 방황하는 마음을 호흡으로 되돌리는 연습을 합니다. 매일 또는 매주 함께 연습해 봅니다.
심미안	밖으로 나가서 하늘, 건물, 나무, 사람에게서 보이는 아름다움에 주목합니다.
감사	오늘 그 사람에게서 나타난 성격강점에 대해 그 사람에게 감사를 표현합니다. 그 강점에 대해 감사하는 이유를 설명합니다.
희망	상대방의 미래에 대해 희망의 말을 해 주고, 당신의 낙관성과 긍정적인 기대를 표현하며 상대에게 뜻밖의 기쁨을 얻게 합니다.
유머	상대방과 함께 웃습니다. 텔레비전이나 직접 만나서 재미있는 것을 함께 봅니다.
영성	대화나 다른 공유하는 경험에서 상대방과 함께 주어진 순간의 신성함을 인식합니다.

〈표 4-2〉의 일부 전략은 성인 또는 어린이에게 더 적합할 수 있습니다. 이 표는 부모와 전문가가 자신과 자신이 지원하는 개인에게 잘못된 점보다 잘하고 있는 점이 훨씬 더 많다는 것을 기억하도록 하는 촉매제 역할을 하는 데 도움을 줄 수 있습니다. 성격강점은 잘하는 점을 이해하는 데 필요한 언어를 제공합니다. 표에 나열된 모든 전략은 누구에게나 유용할 수 있지만, 특히 ADHD와 유사한 어려움이 있는 사람들을 지원하는 데 적용 가능합니다.

사례 예시

한나는 ADHD와 학습장애를 모두 경험한 대학생이었습니다. 한나는 매주 튜터링 프로그램에 참여하여 교실에서의 학습과 계획 수립, 과제를 할 때 도움을 받고 있었습니다.

튜터링을 받던 어느 날, 한나는 평소보다 더 불안하고 힘들어하는 모습을 보였습니다. 튜터는 한나의 이러한 모습을 관찰하고 다음과 같은 대화를 나눴습니다.

> 한나: (아래를 내려다보며) 도저히 못하겠어요!
>
> 튜터: 무슨 일이야, 한나?
>
> 한나: (주먹으로 테이블을 치며) 모르겠어요. 이 수학 과제는 너무 어려워요. 이해가 안 돼요!
>
> 튜터: 괜찮아, 함께 해결하면 돼. 다른 건 다 괜찮니?
>
> 한나: (안절부절못함) 네, 괜찮아요. 이것들이 이해가 안 돼요. 이 수업에서는 아무것도 알아낼 수 없을 것 같아요.
>
> 튜터: 잠깐 쉬면서 같이 이야기할 수 있을까?
>
> 한나: (안절부절못함) 네.
>
> 튜터: 나는 한나가 내가 그동안 만난 사람 중 가장 용감한 사람 중 한 명이라는 점을 얘기하고 싶어. 그리고 끈기도 대단하지.
>
> 한나: (안절부절못하던 것을 멈추고 눈을 마주치며) 네?
>
> 튜터: 너는 매일 수업에 참여하면서 어렵기도 하고 혼란스럽고 짜증 나기도 하지만 수업에 계속 참여하고 있어. 너는 그런 어려운 감정에 맞서고 있어. 일부 아이들과 때론 일부 선생님들도 너를 특별하게 받아들이지 않거나 도움을 주지 않는데도 말이야. 그리고 몇몇은 완전히 못되게 굴 수도 있어. 하지만 어쨌든 너는 계속 해 나가고 있어. 너는 그 역경을 헤쳐 나가고 있어. 그게 바로 용감한 거야. 그런 네 모습이 나에게도 영감을 주거든. 그리고 너는 수업이나 사람들과의 관계에서 최선을 다하고 있어. 너는 네가 할 수 있는 것을 다하면서 모든 장애물을 극복하고 있어. 이것이 바로 끈기야. 너는 내가 만난 사람 중 가장 용감하고 끈기 있는 사람이야.

튜터의 진실함이 드러난 강점 발견 관련 대화는 한나가 자신의 내적 역량에 눈을 뜨는 데 도움이 되었습니다. 이 역량은 한나가 잊고 있었고 의도적으로 사용하지 않았던 역량들이었습니다. 이전에는 그 누구도 한나에게 직접적으로 주목한 적이 없는 역량이었습니다. 이렇게 자신에 대해 새로운 관점을 키우는 대화를 통해, 한나가 과제를 좀 더 열심히 하며 주어진 과업을 해낼 수 있을 만큼 충분한 내적 자원이 자신에게 있다는 것을 깨닫게 되었습니다. 이후에도 많은 역경이 닥쳤을 것이지만, 이 대화는 그녀가 수년 동안 마음속에 간직한 대화가 되었습니다.

향후 방향

어떤 면에서 보면, 이 장의 많은 내용은 향후 연구를 위해 고려할 사항들입니다. ADHD에 대한 성격강점 과학은 아직 초기 단계에 있으며 이를 바탕으로 한 여러 연구가 공유되고 있습니다. 앞에서 논의된 실례들은 점진적 유익(기존 치료 접근법이나 프로그램에 성격강점을 추가하는 것이 부가적인 유익을 제공하는가?)과 독립적 유익(특정 성격강점 개입 또는 ADHD에 맞춘 성격강점 프로그램이 개인에게 어떤 유익을 제공하는가?) 관점에서 ADHD 집단을 대상으로 연구될 수 있습니다.

이 장에서는 성인(또는 청소년)을 위한 MBSP의 적용, ADHD 환자의 강점 과다 사용 및 과소 사용 패턴을 파악하고 설명하며 궁극적으로 개입 지원을 제공하기 위한 강점 과다 사용 및 과소 사용 패턴 검사, 간단히 말해 ADHD 환자의 웰빙 증진 또는 스트레스 관리를 위한 무작위 성격강점 개입 연구 등 흥미진진한 잠재성이 있다고 보는 여러 영역에 대해 설명하였습니다.

주요 내용

- ADHD는 결점 기반 접근법에 따른 처치 접근법이 지배적으로 적용된 일반적 증상입니다. 그러나 ADHD 행동을 스펙트럼 선상에서 바라보는 연속선 모형은 강점 기반의 가능성을 지닌 보다 균형 잡힌 접근법으로 지지되고 있습니다. ADHD는 여러 면에서 장애가 아닌 **차이(또는 다름)**로 이해하는 것이 더 효과적입니다.
- 신경발달장애로서 ADHD는 자기조절이라는 핵심 구성요소에 있어서 실행 기능적 문제로 인식되어 왔습니다.
- 일부 연구자들은 창의성과 같은 ADHD 환자의 특정 성격강점에 주목하기 시작했고, 다른 연구자들은 ADHD 환자와의 인터뷰를 통해 인지적 역동성, 용기, 에너지, 인간애, 회복탄력성, 초월성 등 거의 모든 24가지 성격강점을 중요하게 강조했습니다.
- 실용적인 관점에서 볼 때, 성격강점은 기존의 모든 ADHD 치료 접근 방식에 통합될 수 있습니다. 이는 ADHD를 경험하는 이들의 웰빙과 역경 관리에 부가가치를 제공할 수 있다는 가설을 세울 수 있게 합니다.
- 내담자의 성격강점 증진을 목표로 하여, 강력한 성격강점 개입을 실시하고, 치료사 자신의 성격강점도 치료적 개입의 일부로 사용하는 등 다양한 개입 기회가 많이 있습니다.

참고문헌

Archer, D. (2016). The ADHD advantage: What you thought was a diagnosis may be your greatest strength. Avery.

Baltes, P. B., & Staudinger, U. (2000). Wisdom: A metaheuristic (pragmatic) to orchestrate mind and virtue toward excellence. *American Psychologist, 55*, 122–136. https://doi.org/10.1037/0003-066X.55.1.122

Barkley, R. A. (2012). *Executive functions: What they are, how they work, and why they evolved*. Guilford.

Barkley, R. A. (2014). *Attention-deficit hyperactivity disorder*, 4th edn. *A handbook for diagnosis and treatment*. Guilford.

Berg, C. J., Rapoff, M. A., Snyder, C. R., & Belmont, J. M. (2007). The relationship of children's hope to pediatric asthma treatment adherence. *Journal of Positive Psychology, 2*, 176–184.

Brown, T. E. (2013). *A new understanding of ADHD in children and adults: Executive function impairments*. Routledge.

Centers for Disease Control and Prevention. (2022). *Data and statistics about ADHD*. https://www.cdc.gov/ncbddd/adhd/data.html. Accessed on January 15, 2023.

Climie, E. A., & Mastoras, S. M. (2015). ADHD in schools: Adopting a strengths-based perspective. *Canadian Psychology, 56*(3), 295–300. https://doi.org/10.1037/cap0000030

Costello, C. A., & Stone, S. L. M. (2012). Positive psychology and self-efficacy: Potential benefits for college students with attention deficit hyperactivity disorder and learning disabilities. *Journal of Postsecondary Education and Disability, 25*(2), 119–129.

Faraone, S. V., Sergeant, J., Gillberg, C., & Biederman, J. (2003). The worldwide prevalence of ADHD: is it an American condition? *World Psychiatry, 2*(2), 104–113.

Farmer, J. L., Allsopp, D. H., & Ferron, J. M. (2015). Impact of the personal strengths program on self-determination levels of college students with LD and/or ADHD. Learning *Disability Quarterly, 38*(3), 145–159.

Farmer, G. M., Ohan, J. L., Finlay-Jones, A. L., & Bayliss, D. M. (2023). Well-being and distress in university students with ADHD traits: The mediating roles of self-compassion and emotion regulation difficulties. *Mindfulness, 14*, 448–459. https://doi.org/10.1007/s12671-022-02051-x

Freidlin, P., Littman-Ovadia, H., & Niemiec, R. M. (2017). Positive psychopathology: Social anxiety via character strengths underuse and overuse. *Personality and Individual Differences, 108*, 50–54. https://doi.org/10.1016/j.paid.2016.12.003

Gander, F., Proyer, R. T., Ruch, W., & Wyss, T. (2013). Strength-based positive interventions: Further evidence for their potential in enhancing well-being and alleviating depression. *Journal of Happiness Studies, 14*, 1241–1259. https://doi.org/10.1007/s10902-012-9380-0

Giwerc, D. (2011). *Permission to proceed: The keys to creating a life of passion, purpose and possibility for adults with ADHD*. Vervante.

Hofmann, J., Heintz, S., Pang, D., & Ruch, W. (2019). Differential relationships of light and darker forms of humor with mindfulness. *Applied Research in Quality of Life., 15*, 369. https://doi.org/10.1007/s11482-018-9698-9

Langer, E. (2006). *On becoming an artist: Reinventing yourself through mindful creativity*. Ballantine Books.

Learning Disabilities Association of America. (2023). *ADHD*. https://ldaamerica.org/disabilities/ adhd/. Accessed on 15 Jan 2023.

Littman-Ovadia, H., & Freidlin, P. (2019). Positive psychopathology and positive functioning: OCD, flourishing and satisfaction with life through the lens of character strength underuse, overuse and optimal use. *Applied Research in Quality of Life, 15*, 529. https://doi.org/10.1007/s11482-018-9701-5

Mahdi, S., Vijoen, M., Massuti, R., Selb, M., Almodayfer, O., Karande, S., de Vries, P. J., Rohde, L., & Bölte, S. (2017). An international qualitative study of ability and disability in ADHD using the WHO-ICF framework. *European Child and Adolescent Psychiatry, 26*(10), 1219-1231.

McDougal, E., Tai, C., Stewart, T. M., Booth, J. N., & Rhodes, S. M. (2022). Understanding and supporting attention deficit hyperactivity disorder (ADHD) in the primary school classroom: Perspectives of children with ADHD and their teachers. *Journal of Autism and Developmental Disorders*. https://doi.org/10.1007/s10803-022-05639-3

Mitchell, J. T., Zylowska, L., & Kollins, S. H. (2015). Mindfulness meditation training for attention-deficit/hyperactivity disorder in adulthood: Current empirical support, treatment overview, and future directions. *Cognitive and Behavioral Practice, 22*(2), 172-191. https://doi.org/10.1016/j.cbpra.2014.10.002

Monzani, L., Escartin, J., Ceja, L., & Bakker, A. B. (2021). Blending mindfulness practices and character strengths increases employee wellbeing: A second-order meta-analysis and a follow-up field experiment. *Human Resource Management Journal., 31*, 1025. https://doi.org/10.1111/1748-8583.12360

National Institute of Mental Health. (2003). *Attention-deficit/hyperactivity disorder (ADHD)*. https://www.nimh.nih.gov/health/statistics/attention-deficit-hyperactivity-disorder-adhd. Accessed on 15 Jan 2023.

Niemiec, R. M. (2018). *Character strengths interventions: A field-guide for practitioners*. Hogrefe.

Niemiec, R. M. (2019a). Finding the golden mean: The overuse, underuse, and optimal use of character strengths. *Counselling Psychology Quarterly, 32*(3-4), 453-471. https://doi.org/10.1080/09515070.2019.161767400

Niemiec, R. M. (2019b). *The strengths-based workbook for stress relief*. New Harbinger.

Niemiec, R. M. (2020). Six functions of character strengths for thriving at times of adversity and opportunity: A theoretical perspective. *Applied Research in Quality of Life, 15*, 551-572. https://doi.org/10.1007/s11482-018-9692-2

Niemiec, R. M. (2023). *Mindfulness and character strengths: A practitioner's guide to MBSP* (2nd ed.). Hogrefe.

Niemiec, R. M., & McGrath, R. E. (2019). *The power of character strengths: Appreciate and ignite your positive personality*. VIA Institute on Character.

Niemiec, R. M., & Pearce, R. (2021). The practice of character strengths: Unifying definitions, principles, and exploration of what's soaring, emerging, and ripe with potential in science and in practice. *Frontiers in Psychology, 11*, 590220. https://doi.org/10.3389/fpsyg.2020.590220

Pang, D., & Ruch, W. (2019). Fusing character strengths and mindfulness interventions: Benefits for job satisfaction and performance. *Journal of Occupational Health Psychology, 24*(1), 150-162. https://doi.org/10.1037/ocp0000144

Park, R. J. (2020). *Mindfulness-based strengths practice: A 'toolbox' for self-efficacy in higher education*. Dissertation for University of Lincoln.

Peterson, C., & Seligman, M. E. P. (2004). *Character strengths and virtues: A handbook and classification*. Oxford University Press and American Psychological Association.

Pury, C. L. S. (2008). Can courage be learned? In S. J. Lopez (Ed.), *Positive psychology: Exploring the best in people* (Discovering human strengths) (Vol. 1, pp. 109-130). Praeger.

Ramsay, J. R., Giwerc, D., McGrath, R. E., & Niemiec, R. M. (2022). Are there strengths associated with adult ADHD? Comparison of adults with ADHD and Controls on the VIA inventory of strengths. Manuscript submitted for publication.

Rashid, T., & Seligman, M. E. P. (2018). *Positive psychotherapy: Clinician manual*. Oxford University Press.

Reaser, A., Prevatt, F., Petscher, Y., & Proctor, B. (2007). The learning and study strategies of college students with ADHD. *Psychology in the Schools, 44*, 627-638. https://doi.org/10.1002/pits.20252

Ryan, R. M., Weinstein, N., Bernstein, J., Brown, K. W., Mistretta, L., & Gagné, M. (2010). Vitalizing effects of being outdoors and in nature. *Journal of Environmental Psychology, 30*, 159-168. https://doi.org/10.1016/j.jenvp.2009.10.009

Schippers, L. M., Horstman, L. I., Velde, H. V., Pereira, R. R., Zinkstok, J., Mostert, J. C., Greven, C. U., & Hoogman, M. (2022). A qualitative and quantitative study of self-reported positive characteristics of individuals with ADHD. *Frontiers in Psychiatry, 12*. https://doi.org/10.3389/ fpsyt.2022.922788

Scott, G., Leritz, L. E., & Mumford, M. D. (2004). The effectiveness of creativity training: A quantitative review. *Creativity Research Journal, 16*(4), 361-388. https://doi.org/10.1080/10400410409534549

Sedgwick, J. A., Merwood, A., & Asherson, P. (2019). The positive aspects of attention deficit hyper-activity disorder: A qualitative investigation of successful adults with ADHD. *ADHD Attention Deficit Hyperactivity Disorders, 11*, 241-253. https://doi.org/10.1007/s12402-018-0277-6

Stolte, M., Trindade-Pons, V., Vlaming, P., Jakobi, B., Franke, B., Kroesbergen, E. H., Baas, M., & Hoogman, M. (2022). Characterizing creative thinking and creative achievements in relation to symptoms of attention-deficit/hyperactivity disorder and autism spectrum disorder. *Frontiers in Psychiatry, 13*. https://doi.org/10.3389/fpsyt.2022.909202

van de Weijer-Bergsma, E., Formsma, A. R., & de Bruin, E. I. (2012). The effectiveness of mindfulness training on behavioral problems and attentional functioning in adolescents with ADHD. *Journal of Child and Family Studies, 21*, 775-787. https://doi.org/10.1007/s10826-011-9531-7

VIA Institute. (2023). *What the research says about character strengths*. Available at:

https://www.viacharacter.org/research/findings. Accessed 2 Jan 2023.

Weziak-Bialowolska, D., Bialowolski, P., & Niemiec, R. M. (2023). Character strengths and health-related quality of life in a large international sample: A cross-sectional analysis. *Journal of Research in Personality, 103*, 104338. https://doi.org/10.1016/j.jrp.2022.104338

White, H. A., & Shah, P. (2011). Creative style and achievement in adults with attention-deficit/ hyperactivity disorder. *Personality and Individual Differences, 50*(5), 673-677. https://doi.org/10.1016/j.paid.2010.12.015

제5장 트라우마 장애와 성격강점

눈이 멀어가는 여자

그녀는 다른 사람들처럼 앉아서 차를 마시고 있었습니다.
처음에는 그녀의 컵을 잡는 방식이 다른 사람들과 조금 다른 것 같았습니다.
한 번은 그녀가 미소를 지었습니다.
그런데 그것을 보기만 해도 매우 가슴이 아팠습니다.
그리고 우리는 일어서서 대화를 나누며, (웃고 떠들며) 자유롭게 많은 방을 지나치면서 저는 그곳에서 그녀를 지켜보았습니다.
그녀는 잠시 후 대중 앞에서 노래를 부르기 위해 일어나야 하는 사람처럼, 약간 쭈뼛거리며 사람들이 간 곳으로 따라갔고, 연못 위에 비치는 빛처럼 바깥에서 들어오는 빛이 그녀의 밝고 기뻐하는 눈을 비추고 있었습니다.
그녀는 시간이 흘러도 여유롭게 천천히 따라갔습니다. 마치 어떤 장애물을 넘어야만 하는 것처럼, 그러나 그 장애물을 넘어서면 더 이상 걷지 않고 날아갈 것처럼.

- 라이너 마리아 릴케

개념

지난 20년 동안 트라우마에 관한 문헌이 급증하면서 무엇이 트라우마 사건에 해당하는지, 왜 사람마다 이러한 사건에 다르게 반응하는지, 잠재적으로 트라우마일 수 있는 경험이 어떻게 우리의 성장과 웰빙의 촉진제가 될 수 있는지에 대한 이해가 확대되었습니다. 이 장에서는 개인이 트라우마 경험을 얼마나 잘 관리하고, 대처하고, 극복할 수 있는지를 예측하는 데 성격강점이 어떤 역할을 하는지 구체적으로 살펴봅니다.

신체적, 심리적 또는 행동적 장애로 인해 완전한 기능을 하지 못하는 장애인의 수는 매일 변동하지만, 인구 중 일정 비율의 사람들은 항상 이러한 어려움을 겪고 있습니다. 예를 들어, 미국 인구의 약 26%(4명 중 1명)가 장애를 가지고 있으며, 65세 이상의 40%가 장애를 겪고 있다고 보고되고 있습니다. 세계보건기구(WHO)는 모든 사람이 일생에 걸쳐 다양한 장애를 경험하기 때문에 장애는 인권 문제라고 지적하며 10억 명(어린이 9,300만 명, 성인 7억 2,000만 명 이상을 포함하여)의 사람들이 기능에 상당한 어려움을 겪고 있다고 보고했습니다(장애에 관한 10가지 사실). 이러한 통계는 전 세계 인구의 약 15%가 장애를 안고 살아가고 있다는 뜻입니다. 세계보건기구에 따르면 이 숫자는 계속 증가하고 있습니다.

이러한 제약이나 장애에는 영구적인 것도 있지만 일시적인 것도 있습니다. 일부는 비교적 사소한 것이거나 일상에서 흔히 볼 수 있을 정도로 어디에서나 찾아볼 수 있습니다. 오늘날 안경, 보청기, 근육 염좌용 연고, 아치 지지대, 알레르기 약, 우울증, 불안, 음주 문제에 대한 정보 및 조언이 약국 광고, 블로그, 서점 등을 가득 채우고 있습니다.

빙판에서 넘어져 목발을 짚고 있든, 지적장애를 가지고 태어났든, 교통사고로 하반신 마비가 되었든, 임상적으로 비만이든, 알코올 중독이든, 만성 우울증이든, 근시(일시적이든 영구적이든) 등 심각하거나 경미한 장애는 모두 적응을 필요로 합니다. 크든 작든 자신의 생활환경에 적응하는 것은 삶을 대처하는 데 필수적입니다. 그런데 어떤 사람들은 다른 사람들보다 더 잘 적응하며, 어떤 사람들은 신체적 또는 정서적 어려움(도전)을 겪은 후에 더 잘 적응하고 번영할 수 있습니다. 반면에 어떤 사람들은 계속해서 적응하지 않거나 적응할 수 없습니다. 무엇이 이런 차이를 만들까요? 성격적 특징 때문일까요? 사고방식이나 회복탄력성 문제일까요? 사람들이 어려운 상황에 어떻게 적응하는지에 관한 연구에서 밝혀진 것은 두 가지입니다. 첫째, 장애를 유발하는 잠재적 사건에 대한 반응이 매우 다양합니다. 사람들은 비슷한 정도의 어려운 상황이나 트라우마가 있는 상황에 대해서도 서로 다르게 반응합니다. 둘째, 상황에 맞게 자신의 삶을 바꿔야 하는 수준이 장애의 심각성이나 영구성에만 달려 있지 않습니다. 바로 개인의 상황과 장애에 대한 대응의 상호작용에 따라 장애에 효과적으로 대응할 수 있는 능력과 그렇지 않은 능력이 좌우될 수 있습니다. 즉, 장애 정도에 따라서만 대응 방식이 결정되는 것이 아니라는 뜻입니다. 적응의 수준을 결정하는 것은 장애 자체가 아니라 장애를 가진 사람의 대응 방식입니다.

이는 신체적 또는 정신적 장애를 초래하는 파국적 경험을 축소하려는 것이 아닙니다. 오히려 사람들이 반응하는 방식이 사건이나 상태 자체와는 별개라는 사실을 강조하는 것입니다. 윌리엄 제임스의 말을 빌리자면, 주변 환경이 나를 만드는 것이 아니라 오히려 그것이 나를 드러나게 하는 것입니다.

예를 들어, 잠재적으로 같은 장애 조건을 가진 2명, 10명 또는 1,000명의 사람들이 있다고 할 때 이들이 모두 비슷하게 반응하지 않는다는 것입니다. 무슨 일이 일어났는지와 이에 대한 반응은 별개의 현상입니다. 호기심, 배려심, 자제력은 모두 인간의 미덕 중 핵심적 특성이며 이러한 성격강점은 개인이 얼마나 잘 대처할 수 있는지 여부에 영향을 미칩니다(McGrath et al., 2018). 이러한 성격강점은 역경에 의해 깨어나거나 혹은 억제되기도 합니다. 우리가 상황에 맞게 대처하느냐 아니면 물러서느냐에 따라 장애에 더 잘 대처할 수도 있고 혹은 더 못할 수도 있습니다. 회복탄력성 연구자인 노먼 가메지(Norman Garmezy)가 설득력 있게 표현한 '당신은 굴복할 것인가, 아니면 극복할 것인가?'의 말처럼 말입니다.

성격강점의 기능을 이론화하면서 니믹(Niemiec, 2020)은 기회 및 웰빙을 위한 세 가지 기능(기폭제, 마음챙김, 감사)과 역경 관리를 위한 세 가지 핵심 기능(완충,

재평가, 회복탄력성)을 제시합니다. 역경 관리를 위한 세 가지 핵심 기능과 관련하여 성격강점은 문제가 발생하지 않도록 완충 및 예방하고, 발생한 문제를 재평가하며, 문제에서 다시 회복하고 일어설 수 있도록 지원하는 역할을 할 수 있습니다. 각 기능에는 여러 가지 표현이 있으며 각 기능을 표현할 수 있는 방법은 무한대로 많습니다.

개인이 어려운 상황에 대처하기 위해 하는 것은 고정된 대처 메커니즘, 회복탄력성 전략, 미덕 등이 아니라 오히려 다양한 잠재력입니다. 24가지 성격강점은 어려운 상황에 대응하여 최적으로 활성화되어 사용되거나, 과도하게 사용되거나 충분히 사용되지 않을 수도 있습니다(Niemiec, 2019). 잠재적으로 장애가 될 수 있는 상황에 의해 성격강점이 드러나거나, 제한되거나, 변하지 않는 등 이러한 다양한 반응의 범위 외에도, 어떤 강점이 우리를 가장 잘 대처할 수 있게 하는지에 대한 질문을 할 수 있습니다.

이와 같은 잠재력의 상호작용은 트라우마에 대한 반응이 발생하거나, 회피되거나, 극복되었을 때 가장 극명하게 드러나고 중요해집니다. 실제로 트라우마 및 회복탄력성 연구자인 조지 보난노(George Bonanno)는 트라우마 경험에 대한 다양한 반응의 가능성을 설명하기 위해 잠재적 외상 사건(potentially traumatic event: PTE)이라는 용어를 제시했습니다(Bonanno, 2004). PTE(잠재적 외상 사건)를 경험한 일부는 우울증과 불안 증상을 동반하는 장애 상태인 외상 후 스트레스 장애(post-traumatic stress disorder: PTSD)를 경험합니다(Bonanno, 2021a, b). 미국에서는 인구의 약 90%가 트라우마를 경험한 적이 있으며(Kilpatrick et al., 2013), PTSD의 평생 유병률은 6~8%에 이릅니다(Kessler, 1995). 동일한 PTE를 경험한 사람들 중 일부는 외상 후 성장(post-traumatic growth: PTG)으로 알려진 삶의 변화 반응을 보입니다(Tedeschi & Calhoun, 2004).

PTG(외상 후 성장)를 경험한 개인은 사건 이후 더 나은 관계, 새로운 가능성에 대한 더 큰 반응, 삶에 대한 더 큰 감사, 더 높은 수준의 영적 발달 등과 같은 긍정적인 변화를 경험합니다. 잠재적으로 트라우마가 될 수 있는 사건으로부터 나타날 수 있는 취약성(예: PTSD) 또는 활력(PTG: 외상 후 성장)의 변화는 매우 다양합니다. 사건과 개인 사이의 상호작용을 연구하는 연구자들은 트라우마에 대응하는 심리적 자원에 영향을 미치는 변곡점이 있다고 봅니다. 이들은 트라우마가 우리를 어떻게 변화시키는지 궁금해합니다. 또 다른 관점은 이 상호작용 이전에 무엇이 있는지를 조명하려고 합니다. 무엇이 우리를 역경에 가장 잘 대비하도록 준비시킬까요? 이에 대한 첫 번째 관점은 트라우마 이후에 일어나는 것을 강조하고, 두 번째 관점은 트라우마 전에 일어나는 것에 집중합니다. 트라우마 이후 사건에 대한 연구에서 누가 더 잘 준비되었는지 밝혀내지 못하고 있기 때문에 이 구분이 중요합니다. 또한 트라우마 사건 이후 장애를 가지게 된 사람은 트라우마의 영향을 받지 않은 다른 사람들에 비해 삶의 질이 낮은 것으로 오해받는 경우가 많습니다(Ubel et al., 2003).

회복탄력성과 장애의 역설

보난노는 인간은 우리가 생각하는 것보다 훨씬 더 강하고 회복탄력성이 뛰어나며 연약하지 않다는 입장을 오랫동안 주장해 왔습니다. 그는 회복탄력성을 "잠재적으로 매우 파괴적인 사건에 노출된 개인이 건강한 심리적, 신체적 기능과 긍정적 정서를 유지할 수 있는 능력"(Bonanno, 2004, p. 20)이라고 정의합니다. 회복탄력성 연구는 일반적으로 트라우마 이후의 상관관계를 보여 주며, 이는 잠재적으로 충격적인 사건 이후 누가 어떤 방식으로 회복탄력성을 갖게 되었는지를 우리가 알게 된다는 것을 의미합니다. 그러나 이것이 파괴적인 사건이 발생했을 때 개인 차원에서 누가 회복탄력성을 갖게 되는지에 대한 이해로 이어지지는 않습니다. 이를 회복탄력성의 역설이라고 합니다(Bonanno, 2021a, b). 누가 회복탄력성을 갖게 되는지보다 누가 어떻게 회복탄력성을 갖게 되는지에 더 초점이 맞추어집니다.

또한 장애의 역설도 있습니다(Albrecht & Devlieger, 1999). 이 역설은 심각하고 지속적인 장애를 가진 사람들은 삶의 질이 좋거나 우수하다고 보고하는 경향이 있지만, 장애인에 대한 전문적인 평가는 장애인 스스로 평가하는 것보다 훨씬 낮다고 가정하는 것을 말합니다. 삶의 질 평가에서 당사자와 일반인 사이의 이러한 불일치로 인해 장애인이 실제로 경험하는 것과 외부 관찰자가 생각하는 삶의 만족도 사이에 차이가 생깁니다(Iezzoni et al., 2021).

하지만 이러한 불일치는 일반 대중에게만 국한된 것이 아닙니다. 최근 설문조사에 따르면 82% 이상의 의사가 장애인의 삶의 질이 낮다고 생각하는 것으로 나타났습니다. 이와 같이 공유된 편견은 검진, 치료, 서비스에 대한 의사소통 접근성뿐만 아니라 이에 국한되지 않는 의료 서비스의 불평등에 영향을 미칩니다(Iezzoni et al., 2021).

이런 문제의 일부로서 일반 대중과 의사가 초점주의[1](Wilson et al., 2000), 또는 소위 그늘 효과 진단[2](진단적 은폐/Molloy et al., 2021)에 관여한다는 것입니다. 장애의 한 측면에 대한 강조가 웰빙과 다른 기능성 관련 요소를 퇴색시킵니다. 개인의 장애와 그 주변의 조건은 보지만 그 사람의 삶에서 다른 강점과 자질은 보지 못할 수 있습니다. 부정적으로 치우친 이러한 낙인이 특히 지적장애 및 발달장애가 있는 개인과 트라우마 반응을 포함한 심각한 정신질환이 있는 개인에게 나타나게 됩니다(Parekh & Childs, 2016).

이러한 현실로 인해 성격강점 연구자들은 트라우마 사건에 대한 반응과 관련하여 크게 네 가지 질문을 갖게 됩니다.

1. PTE(잠재적 외상 사건)에 노출된 후에는 어떻게 되는가?
2. PTE 이전에 개인이 어떻게 반응할지 예측할 어떤 특성이 있었는가?
3. PTE 후 삶의 질에 대해 어떻게 판단하는가?
4. 장애가 있는 경우 다른 사람들로부터 어떻게 평가되는가?

---

1 역자 주: 초점주의(focalism)란 어떤 사건이나 현상에 지나치게 주의를 집중하여 다른 사건이나 현상들은 무시하고 잘못된 예측을 하는 것을 말한다.

2 역자 주: 그늘 효과 진단 또는 진단적 은폐(diagnostic overshadowing)란 의료 전문가가 환자의 증상 원인을 완전하게 조사하기보다는 증상이 환자의 장애 때문이라고 가정할 때 발생한다. 종종 환자가 확진 진단을 받으면 새로운 행동이나 증상도 원래 진단에 기인하는 것으로 보는 경향이 있다.

연구

외상 후 성장(PTG)은 일반적으로 개인이 트라우마나 위기를 극복한 결과 더 성장하고 발전했다고 생각하는 수준을 기준으로 측정하는 반면, 회복탄력성은 기준선으로의 복귀 또는 유지로 간주되는 경우가 많습니다. 둘 다 파괴적인 사건에 대한 반응과 관련 있기 때문에 회복탄력성은 회복으로, PTG는 앞으로 나아가는 것으로 보는 것이 더 효과적일 수 있습니다. 요컨대, 회복탄력성은 회복을, PTG는 회생을 의미한다고 할 수 있습니다. 이러한 과정의 결과로 처음부터 성격강점이 어떻게 촉진되거나 달라지는지는 성격강점 발달을 이해하는 데 중심적인 주제가 되었습니다.

성격강점과 트라우마 사이의 연관성을 조사한 최초의 연구 중 하나는 뉴욕에서 911 테러가 발생한 후 피터슨과 셀리그먼(Peterson & Seligman, 2003)이 수행한 연구입니다. 이 연구에서 4,817명의 응답자를 대상으로 9월 11일 이전과 이후 2개월 동안의 성격강점 점수를 비교한 결과 감사, 희망, 사랑, 친절, 리더십, 영성, 협동심 등 일곱 가지 강점이 증가한 것으로 나타났습니다. 그로부터 10개월이 지난 후에도 이러한 강점의 증가 경향은 유지되었지만 그 수준은 덜했습니다.

또 다른 연구에서 연구자들은 인생에서 충격적인 사건에 여러 번 노출되는 것이 성격강점 점수가 높은 것과 어떤 상관관계가 있는지 조사했습니다(Peterson et al., 2008). 생명을 위협하는 사고, 자연재해 또는 인적 재해, 신체적 공격, 성적 학대, 살해당한 사람을 목격하거나 납치된 경험에 대해 질문했습니다. 표본으로 선정된 1,739명 중 25%는 한 가지, 18%는 두 가지, 9%는 세 가지, 5%는 네 가지 이상의 사건을 경험했다고 답했습니다. 연구팀은 트라우마 경험이 많을수록(1건, 2건, 3건, 4건 이상) 성격강점이 높아지는 상관관계가 있다는 사실을 발견했습니다. 특히 트라우마 이후 성장을 나타내는 성격강점 점수가 더 높은 것으로 나타났는데, 이는 사람들이 보고한 사건이 많을수록 더 높았습니다. 이 연구에서는 친절과 사랑, 관계 개선, 새로운 가능성에 대한 개방성 등 테데스키와 칼훈

(Tedeschi & Calhoun, 2004)이 PTG에서 일어난다고 주장한 특징들을 성격강점으로 평가했는데, 이러한 강점에는 호기심, 창의성, 학구열 등이 반영되어 있었습니다. 또한 심미안, 감사, 활력 그리고 영성 점수로 반영된 높은 수준의 영적 발달을 통해 삶에 대한 더 큰 감사를 확인할 수 있었습니다. 즉, VIA 성격강점검사 측정 도구는 PTG가 발생했는지 여부를 반영하는 데 도움이 되었습니다. 이 연구 결과, 경험한 충격적인 사건의 수와 성격강점 점수 증가 사이에는 직접적인 선형 관계가 있는 반면, 감사, 희망, 사랑 강점 점수는 이러한 경향을 따르지 않는 것으로 나타났습니다.

보다 다양한 종류의 역경(피해 경험, 스트레스가 많은 일상사건, 재정적 스트레스)을 광범위하게 조사한 연구에서 강점과 역경의 조합이 웰빙 변량의 58%, 외상 후 성장 변량 차이의 50%, 외상 증상 변량의 50%를 설명하였습니다(Hamby et al., 2018).

이러한 연구 결과를 종합하면, 한 번의 트라우마 사건 이후 특정 성격강점이 상승하고 여러 번의 트라우마 사건이 비슷한 현상을 일으킬 수 있다는 점을 강조함으로써 프리드리히 니체(Friedrich Nietzsche)의 격언인 '**우리를 죽이지 않는 것은 우리를 더 강하게 만든다**'는 말을 뒷받침합니다. 이는 성격강점과 외상 후 성장 사이의 중요한 연관성을 보여 주는 예시입니다.

하지만 이러한 결과에는 흥미로운 차이가 있습니다. 911 테러 사건에 대한 반응에서 감사, 희망, 친절성, 리더십, 사랑, 영성, 협동심 등 일곱 가지 성격강점은 사건에 노출된 후 향상된 것으로 나타났으며, 그 성격강점들이 직관적으로 이해되고 상승했습니다. 그러나 여러 트라우마에 대한 반응을 측정한 결과, 첫 번째 연구에서 향상된 것으로 나타난 7개 중 감사, 희망, 사랑 등 3개는 영향을 받지 않은 것으로 나타났습니다. 매우 파괴적인 사건에 대한 우리의 반응은 우리의 성격강점을 높일 수 있지만, 어떤 강점이 변화하는지는 보다 개인적인 반응이 될 수 있습니다.

예를 들어, 2015년의 한 연구(Schueller et al., 2015)에서는 버지니아 공대 사건, 코네티컷주 뉴타운의 샌디훅 초등학교 사건, 콜로라도주 오로라 영화관에서 발생한 대규모 총기 폭력 사건의 주변 100마일(160km) 이내의 사람들을 대상으로 사전 및 사후 성격강점검사 결과를 추적 관찰했습니다. 그런데 결과는 일관성이 없었습니다. 샌디훅 참사의 경우 한 달 뒤에는 성격강점 수치가 낮아졌지만 두 달 뒤에는 다시 높아졌습니다. 버지니아 공대 참사에서는 그 반대의 결과가 나타났고, 콜로라도 오로라에서는 어떤 패턴도 나타나지 않았습니다.

회복탄력성 역설의 다른 측면에는 누가 더 회복탄력적인가 하는 질문이 있습니다. 최근의 연구에서 성격강점과 더 큰 회복탄력성 예측 사이에 상관관계가 있는 것으로 밝혀졌습니다. 한 연구(Martinez-Marti & Ruch, 2017)에서는 영성을 제외한 모든 강점이 회복탄력성과 상관관계가 있는 것으로 나타났는데, 이는 성격강점 점수가 높을수록 에너지, 창의성, 유연성이 높아 회복탄력성이 더 높다는 것을 시사합니다. 실제로 이 연구에서 회복탄력성과 가장 강력한 상관관계가 있는 것은 희망, 활력, 용감성이었습니다.

실제(실무)

적용의 관점에서 볼 때 유연한 사고방식은 탐구를 위한 중요한 영역입니다. 보난노의 체계를 사용하면, 향상된 성격강점을 통해 얻은 에너지, 창의성, 유연성은 유연한 사고방식을 통해 회복탄력성과 자기조절을 촉진할 수 있습니다(Bonanno, 2021 a, b). 힘든 시기에 다음의 네 가지 본질적인 질문에 대한 답을 곰곰이 생각해 볼 때 유연한 사고방식이 발달합니다. 무슨 일이 일어나고 있는가? 내가 무엇을 해야 하는가? 나는 무엇을 할 수 있는가? 그것은 효과가 있는가? 우리는 인간 의식의 일부로서 관찰자 의식을 지니고 있기 때문에 위기가 닥쳤을 때 회복탄력성이 있는 사람들처럼 잠시 멈춰서 생각하는 법을 배울 수 있습니다. 바로 이 순간이 유연한 사고를 발전시킬 수 있는 때와 장소입니다. 이런 지속적인 평가과정을 통해 유연성을 키울 수 있습니다. 선택한 행동이 효과가 있다면 그 행동을 관찰하고, 그렇지 않다면 질문을 다시 합니다. 우리가 신체적 유연성을 기르기 위해 요가 수업을 듣거나 스트레칭 운동을 하는 것처럼, 유연한 사고방식을 기르는 방법이 있습니다. 아침에 일어났을 때 몸이 아프거나 근육이 뭉쳐 스트레칭이 필요하다고 느낀 적이 있다면, 그 불편함은 우리가 더 많은 유연성을 길러 이완시켜야 할 필요성을 느끼게 합니다. 어느 정도 통증이 완화되면 단순히 통증을 극복하는 데 그치지 않고 이를 예방하기 위해 스트레칭을 일상의 루틴으로 하여 하루를 시작할 수 있습니다. 이는 정서적 웰빙(건강)에서도 마찬가지입니다.

유연한 사고방식에 대한 필요성은 처음에 우리가 지금 알고 있는 불균형이라는 불편함으로 인해 발생합니다. 우리가 아픈 상황에 직면했을 때 마음을 스트레칭해야 할 필요성을 느낍니다. 그런 다음 통증을 피하기 위해 스트레칭하는 법을 배웁니다. 우리는 유연하게 대처하는 능력을 계발함으로써 파괴적인 상황에서 회복력을 향상시킬 수 있습니다. 우리는 회복탄력성이 뛰어난 사람들로부터 이것(유연성을 키워 회복력을 향상시키는 것)이 바로 그들이 하는 일이며 이것이 학습될 수 있다는 것을 배웠습니다.

성격강점에 대한 연구와 적용은 교육, 심리치료, 의학, 재활, 비즈니스 및 기타 분야에 파급 효과를 미치며 심리학의 가장 중요한 발전 영역 중 하나가 되었습니다(Mayerson, 2020). 성격강점은 행복을 예측하는 데 광범위하고 역동적인 영향력을 끼치며 덕목에 대한 고유한 기초가 결합되어 인간의 상태를 이해하는 새로운 다른 방식의 개념을 제공합니다. 트라우마에 대한 반응을 이해하기 위한 관문으로 어떤 성격강점을 활용할지는 과학과 실제의 시너지 효과를 바탕으로 지속적으로 발전할 것입니다. 궁극적으로 트라우마에 대응하여 더 높은 웰빙과 번영을 누릴 수 있는 방으로 가는 많은 문이 있을 수 있습니다. 성격강점에 따라 24개의 특별한 문이 있고 각각의 문에는 고유한 손잡이가 있습니다.

24가지 성격강점 중 장애를 유발하는 파괴적인 사건에 대응하여 실제적인 변곡점을 제공하는 것은 희망(낙관성) 강점입니다. 희망 강점이란 긍정적인 미래 결과가 가능하다는 믿음과 그 결과에 대한 열망이 결합되어 있는 것을 말합니다(Luo et al., 2020). 희망 강점은 부정적 전망이나 불확실성이 활성화되어야 하는 유일한 성격강점입니다(Tomasulo, 2020). 희망 강점을 유발하기 위해서는 파괴적인 요소가 필요한데 이 파괴적인 요소가 희망 강점을 독특한 성격강점으로 만듭니다. 메타분석에 따르면 희망이 클수록 PTSD 수준이 낮아지는 것으로 나타났기 때문에 희망 강점은 개인의 회복력을 촉진하고 PTSD로부터 보호하는 것으로 나타났습니다(Gallagher et al., 2020).

희망 강점은 또한 개인을 우울증과 장애로부터 보호하여 회복탄력성을 촉진하고, 파괴적인 상실 경험 이후에도 증가시킬 수 있는 강점 중 하나로 확인되었습니다(Blanchard et al., 2021). 또한 희망 강점과 회복탄력성은 둘 다 아동기 때 트라우마를 겪은 성인 생존자의 심리적 번영을 예측하는 뚜렷한 예측 인자이지만, 희망 강점과 희망적인 사고방식이 더 나은 예측 인자로 나타났습니다(Munoz et al., 2020).

구체적으로, 2011년 지진과 쓰나미가 발생하기 7개월 전에 희망 강점이 부족했던 일본 노년층은 재해 발생 2.5년 후 PTSD와 우울증에 걸릴 가능성이 더 높았습니다(Gero et al., 2021). 반대로, 코소보 전쟁 난민 중 희망 강점이 있는 난민은 10개월 후 외상 후 성장 가능성과 PTSD 중증 정도가 낮아질 가능성이 더 높았습니다(Ai et al., 2007). 마찬가지로, 세계적인 테러와의 전쟁 기간 동안 만난 경찰관들은 PTE(잠재적 외상 사건)와 관련하여 PTSD는 줄고 PTG는 더 증가하는 결과가 나타났습니다.

희망 강점은 PTSD 예방을 넘어 보다 포괄적인 긍정적인 결과를 가져오는 데 도움이 되기 때문에 보호와 회생 효과를 제공할 수 있습니다. 예를 들어, 희망 강점은 의료 종사자의 소진(번아웃) 감소, 회복력 증가, 2차 트라우마 감소를 예측합니다(Ho & Lo, 2011; Passmore et al., 2020; Zanatta et al., 2020). 또한 더 높은 수준의 용서, 공감, 낮은 수준의 분노와도 관련이 있습니다(Nateghian et al., 2015).

희망 강점은 PTE(잠재적 외상 사건) 이전과 이후 모두 영향을 미친다는 문헌이 점점 더 많아지고 있습니다. 희망 강점은 보호 및 회복적 특성을 나타내며 유연한 사고방식에 누가 접근할 수 있는지를 반영해 주기 때문에 트라우마 양쪽 측면(고통과 스트레스 극복, 회복탄력성과 안녕의 증진)에서 필수적인 성격강점이 될 수 있습니다. 이런 점에서 희망 강점 배양과 희망 강점 개입의 개발은 이 초월적 강점을 사용하는 가장 직접적인 방법이 될 수 있습니다. 희망 강점은 PTSD의 일반적인 회복 메커니즘에 기여하는 것으로 나타납니다. 희망 강점은 진단 방식을 초월하기 때문에 치료 방식 전반에 걸쳐 개선을 촉진할 수 있으며, 결함 중심과 강점 중심 양 극단의 치료방법 모두에서 효과를 볼 수 있습니다.

희망 강점은 PTSD 환자가 자신의 증상에 대처하고 치료 목표를 달성하는 데 도움을 주며(Snyder, 2002), 치료사와의 유대감을 높이고, 회피 애착을 줄이고, 상담 회기 빈도를 늘리며(Schiff & Levit, 2010), 중도 탈락률을 낮추는 데 도움을 줄 수 있습니다(Semmlinger & Ehring, 2022). 그러나 가장 놀라운 발견은 내담자에 대한 치료사의 희망 강점이 치료 결과에 매우 영향력 있는 요인이 될 수 있다는 것입니다(Bartholomew et al., 2019).

자연적인 노출 기반 치료 환경에서 제공되는 인지 과정 치료(CPT), 장기 노출 치료, 수용 전념 치료(ACT) 등 PTSD에 대한 다양한 중재 결과로 희망 강점이 증진됩니다(Long, 2022). 이는 희망 강점이 다양한 치료 프로토콜에서 촉진적인 부산물로 나타나는 표적 요인이 될 수 있음을 의미합니다. 또한 트라우마 완화에 직접적인 영향을 미치는 독립적인 개입으로 발전할 수도 있습니다(Kwon et al., 2015).

긍정심리치료에서처럼 희망 강점 개입의 구체적인 사용과 치료 체계를 통합하는 것이 두 가지의 장점을 모두 누릴 수 있는 최고의 방법이 될 수 있습니다(Rashid, 2020). 예를 들어, 희망 강점 개입법은 뇌손상을 입은 성인의 외상 후 성장을 유도하는 데 효과적인 것으로 나타났습니다(Karagiorgou et al., 2018).

사례 예시

수많은 연구와 관련 메타분석 결과를 살펴보면 체계를 구축하고, 개입을 제공하며, 사후 조치를 취한 후 변화를 유지하기 위해 개개인의 특성에 초점을 맞추는 것이 중요합니다. 이는 외상을 유발하는 충격적인 사건 이후에 따라오는 일종의 절망감, 즉 아무것도 스스로 할 수 없다는 생각과 느낌에 초점을 맞추는 것입니다. 이때 치료자가 할 일은 이러한 증상에 즉각적인 평가를 내리고, 어떤 개입을 할지 선택하며 환자의 변화를 지켜보는 것이 아닙니다. 이러한 치료의 과정에는 종종 확인과 이해가 필요한 첫 면담(관찰)을 통해 평가 및 이해로 시작되며, 강점과 웰빙을 강조하는 접근 방식 또한 이 평가에 포함되어야 합니다. 치료자 마음의 구조가 변화의 발판이 되어 내담자가 겪고 있는 고통을 완화하는 동시에 내담자가 이전에 사용한 적이 있거나 현재 사용하고 있는 강점에 초점을 두고 이를 강조할 수 있습니다.

치료자에게 있어서 성격강점 평가는 앞서 언급한 초점주의나 진단에 치우친 인식이 아닌 내담자를 전체적으로 볼 수 있는 가장 좋은 기회를 제공합니다. 내담자가 진료실에 도착할 때쯤이면 이미 일어난 일과 이에 대한 반응에 관련된 이야기가 형성되어 있고, 사회 연결망의 변화를 경험했으며, 일상생활에 어느 정도 영향을 받은 경우가 많습니다. 따라서 초기 목표는 내담자가 외상 후 자신의 세계를 드러낼 수 있는 안전한 공간을 확보하고 유지하는 동시에 치료자가 내담자의 고통스러운 이야기 속에 내재되어 있는 강점을 들을 수 있고 이를 찾아내도록 하는 것입니다. 이것이 핵심입니다. 그런데 트라우마 치료자들은 종종 고통의 세부적인 부분에 지나치게 집중한 나머지 그 안에 존재하는 내담자의 강점에 주의를 기울이지 않습니다.

36세 남성인 준우 씨는 금주한 지 5년이 되었습니다. 그는 금주를 시작하게 된 트라우마 사건에 대해 치료를 받고 있었습니다. 어느 날 자정이 넘어서 술에 취한 그는 술친구와 함께 강에서 수영을 하기로 결심합니다. 준우 씨와 친구는 옷을 벗고 11월의 차가운 강물에 뛰어들었습니다. 강물에 들어간 지 15분 후, 준우 씨의 친구에게 문제가 생겼습니다. 준우 씨는 계속해서 잠수를 시도하여 물에 빠진 친구에게 접근했지만 친구를 수면 위로 끌어올리지는 못했습니다. 준우 씨는 몇 번을 실패하다가 지쳐 버렸기에 자기 혼자라도 물속에서 나와야 했습니다. 준우 씨는 강변으로 헤엄쳐 올라와 물에서 몸을 끌어올리려고 애쓰다가 미끄러져 넘어진 후 의식을 잃게 됩니다. 의식을 되찾은 준우 씨는 119 응급구조대, 경찰 수중 구조팀에 의해 구조됩니다. 준우 씨의 친구는 익사했으며, 친구가 죽은 다음 날이 준우 씨의 금주 시작일이 되었습니다. 그 후 이어진 장례식과 경찰 수사는 정신적으로 고통스러웠으며, 그 트라우마를 겪은 지 6개월 후 준우 씨는 다른 도시로 이사했습니다. 준우 씨는 직장이 있는 지역에서 치료를 받기 시작했고, 그때까지만 해도 회복을 위해 익명의 알코올 중독자 자조 모임을 이용했습니다.

PTSD에 대한 초기 평가에서 준우 씨는 직접적인 노출, 방해가 되는 기억, 회상, 악몽 증상이 있고 그날 밤을 떠올리게 하는 모든 것을 피하는 등 PTSD 진단의 필수 기준을 모두 충족했습니다. 준우 씨는 또한 엄청난 자책감과 고립감을 느꼈으며, 긍정적인 감정을 갖는 데 큰 어려움을 겪었습니다. 그는 지난 5년 동안 이러한 증상 모두 또는 일부를 복합적으로 경험했습니다.

PTSD 평가와 동시에 준우 씨의 성격강점도 검사했습니다. 그의 최고 강점은 창의성, 호기심, 진실성, 판단력, 사회지능이었습니다. 최하위에는 희망(23위)과 자기조절(24위)이 있었습니다.

치료 과정에 대한 논의에서 초기 단계에 훨씬 더 중점을 두게 될 것입니다. 내담자를 바라보는 치료사의 관점과 스스로를 바라보는 내담자의 관점은 결점을 먼저 보기보다는 강점을 우선적으로 보게 됩니다. 이때 치료사의 목표는 성격강점을 도구로 사용하여 내담자가 자기 자신과 충돌하고 자신을 바라보는 새로운 방식에 대한 이야기를 만들 수 있도록 돕는 것입니다. 이는 미묘한 형태의 인지적 재구조화 개입으로, 그동안 자신의 대처 수단으로 사용되어 왔고 현재도 사용되고 있는 성격강점을 증폭시키기 위해 고안되었습니다.

준우 씨는 사건의 세부 사항과 그 여파에 대해 설명했습니다. 그의 설명에 대한 치료사의 피드백에는 여러 가지 성격강점을 파악하는 것이 포함되었습니다. 성격강점이라는 감지체계를 통해 준우 씨의 이야기를 들음으로써 치료사는 트라우마에 초점이 맞추어진 생각을 인지적으로 재구성할 수 있었습니다. 이를 위한 치료사의 몇 가지 문장을 예로 들어 보겠습니다.

- 5년 동안 금주를 하셨는데, 이것이 쉽지 않았을 텐데요. (자기조절)
- 친구의 가족에게 가서 무슨 일이 있었는지 이야기하는 데는 많은 용기가 필요했겠죠. (용감성)
- 다음 날 그동안 당신이 가고 있던 길을 바꾸기로 결정한 것처럼 들립니다. (희망)
- 당신은 음주한 것에 대해 자신에게 솔직했습니다. (진실성)
- 자신이 무력하다는 것을 인정하면 절대적인 힘이 당신을 도울 수 있다고 믿게 됩니다. (영성)
- 알코올 중독자 커뮤니티에서 좋은 인맥을 많이 쌓으셨군요. (사회지능)
- 당신은 많은 사람을 도와주셨군요. (사랑)

치료사의 피드백은 트라우마 증상 외에도 다양한 대처 메커니즘이 함께 존재한다는 점을 강조하기 위해 고안되었습니다. 또한 치료사는 긍정적인 일탈로 이끌어 갈 수 있는데, 강점을 과도하게 사용하거나 과소 사용한 것이 명백한 경우나 다른(그리고 더 나은) 일이 일어났을 때에 대해 물어볼 수도 있습니다.

- 자신을 많이 낮추는 것 같네요(겸손 강점의 과다 사용). 칭찬을 받았을 때 그 칭찬에 어떻게 대처하는지와 관련하여 당신이 감탄하는 사람이나 순간이 있나요?
- 말씀하신 내용을 보면, 알코올 중독자 모임 외에는 혼자 있는 시간이 많고 외로움을 자주 느끼시는 것 같습니다(사랑 강점의 과소 사용). 모임 외에 사람들과 관계를 맺는 것을 즐기거나 친밀감을 느끼는 시간도 있나요?

초기 기초 면담에서는 강점과 어려움이 공존한다는 개념을 소개했습니다.

준우 씨뿐만 아니라 트라우마를 경험하는 많은 사람의 치유를 촉진하기 위한 수많은 통찰과 실천이 있습니다. 고통과 성장, 한계와 확장, 자립과 지원의 필요성이라는 상반된 요소들이 치유와 대처의 과정에 섞여 있습니다(Captari et al.,

2021). 이러한 역설에 대한 인식을 총칭하여 외상 후 감가상각(PTD)이라고 합니다(Taku et al., 2021). 좋은 일에는 나쁜 일이 따르고, 그 반대(나쁜 일에는 좋은 일이 따르는)의 경우도 마찬가지입니다. 이러한 양극성에 대처하기 위해 PTG(외상 후 성장)를 가진 트라우마 생존자들은 변증법적 사고를 사용합니다(Tedeschi & Calhoun, 2004). 변증법적 사고란 취약성(약점)과 강점처럼 양극단의 정반대되는 두 가지 개념을 함께 인식하는 것을 말합니다. 이는 지혜와 주관적 안녕감의 관계에 관한 PTG 연구 결과와 문헌의 핵심적인 특징입니다(Zacher & Staudinger, 2018). 어려운 반응을 일으키는 사건은 바람직하지 않지만, 이를 직면함으로써 얻을 수 있는 유익과 성장이 있습니다(Tedeschi & Calhoun, 2004).

이것이 트라우마에 직면하면서도 그 속에 있는 성격강점을 증폭시키는 개입의 정신입니다. 이는 침투적인 반추적 사고의 지배를 완화하는 데 도움이 될 수 있습니다.

여기서는 이러한 초기 단계 개입이 강조되고 있는데, 이를 위한 지속적인 연습이 필요합니다. 여기에는 스트레스 감소를 위한 구체적인 기법과 기술 및 전략(예: 마음챙김 기반 스트레스 감소, Grossman et al., 2004), 성격강점에 더 많은 주의 기울이기(Niemiec, 2023), 다른 사람을 만나 대인관계 기술을 배우기(그룹 치료, Yalom & Leszcz, 2020), 감사하는 습관을 기르기(Wood et al., 2010), 개인적 자비 명상 실천하기(Fredrickson et al., 2008) 등이 포함됩니다. 이는 준우 씨와 같은 개인을 성공적인 치료로 이끄는 데 도움이 됩니다.

성격강점을 인정하고 외상 후 감가상각(PTD)을 목적으로 변증법적 사고를 키운 다음 구체적인 정서적 자기조절과 대인관계 기술을 추가하여 준우 씨는 희망과 온전함을 되찾을 수 있었습니다. 결국 약 1년 반의 치료 끝에 준우 씨는 기술적, 대인관계적 능력을 인정받아 직장에서 관리자로 승진하고 약혼까지 하게 되었습니다. 준우 씨는 자신의 심미안과 사회지능 덕분에 직장에서 승진할 수 있었고, 약혼을 통해 친밀감에 대한 헌신을 할 수 있었다는 사실도 놓치지 않았습니다.

치료를 마치고 VIA 성격강점검사에 다시 참여했을 때 가장 큰 변화를 가져온 그의 성격강점은 희망 강점이었습니다. 희망 강점이 23위에서 8위로 올라갔습니다.

향후 방향

성격강점과 트라우마에 대한 이해와 통합에 대해서는 알려진 것보다 알려지지 않은 것이 훨씬 더 많습니다. 몇 가지 흥미로운 연구 결과가 나왔지만 일관성 없는 결과도 있었습니다. 향후 연구에서는 다양한 트라우마 유형과 정도에 따른 성격강점의 개인적, 상황적 차이를 탐구할 필요가 있습니다. 특히 회복탄력성의 역설에서 더 큰 회복탄력성을 지원하고 뒷받침하는 성격강점에 대한 더 많은 이해가 필요합니다. 활력, 희망, 용감성을 더 큰 회복탄력성과 연결 짓는 연구(Martinez-Marti & Ruch, 2017)를 반복 연구할 수 있을까요? 자신의 가장 진정한 특성, 즉 대표강점을 탐구하고 표현하는 것은 어떤 역할을 할까요? 많은 트라우마 사건에서 발생할 수 있는 자아 상실은 자신의 가장 핵심적인 특성이 되는 강점(대표강점)을 유지함으로써 회복될 수 있을까요? 성격강점은 트라우마에 대한 회복탄력적 반응을 어떻게 활성화하거나 억제할 수 있을까요? 아직 과다 사용, 과소 사용, 최적 사용에 의해 나타나는 성격강점의 균형과 불균형은 트라우마 사례에서 주목받지 못했으나, 과학자와 실무자들에게 연구될 잠재성이 무르익고 있는 분야이기도 합니다(Niemiec, 2019).

주요 내용

- 누군가의 대응 방식을 결정하는 것은 장애의 수준이 아닙니다. 장애 적응의 수준을 결정하는 것은 개인의 반응(대응) 방식입니다.
- 잠재적 외상 사건(PTE)은 외상 경험에 대한 다양한 대응 능력을 설명하는 데 사용됩니다.
- 외상 후 성장(PTG)을 경험한 개인은 사건으로부터 긍정적인 영향을 받아 더 나은 관계, 새로운 가능성에 대한 더 큰 반응, 삶에 대한 더 높은 평가, 더 높은 수준의 영적 발달 등과 같은 변화된 모습을 보이기도 합니다.
- 사건과 개인 사이의 상호작용을 연구하는 연구자들은 변곡점이 트라우마에 대응하는 심리적 자원에 영향을 미치는 것으로 보고 있습니다. 그러나 외상 후 사건에 대한 연구는 누가 더 대처를 잘 준비했는지는 밝혀내지 못하고 있습니다.
- 회복탄력성 연구는 일반적으로 트라우마 이후의 상관관계를 보여 주며, 이는 잠재적으로 트라우마가 될 수 있는 사건 발생 이후 누가 어떤 방식으로 회복탄력성을 갖게 되었는지에 대해 알 수 있다는 것을 의미합니다. 그러나 이는 파괴적인 사건이 발생했을 때 개별적인 차원에서 누가 회복탄력성을 갖게 되는지에 대한 이해로 바로 이어지지는 않습니다. 이를 회복탄력성의 역설이라고 합니다. 누가 회복탄력성을 갖느냐보다는 누가 어떻게 회복탄력성을 갖느냐에 더 초점을 맞춰야 합니다.
- 장애의 역설도 있습니다. 이 역설에서 심각하고 지속적인 장애를 가진 사람들은 삶의 질이 좋거나 우수하다고 보고합니다. 그러나 비장애인의 장애인에 대한 평가는 장애인 스스로가 자신에 대해 평가하는 것보다 훨씬 낮게 나타납니다. 장애인 자신과 일반인의 장애인 삶의 질 평가 사이에 이러한 불일치로 인해 장애인이 실제로 경험하는 것과 외부 관찰자가 생각하는 삶의 만족도 사이에 격차가 생깁니다.
- 회복탄력성은 되돌아오는 것으로, 그리고 PTG는 앞으로 더 나아가는 것으로 볼 수 있습니다. 회복탄력성은 회복을, PTG는 회생을 의미합니다.
- 매우 파괴적인 사건에 대한 우리의 대응은 우리의 성격강점을 전반적으로 높일 수 있지만, 각자의 성격강점 대응은 더 개인주의적인 대응이 되어 개인마다 다르게 나타납니다.
- 증진된 성격강점을 통해 얻을 수 있는 에너지, 창의성, 유연성은 유연한 사고방식을 통

해 회복탄력성과 자기조절을 촉진할 수 있습니다. 유연한 사고방식은 어려운 시기에 다음 네 가지 필수 질문에 대한 답을 생각해 볼 수 있을 때 발달합니다. 무슨 일이 일어나고 있는가? 내가 무엇을 해야 하는가? 내가 할 수 있는 것은 무엇인가? 그것은 효과가 있는가?

- 희망 강점은 부정적 전망이나 불확실성이 있어야 활성화될 수 있는 유일한 성격강점입니다. 이는 희망 강점이 유발되기 위해서는 파괴적인 요소가 필요하기 때문에 희망 강점은 독특한 성격강점이 됩니다. 연구에 따르면 희망 강점은 회복력을 촉진하고 PTSD(외상 후 스트레스 장애)를 예방합니다. 그리고 메타분석에 따르면 희망 강점이 클수록 PTSD의 수준이 낮아지는 것으로 나타났습니다. 또한 희망 강점은 개인을 우울증과 장애로부터 보호하여 회복력을 촉진하고 상실감 이후 회복력을 증가시킬 수 있는 강점 중 하나로 확인되었습니다.
- 희망 강점은 PTSD의 일반적인 회복 메커니즘에 기여하는 것으로 나타납니다. 희망 강점은 진단을 초월하기 때문에 치료 방식 전반에 걸쳐, 그리고 결점 기반과 강점 기반 양극단(개입)에서 개선을 촉진할 수 있습니다.
- 고통과 성장, 한계와 확장, 자립과 도움의 필요성이라는 상반된 요소들이 치유와 대처의 과정에 섞여 있습니다. 이러한 역설에 대한 인식을 총칭하여 외상 후 감가상각(PTD)이라고 합니다. 좋은 일 뒤에는 나쁜 일이 따르고, 그 반대의 경우도 마찬가지입니다.
- 이러한 양극성에 대처하기 위해 PTG를 겪은 생존자들은 변증법적 사고를 사용합니다. 변증법적 사고는 취약성(약점)과 강점처럼 극과 극인 두 가지 생각을 함께 인식할 때 발생합니다. 이것은 지혜와 주관적 웰빙 사이의 관계에 관한 문헌과 PTG에 관한 연구 결과의 핵심적인 특징입니다.
- 어려움이나 고난에 대응하는 일이 반갑고 환영할 만한 일은 아니지만, 그 반응에 직면함으로써 얻을 수 있는 좋은 점과 성장이 있습니다.

참고문헌

Ai, A. L., Tice, T. N., Whitsett, D. D., Ishisaka, T., & Chim, M. (2007). Posttraumatic symptoms and growth of Kosovar war refugees: The influence of hope and cognitive coping. *The Journal of Positive Psychology, 2*, 55-65. https://doi.org/10.1080/17439760601069341

Albrecht, G. L., & Devlieger, P. J. (1999). The disability paradox: High quality of life against all odds. *Social Science & Medicine, 48*(8), 977-988. https://doi.org/10.1016/s0277-9536(98)00411-0

Bartholomew, T. T., Gundel, B. E., Li, H., Joy, E. E., Kang, E., & Scheel, M. J. (2019). The meaning of therapists' hope for their clients: A phenomenological study. *Journal of Counseling Psychology, 66*(4), 496.

Blanchard, T., McGrath, R. E., & Jayawickreme, E. (2021). Resilience in the face of interpersonal loss: The role of character strengths. *Applied Psychology: Health and Well-Being, 13*(4), 817-834.

Bonanno, G. A. (2004). Loss, trauma, and human resilience: have we underestimated the human capacity to thrive after extremely aversive events? *American Psychologist, 59*(1), 20.

Bonanno, G. A. (2021a). *The end of trauma: How the new science of resilience changes how we think about PTSD*. Basic Books.

Bonanno, G. A. (2021b). The resilience paradox. *European Journal of Psychotraumatology, 12*(1), 1942642.

Captari, L. E., Riggs, S. A., & Stephen, K. (2021). Attachment processes following traumatic loss: A mediation model examining identity distress, shattered assumptions, prolonged grief, and posttraumatic growth. *Psychological Trauma: Theory, Research, Practice, and Policy, 13*(1), 94.

Fredrickson, B. L., Cohn, M. A., Coffey, K. A., Pek, J., & Finkel, S. M. (2008). Open hearts build lives: positive emotions, induced through loving-kindness meditation, build consequential personal resources. *Journal of Personality and Social Psychology, 95*(5), 1045.

Gallagher, M. W., Long, L. J., & Phillips, C. A. (2020). Hope, optimism, self-efficacy, and post-traumatic stress disorder: A meta-analytic review of the protective effects of positive expectancies. *Journal of Clinical Psychology, 76*(3), 329–355.

Gero, K., Aida, J., Shirai, K., Kondo, K., & Kawachi, I. (2021). Dispositional optimism and disaster resilience: A natural experiment from the 2011 Great East Japan Earthquake and Tsunami. *Social Science & Medicine, 273*, 113777. https://doi.org/10.1016/j.socscimed.2021.113777

Grossman, P., Niemann, L., Schmidt, S., & Walach, H. (2004). Mindfulness-based stress reduction and health benefits: A meta-analysis. *Journal of Psychosomatic Research, 57*(1), 35–43.

Hamby, S., Grych, J., & Banyard, V. (2018). Resilience portfolios and poly-strengths: Identifying protective factors associated with thriving after adversity. *Psychology of Violence, 8*(2), 172–183. https://doi.org/10.1037/vio0000135

Ho, S. M. Y., & Lo, R. S. Y. (2011). Dispositional hope as a protective factor among medical emergency professionals: A preliminary investigation. *Traumatology, 17*, 3–9. https://doi.org/10.1177/1534765611426786

Iezzoni, L. I., Rao, S. R., Ressalam, J., Bolcic-Jankovic, D., Agaronnik, N. D., Donelan, K., et al. (2021). Physicians' perceptions of people with disability and their health care: Study reports the results of a survey of physicians' perceptions of people with disability. *Health Affairs, 40*(2), 297–306.

Karagiorgou, O., Evans, J. J., & Cullen, B. (2018). Post-traumatic growth in adult survivors of brain injury: A qualitative study of participants completing a pilot trial of brief positive psychotherapy. *Disability and Rehabilitation, 40*(6), 655–659.

Kessler, R. C. (1995). Posttraumatic stress disorder in the national comorbidity survey. *Archives of General Psychiatry, 52*, 1048. https://doi.org/10.1001/archpsyc.1995.03950240066012

Kilpatrick, D. G., Resnick, H. S., Milanak, M. E., Miller, M. W., Keyes, K. M., & Friedman, M. J. (2013). National estimates of exposure to traumatic events and PTSD prevalence using DSM-IV and DSM-5 criteria: DSM-5 PTSD prevalence. *Journal of Traumatic Stress, 26*, 537–547. https://doi.org/10.1002/jts.21848

Kwon, P., Birrueta, M., Faust, E., & Brown, E. R. (2015). The role of hope in preventive interventions. *Social and Personality Psychology Compass, 9*(12), 696–704.

Long, L. J. (2022). Hope and PTSD. *Current Opinion in Psychology, 48*, 101472. https://doi.org/10.1016/j.copsyc.2022.101472

Luo, S. X., Van Horen, F., Millet, K., & Zeelenberg, M. (2020). What we talk about when we talk about hope: A prototype analysis. *Emotion, 22*(4), 751-768. https://doi.org/10.1037/emo0000821

Martínez-Martí, M. L., & Ruch, W. (2017). Character strengths predict resilience over and above positive affect, self-efficacy, optimism, social support, self-esteem, and life satisfaction. *The Journal of Positive Psychology, 12*(2), 110-119. https://doi.org/10.1080/1743976 0.2016.1163403

Mayerson, N. H. (2020). The character strengths response: an urgent call to action. *Frontiers in Psychology, 11*, 2106.

McGrath, R., Greenberg, M., & Hall-Simmonds, A. (2018). Scarecrow, Tin Woodsman, and Cowardly Lion: The three factor model of virtue. *Journal of Positive Psychology, 13*(4), 373-392. https://doi.org/10.1080/17439760.2017.132 6518

Molloy, R., Brand, G., Munro, I., & Pope, N. (2021). Seeing the complete picture: A systematic review of mental health consumer and health professional experiences of diagnostic overshadowing. *Journal of Clinical Nursing, 32*, 1662. https://doi.org/10.1111/jocn.16151

Munoz, R. T., Hanks, H., & Hellman, C. M. (2020). Hope and resilience as distinct contributors to psychological flourishing among childhood trauma survivors. *Traumatology, 26*(2), 177.

Nateghian, S., Dastgiri, S. S., & Mullet, E. (2015). Dispositional forgiveness and PTSD among Iranian veterans of the 1980-1988 war. *Journal of Loss and Trauma, 20*, 123-130. https://doi.org/10.1080/15325024.2013.831262

Niemiec, R. M. (2019). Finding the golden mean: the overuse, underuse, and optimal use of character strengths. *Counselling Psychology Quarterly, 32*(3-4), 453-471.

Niemiec, R. M. (2020). Six functions of character strengths for thriving at times of adversity and opportunity: A theoretical perspective. *Applied Research in Quality of Life, 15*, 551-572. https://doi.org/10.1007/s11482-018-9692-2

Niemiec, R. M. (2023). *Mindfulness and character strengths: A practitioner's guide to MBSP* (2nd ed.). Hogrefe.

Parekh, R., & Childs, E. W. (Eds.). (2016). *Stigma and prejudice: Touchstones in understanding diversity in healthcare*. Springer.

Passmore, S., Hemming, E., McIntosh, H. C., & Hellman, C. M. (2020). The relationship between hope, meaning in work, secondary traumatic stress, and burnout among child abuse pediatric clinicians. *TPJ, 24*(19), 087. https://doi.org/10.7812/TPP/19.087

Peterson, C., & Seligman, M. E. (2003). Character strengths before and after September 11. *Psychological Science, 14*(4), 381-384.

Peterson, C., Park, N., Pole, N., D'Andrea, W., & Seligman, M. E. (2008). Strengths of character and posttraumatic growth. *Journal of Traumatic Stress, 21*(2), 214-217.

Rashid, T. (2020). Positive psychotherapy. In F. Maggino (Ed.), *Encyclopedia of quality of life and well-being research*. Springer. https://doi.org/10.1007/978-3-319-69909-7_3378-2

Schiff, M., & Levit, S. (2010). Correlates of therapeutic alliance and treatment outcomes among Israeli female methadone patients. *Research on Social Work Practice, 20*, 380-390. https://doi.org/10.1177/1049731509347854

Schueller, S. M., Jayawickreme, E., Blackie, L. E., Forgeard, M. J., & Roepke, A. M. (2015). Finding character strengths through loss: An extension of Peterson and Seligman (2003). *The Journal of Positive Psychology, 10*(1), 53-63.

Semmlinger, V., & Ehring, T. (2022). Predicting and preventing dropout in research, assessment and treatment with refugees. *Clin Psychology and Psychoth, 29*, 767-782. https://doi.org/10.1002/cpp.2672

Snyder, C. R. (2002). Hope theory: Rainbows in the mind. *Psychological Inquiry, 13*, 249-275. https://doi.org/10.1207/S15327965PLI1304_01

Sussex Publishers. (n.d.). *The disability paradox*. Psychology Today. Retrieved March 6, 2023. Found at https://www.psychologytoday.com/us/blog/disability-is-diversity/202209/the-disability-paradox

Taku, K., Tedeschi, R. G., Shakespeare-Finch, J., Krosch, D., David, G., et al. (2021). Posttraumatic growth (PTG) and posttraumatic depreciation (PTD) across ten countries: Global validation of the PTG-PTD theoretical model. *Personality and Individual Differences, 169*, 110222.

Tedeschi, R. G., & Calhoun, L. G. (2004). Posttraumatic growth: Conceptual foundations and empirical evidence. *Psychological Inquiry, 15*(1), 1-18.

Tomasulo, D. (2020). *Learned hopefulness: The power of positivity to overcome depression.* New Harbinger Publications.

Ubel, P. A., Loewenstein, G., & Jepson, C. (2003). Whose quality of life? A commentary exploring discrepancies between health state evaluations of patients and the general public. *Quality of Life Research, 12*, 599-607. https://doi.org/10.1023/A:1025119931010

Wilson, T. D., Wheatley, T., Meyers, J. M., Gilbert, D. T., & Axsom, D. (2000). Focalism: a source of durability bias in affective forecasting. *Journal of Personality and Social Psychology, 78*(5), 821.

Wood, A. M., Froh, J. J., & Geraghty, A. W. (2010). Gratitude and well-being: A review and theoretical integration. *Clinical Psychology Review, 30*(7), 890-905.

World Health Organization. (n.d.). *10 facts on disability.* World Health Organization. https://www.who.int/news-room/facts-in-pictures/detail/disabilities. Accessed on 6 Mar 2023.

Yalom, I. D., & Leszcz, M. (2020). *The theory and practice of group psychotherapy.* Basic books. Zacher, H., & Staudinger, U. M. (2018). Wisdom and well-being. In *Handbook of well-being.* DEF Publishers.

Zanatta, F., Maffoni, M., & Giardini, A. (2020). Resilience in palliative healthcare professionals: A systematic review. *Support Care Cancer, 28*, 971-978. https://doi.org/10.1007/s00520-019-05194-1

제6장 정신적 장애와 성격강점

우리는 적이 아니라 친구이고 동지입니다. 우리는 적이 되어서는 안 됩니다. 비록 감정이 상했다고 해도 서로 애정의 유대관계를 끊어서는 안 됩니다. 분명 우리 안의 선량한 본성이 다시 좋은 기억의 신비한 화음을 불러일으킬 것입니다.

-에이브러햄 링컨

개념

정신적 장애에 대한 심리학적 치료의 역사를 살펴보면 주로 고통 완화에 중점을 두었습니다(Seligman & Csikszentmihalyi, 2000). 고통 완화에 중점을 둔 접근법은 증상의 빈도와 강도를 줄이기 위한 개입(중재) 연구로 이어졌습니다. 이러한 접근법이 검증되면서 개입의 폭넓은 적용을 위한 훈련 프로그램 개발이 표준화되었습니다. 그런데 놀랍게도, 이러한 결점 기반 접근법은 치료 유병률 역설(치료할수록 질병이 더 증가하는 역설)이라는 결과를 가져왔습니다(Ormel et al., 2022). 이러한 역설은 정신질환에 대처하기 위해 개발된 광범위하고 다양한 치료법에도 불구하고 정신질환의 발생과 심각도가 치료의 효과보다 더 빠른 속도로 지속적으로 증가하고 있는 사실을 보여 줍니다.

정신적 장애는 이를 겪고 있는 사람들에게 많은 어려움과 고통을 주고 있습니다. 당사자를 점점 쇠약하게 만드는 정신질환의 가장 큰 문제 중 하나는 증상이 만성화되는 현상입니다(Prince et al., 2007). 정신건강 문제는 주로 그 증상의 지속성으로 인해 심각한 문제가 되고 있기 때문에 치료법 또한 보다 다각화되고 단계화된 접근 방식이 요구됩니다. 지속적인 정신건강 문제는 일시적으로 나타나는 부정적인 정서 상태와는 매우 다른 문제를 보여 줍니다. 어떤 사람에게 정신적 고통이 지속적으로 계속되면 그 사람은 고통을 자신의 정체성으로 받아들이고 표현하면서 이에 대한 지속적인 투쟁에 적응해 갑니다. 즉, 장애가 그 사람의 정신에 스며들어 그 사람의 일부가 됩니다. 이것은 잠시 지나가는 일 또는 일시적으로 나타나는, 감정적인 '사건'과는 매우 다른 유형의 경험입니다. 가끔씩 발생하는 일탈적 현상은 일반적으로 적당한 시간이 지나면 회복되고 이러한 현상은 행복한 사람에게도 나타납니다. 하지만 이러한 일시적 일탈은 그들의 정체성이 되지는 않습니다. 이러한 일탈은 그들의 평소 모습과는 상반된 모습을 보입니다. 따라서 그들이 스스로를 기존의 기준(표준, 정상)에 다시 맞추어 가는 것은 재구조화 과정이 아니라 단지 원래의 상태로 조정하는 과정이 됩니다.

그러나 자신의 반복적인 생각, 행동 및 감정이 점점 더 병리적인 경험이 되어 가는 사람들에게는, 비정상적인 것이 점차 자신의 기준(표준, 정상)이 됩니다. 그렇게 되면 그 사람은 현재의 자신과 다르게 생각하고 느끼거나 행동하는 방법을 모르게 되고, 자신의 반응이나 표현 방식에 대해 자각하며 이를 관리하려는 노력조차도 중단하게 됩니다. 이런 일이 발생하면 자신의 삶에서 좋은 특성(강점)은 병리적 증상 밑으로 가라앉아 숨겨져서 더 이상 스스로 찾을 수가 없게 됩니다. 이 상황의 진짜 문제는 이러한 개인의 특성(강점)이 전문가의 눈에도 숨겨져서 보이지 않게 된다는 것입니다. 따라서 개인의 평가, 치료 및 성공을 측정하는 기준이 그의 장애, 병리 및 질병에 의해 왜곡됩니다. 따라서 누군가의 정신적 장애가 무시되거나 간과되는 일은 거의 발생하지 않는 반면, 개인의 삶에서 긍정적인 요소가 드러나고 목격되어서 인정받아도 그것을 제대로 평가하고 계발하는 도구나 방법에 대해서는 대체적으로 무관심하거나 이를 놓치게 되었습니다.

그러나 만성적이고 지속적인 정신질환이 있는 사람에게 진정으로 교정적인 경험을 제공하기 위해서는 증상에 대한 대처와 더불어 개인의 장점이 잘 발현되도록 해야 합니다. 즉, 부정적 증상의 하향 조절과 웰빙 요소의 상향 조절이 모두 사용되어야 합니다(Rubin-Falcone et al., 2018).

정신적 장애가 있는 사람을 돕는 사람들은 그들의 문제와 증상으로 인한 어려움과 더불어 그러한 상황과 증상 대처에 가져올 수 있는 자원 및 강점도 인정해야 합니다. 부정적인 증상에 중점을 둠으로써 나타나는 낙인찍기는 일종의 장애물 중 하나가 되는데, 대규모 표본연구 결과, 자기조절, 끈기, 영성, 신중성(그리고 보다 덜하지만 희망과 열정)과 같은 성격강점들은 정신질환이 있는 사람들을 더 쉽게 낙인찍는 것과 관련이 있다고 나타났습니다(Datu & Niemiec, 2023). 이러한 강점들은 대부분 '다른 사람'을 강조하지 않는 자기 지향적 성격강점이라는 특성을 보입니다. 반면, 친절성, 공정성, 사회지능과 같은 타인 지향적 성격강점은 정신질환이 있는 사람들에 대한 낙인찍기가 보다 덜한 것으로 나타났습니다. 따라서 정신질환이 있는 사람들의 성격강점(인간성)을 바라보는 관점을 새롭게 바꾸는 접근과, 타인 지향적인 특정 성격강점을 활용하는 것이 정신질환 치료에서 지향해야 할 보다 균형 잡히고 공감되는 방향이 될 것입니다.

증상이나 문제에 대한 분류(평가)에 근거해서 개입하는 것은 가장 효과적인 개입방법이 될 수 있습니다. 먼저 고통을 줄이면 상향 조절(긍정적 특성을 높이는 것)이 더 쉽게 일어날 수 있을 것입니다. 따라서 고통과 잠재력 모두 평가에 포함될 필요가 있습니다. 이에 하향 및 상향 조절을 동시에 할 수 있는 세 가지 평가 지침을 살펴보면 다음과 같습니다.

첫째, (가능한 한 최선을 다해) 증상의 원인을 이해한 다음, 증상의 부정적인 특징을 줄이는 것입니다. 이렇게 하면 고통의 완화가 다소 가능합니다. 그러나 이것이 반드시 웰빙을 증진하고 개선하거나 촉진하는 결과를 가져오는 것은 아닙니다. 부정적인 감정을 조절하는 것은 치료적 효과가 있을 수 있고(De Witte et al., 2017; Eippert et al., 2007; Zaehringer et al., 2020), 정서적 반응의 명시적, 암묵적 억제에 도움이 될 수 있지만(Katsumi & Dolcos, 2020), 이러한 하향 조절개입이 지속적으로 이에 상응하는 긍정적인 감정의 증가를 직접적으로 가져오지는 않습니다. 감정적 고통을 겪고 이겨 낸다고 해서 결과적으로 행복해지거나 긍정적으로 변하지는 않습니다. 고통을 줄이는 것은 어쩌면 웰빙을 증진하기 위한 기초이자 발판이 될 수 있지만, 고통을 줄이는 것이 곧바로 웰빙 그 자체는 아닙니다. 불안하거나 우울하지 않고, 정신병, 분노를 느끼지 않는 것이 고통을 완화할 수는 있지만 기쁨, 사랑, 만족, 감사를 증가시키기에는 부족합니다. 이러한 사실은 부정적인 감정을 줄이기 위한 전략과 긍정적인 감정을 높이기 위한 전략을 통합해서 접근해야 보다 지속 가능한 변화를 효과적으로 이끌어 낼 수 있음을 시사합니다.

둘째, 고통 감소를 지속시키면서 웰빙할 수 있는 기회를 향상시키고 발달하게 하는 지속 가능한 변화 방법을 찾는 것이 평가의 목표가 됩니다. 병리적이지 않은 상태를 지속하는 것이 번영으로 가는 조건이 될 수 있지만, 웰빙과 마찬가지로 이러한 것이 번영 자체는 아닙니다. 이러한 개입(부정적 감정을 줄이고 긍정적 감정을 높이기 위한 전략을 통합한 개입)이 재발을 방지하고 예방을 위해 사용되어야 합니다. 그리고 적용 대상 집단에 아직 이러한 개입 방안이 없는 경우에는 증거에 기반을 둔 개입방안을 먼저 개발한 다음 이를 대상에게 적용하여 그 효과를 검증해야 합니다.

셋째, 긍정적인 감정과 특성을 상향 조절하는 데 필요한 별도의 독립된 개입은 번창과 번영을 증진하도록 균형을 맞추는 것을 목표로 삼아야 합니다. 그러나 2000년 이전의 심리학 연구는 대부분 증상의 부정적인 결과를 낮추는 것(증상 완화)을 우선적인 목표로 삼았습니다(Seligman & Csikszentmihalyi, 2000). 결과적으로 효과의 지속 가능성, 재발 억제 및 예방 전략은 뒤처지게 되었고 마지막으로 필요한 긍정적인 개입방안은 정신질환 연구 및 응용 분야에서 거의 찾아볼 수 없게 되었습니다. 그런데 상황이 점차 변화되어 부정적 감정 조절에 대한 주안점에서 부정적인 경험의 하향 조절과 긍정적인 경험의 상향 조절이 모두 포함되는 경우가 좀 더 많아졌습니다. 그러나 부정적 경험과 긍정적 경험 두 가지를 다 평가하고 개인의 필요에 따라 두 가지 개입(부정적 경험의 하향 조절과 긍적적 경험 상향 조절) 모두 수행할 수 있는 치료 계획 개발을 위한 체계는 부족했습니다.

과거에는 고통이나 문제를 줄이기 위한 개입 비중이 높았으나 개인의 정서적 자기조절이 치료 패러다임에서 더욱 중요한 역할을 차지함에 따라 이제는 점차 긍정성을 높이는 개입을 수용하고 이를 포함하는 발전적 변화가 이루어지고 있습니다. 긍정성을 높이는 개입은 개인이 정서적 고통을 극복하기보다는 균형을 갖도록 노력함으로써 스스로를 적절히 조절할 수 있는 능력을 키울 수 있도록 도와줍니다. 그리고 이제는 정서적 경험을 긍정적으로 전환하는 방법을 확장하고 구축하는 방향으로 극적인 변화가 일어나고 있습니다(Fredrickson, 2004). 특정 전략을 통해 긍정적 정서를 상향 조절하는 일련의 연구 분야가 만들어졌습니다. 이 연구 분야의 연구 결과는 긍정적인 개입에 투자할수록 긍정적인 정서의 증가를 가져온다는 것을 보여 주었고, 그 결과 주관적인 행복감을 오랫동안 유지하는 것이 가능해졌습니다. 일반적으로 긍정적인 정서를 상향 조절하면 부정적인 생각과 정서가 감소하고(Chiesa et al., 2013; Livingstone & Srivastava, 2012; Quoidbach et al., 2015; Silton et al., 2020) 친사회적 행동이 증가하는 것으로 나타났습니다(Iwamoto et al., 2020). 후속되는 연구에서 긍정심리학의 수많은 영역(성격강점을 포함하여)을 보다 광범위하게 탐구, 조사하여 이러한 영역이 정신적 웰빙을 증진하고 강화한다는 과학적 주장이 펼쳐지고 있습니다(Waters et al., 2021). 이러한 연구 결과는 긍정성을 높이는 것이 사람을 온전하게 만드는 데 많은 도움을 준다는 것을 의미합니다.

심리학에서 치료와 연구의 본질을 재구성해야 한다는 주장이 나온 지 이제 겨우 20년밖에 되지 않았지만, 이러한 변화 요구는 그보다 훨씬 더 이전까지 거슬러 올라가 찾아볼 수 있습니다. 의료 사회학 교수인 에런 안토노프스키(Aaron Antonovsky, 1979)는 '건강생성론(살루토제네시스, salutogenesis, 병을 일으키는 요인보다 건강을 지켜 주는 요인에 초점을 맞추는 접근법)'이라는 용어를 만들어 냈는데, 이는 의학적, 심리학적 접근 방식이 질병 치료를 넘어 건강과 웰빙을 증진 및 촉진하는 요인과 특성을 찾기 위한 엄격한 치료 방안을 모색하는 것입니다. 살루토제네시스의 기능적 의미는 치료 접근법이 고통의 감소와 대처 전략을 포함할 뿐만 아니라 정서적 웰빙을 높이는 방향으로 균형을 이루어야 한다는 것을 보여 줍니다.

이러한 목적을 달성하는 데 성격강점 접근법은 건강생성적인 체계가 될 수 있습니다. 이 체계는 전체적인 건강을 증진시키는 개인 특성에 다시 초점을 맞춰서 개인의 인식(지각)을 조절함으로써 웰빙이 나타나게 합니다. 성격강점 접근법은 감정적으로 힘든 일을 무시하거나, 알아차리지 못하거나, 축소하지 않습니다. 힘든 일을 보고 모른 체하지 않고, 또한 힘든 일 속에 함몰되지도 않습니다. 성격강점 발달(접근법)은 질병, 병리, 장애나 문제 자체만을 강조하기보다는 인간의 발전 가능성에 더 관심을 가집니다. 단순히 할 수 없는 것이 아니라 할 수 있는 것에 대한 인식을 조절하고 강화하는 것입니다.

이에 대한 예시로 고대 그리스에서 유래하여 아리스토텔레스가 사용한 '**유노이아**(eunoia)'라는 용어를 살펴보겠습니다. 이 용어는 좋은 마음과 아름다운 사고를 의미합니다. 유노이아는 지금은 거의 사용되지 않는 의학 용어로서 특별히 정상적인 정신건강을 설명하는 데 사용되었습니다. 그리스어 유(eu: 잘, 좋은)와 누스(noos: 마음, 정신)에서 유래한 이 용어는 우리가 사용하지 않는 정신건강 및 안녕감에 대한 용어로, 대부분 들어 본 적도 없는 흥미로운 용어입니다. 유노이아가 의학 용어로서 잘 사용되지 않고 우리에게 친숙하지 않은 이유는 심리학의 기반이 된 의학 모델이 증상, 증후군 및 질병과 관련된 것에 초점을 두었기 때문입니다. 정신병리학에서는 증상으로부터 자유로워져서 이제는 더 이상 증상이 없는 것을 건강한 정신으로 돌아간 것으로 가정하는데, 우리가 건강한 정신이 무엇인지를 잘 이해하지 못하면 기대했던 만큼의 효과가 나타나지 않는 환원주의적인 목표(단지 증상이 없는 것)에 머물게 합니다. 건강한 마음과 정상적인 정신건강이 무엇을 의미하는지 정확히 알지 못하는 상태에서 정신적 장애의 증상만을 줄이려는 사람들에게는 단지 하나의 불행한 목표만이 남게 됩니다. 즉, 증상이 사라지면 정상적인 정신건강이 회복될 것이라는 추론하에 행동합니다. 이 장에서는 이러한 환원주의적 오류에 빠지는 것을 극복하고 정신적 고통을 줄이면서 웰빙을 구축할 수 있는 유노이아와 정신건강을 높이는 방안과 활동을 추구합니다.

연구

강점의 완화 가치

(정신적 문제가 있는 사람과 없는 사람 모두의) 성격강점을 통해서 정신건강을 형성하고 강조하며 강화하는 것이 최근 수년 동안 주목을 받아 왔습니다. 성격강점은 정신적 문제를 완화하는 것으로 나타났습니다(Demirci et al., 2019; Huta & Hawley, 2010; Niemiec, 2020; Waters et al., 2021). 노년층 대상의 표본에서 성격강점은 낮은 수준의 자살 관념과 연관되어 자살에 대한 강력한 보호 효과를 나타냈으며(Cheng et al., 2020), 2,000명의 일본 성인을 대상으로 한 연구에서는 사랑과 참여(몰입)가 자살 관념의 중요한 예측 요인으로 나타났는데, 이는 사랑의 관계 구축과 세상에 대한 적극적인 참여가 자살을 예방하는 중요한 요인이 될 수 있음을 보여 줍니다(Sueki, 2020). 영국의 한 연구에 따르면 강점 사용은 편집증과 삶의 만족도 사이의 관계를 조절하였고, 강점 사용이 삶의 만족도 및 긍정적인 자기신념과 긍정적인 관련이 있는 것으로 나타났습니다(McTiernan et al., 2020).

정신건강을 위한 강점의 이중적 역할

최근 니믹(Niemiec, 2023)은 정신적 안녕감(정신건강)을 증진하고 증상과 고통을 줄이는 데 있어 성격강점이 갖는 이중적 역할을 조사하기 위해 다른 접근법을 취했습니다. 니믹은 12,000명 이상의 개인을 대상으로 그들의 정신건강 상태와 관계없이 정신건강을 증진하기 위해 그들이 사용한 성격강점에 대한 인식에 대해 조사했습니다(신체적 건강, 사회적 건강 및 기타 영역도 조사함). 그 결과 정신건강에 가장 큰 영향을 미치는 성격강점은 사랑, 친절성, 호기심, 창의성, 통찰력으로 나타났습니다. 이러한 결과는 정신건강을 위해 가슴(heart)의 강점(느낌, 정서, 직관적 강점)과 사고(mind)의 강점(인지, 논리, 분석적 강점) 모두 중요하다는 점을 시사합니다. 사랑과 친절성 강점은 자기자비로 나타날 수 있으며(Neff, 2003), 자신과 타인에 대한 따뜻함과 배려를 담은 사랑의 친절성 실천(Salzberg, 1995)을 하면서 나타날 수 있습니다. 반면, 호기심, 창의성, 통찰력 강점은 인지와 지성의 강점으로 지식을 모으고 공유하는 것과 관련이 있습니다.

니믹(Niemiec, 2023)의 연구에 의하면, 각 개인은 어려운 시기에 정서적으로 대처하기 위해 자신의 성격강점을 사용하는 것을 더 선호하는 것으로 나타났습니다. 즉, 개인이 행동적인 조치(응답자의 23%)나 사고를 변화시키는(25%) 방법보다 자신의 감정을 이해하고 대면하거나 또는 감정을 새롭고 긍정적인 방식으로 처리하기 위해 성격강점을 사용하는 것(42%)을 훨씬 더 선호하는 것으로 나타났습니다. 이러한 결과는 연구의 또 다른 결과로 참가자들이 정신건강을 개선하는 데 사용하고 싶어 했던 성격강점과도 일치합니다. 상위 다섯 가지 성격강점 중 소망하는 네 가지 강점은 자기조절, 용감성, 끈기, 용서였습니다. 감정적 대처를 위해 용감성 강점을 활용하는 것은 감정을 직시하고, 직면하며, 감정에 이름을 붙이고 분류하며, 그 감정에 머무르는 끈기, 그 감정을 관리하거나 통제하는 자기조절, 그 감정들을 흘려 놓아 보내는 용서에 도움이 될 수 있습니다.

강점의 과다 사용, 과소 사용, 최적 사용

앞서 논증한 것처럼 단지 결함이 없는 것이 웰빙의 목표가 될 수 없습니다. 오히려 정신병리를 줄이는 주요 수단으로 성격강점을 최적으로 활용할 수 있는 능력을 계발하는 것이 필요합니다. 이 목표를 달성하는 데에는 두 가지 기본 전제가 있습니다. 첫 번째는 번영하는 법을 배우면 고통이 줄어든다는 것입니다. 둘째, 비참함을 낮추기만 하는 것은 비참함을 다시 불러오게 된다는 것입니다.

이러한 사고방식으로 전환하기 위해서는 도전하며 삶의 역경을 다루는 것과 성장의 기회를 알아차리고 만들어 가는 것의 균형을 이루는 변증법적 사고방식의 계발이 필요합니다. 삶의 도전(어려움)은 그것을 대처하기 위해서 성격강점을 어떻게 효과적으로 활용할 수 있는지를 이해하기 위한 좋은 출발점이 됩니다. 이러한 점에서 강점은 증상과 장애만큼이나 실제적이며 중요한 것이 됩니다 (Rashid, 2015).

성격강점을 심리치료에 적용하려는 초기 시도는 피터슨(Peterson, 2006)이 성격의 '장애'에 주목하면서 시작되었으며, 피터슨은 장애를 성격강점의 과장(남용), 부재, 성격강점과 반대되는 것 등으로 구조화해서 제시했습니다. 예를 들어, 용감성 강점의 경우, 용감성을 과장(남용)하는 것은 어리석은 것이고, 용감성이 없는 것은 공포이며 용감성의 반대는 비겁함이라고 설명했습니다. 셀리그먼(Seligman, 2015)은 이러한 방식으로 사고하는 것이 DSM 분류방식보다 장점이 더 많을 수 있다고 덧붙여 설명했습니다. 예컨대, 장애와 성격강점을 일목요연하게 나열하는 것보다 서로 체계적으로 관련지을 수 있다는 것입니다. 성격강점에 기반한 분류는 인간의 보편적 특성에 기반한 정의로서 서로 다른 문화 간의 정신병리학에 대한 소통에 도움이 되며, 보다 순수하고 자연스러운 분류로서 증상, 증후군, 질병 등을 요구하는 의학적 모델에 얽매이지 않게 됩니다. 그리고 생물학적 기준을 궁극적 기준으로 요구하는 환원주의가 아니라는 점을 들고 있습니다.

하지만 전 세계의 다양한 실무자, 교육자, 학자들과 함께 이 분류체계를 검증한 결과, 안타깝게도 이 모델은 실용적이고 개념적인 관점에서 반복적으로 실패했으며, 실무자들은 종종 이 접근 방식이 너무 고상하고 복잡하며 혼란스럽다고 느끼는 반응을 보이기도 했습니다. 그러나 이러한 반응은 이후 성격강점 개입의 중요한 개선과 개정의 기초로 사용되어 개념적으로 명확하고, 연구하기 쉽고, 철학적, 이론적으로 정렬되며, 과학자들이 접근하기 쉽도록 새로운 모델이 개발되었습니다. 이는 니믹(Niemiec, 2014)이 제안한 새로운 모델로 성격강점의 과다 사용, 과소 사용, 최적 사용은 중용이나 두 가지 상반된 성질을 가진 강점, 표현의 맥락적 황금률 등과 같은 아리스토텔레스(기원전 2000년)의 개념을 반영하고 있습니다. 24가지 성격강점 각각은 지나치게 많거나(과다 사용) 지나치게 적은(과소 사용) 연속선상에 위치하고 있으며, 그 중심은 최적의 강점 사용 또는 황금 평균(중용, 중도, 균형) 사용으로, 적절한 상황에서 적절한 정도로 표현되는 성격강점의 적절한 조합을 보여 준다고 설명합니다. 예를 들어, 호기심의 과소 사용은 지루함과 무관심을, 최적 사용은 탐험가처럼 새로운 것에 개방적인 태도를, 과다 사용은 참견과 방해가 되는 태도를 보여 줍니다. 반대로 리더십의 과소 사용은 지나치게 수동적이고 지나치게 순응하는 것이고, 최적 사용은 다른 사람에게 긍정적인 영향을 미치는 것이며, 과다 사용은 통제적이고 권위적인 것을 보여 줍니다. 만약 친절성이 높은 어떤 사람이 도움을 원하지 않거나 도움이 필요로 하지 않는 사람들을 돕는다면 그것은 과다 사용이 되며, 반면에 도움이 필요한 사람들에게 신경을 쓰지 않거나 무정하다면 그 상황에서는 과소 사용이 될 수 있습니다. 예를 들어, 도시를 돌아다니면서 만나는 모든 사람의 신발 끈을 묶어 주는 사람은 많은 사람에게 그의 의도적인 친절 행위가 도리어 중간에 끼어들어 그들을 방해하는 것으로 인식될 것이고, 짐을 들고 전철을 타려고 애쓰는 할머니를 일부러 외면하고 무시하는 사람은 무관심하거나 친절성이 부족하다(과소 사용한다)고 인식될 것입니다.

니믹(Niemiec, 2019)은 이 모델을 업데이트하여 성격강점의 최적 사용에 대한 간략한 설명과 함께 24개 성격강점 각각에 대한 과다 사용 및 과소 사용의 가상적 차원의 매핑을 제공했습니다. 일반적으로 강점의 과다 사용 또는 과소 사용에 해당하려면 해당 성격강점이 본인 또는 타인에게 최적의 기능을 발휘하지 못하거나 어떤 식으로든 부정적인 영향을 미치는 경우입니다. 이와 유사하게, 제1축 장애의 내적 고통은 자신에 대한 부정적인 영향과 일치하는 반면, 제2축 장애는 자신뿐만 아니라 타인에 대한 부정적인 영향과 일치할 수 있습니다. 〈표 6-1〉은 과다 사용, 과소 사용, 최적 사용에 대한 새로운 최신 용어 설명을 보여 줍니다.

니믹의 이러한 개정작업은 정신병리를 지닌 사람뿐 아니라 모든 사람의 내적 경험, 삶의 어려움, 고통 또는 맥락에 성격강점을 적용할 수 있도록 고안되었습니다. 이 모델은 이론적 관점에서 정신병리 및 정신장애의 맥락으로 논의되어 왔습니다(Rashid & Seligman, 2018). 또한 성격강점이 임상 장면에서의 중재자로서 진단 확정을 내리는 것(진단 공식화)을 보완하는 역할을 하는 것으로도 논의되어 왔습니다(Hall-Simmonds & McGrath, 2019).

〈표 6-1〉 니믹(Niemiec, 2019)에 의해 채택된 과다 사용, 과소 사용, 최적 사용의 성격강점 차원

성격 강점	과소 사용	과다 사용	최적 사용
창의성	순응, 평범함(무미건조함), 상상력이 없음	기이한(괴짜인), 특이한, 주의 산만한	실용적이며, 독창적이고 영리하며 상상력이 풍부한, 독특성 있는
호기심	지루함, 흥미 없음, 무관심, 자기중심적임	시끄러운, 방해가 되는, 이기적인	'탐험가', 호기심 많고, 개방적이며, 참신함을 추구하는
판단력	비논리적인, 순진한, 성찰이 없는, 폐쇄적인	편협한, 냉소적인, 경직된, 우유부단한, 이성을 잃은	360도(전방위) 다각도의 관점에서 보는, 분석적이며 세부적으로 보는, 개방적, 편협하지 않은, 합리적, 논리적
학구열	의기양양한, 지식이나 성장에 안주하는, 무관심한	다 아는, 엘리트주의자적인, 압도적인	지식 심화, 정보 탐색, 평생 학습자
통찰력	깊이가 얕은, 피상적인, 자신감이 부족한	오만한, 거만한, 단절된	더 넓은 관점에서 검토하고 제안하는, 현명한, 자신의 관점을 넘어서서 관점들을 통합하는
용감성	비겁한, 행동하기를 꺼리는, 취약해지는 것을 꺼리는	지나친 위험을 감수하는, 어리석은, 과신하는, 다른 사람의 반응에 무관심한	두려움을 직면하는, 역경에 맞서는, 용기 있는
끈기	게으른, 무기력한, 포기하는	완고한, 놓아주기 힘들어하는, 집착하는	업무를 끝까지 마치는, 지속적이고 근성 있는, 모든 장애물을 극복하는
진실성	가짜, 정직하지 않은, 진정성이 없는, 성실성이 부족한	독선적, 무례한, 사려성이 없는	자신에게 진실한, 타인에게 진정성이 있는, 진실을 공유하고 추구하는, 신실한, 가식이 없는
활력	게으른, 수동적인, 움직이지 않는, 피곤한	과도한, 과잉 활동, 성가신(귀찮게 하는)	삶에 대한 열정, 행복한, 적극적인, 활기찬
사랑	고립된, 타인과 단절된, 돌보는 것을 두려워하는, 관계 맺지 않는	감정이 지나치게 과잉된, 타인의 필요와 맞지 않는, 달콤한(감정표현이 적나라한)	진정한, 상호적인 따뜻함, 연결된, 관계적 만족감
친절성	무관심한, 이기적인, 무신경한, 비열한	공감 피로(감정 노동에서 발생하는 피로 현상), 침해하는, 다른 사람에게 지나치게 집중하는	다른 사람을 위해 행함, 배려하는, 자비로운, 관대한, 착하고 다정한

(계속)

성격 강점	과소 사용	과다 사용	최적 사용
사회 지능	아무것도 모르는, 단절된, 사회적으로 순진한, 정서적으로 무감각한	지나치게 분석적인, 자기기만적인, 지나치게 예민한	타인에게 맞추어 현명하게 행하는, 다른 사람을 자극하는 요소를 아는, 공감적인, 정서 지능이 있는
협동심	이기적인, 개인주의적인, 혼자 행하는	의존적, 집단 사고에 빠진, 맹목적인 복종, 개별성 상실	참여적인, 집단활동에 기여하는, 충성스러운, 사회적 책임감이 있는, 협력적인
공정성	편견, 당파성, 안주함	거리 두는(무심한), 정의의 문제에 우유부단한, 배려 없는 정의	모두에게 동등한 기회를 주는, 배려와 정의에 기반한, 도덕적 관심을 갖는
리더십	추종하는, 순응적이고 소극적인, 수동적인	거만한, 통제하는, 권위주의적인	긍정적으로 다른 사람에게 영향을 주는, 그룹을 조직하고 비전을 중심으로 이끄는
용서	복수심 있는, 무자비한, 다른 사람에 의해 쉽게 자극받는	허용적인, 다른 사람들에게 당하고도 가만히 있는(짓밟히는), 너무 관대하거나 부드러운	부당한 일을 당했을 때 상처를 흘려보내는, 두 번째 기회를 주는, 단점을 받아들이는
겸손	오만한, 허세와 허풍의, 자기중심적인, 자아 욕구가 강한	자기비하, 위축된 자아상, 복종적, 자신을 숨김	자신에 대한 명확한 관점, 다른 사람에게 주의를 집중, 자신의 한계를 인식하는, 겸허한
신중성	무모한, 스릴(모험) 추구적, 생각하지 않고 행동하는	답답한, 지나치게 주의하는, 경직된, 수동적인	현명하게 주의하는, 말하기 전에 생각하고 계획적으로 행동함, 목표 지향적이며, 위험을 예측하고 관리하는
자기 조절	제멋대로 하는, 감정 조절 장애, 충동적, 규율이 없는, 산만한	위축된, 억제된, 항상 긴장해 있는, 강박적인	문제나 비행을 스스로 관리하는, 마음챙김하는, 규율이 있는
심미안	무감각한, 자동적이고 반사적인 반응에 갇힘, 마음에 주의를 기울이지 못함	속물근성, 완벽주의적, 편협함, 엄격한 기준	사물의 이면에 숨겨진 생명을 보는 것, 아름다움 앞에서 갖는 경외감과 경이로움, 탁월한 것에 대한 감탄, 타인의 선함을 높이 평가함
감사	자격 있다고 생각하는, 감사하지 않는, 자기도취적	아첨하는, 꾸며 낸, 과다한, 반복적인	고마워하는 태도, 연결된, 긍정적인 것에 감사하는

(계속)

성격 강점	과소 사용	과다 사용	최적 사용
희망	부정적, 비관적, 과거 지향적, 절망적	비현실적, 극단적으로 낙천적인, 공상에 빠진, 맹목적인 낙관성	긍정적인 기대, 낙관적, 목표와 미래에 대한 자신감
유머	지나치게 진지한, 딱딱하고 뻣뻣한, 무감각(무표정한)	무미건조하고 공격적인, 현기증 나는, 사회적으로 부적절한	다른 사람과 함께 웃고 즐거워함, 밝은 면을 보려 함, 장난기 있는
영성	삶의 목적이나 의미 부족, 신성한 것과의 단절, 핵심 가치에 대한 인식 부족	훈계하고 개종시키려는, 광신적, 경직된 가치관, 고고한 척하는	성스러운 것과 연결하기, 삶의 의미 추구하기, 목적 찾기, 미덕을 표현하기

과다 사용, 과소 사용, 최적 사용 모델에 대한 최초의 실증적 연구는 사회불안장애가 있는 내담자와 없는 내담자를 대상으로 실시되었습니다(Freidlin et al., 2017). 그 결과, 강점의 과다 사용과 과소 사용의 특정 조합이 사회불안장애가 있는 사람인지 아닌지를 정확하게 분류하였습니다(87.3%의 정확도). 사회불안장애를 가진 사람은 사회지능과 겸손을 과다 사용하고 유머, 사회지능(중복), 자기조절 및 활력을 과소 사용하였습니다. 이는 사회불안장애를 가진 사람들이 상황을 과도하게 생각하고 분석하는 동시에(사회지능의 과다 사용) 타인에게 지나치게 주의를 기울이는(겸손의 과다 사용) 경향이 있을 수 있다는 것을 보여 줍니다. 동시에 사회적 신호와 뉘앙스를 잘못 이해하고 잘못 판단하거나(사회지능의 과소 사용), 경쾌함과 유쾌함을 너무 적게 느끼거나(유머의 과소 사용), 개인적인 열정이나 에너지가 너무 적거나(활력의 과소 사용), 균형 잡힌 자기관리를 하지 않고(자기조절의 과소 사용) 있을 수 있습니다. 이 모델을 사용한 두 번째 연구는 강박장애에 초점을 맞췄습니다(Littman-Ovadia & Freidlin, 2019). 강박장애에서는, 강점의 과다 사용과 과소 사용의 매우 다른 패턴이 발견되었습니다. 판단력, 사회지능, 심미안, 공정성, 신중성의 과다 사용과 용서 및 자기조절의 과소 사용의 조합을 통해 임상 수준의 강박장애 여부를 분류한 결과, 임상적 수준의 강박장애가 있는 사람들의 89.3%를 정확하게 분류하는 데 도움이 되었습니다. 이 모델의 정신병리학에 대한 세 번째 연구는 니키 셀리그먼(Nikki Seligman, 2023)이 수

행한 경계성 성격장애에 대한 것이었습니다. 이전 두 연구와는 다른 접근 방식을 취한 니키 셀리그먼(아버지 셀리그먼과 구분하기 위해서 딸 니키 이름을 함께 표기함)은 강점 과다 사용과 과소 사용이 경계선 성격 증상을 예측한다는 사실을 발견했으며, 친절성, 진실성, 자기조절, 신중성, 통찰력, 사랑 강점을 과소 사용하고 사회지능, 판단력, 용감성, 호기심, 활력 강점을 과다 사용하는 것이 경계성 성격장애 증상의 증가와 관련이 있다는 점을 지적했습니다. 더 자세히 분석한 결과, 경계선 증상을 예측하는 독특한 프로파일을 발견하였는데, 그것은 바로 호기심의 과다 사용과 친절성 및 진실성의 과소 사용으로 나타났습니다. 이 세 가지 연구는 각각 니믹(Niemiec, 2014, 2019)의 과다 사용, 과소 사용, 최적 사용 모델을 경험적으로 지지하는 결과를 제공하고 있습니다. 이 연구들은 기존의 병리적 관점에서 잘 연구되어 제시된 여러 장애(사회불안장애, 강박장애, 경계성 성격장애 등)에 대해 강점 불균형 군집이 무엇인지 새롭게 지적하고 있습니다. 이러한 결과는 여러 장애 또는 개발된 치료 프로토콜에 대한 추가 결론을 도출하기 전에 추가적으로 반복 연구될 필요가 있지만, 정신병리를 진단하고 치료하는 기존 연구와 실무를 발전시키고 보완하며 지원할 수 있는 고유한 경로를 제시해주고 있습니다.

세 가지 실증 연구에서는 이러한 연구 결과 외에도 성격강점을 최적으로 활용하는 것이 번영과 유의미한 관련이 있다는 사실을 발견했습니다. 성격강점의 과다 사용과 과소 사용은 심한 우울증이나 삶의 만족도 감소와 독자적으로 관련이 있었으며, 성격강점의 과소 사용은 강점의 과다 사용보다 훨씬 더 부정적인 영향을 미쳤습니다(Freidlin et al., 2017; Littman-Ovadia & Freidlin, 2019).

성격강점을 최적으로 사용하려면 모든 상황마다 웰빙 및 문제 대처에 효과를 가져오기 위해 상담자와 내담자가 추구할 수 있는 강점 영역 또는 '최적의 강점 지점'이 있다고 가정할 필요가 있습니다.

임상 집단에 대한 연구를 통해 흥미로운 결과와 긍정적인 유익(예: 최적의 강점 사용)이 밝혀지고 있으며, 이러한 재구성을 통해 실무자에게도 이점이 있을 가능성이 높습니다. 예를 들면 다음과 같습니다.

- 병리 및 결함이 있는 사람에 대한 낙인화를 피하는 것
- 치료 계획를 세우는 데 도움이 될 개인의 자원에 대한 이해를 제공하는 것
- 부정적인 상태를 없애는 것뿐만 아니라 긍정적인 상태를 증진시키기 위한 대안적 치료법을 제안하는 것
- 치료의 목표를 문제나 결함을 교정하는 것에서 웰빙과 회복탄력성 효과를 증진하는 것으로 전환하는 것
- 성격강점의 완충 효과를 촉진하는 것
- 내담자가 보다 쉽게 이해할 수 있고 즉시 실행할 수 있는 사용자 친화적 언어를 제공하는 것(Hall-Simmonds & McGrath, 2019; Niemiec, 2019; Rashid, 2015)

긍정심리치료

긍정심리치료(Rashid, 2015)는 심리치료의 틀 안에서 성격강점을 활용하는 매우 포괄적인 접근방법 중 하나로 발전해 왔습니다. 긍정심리치료는 개인이 긍정적인 감정, 생각, 행동을 계발할 수 있도록 다양한 개입을 사용합니다. 긍정심리치료에 사용되는 몇 가지 일반적인 개입방법은 다음과 같습니다.

1. **강점 파악**: 개인이 자신의 고유한 성격강점을 파악하고 이해하도록 도와주며, 이를 통해 자신의 웰빙과 타인과의 관계를 개선하는 데 강점을 어떻게 활용할 수 있는지 알아보는 것이 포함됩니다.
2. **긍정적 재구성**: 개인이 부정적인 생각과 경험을 보다 긍정적인 시각으로 재구성하여 어려움을 성장의 기회로 인식할 수 있도록 돕는 것이 포함됩니다.
3. **감사 연습**: 개인이 삶의 긍정적인 측면에 초점을 맞추고 좋은 점에 대한 감사를 표현함으로써 감사하는 마음을 키우도록 가르치는 것이 포함됩니다.
4. **마음챙김 명상**: 개인이 그 순간에 존재(현존)하도록 가르치고 자신의 생각과 경험에 대해 판단하지 않는 태도를 기르는 것이 포함됩니다.
5. **긍정적인 관계**: 개인이 다른 사람들과 긍정적인 관계를 발전시키고 유지하

여 삶에서 더 큰 행복과 성취감을 경험할 수 있도록 돕는 것이 포함됩니다.

6. **의미와 목적**: 자원봉사나 취미 활동같이 즐거움, 성취감, 목적의식을 가져다 주는 활동을 발견하고 참여하도록 돕는 것이 포함됩니다.
7. **향유하기와 긍정적인 기억**: 개인이 긍정적인 경험에 집중하고 음미하여 회복력을 키우고 긍정적인 감정을 높일 수 있도록 돕는 것이 포함됩니다.

이러한 개입은 개인이 긍정적인 감정, 생각, 행동을 계발하고 전반적인 웰빙과 삶의 성취감을 높일 수 있도록 돕기 위해 고안되었습니다. 타이얍 라시드(Tayyab Rashid)는 긍정심리치료의 50% 이상이 성격강점 사용과 실천(연습)을 중심으로 이루어지고 있음을 관찰했습니다(Rashid, 개인적 의사소통, 2011). 긍정심리치료를 통해 임상가는 성격강점 개입을 비롯하여 긍정심리적 개입 사용 방안을 각 개인의 고유한 요구와 목표에 맞게 유연하고 적응력 있는 접근 방식으로 조정할 수 있습니다(Rashid & Seligman, 2018).

긍정심리치료는 다양한 정신병리의 맥락에서 연구되어 왔으며 그 결과는 긍정적인 것으로 나타났습니다(Slade et al., 2016). 긍정심리치료는 우울증 증상을 완화하는 데 효과적인 것으로 나타났습니다. 연구에 따르면 감사일기나 마음챙김 명상과 같은 긍정적인 개입을 통합하면 개인이 부정적인 생각을 재구성하고 긍정적인 정서를 함양하여 우울증 증상을 완화하는 데 도움이 될 수 있는 것으로 나타났습니다.

1. **불안**: 긍정심리치료는 불안 증상을 줄이는 데 효과적인 것으로 나타났습니다. 성격강점과 긍정적인 경험에 집중함으로써 개인은 회복력을 높이고 삶의 어려움에 직면했을 때 더 큰 힘을 얻을 수 있으며, 이로 인해 불안 증상이 감소하게 됩니다.
2. **약물 남용**: 긍정심리치료는 약물 남용 문제가 있는 개인을 위한 보완적인 치료법으로 사용되어 왔습니다. 긍정적인 경험과 성격강점을 촉진함으로써 개인은 더 강한 목적의식을 개발하고 스트레스에 대처하는 더 의미 있

는 방법을 찾아 약물 남용 가능성을 줄일 수 있습니다.

3. **외상 후 스트레스 장애**(PTSD): 긍정심리치료는 특히 다른 증거 기반 치료와 함께 사용할 경우 외상 후 스트레스 장애 증상을 완화하는 데 효과적인 것으로 나타났습니다. 긍정심리치료는 개인이 자신의 성격강점을 파악하고 개발하도록 도와줌으로써 외상 관련 증상에 대처하는 회복탄력성과 대처 능력을 향상시킬 수 있습니다.
4. **정신병**: 연구에 따르면 긍정심리치료를 통해 정신병에서 회복하는 것 또한 가능한 것으로 나타납니다(Slade et al., 2016; Chu et al., 2022).

실제(실무)

일련의 새로운 개입을 개발하는 것 이상으로, 개별 치료 접근 방식과 측정(평가)에 대한 근본적인 인식의 전환이 필요하며, 이를 통해 패러다임을 결함 기반에서 강점 기반 인식과 강점 기반 개입으로 전환할 필요가 있습니다. 성격강점 개발은 이미 이러한 패러다임을 바꾸기 시작했습니다. 지금까지는 무엇이 강점인지보다는 무엇이 잘못되었는지(약점인지)에 중점을 두었습니다. 그런데 정신적 장애에 대한 평가와 치료 계획에 성격강점을 포함시킴으로써 실무자는 내담자의 웰빙을 개선하고 유지하기 위해 훨씬 더 정교하고 널리 사용될 수 있는 도구 중 하나를 발견하게 됩니다. 성격강점 접근법을 사용하면 재발 예방을 촉진하고 동시에 고통을 줄이며, 대처 전략 개발을 증진하여 정서적 웰빙을 가져오는 데 훨씬 균형 잡힌 수단과 방법을 제공할 수 있습니다. 요컨대, 성격강점 접근법은 정신과 치료의 모든 요소에 통합될 수 있습니다. 다음은 성격강점 개발을 전통적인 정신과적 접근 방식에 통합할 수 있는 네 가지 주요 영역, 즉 접수 면접 방법, 치료 계획 개발, 재발 방지 강조, 주관적 행복감 증진에 관한 내용입니다.

1. **접수 면접**. 접수 면접에서 무엇에 주목하고 어떤 질문을 하느냐에 따라 치

료 방향이 결정됩니다. 예비 내담자와의 접수 면접은 일반적으로 문제에만 초점을 맞추고 개인의 자원에 대한 탐색이 거의 이루어지지 않으며, 개인 안에 존재하지만 잘 활용되지 않는(과소 사용되는) 강점과 잠재적 웰빙 영역이 간과됩니다. 기존의 강점과 능력을 제대로 탐색, 활용하지 못한 채 내담자의 강점과 능력을 문제 진단에 유리하게 활용하는 법을 놓치게 됩니다. 이로 인해 각 치료 단계에서 도움이 될 수 있는 개인의 고유한 능력을 제대로 활용하지 못하게 됩니다. 스펙트럼의 다른 한쪽 끝(강점과 능력을 활용한 치료)을 완성하려면 전 세계적으로 균일하고 유효한 성격강점을 적절하게 평가해야 합니다. 이것이 바로 VIA 성격강점검사가 제공하는 것입니다. DSM은 다양한 버전에서 어느 정도 합의된 질병 분류를 제공해 왔습니다. 24가지 강점에 대한 VIA 분류체계는 피터슨과 셀리그먼(Peterson & Seligman, 2004)이 농담으로 반(反)DSM이라고 언급한 내용을 제공하는데, VIA 분류체계는 확실하게 긍정적 강점에 대해 합의된 명명법 또는 공통 언어를 제공합니다. VIA 성격강점검사는 이러한 보편적인 웰빙의 특성을 파악하고 평가할 수 있는 방법을 제공합니다. 접수 면접에서 VIA 성격강점검사를 사용하면 치료 제공자(상담자)와 치료 중인 개인(내담자)의 인식을 더 잘 파악할 수 있습니다. 이러한 방식으로 VIA 성격강점검사 자체가 치료 중 주의해서 다룰 사항을 바꾸거나 보완한다는 점에서 검사 자체가 일종의 개입이 됩니다.

2. **치료 계획**. 결함을 파악하는 것이 치료 제공자(상담자)의 주된 (그리고 대부분의 경우 유일한) 인식이 될 때 치료 계획에서 내담자의 무엇을 보고 무엇을 제외해야 하는지에 대한 판단에서 왜곡이 발생합니다. 사고, 행동, 감정에서 결함을 찾을 때는 그 결함의 개선이 치료의 목표가 됩니다. 누군가의 장점을 보지 못하는 이유는 우리가 그것을 찾지도 않고 또한 그렇게 하도록 훈련되지 않았기 때문입니다. 이것은 상황에 대한 근시안적인 접근 방식입니다. 단지 증상이나 질병만을 치료하여 고치는 것은 결과적으로 불행한 일입니다. 예를 들어, 우울증 환자의 80%가 재발을 경험합니다(Burcusa &

Iacono, 2007). 이러한 높은 재발률은 잘못된 부분만 치료하는 접근 방식을 취하는 대부분의 정신건강 치료의 한계를 반영합니다. 사람들은 더 많은 도움이 주어질 때에만 회복됩니다. 증상 완화를 건강의 유일한 척도로만 바라보게 되면 회복과 재활에 더 큰 도움이 될 수 있는 요인과 특성은 포착하지 못하게 됩니다. 나무만 보고 숲을 놓치는 경우가 많습니다. 그래서 그 사람의 전체 능력과 그 상황에 가져올 수 있는 큰 능력을 보지 못하고 놓치게 됩니다. 무엇이 잘못되었는지에만 초점을 맞추는 것은 더 이상 인류에게 도움이 되지 않는 접근 방식입니다. 성격강점 평가는 목표한 특성의 렌즈(시각)를 확대하여 상향 조절의 요소를 제공할 수 있으며(Niemiec, 2019), 개인에게 보다 포괄적이며 삶을 긍정적으로 바라보게 하는 치료 계획을 제공합니다. 접수 면접은 부정적인 요소의 하향 조절과 긍정적인 요소의 상향 조절을 모두 포함하는 치료 계획 구성의 기초가 될 필요가 있습니다.

3. **재발 방지 평가**. 현재 대부분의 치료 연구는 목표로 하는 문제를 줄이는 치료 효과 여부에 초점을 두고 있습니다. 이는 한 측면에서는 '효과'를 언급하지만 더 중요한 통계 지표인 재발 현상을 무시하고 있습니다. 부정적인 감정과 경험에 대처하는 데 초점을 맞춘 연구는 치료 직후에 바로 나타나는 가장 좋은 결과를 보고합니다. 그런데 재발의 증가와 비교해 볼 때 치료 효과의 심각한 감소 현상이 나타나고 있습니다. 예를 들어, 한 연구에 따르면 CBT 치료는 치료 과정 중에도 많은 사람에게 효과적이지만 치료가 중단되면 절반 이상이 다음 해에 재발되고, 재발된 사람 5명 중 4명은 치료가 멈춘 후 첫 6개월 이내에 재발됩니다(Ali et al., 2017). 또한 치료 기간(단계)이 길어질수록 변화한 것이 유지되지 않을 위험이 커집니다. 증상 감소를 위한 개입 결과로 나타난 일시적 치료 효과로 인해, 지속 가능한 장기적 치료 효과를 위한 개입과 이를 위한 측정(평가)은 뒷전으로 밀려납니다. 그래서 치료 직후에 효과가 있었던 것이 시간이 지나면서 약해지기 시작합니다. 일반적으로 좋은 치료가 장기적으로 볼 때 좋은 결과를 가져다주지는 않습니다. 반면에 성격강점은 회복과 재활 효과를 안정화(지속)시키는 데 도움

이 되는 것으로 나타났습니다. 성격강점 발달에 투자함으로써 정신적 장애를 가진 개인의 정신과적 증상이 다시 나타날 가능성은 줄어듭니다. 즉, 효과적인 개입의 척도가 치료 자체에 있는 것이 아니라 치료가 개인의 정서적 자기조절에 지속 가능한 변화를 가져오는 방식에 있다는 것입니다. 결함을 제거한다고 해서 사람들이 온전해지는 것은 아닙니다. 그것은 결함을 덜 느끼게 할 뿐이며 그 효과는 일반적으로 단기간에 불과합니다. 웰빙을 증진하려면 웰빙의 요소를 인식하고, 웰빙의 요소가 나타나도록 촉진하는 개입방법을 사용하고, 사람들이 자신의 삶에 점점 더 긍정적인 영향을 주는 특성을 증진하기 위해 노력하도록 지원하는 체계가 필요합니다. VIA 성격강점검사는 개인이 증상에서 벗어나 개인의 온전함과 통합을 향해 나아갈 수 있게 하는 성격강점을 평가하고 개발합니다. 이것(증상에서 벗어나게 하는 것만이 아니라 온전함과 통합을 향해 나아가는 것)이 그들의 변화가 지속되도록 하는 것입니다.

4. **주관적 웰빙의 척도**. 살루토제네시스(salutogenesis, 건강생성론), 즉 건강을 지켜 주는 요인에 중점을 두는 접근법은 개인이 자신의 삶을 바라보는 방식이 건강에 긍정적이든 부정적이든 영향을 미친다는 점을 시사합니다. 이러한 관점에 따르면, 다양한 결과 연구에서 보고되듯이 성격강점을 활용하면 자연스럽게 행복지수가 높아집니다(Schutte & Malouff, 2019). 이는 성격강점 개발이 포함된 치료가 긍정적이고 적극적인 태도를 유도하기 때문에 정신건강과 웰빙에 긍정적인 영향을 미칠 수 있다는 것을 시사합니다. 성격강점의 사용이 정서 조절에 어떻게 도움이 되는지에 초점을 맞춘 질적, 양적 측정(평가)은 고통이 어떻게 줄어들었는지에 중점을 둔 문제나 증상 중심 측정(평가)을 보완할 것입니다.

앞부분에서 언급한 정신적 고통 감소와 정신건강의 증진을 위한 성격강점의 이중적 역할에 대한 연구에서는 역경 상황에서 24개 성격강점 각각이 개인의 정신건강을 어떻게 지원하는지에 대한 다양한 주관적인 반응이 있었습니다. 참가자들이 직접 응답한 다음의 몇 가지 예는 니믹(Niemiec, 2023)의 연구에서 차용한 것으로, 정신적 고통을 겪을 때 성격강점으로 전환할 수 있는 실제적인 방법을 보여 줍니다.

- **판단력/비판적 사고**: "어려움에 직면했을 때 문제를 어떻게 해결할지에 대해 비판적으로 생각하는 것은 우울에 빠지는 것을 피하는 데 도움이 됩니다."
- **친절성**: "다른 사람을 위해 봉사하는 것은 나에게 보답이 오는데, 때로는 그것이 미미하더라도 자기 내부에 집착(내 삶이 너무 형편없다고 생각)하는 대신 외부에 초점을 맞추게 해 줍니다."
- **겸손**: "내 정신건강을 위해 다른 사람들을 격려하는 것은 그들이 빛나는 것을 보는 만큼 중요하며 그것이 나에게 기쁨을 가져다준다는 것을 알게 되었습니다."
- **심미안**: "기분이 좋지 않거나 스트레스를 받을 때 아름답거나 독특한 것을 보면 금방 기분이 좋아질 수 있습니다."
- **영성**: "내 삶의 목적과 모든 일의 의미를 생각하는 것이 정신질환에 대처하는 데 도움이 됩니다. 내 모든 행동에 의미가 있다는 것을 알면 행복해지고 힘든 상황에서 벗어날 수 있습니다."

실제로 말해서 우리는 무엇이 옳은지(건강한지) 이해하기 전까지는 그 사람에게 무엇이 잘못되었는지(건강하지 못한지) 알 수가 없습니다. 이 개념을 설명하기 위해 다리를 심하게 절뚝거리는 환자를 치료하는 정형외과 전문의의 사례를 생각해 보겠습니다. 초기 평가에서는 질환의 모든 잠재적 원인에 대해 확인한 다음, 진단을 통해 잘 작동하고 있는 부분에서 잘 작동하지 않는 부분으로 좁혀 가는 진단을 실시합니다. 문제가 있는 경우 교정하기 위해 이러한 상태를 유발하는 요인이 무엇인지, 무엇이 부족한 부분이고 혹은 과도한 부분인지 평가해야 합니다.

하지만 정형외과 전문의가 절뚝거림을 보고 먼저 무엇이 잘 작동하고 있는지 판단하지 않고 단지 절뚝거리는 것을 없애는 것이 적절한 개입이라고 결정한다면 어떻게 될까요? 정형외과 전문의는 코르티솔 주사, 처방용 깔창이나 또는 정형외과용 신발 한 켤레를 치료방법으로 제시할 수 있습니다. 이러한 조치가 실제로 완화 효과를 가져올 수 있습니다. 하지만 결국 이와 같은 접근 방식이 실패하면 어떻게 될까요? 주사의 효과가 사라지거나 삽입용 깔창과 정형외과용 신발이 효과가 없는 것으로 판명된 후, 환자는 여전히 다리를 절며 통증이 남아 있다고 말합니다. 변덕스러운 정형외과 전문의는 계속 추측을 할 것입니다. 아마도 더 강력한 주입술과 더 정교한 보철물을 사용할 것입니다. 정형외과 전문의가 운이 좋다면 이 치료법이 효과가 있을 것입니다. 이것은 정신적 장애를 단지 결함, 즉 정서적 절름발이로만 볼 때 일어나는 일을 비유적으로 표현한 것입니다. 잘못된 것을 바로잡는 데만 초점을 맞춘 치료법을 적용하면 진짜 원인을 놓치게 되고, 그 결과 단기적으로는 효과가 있는 것처럼 보이는 치료법을 사용하지만 결국 재발하게 됩니다.

반면, 통찰력 있는 정형외과 전문의는 무엇이 잘 작동되고 있는지 살펴서 치료법을 선택하고 미세하게 조정하는 방법을 사용할 것입니다. 최적으로 작동하지 않는 요소는 집중적으로 살펴보면서 잘 작동하는 요소는 그대로 유지하게 합니다. 그 결과 잘 작동하는 특성을 손상시키지 않는 치료법을 찾아내게 됩니다. 이렇게 하면 통증이 완화될 뿐만 아니라 지속 가능한 교정으로 가는 행동 방침(조치법)을 제공할 수 있습니다.

다리를 절뚝거리는 환자의 문제가 어디에 있을지 잠시 생각해 보세요. 발목이나 무릎의 관절 문제, 근력 약화, 물집, 종양, 사마귀, 건막류 등과 같이 다양한 원인이 있을 수 있습니다. 심지어 척추에 이상이 있거나 골절과 같은 부상의 결과로 통증이 발생할 수도 있습니다. 이 중 하나라도 원인이 될 수 있는 경우 주사, 삽입용 깔창 또는 교정용 신발은 일시적인 증상 완화 이상의 효과를 제공하지 못합니다. 치료가 잠시 효과가 있는 것처럼 보이지만 결국에는 실패할 수 있습니다.

DSM만으로는 증상에 대한 진단이 불완전하다는 점에서 우리도 비슷한 입장입니다. 정서적 장애의 주요 증상이 인지적 왜곡이라 볼 때, 그것이 PTSD(외상 후 스트레스 장애)를 초래한 외상적 사건에 의한 것인지 아닌지를 알 수가 없습니다. 공포증 때문인지? 아니면 강박증 때문인지? 또는 불안이나 우울증 때문인지? 아니면 조현병의 증상인지? 왜곡된 것, 증상을 치료하는 것만으로는 지속적인 교정이 이루어졌다고 할 수 없습니다.

하지만 정형외과 전문의가 환자 다리의 병력에 대해 다양한 질문을 하며 철저한 진찰과 평가를 한다면 어떨까요? 진찰, 엑스레이 및 검사 결과 아무런 문제 없이 다리의 기능이 최적으로 기능하고 있는 것으로 판명되면 어떻게 될까요? 그렇다면 훌륭한 정형외과 전문의는 어떻게 할까요? 다른 가능성을 찾아볼 것입니다. 환자가 지난 몇 년 동안 일주일에 30km를 달리는 열렬한 달리기 선수였다는 사실을 알게 된다면 어떨까요? 진단은 어떻게 진행될까요? 아마도 발을 과도하게 사용한 것으로 나올 것입니다. 이로 인해 어떤 질환이 발생할 수 있을까요? 족저근막염과 발뒤꿈치 경련은 지속적인 달리기로 인해 악화되는 두 가지 질환일 수 있습니다. 먼저 발뒤꿈치에서 발가락까지 발바닥 아래로 이어지는 인대인 발바닥(족저) 근막의 염증을 검사해 볼 수 있습니다. 염증이 확인되면 발뒤꿈치 뼈에 칼슘이 축적되는 발뒤꿈치 자극을 해결(제로화)할 수 있습니다.

이 비유에서 발뒤꿈치에 쌓이는 칼슘이 원인이라고 가정해 보겠습니다. 그러면 근력 약화나 골절과 같이 부족하거나 결핍된 것이 아니라 발의 과다 사용(초과 사용)의 문제이지, 과소 사용(결핍)의 문제가 아닙니다. 무언가를 너무 많이 사용하면 병리를 유발하는 조건이 생길 수 있습니다. 이 경우 과다 사용을 교정하면서 통증을 완화하는 것이 치료 계획이 될 수 있습니다. 이는 정신적 장애의 경우에도 마찬가지입니다.

이러한 관점은 유노이아(eunoia, 아름다운 생각, 선의)의 특성을 통해 정신병리를 이해하기 위한 기초적인 틀을 제공합니다. 어떤 성격강점이 잘 작동하는지 파악하고 이의 과다 사용, 과소 사용 또는 그 반대를 나타내는 특성을 인식함으로써 정서적 장애(절름발이)를 치료하는 방법을 더 명확하게 파악할 수 있습니다.

최적의 강점 사용으로 '딱 맞는' 균형을 가져오는 황금 중용의 개념을 생각해 보세요. 너무 팽팽하거나 느슨한 바이올린 줄처럼, 성격강점도 딱 맞을 수도 혹은 조율이 맞지 않을 수도 있습니다. 이 이론에서 정신건강과 심리적 웰빙은 성격강점을 최적으로 사용할 때 이루어집니다. 즉, 무언가 잘못되었다는 것은 24가지 성격강점 중 하나 이상이 적절한 범위에서 작동하지 않기 때문일 수 있습니다. 심리적 장애를 성격강점의 과다 사용과 과소 사용의 집합(조합)으로 설명할 수 있을까요? 특정 증상(질환)의 발현이 부분적으로 강점 불균형 패턴 때문일 수도 있을까요?

불균형을 바라보는 이러한 관점은 문제, 장애, 삶의 어려움에 대해 설명하는 가설적 서술방식입니다. 물론, 이 관점은 처방적 측면에도 상당한 잠재력이 있습니다. 예를 들어, 어떤 사람이 무관심과 같은 특성을 보일 때 이에 대한 치료 아이디어가 떠오를 수 있습니다. 그들의 경우 친절성 강점의 역량 개발이 필요합니다.

이와 관련하여 직접 질문하기, 성찰하기, 강점 발견하기, 마음챙김하기, 강점 인식-탐색-적용 모델 실행하기, 다른 사람들의 피드백 받기, 견인 효과, 완화 효과 등 성격강점을 최적으로 사용하거나 과다 사용 및 과소 사용하는 것을 관리하는 데 도움이 되는 몇 가지 실용적인 개입방법들이 자세히 설명되어 있고 이론화되어 있습니다(Niemiec, 2019). 다음에서는 후자의 두 가지에 초점을 맞추겠습니다.

- **견인 효과**: 견인 효과란 훨씬 더 익숙하게 사용하는 높은 강점(대표강점)으로 다른 성격강점을 강화(부양)하여 나타나는 효과를 말합니다. 내담자가 사용 빈도가 낮은 강점 중 하나를 강화하고자 하는 경우, 견인 효과는 의도적으로 가장 활력이 넘치는 대표강점 중 하나로 전환하여 낮은 강점을 강화할 때 발생합니다(Niemiec, 2019). 예를 들어, 내담자는 자신의 대표강점인 호기심을 사용하여 자신의 삶에서 낮은 강점인 신중함을 더 많이 사용할 수 있는 새로운 방법을 스스로 탐구해 볼 수 있습니다. 또 다른 내담자는 자신의 주변 생활이나 미디어, 책과 영화 등에서 용기 있는 사람들을 관찰함으로써 자신의 낮은

용감성 강점을 끌어올리기 위해 대표강점인 통찰력 강점을 사용할 수 있습니다. 이들은 더욱 용감하게 되기 위해서 용감성이 사용되는 방법과 용감한 사람이 그들에게 해 주는 조언을 고려해 볼 수 있습니다. 상담자는 견인 효과를 이끌어 내기 위해 내담자에게 다음과 같은 특정 질문을 할 수 있습니다.

- 자신의 대표강점 다섯 가지 중 하나를 활용하여 낮은 강점 하나를 강화할 수 있는 방법은 무엇일까요?
- 일반적으로 잘 사용하지 않는(과소 사용) 강점 중 하나를 성공적으로 사용한 상황을 생각해 보세요. 그 상황에서 어떤 성격강점이 낮은 강점을 강화하는 데 가장 크게 작용했나요?

- **완화 효과**: 완화 효과는 과도하게 사용된 강점을 완화하거나 관리하기 위해서 성격강점을 사용하는 것을 말합니다. 예를 들어, 회의에서 너무 많은 아이디어를 제시하여 그룹을 압도할 정도로 창의력을 과도하게 사용하는 사람을 생각해 보세요. 이 사람은 머릿속에 떠오르는 다음 아이디어를 공유하려는 충동을 자제하기 위해 자기조절 강점을 사용할 수 있습니다. 심한 자기비판과 부정적인 자기대화를 하며 판단력 및 비판적 사고력을 과도하게 사용하는 사람은 자신의 마음을 내려놓고 과한 것을 완화시키는 용서 강점으로 이 강점(판단력 및 비판적 사고)을 조절할 수 있습니다. 상담자는 다음과 같은 몇 가지 질문을 통해 완화 효과를 촉진할 수 있습니다.

- 어떤 성격강점이 과도하게 사용된 강점의 균형을 맞추는 데 도움이 될 수 있나요? 어떤 행동을 취할 수 있을까요?
- 어떤 강점을 과도하게 사용해서 다른 사람이나 자신에게 부정적인 영향을 미쳤던 상황을 생각해 보세요. 강점 사용에 균형을 맞추거나 강점의 과도 사용을 완화하기 위해서 어떤 성격강점을 사용했나요(사용할 수 있을까요)? 그러한 조절 행동은 어떤 모습이었나요(어떤 모습일까요)?

사례 연구

네덜란드에는 호베 보쇼르드(Hoeve Boschoord)라는 치료 시설이 있습니다. 저자 중 한 명(토마술로)은 이 시설의 직원들과 함께 치료 프로그램을 개발할 기회를 가졌습니다. 이 독특한 시설은 교도소, 병원, 정신과 치료 센터, 농장, 자전거 수리 공장으로 구성되어 있습니다. 이 시설은 여러 가지 진단을 받은 사람들을 치료하는 새로운 접근 방식을 가지고 있습니다. 이곳에 수감된 대부분의 남성은 지적장애, 정신장애, 그리고 보통 성범죄와 관련된 행동장애를 가지고 있습니다.

이러한 접근 방식에 가장 가까운 치료 스타일은 (생활 환경을 바꾸는) 환경 요법이나 치료를 위한 공동체라고 할 수 있습니다. 하지만 호베 보쇼르드는 그 이상의 시설입니다. 호베 보쇼르드는 일반적으로 다양한 증상을 동반한 진단을 받고 교도소에 복역해야 하는 사람들을 수용합니다. 일반적인 수감자들은 성범죄 또는 마약 범죄로 인해 이곳에 수감됩니다. 저자가 관여한 사례의 경우 수감된 남성은 성범죄로 7년 형을 선고받고 복역 중이었습니다.

이 프로그램의 매우 흥미롭고 독특한 특징 중 하나는 사람들이 형기를 시작하기 위해 시설에 들어오면 곧바로 그들이 돌볼 비둘기나 토끼를 배정받는다는 것입니다. 가장 빠른 치료적 변화 중 하나로 목격할 수 있었던 것은 매우 불안정하고 파괴적이며 폭력적이고 위험한 사람들이 이 작고 무력한 동물들에게 엄청난 애착과 보살핌, 관심을 보이는 것이었습니다. 어떻게 이런 변화가 일어났을까요? 세 가지 중요한 요소에서 답을 찾을 수 있습니다.

첫째, 작은 동물에게 친절하게 대하는 것이 치료 계획의 일부로 간주되는 이유를 이해하는 것입니다. 문제의 수감자들은 법적 기준으로 볼 때 잔인하고 냉담했습니다. 그들은 다른 사람의 신체적 안녕과 권리를 일절 배려 없이 침해했으며, 말 그대로 잔인하고 냉담했습니다. 이러한 증상이 나타난 것은 많은 상황에서 친절성 강점의 현저한 과소 사용의 모습을 보여 줍니다. 즉, 그들의 행동은 그들의 삶에서 친절성이라는 요소가 없다는 것을 나타냅니다. 이 남성들의 삶에서 필요한 것은 좀 더 친절해지는 것이었습니다. 이러한 교정, 즉 치료적 변화가 나타나게 된 것은 그동안 심하게 과소 사용되었던 강점을 키우는 데서 비롯되었습니다.

둘째, 그들이 시설에 들어올 때 비둘기나 토끼를 배정하는 것은 그들의 이력을 고려할 때 잘못된 계획처럼 보일 수 있습니다. 그러나 이 작은 동물들의 웰빙은 재소자들의 수감 기간과 연결되어 있었습니다. 만약 수감 첫해에 그 동물이 어디에서든 죽으면 그들의 수감되었던 기간이 0(시작지점)으로 되돌아가기 때문입니다. 수감자들은 이같이 다른 생명의 안녕을 돌보아야 하는 깊은 동기를 부여받게 되었습니다. 즉, 수감자의 안녕은 다른 생명에 대한 보살핌과 그 생명의 안녕하고 직결되어 있었습니다. 따라서 심미안 성격강점이 직접적으로 육성되었습니다.

마지막으로, 이것은 호베 보쇼르드에서 이루어진 여러 가지 개입 중 첫 번째에 불과했습니다. 매년 그들은 돌봐야 할 동물들을 배정받고 농장에서의 임무를 맡았으며, 심지어 그들의 치료 여정의 일환으로 송아지 출산을 돕는 일에도 참여했습니다. 각 단계에서 이들의 참여 수준은 자신의 웰빙과 연결되었습니다. 다른 사람을 돌봄으로써 그들 스스로를 돌보고 있는 것입니다. 이들은 인간애와 정의, 절제와 초월이라는 성격강점을 활용하고 있습니다. 그리고 그룹 치료에 대한 대단한 강조와 함께 지역사회를 지원해야 할 필요성을 인식하도록 하기 위해 그들도 그들을 지원하기 위해 존재하는 더 큰 공동체의 일원임(협동성/팀워크)을 강조하는 환경적 구성요소에 의해 치료가 뒷받침되고 있었습니다.

신기하게도 '우리 본성의 선한 측면'을 계발하는 데 중점을 둔 이 독특한 프로그램이 재범 치료에 가장 효과적인 프로그램 중 하나로 밝혀졌습니다.

향후 방향

지금까지 여러 가지 중요한 개념과 흥미로운 연구 결과를 강조했지만, 성격강점과 정신적 고통 또는 정신병리와의 상호작용에 대해서는 지금까지 알려진 것보다 아직 알려지지 않은 것이 훨씬 더 많이 있습니다. 모델과 체계가 수정되거나 개발됨에 따라 이 분야에서의 임상연구에 대한 필요성이 크게 증가되고 있습니다. 개별(단일) 성격강점 개입에 대한 무작위 개입 연구는 내담자를 돕는 실무자의 개입 자원(능력)을 구축하는 데 도움이 될 것입니다. 이러한 연구는 우울증이나 불안증 프로그램과 같이 특정한 도움이 필요한 집단을 위한 성격강점을 활용한 향후 다단계 프로그램 개발과 적용에 도움이 될 것입니다.

발전 가능성이 높은 분야 중 하나는 강점 과다 사용 및 과소 사용 패턴의 관점을 통해 각 심리적 장애를 이해하는 것입니다. 이러한 현상에 의해 장애가 더 명확하게 이해되고 부분적으로 또는 충분하게 설명됨에 따라 새로운 기회가 생겨날 것입니다. 이러한 연구의 반복 실시가 필요하며, 완화 효과와 견인 효과를 활용하는 치료법이 뒤따라 개발될 수 있을 것입니다. 이러한 프로그램은 다른 치료법을 대체하는 것이 아니라 기존 치료법에 비슷한 대안을 제공하거나 보조적인 역할을 할 수 있습니다.

주요 내용

- 심리학의 정신장애 치료의 역사는 주로 고통을 완화하는 데 초점을 맞춰 왔습니다.
- 정신건강 문제는 주로 정신건강 문제의 지속성으로 인해 문제가 될 수 있으므로 치료 계획은 접근 방식에 있어서 계층화될 필요가 있습니다. 지속 가능한 변화를 가져올 수 있는 개입방법을 찾기 위한 목표를 갖고 고통과 잠재력 모두 평가에 포함시켜야 합니다.
- 부정적인 감정과 증상을 하향 조절하는 것 외에도 번창과 번영에 유리한 방향으로 나아가려는 목표를 갖고 긍정적인 감정과 특성을 상향 조절하기 위한 별도의 개입이 필요합니다.
- 성격강점 접근법은 긍정 유전학적 체계입니다.
- 수많은 연구에서 성격강점이 정신질환과 정신적 취약성에 대해 실질적이고 중요한 완

충 효과를 제공한다는 사실이 밝혀졌습니다.

- 연구에 따르면 좋은 정신건강을 만드는 데 가장 중요한 것으로 인식되는 성격강점은 사랑, 친절성, 호기심, 창의성, 통찰력입니다.
- 연구에 따르면 개인은 행동이나 사고의 변화를 위해 성격강점을 사용하기보다는 어려운 시기에 정서적 대처방안으로 성격강점을 사용하는 것을 선호한다고 합니다.
- 측정과 치료에서 결함 기반 관점에서 강점 기반 인식과 개입 관점으로 패러다임을 전환할 필요가 있습니다. 이는 웰빙을 측정하고 접수 면접, 치료 계획, 재발 방지 목표의 성격을 변화시킴으로써 이루어질 수 있습니다.
- 성격강점은 어떤 상황이나 맥락에 따라 과다 사용되거나, 과소 사용되고, 최적으로 사용되는 것으로 나타날 수 있습니다.
- 성격강점을 최적으로 사용하는 것은 삶의 만족도 및 번영과 긍정적인 상관관계가 있으며, 우울증과는 부정적인 상관관계가 있습니다. 마찬가지로 최적이 아닌 차선의 사용(과소 사용과 과다 사용)은 우울증 증가와 번영 및 삶의 만족도 감소와 유의미한 관련이 있습니다. 연구자들은 사회불안장애, 강박장애, 경계성 성격장애에 대한 (성격강점의) 초기 패턴을 발견했습니다.
- 긍정심리치료는 성격강점 및 기타 긍정적인 개입 방안을 도입하고 활용하는 포괄적인 치료 접근법입니다.
- 성격강점의 견인 효과는 다른 강점(일반적으로 '과소 사용되는' 강점)을 강화하기 위해 대표강점을 사용할 때 나타나는 효과입니다. 완화 효과는 과도하게 사용된 강점의 균형을 맞추거나 강점의 과도 사용을 완화하기 위해서 다른 성격강점을 사용할 때 나타나는 효과입니다.

참고문헌

Ali, S., Rhodes, L., Moreea, O., McMillan, D., Gilbody, S., Leach, C., et al. (2017). How durable is the effect of low-intensity C.B.T. for depression and anxiety? Remission and relapse in a longitudinal cohort study. *Behaviour Research and Therapy, 94*, 1-8.

Antonovsky, A. (1979). *Health, stress, and coping. New perspectives on mental and physical well-being* (pp. 12-37). Jossey-Bass.

Aristotle. (2000). *Nicomachean ethics* (R. Crisp, Trans.). Cambridge University Press (Original work composed 4th century BCE).

Burcusa, S. L., & Iacono, W. G. (2007). Risk for recurrence in depression. *Clinical Psychology Review, 27*(8), 959-985.

Cheng, X., Bu, H., Duan, W., He, A., & Zhang, Y. (2020). Measuring character strengths as possible protective factors against suicidal ideation in older Chinese adults: A cross-sectional study. *BMC Public Health, 20*. https://doi.org/10.1186/s12889-020-8457-7

Chiesa, A., Serretti, A., & Jakobsen, J. C. (2013). Mindfulness: Top-down or bottom-up emotion regulation strategy? *Clinical Psychology Review, 33*(1), 82-96. http://www.azmonyar.com/DownloadPDF/57782853.pdf

Chu, M. H. W., Lau, B., Leung, J., Chan, S. C., Tang, B., Lau, C., et al. (2022). Positive psychotherapy for psychosis in Hong Kong: A randomized controlled trial. *Schizophrenia Research, 240*, 175-183.

Datu, J., & Niemiec, R. M. (2023). *Disability: Character strengths, stigma, and acceptance across different disabilities*. Data from 21,800 people, collected on the VIA Institute on Character website.

De Witte, N. A., Sütterlin, S., Braet, C., & Mueller, S. C. (2017). Psychophysiological correlates of emotion regulation training in adolescent anxiety: Evidence from the novel PIER task. *Journal of Affective Disorders, 214*, 89-96. https://biblio.ugent.be/publication/8526865

Demirci, İ., Ekşi, H., Ekşi, F., & Kaya, C. (2019). Character strengths and psychological vulnerability: The mediating role of resilience. *Current Psychology*. https://doi.org/10.1007/s12144-019-00533-1

Eippert, F., Veit, R., Weiskopf, N., Erb, M., Birbaumer, N., & Anders, S. (2007). Regulation of emotional responses elicited by threat-related stimuli. *Human Brain Mapping, 28*(5), 409-423. https://onlinelibrary.wiley.com/doi/full/10.1002/hbm.20291

Fredrickson, B. L. (2004). Gratitude, like other positive emotions, broadens and builds. *The Psychology of Gratitude, 145*, 166.

Freidlin, P., Littman-Ovadia, H., & Niemiec, R. M. (2017). Positive psychopathology: Social anxiety via character strengths underuse and overuse. *Personality and Individual Differences, 108*, 50-54.

Hall-Simmonds, A., & McGrath, R. E. (2019). Character strengths and clinical presentation. *The Journal of Positive Psychology, 14*(1), 51-60.

Huta, V., & Hawley, L. (2010). Psychological strengths and cognitive vulnerabilities: Are they two ends of the same continuum or do they have independent relationships with well-being and illbeing? *Journal of Happiness Studies, 11*, 71-93.

Iwamoto, S. K., Alexander, M., Torres, M., Irwin, M. R., Christakis, N. A., & Nishi, A. (2020). Mindfulness meditation activates altruism. *Scientific reports, 10*(1), 6511.

Katsumi, Y., & Dolcos, S. (2020). Suppress to feel and remember less: Neural correlates of explicit and implicit emotional suppression on perception and memory. *Neuropsychologia, 145*, 106683.

Littman-Ovadia, H., & Freidlin, P. (2019). Positive psychopathology and positive Functioning: OCD, flourishing and satisfaction with life through the lens of character strength underuse, overuse and optimal use. *Applied Research in Quality of Life*. https://doi.org/10.1007/s11482-018-9701-5

Livingstone, K. M., & Srivastava, S. (2012). Up-regulating positive emotions in everyday life: Strategies, individual differences, and associations with positive emotion and well-being. *Journal of Research in Personality, 46*(5), 504-516.

McTiernan, K., Gullon-Scott, F., & Dudley, R. (2020). An exploration of strength use and its relationship with life satisfaction, positive self-beliefs and paranoid ideation. *International Journal of Wellbeing, 10*(2), 53-70.

Neff, K. D. (2003). Self-compassion: An alternative conceptualization of a healthy attitude toward oneself. *Self and Identity, 2*, 85-101.

Niemiec, R. M. (2014). Mindfulness and character strengths: A practical guide to flourishing. Hogrefe.

Niemiec, R. M. (2019). Finding the golden mean: the overuse, underuse, and optimal use of character strengths. *Counselling Psychology Quarterly, 32*(3-4), 453-471.

Niemiec, R. M. (2020). Six functions of character strengths for thriving at times of adversity and opportunity: A theoretical perspective. *Applied Research in Quality of Life, 15*, 551–572. https://doi.org/10.1007/s11482-018-9692-2

Niemiec, R. M. (2023). Mental health and character strengths: The dual-role of boosting well-being and reducing suffering. *Mental Health and Social Inclusion*. https://doi.org/10.1108/MHSI-01-2023-0012

Ormel, J., Hollon, S. D., Kessler, R. C., Cuijpers, P., & Monroe, S. M. (2022). More treatment but no less depression: The treatment-prevalence paradox. *Clinical Psychology Review, 91*, 102111.

Peterson, C. (2006). The values in action (VIA) classification of strengths. In M. Csikszentmihalyi & L. Csikszentmihalyi (Eds.), *A life worth living: Contributions to positive psychology* (pp. 29–48). Oxford University Press.

Prince, M., Patel, V., Saxena, S., Maj, M., Maselko, J., Phillips, M. R., & Rahman, A. (2007). No health without mental health. *The Lancet, 370*(9590), 859–877.

Quoidbach, J., Mikolajczak, M., & Gross, J. J. (2015). Positive interventions: An emotion regulation perspective. *Psychological Bulletin, 141*(3), 655.

Rashid, T. (2015). Positive psychotherapy: A strength-based approach. *The Journal of Positive Psychology, 10*(1), 25–40. https://doi.org/10.1080/17439760.2014.920411

Rashid, T., & Seligman, M. P. (2018). *Positive psychotherapy: Clinician manual*. Oxford University Press.

Rubin-Falcone, H., Weber, J., Kishon, R., Ochsner, K., Delaparte, L., Doré, B., et al. (2018). Longitudinal effects of cognitive behavioral therapy for depression on the neural correlates of emotion regulation. *Psychiatry Research: Neuroimaging, 271*, 82–90.

Salzberg, S. (1995). *Lovingkindness: The revolutionary art of happiness*. Shambhala.

Schutte, N. S., & Malouff, J. M. (2019). The impact of signature character strengths interventions: A meta-analysis. *Journal of Happiness Studies, 20*, 1179–1196.

Seligman, M. E. (2015). Chris Peterson's unfinished masterwork: The real mental illnesses. *The Journal of Positive Psychology, 10*(1), 3–6.

Seligman, N. (2023). *The underuse and overuse of character strengths in borderline personality disorder symptoms*. ETD Collection for Fordham University. AAI28774578. https://research.library.fordham.edu/dissertations/AAI28774578

Seligman, M. E., & Csikszentmihalyi, M. (2000). *Positive psychology: An introduction*

(Vol. 55, No. 1, p. 5). American Psychological Association.

Silton, R. L., Kahrilas, I. J., Skymba, H. V., Smith, J., Bryant, F. B., & Heller, W. (2020). Regulating positive emotions: Implications for promoting well-being in individuals with depression. *Emotion, 20*(1), 93.

Slade, M., Brownell, T., Rashid, T., & Schrank, B. (2016). *Positive psychotherapy for psychosis: A clinician's guide and manual*. Routledge.

Sueki, H. (2020). What character strengths are protective factors for suicidal ideation?: A cross-sectional study in Japan. *Psychology, Health & Medicine*. https://doi.org/10.1080/1354850 6.2020.1758334

Waters, L., Algoe, S. B., Dutton, J., Emmons, R., Fredrickson, B. L., Heaphy, E., Moskowitz, J. T., Neff, K., Niemiec, R. M., Pury, C., & Steger, M. (2021). Positive psychology in a pandemic: Buffering, bolstering, and building mental health. *Journal of Positive Psychology*. https://doi.org/10.1080/17439760.2021.1871945

Zaehringer, J., Jennen-Steinmetz, C., Schmahl, C., Ende, G., & Paret, C. (2020). Psycho-physiological effects of downregulating negative emotions: Insights from a meta-analysis of healthy adults. *Frontiers in Psychology, 11*, 470.

제 7 장 신체적, 의학적 장애(질병)와 성격강점

힘은 신체적 능력에서 나오는 것이 아닙니다.

불굴의 의지에서 나옵니다.

-마하트마 간디

개념

건강하다는 것은 질병이 없는 것 그 이상입니다(Seligman, 2008). 성격강점은 건강증진과 질병 관리 모든 측면에서 결정적 역할을 합니다(Niemiec & Yarova, 2018). 웰빙의 기회를 증진하며 회복탄력성 계발과 같은 역경 상황에 대한 관리에 있어서 성격강점이 중요한 기능을 발휘한다는 것이 이론적으로 체계화되었습니다(Niemiec, 2019a). 성격강점의 웰빙 증진과 역경 대처의 기능은 개인이 신체적, 의학적 장애 진단을 받고 대처할 때 분명하고 중요한 역할을 합니다.

의학 분야의 대표 저널인 『미국의학협회지(JAMA)』에서는 의료 및 헬스케어 환경에서 환자 치료와 번영을 위한 핵심 요소 중 하나로 성격이 논의되고 있습니다(VanderWeele, 2019).

신체장애는 생식기 뼈의 기형, 관절염, 뇌성마비, 척수 손상, 다발성 척수염 등과 같이 개인의 신체 활동에서 움직이고 체력을 유지하는 능력을 손상시키는 질병과 관련이 있습니다. 이러한 장애에 대한 낙인은 신체적 장애를 가진 사람들과 접촉하면서 줄어들 수 있습니다. 친절성, 공정성, 사회지능, 학구열(또한 통찰력, 심미안, 호기심) 등의 성격강점이 높은 사람은 낙인하는 것이 적고, 자기조절, 끈기, 영성 강점은 낙인과 상관관계가 있다는 결과가 있습니다(Datu & Niemiec, 2023). 성격강점은 인간성과 고통을 연결하는 언어를 제공합니다.

만성 질환 및 장애(CID)는 오랫동안 재활 심리학의 주요 관심사였습니다. 장애에 대한 긍정적 심리사회적응과의 연계성 및 중첩성은 성격강점 개발이 재활 심리학의 개입 분야에서 매우 관련성이 높고 중요한 부가 요소가 될 수 있음을 시사합니다(Livneh & Martz, 2016).

연구

특정 질환이나 진단을 성격강점 렌즈(방법)를 통해 광범위하게 조사한 연구는 많지 않지만, 성격강점과 관련하여 신체적 조건과 의학적 상태에 대해 수행한 연구들은 많습니다. 다양한 질환을 순서대로 살펴보며 몇 가지 사례를 검토합니다.

- **심장 질환**: 허프만 등(Huffman et al., 2011, 2016)의 두 연구는 개입 관점에서 심장병 환자를 연구했습니다. 연구진은 급성 관상동맥 증후군을 앓고 있는 환자들이 8주 동안 전화 개입을 통해 대표강점을 파악하고 사용하는 데 도움을 받았다는 사실을 발견했습니다. 또한 세 가지 성격강점(감사, 희망, 친절성)을 함께 사용하는 이완 그룹이 대조군에 비해 건강과 관련한 삶의 질이 향상된다는 사실을 발견했습니다. 또 다른 연구진은 481명의 심장 절개 수술 환자를 대상으로 한 대규모 연구에서 성격강점(희망과 영성)과 수술 후 여러 가지 일상생활 활동을 조사했습니다. 그 결과, 수술 전 긍정적인 영적(종교적)

대처를 추구한 사람들이 일상생활의 기능이나 활동에서 더 좋았다는 사실을 발견했습니다. 연구진은 수술 전 긍정적인 영적 대처가 수술 후 더 나은 기능이나 회복에 중요한 역할을 했을 수 있다고 결론지었습니다(Ai et al., 2021).

- **폐 질환**: 역학 데이터를 사용한 대규모 연구에서 약 10,000명의 노년층을 대상으로 진실성(성실성) 성격강점을 검사했습니다. 4년 추적 관찰 결과, 진실성(성실성)이 높은 사람은 폐 질환 위험이 18%, 우울증 위험이 11% 낮았으며 이동성 및 일상생활 활동에서 어려움이 덜한 것으로 나타났습니다(Weziak-Bialowolska et al., 2021).
- **섬유근육통**: 400명 이상의 섬유근육통 환자를 대상으로 한 연구에서 연구진은 질병 장애와 우울증 사이의 연관성과 관련하여 긍정적인 측면(희망)을 찾는 것이 중요하다는 사실을 강조합니다. 이들은 치료를 지원하기 위해 대표강점 개입을 사용하는 등 긍정적인 특성을 파악하여 개입하는 것이 환자를 위한 핵심 전략이라고 제안합니다(Hirsch et al., 2019).
- **만성 통증**: 성격강점과 통증 대처에 관한 두 가지 연구에서 통증관리에 대한 자기효능감과 가장 관련이 있는 성격강점은 활력이었습니다. 후속연구에서는 매일 활력 강점을 사용하는 다양한 방법에 대해 글을 써서 활력 강점 개입을 제공했으며, 이 개입은 통증에도 불구하고 적절히 기능할 수 있는 역량과 통증관리에 대한 자기효능감을 향상시키는 것으로 나타났습니다(Graziosi et al., 2020). 만성 요통 환자를 대상으로 한 소규모 연구에서는 성격강점과 감사 개입을 통해 날마다 행복감이 향상되고 분노가 줄어든 것으로 나타났습니다(Baxter et al., 2012).
- **뇌손상**: 행크스 등(Hanks et al., 2014)의 연구에 따르면 외상성 뇌손상 환자 집단을 연구한 결과, 성격강점과 미덕이 신체 건강과 장애를 예측하는 데 특별한 가치가 있다는 사실이 밝혀졌습니다. 성격강점, 회복탄력성, 긍정적인 기분은 후천적 뇌손상 환자 집단의 재활의학적 환경에서 치료 성공의 주요 요인(치료 기대 및 기능적 능력에 대한 인식 포함)과 관련이 있는 것으로 나타났습니다(Bertisch et al., 2014). 외상성 뇌손상을 입은 개인을 대상으로 한 무작위

개입 연구에서 성격강점 개입 그룹은 행복과 기분 측정에서 통제집단보다 우수한 것으로 나타났습니다(Andrewes et al., 2014).

- **소아 질환**: 생명을 위협하는 질병을 앓고 있는 어린이를 대상으로 한 연구에 따르면, 긍정적인 점(유익)을 발견하기와 성격강점(예: 사랑과 감사 강점)이 높을수록 시간이 지남에 따라 삶의 만족도가 긍정적으로 변화하는 것으로 나타났습니다. 결과적으로 긍정적인 감정은 활력과 감사 등 다양한 성격강점을 통해 시간이 지남에 따라 유익을 끼치는 변화가 예측되었습니다(Chaves et al., 2016a, b). 또한 이러한 연구 중 일부는 중증 아동을 대상으로 긍정적인 개입(예: 소원 들어주기)을 한 집단과 대기집단 대조군을 비교한 결과, 개입집단의 강점, 삶의 만족도, 긍정적 정서 수준이 증가하고 질병이 감소한 것으로 나타났습니다(Chaves et al., 2016a, b).
- **다발성 경화증**: 스메데마(Smedema, 2020)는 624명의 다발성 경화증 환자를 대상으로 조사한 결과 삶의 질(QoL)과 가장 강력한 연관성이 있는 성격강점은 활력, 희망, 영성이라는 사실을 발견했습니다. 장애는 성격강점과 삶의 질을 매개하는 변수가 아니었습니다. 가장 많은 인정을 받는 성격강점은 진실성, 친절성, 공정성이었습니다. 연구진은 성격강점이 질병의 부정적인 영향을 감소시킴으로써 다발성 경화증 환자의 삶의 질을 직접적으로 향상시킨다고 결론지었습니다.
- **수술 후 회복**: 한 사례 연구에서는 눈 수술 후 고통을 겪고 있는 환자를 대상으로 성격강점 개입을 제공했습니다. 이 개입은 강점을 파악하고 감사하기, 강점을 사용한 성공 사례와 최상의 행복 경험, 강점에 대한 실행 의도를 검토하는 데 중점을 두었습니다(Shinichiro et al., 2018).
- **일반적인 만성 질환**: 일반적인 만성 질환의 성격강점에 대한 여러 연구가 있으며 엄격한 검토가 이루어졌습니다. 주로 만성 질환 환자를 대상으로 하는 성격강점 기반 개입 임상 연구에 중점을 두었습니다. 연구 결과 이러한 개입이 자존감과 자기효능감을 높이고 우울증을 감소시키는 것으로 나타났습니다(Yan et al., 2020). 만성 질환 환자를 대상으로 한 긍정적인 개입에 대한 또

다른 연구에서는 감사와 친절성 강점을 가장 주목하는 두 가지 강점으로 제시했으며, 끈기, 사랑, 희망 강점 역시 연구할 필요성이 있음을 제안했습니다(Ghosh & Deb, 2017). 다른 연구에 따르면 신체적 장애가 있는 사람들의 경우 용감성, 친절성, 유머와 같은 성격강점이 높아도 이러한 강점이 삶의 만족도에 미치는 영향은 적은 것으로 나타났습니다(Peterson et al., 2006). 감사하는 마음이 신경근육 질환을 앓고 있는 사람들의 행복지수를 높이는 것과 같은 다양한 특정 성격강점과 웰빙의 연관성이 발견되었습니다(Emmons & McCullough, 2003).

- **COVID-19**: 긍정심리학 리더 그룹이 팬데믹 기간 동안 역경에 더 잘 대처하기 위한 최고의 실용적인 전략을 제공하기 위해 모였습니다. 이들은 정신질환을 완화하고 정신건강을 강화하기 위한 다양한 웰빙 주제(성격강점 포함)에 초점을 맞췄습니다(Waters et al., 2021). 특히 코로나19 기간 동안 대처 능력을 높이고 어려움을 재평가하기 위해 성격강점을 활용하는 실용적인 전략을 제시한 연구도 있었습니다(Rashid & McGrath, 2020).

코로나19 팬데믹 기간 동안 여러 국가에서 많은 실증 연구가 수행되었으며, 웰빙의 중요한 요소로서 성격강점을 조사했습니다. 한 대규모 국제 연구에서 코로나19 전후의 개인을 대상으로 조사한 결과, 17가지 성격강점이 소폭 증가한 것으로 나타났습니다. 또한 사회적 지지가 사랑, 신중성, 호기심, 용서, 감사, 진실성, 희망, 판단력, 리더십, 겸손, 활력 등 많은 성격강점을 소폭 증가시킨다는 사실을 발견했습니다(Amoury-Naddaf & Lavy, 2022). 코로나19 팬데믹의 역경 속에서 필리핀 학생들을 대상으로 한 통제집단 연구에서 성격강점 개입(예: 친절 또는 감사)을 경험한 학생들은 통제집단보다 긍정적인 정서가 유의하게 높았습니다(Datu et al., 2021). 2020년 코로나19 기간 중 이탈리아의 한 연구에서는 성격강점(전체)이 정신건강과 외상 후 성장 모두에 의미 있는 직접적 영향을 미치는 것으로 나타났으며, 또한 초월의 미덕은 정신건강과 유일하게 관련이 있는 반면, 인간애의 미덕은 외상 후 성장과 유일하게 관련이 있었습니다(Casali et al., 2021).

코로나19 팬데믹 봉쇄 기간 중 두 번째 이탈리아 연구에 따르면 희망, 활력, 신중성, 사랑, 용서 성격강점은 고통과 가장 부적으로 상관이 있는 반면, 심미안 강점은 고통과 유의미하게 정적으로 상관이 있는 것으로 나타났습니다. 또한 사랑과 활력 강점은 자기효능감과 가장 관련이 있었고, 활력은 일반적인 정신건강과 가장 관련이 있었습니다(Casali et al., 2020). 코로나19 기간 중 그리스에서 실시한 연구에 따르면 사랑, 호기심, 끈기, 희망, 활력 성격강점이 격리 기간 중 웰빙과 관련이 있는 것으로 나타났습니다(Vasileiou et al., 2021). 스페인의 한 코로나19 환자의 경우, 모든 성격강점이 정신건강과 긍정적 정서의 증가를 예측했습니다(긍정적 정서의 증가 결과에서 자제력 강점은 제외). 자제력, 대인관계, 강인함의 성격강점은 부정적인 영향의 감소를 예측했습니다(Martinez-Marti et al., 2020).

또 다른 연구에서는 코로나19 스트레스를 경험하는 만성 질환 및 장애를 가진 269명의 개인을 대상으로 조사했습니다. 연구진은 여러 성격강점이 코로나19 스트레스와 웰빙 사이의 관계를 유의미하게 독립적으로 조절한다는 사실을 발견했습니다(Umucu et al., 2020). 617명의 청소년을 대상으로 한 연구에서 성격강점은 코로나19 스트레스와 우울증 증상 사이의 관계를 완화하는 보호 요인으로 작용했습니다(Liu & Wang, 2021).

- **일반적인 신체장애**: 한 연구에서는 중국에서 다양한(대부분 후천적인) 신체적 장애를 가진 51명의 참가자를 대상으로 자신의 강점을 인식하고 활용하는 방법에 대해 조사했습니다. 22명의 통제집단과 비교했을 때, 자신의 강점을 사용할 수 있었던 사람들은 장애에 대처하면서 번영 수준도 향상되었습니다. 3개월간의 추적 관찰 결과, 성격강점 웰빙 개입을 받은 사람들은 통제집단에 비해 더 큰 회복탄력성을 보인 것으로 확인되었습니다. 중요한 점은 강점 기반 접근법의 초기 효과는 의미 있게 크지 않았지만 개입 후의 효과는 의미 있게 컸다는 점입니다. 이는 강점 개입이 일종의 수면자 효과(sleeper-effect)를 가져와 회복탄력성을 길러 지속적인 긍정적 적응을 촉진하는 것을 시사합니다(Bu & Duan, 2021).

실제(실무)

'건강 증진하기'와 건강한 라이프스타일 및 건강 행동을 성격강점과 연결하는 것의 중요성을 보여 주는 많은 연구가 있습니다. 이는 증상이나 질병을 줄이는 데 초점을 맞춘 접근 방식과는 별개로 하거나 이와 더불어 병행될 수 있습니다. 이 파트에서는 건강을 증진하고 질병을 관리하는 방법과 의료 및 헬스케어 전문가를 대상으로 할 수 있는 성격강점 개입방법에 대해 설명하고자 합니다.

건강 증진

먼저 성격강점과 건강 사이의 연관성에 대한 선구적인 연구 결과를 소개합니다. 이 주제에 관한 가장 큰 규모의 연구에는 159개국 60,000명의 피험자가 참여했는데, 연구 결과 건강한 식습관, 수면, 활동(운동), 사회적 관계, 자기관리 등 니믹(Niemiec, 2019b)의 다섯 가지 건강 기둥을 포함하여 성격강점과 건강 관련 삶의 질, 목적, 건강 행동 간의 수많은 연관성을 발견했습니다. 건강 관련 삶의 질 결과 전반과 활력, 자기조절, 희망, 감사 강점이 가장 강력한 연관성을 보였으며, 건강 행동 전반에 활력 및 자기조절이 가장 강력한 연관성을 보였습니다(Weziak-Bialowolska et al., 2023).

약 9,000명에게 신체적으로 건강하지 않을 때 가장 중요하다고 생각되는 24가지 성격강점 중 하나를 선택하도록 한 결과, 가장 높은 강점은 끈기(참가자의 11%)였습니다. 이어서 희망, 사랑, 자기조절, 유머 강점이 상위 5위를 차지했습니다(Niemiec, 2023). 이는 개인이 신체적 어려움에 대처하거나 극복하기 위해 의지할 수 있는 다섯 가지의 즉각적인 내부 자원 또는 개인적인 개입을 가리킵니다. 많은 신체적, 정신적 장애와 신체적 질병을 극복하는 에너지(끈기), 몸을 돌보는 데 집중하는 훈련(자기조절과 사랑), 자신의 상황을 완전히 통제하지 못하는 것에 대해 갖게 되는 유쾌함과 웃음(유머), 현재의 고통에도 불구하고 미래를 긍정적으로 바라보는 낙관성(희망)이 다섯 가지 내부 자원이자 개입방법이 됩니다.

다른 연구에서는 성격강점을 활동적인 생활 방식, 건강한 식습관, 음식 섭취량 관리, 체력 관리 등 다양한 건강 행동과 연관시킨 바 있습니다. 겸손과 영성을 제외한 모든 성격강점은 여러 건강 행동과 연관성이 있는 것으로 나타났습니다. 전반적으로 자기조절 강점이 가장 높은 연관성을 보였지만, 호기심, 심미안, 감사, 희망, 유머 강점도 건강 행동과 강한 연관성을 보였습니다(Proyer et al., 2013). 신체 건강은 개발도상국(즉, 대다수 국가)을 대상으로 한 대규모 연구에서도 결정적으로 성격강점과 연관이 있는 것으로 나타났습니다. 예를 들어, 인도의 빈곤층 소녀 수천 명을 대상으로 한 무작위 대조 실험에서 성격강점(대표강점 파악 및 활용, 다른 강점의 구체적인 사례)이 포함된 커리큘럼 개입을 받은 소녀들은 통제집단뿐만 아니라 성격강점을 포함하지 않은 유사한 커리큘럼 개입을 받은 소녀들에 비해 신체 건강(및 심리 사회적 건강)에서 훨씬 큰 효과가 유의미하게 나타났습니다(Leventhal et al., 2015, 2016). 또한 식사, 운동, 업무 전반에 걸쳐 거의 모든 성격강점이 역량, 관계성, 자율성과 긍정적인 관련이 있는 것으로 나타났습니다(Stuntz, 2018).

2023년에 발표된 한 연구에서는 규칙적인 운동과 높은 수준의 운동이 스트레스 요인 이후 더 큰 회복력을 예측할 수 있는 것으로 나타났습니다. 또한 적당한 수준의 운동을 꾸준히 하면 우울증 정도가 개선된다는 사실도 밝혀졌습니다. 우울증이 증가하거나 높은 수준을 유지한 사람들은 스트레스 요인 이후 운동량이 감소했습니다. 운동은 우울증을 완화하고 회복력을 증진할 수 있습니다(Szuhany et al., 2023).

이러한 연구를 바탕으로 성격강점과 건강을 연결할 수 있는 실제적인 전략은 무수히 많습니다. 〈표 7-1〉에 표시된 것처럼 건강 모델의 다섯 가지 기둥(Niemiec, 2019b)과 위지악-비알로볼스카 등(Weziak-Bialowolska et al., 2021)의 설명 및 연구 결과를 살펴봅니다. 일부 사례의 경우, (연구와 표의) 설명이 건강 모델 기둥의 범위가 제공하는 것보다 더 좁은 경우도 있습니다(예: 수면과 운동에 대한 기둥). 이는 연구에서 과학적 명확성과 측정 목적의 달성을 위해 연구가 수행되었기 때문입니다.

〈표 7-1〉 건강의 다섯 가지 기둥과 대표강점(가장 높은 성격강점)의 연관성

건강의 다섯 가지 기둥	설명	상위 다섯 가지 성격강점 연결
건강한 식사 및 음주	일반적으로 과일과 채소가 많이 포함된 식단과 필수 영양소가 풍부한 음식 섭취, 건강에 해로운 음식(단 음식, 지방, 고칼로리 음료, 패스트푸드 식사 등) 섭취 관리, 매일 음식 및 음료 섭취량 관리(너무 많지도 적지도 않게), 충분한 물 마시기 등의 내용으로 정의합니다.	자기조절, 호기심, 심미안, 희망, 진실성
건강한 운동 (신체 활동)	일주일에 150분 동안 중등도의 격렬한 유산소 운동이나 다양한 근육군을 사용하는 근육 강화 운동을 2일 이상 실시합니다.	활력, 자기조절, 리더십, 끈기, 호기심
건강한 수면	매일 밤 충분한 휴식을 취합니다.	활력, 희망, 자기조절, 용서, 신중성
건강한 친목 활동	일반적으로 가족, 친구 및 이웃(커뮤니티)과 의미 있고 상호 유익한 사회적 관계를 매일 갖는 것을 의미합니다(대화나 활동에서 긍정적인 주고받음이 있음). 여기에는 즐거움, 타인과의 연결, 소속감 등이 포함됩니다.	활력, 호기심, 희망, 사랑, 협동심
건강한 자기돌봄	일반적으로 상쾌함, 집중력, 평온함(평화로움), 연결감을 느끼고, 스트레스(긴장감)를 더 잘 자각하거나 조절하는 데 도움이 되는 규칙적인 연습이나 활동에 참여하는 것을 의미합니다. 예를 들면, 마음챙김, 성격강점을 적극 활용하기, 취미(관심사) 활동하기, 자연 속에서 걷기, 이완 전략, 심신 전략, 요가, 조용한 시간 보내기, 명상, 평화로운 성찰, 기도, 영적 의식, 자애 실천(자신과 타인에게 긍정적인 메시지를 보내며 정서적 안정을 돕는 활동) 등이 있습니다.	희망, 활력, 자기조절, 통찰력

〈표 7-1〉을 바탕으로 몇 가지 성격강점 개입을 제안합니다. 대부분의 영역에서 활력, 자기조절, 희망은 촉진 요소입니다. 각 영역을 촉진하기 위한 연구와 개입에 대해 논의하면 다음과 같습니다.

활력

최근 연구에 따르면 규칙적인 운동은 우울증의 영향을 개선하고 주요 생활 스트레스 요인에 대처하는 데 도움이 되는 좋은 방법이 된다고 합니다. 스트레스가 많은 사건, 계속되는 난관, 반복적인 에너지 고갈은 운동을 통해 활력 강점을

촉진하는 직접적인 방법을 사용하여 극복하거나 교정할 수 있습니다(Szuhany et al., 2023). 다른 연구에 따르면 20분 정도의 활동만으로도 운동의 효과를 거둘 수 있다고 합니다(Reycraft et al., 2020). 운동을 할 수 있는 모든 방법을 살펴보는 것은 이 장의 범위를 넘어서는 것이지만, 운동 습관을 기르는 방법에 대한 제안은 어디에나 존재합니다. 메이요 클리닉에서 이에 관한 유용한 예를 제공합니다(Mayo Foundation for Medical Education and Research, 2022a, 2022b).

건강한 수면 패턴을 기르는 것은 에너지를 회복하고, 보충하고, 재충전하는 가장 좋은 방법 중 하나입니다. 수면 건강에는 일반적으로 규칙적인 일과와 취침 시간을 정하는 것이 포함됩니다. 잠들기 몇 시간 전에 음식을 먹고, 잠자리에 누워 있는 동안에는 일을 하지 않으며, 저녁 늦게 카페인을 섭취하지 않는 것이 숙면을 취하는 데 도움이 될 수 있습니다. 수면 부족은 에너지 소비를 늘리고, 칼로리 섭취를 늘리고, 비만을 유발할 수 있으며, 이 모든 것이 활력을 고갈시킵니다(Chaput et al., 2023).

자기조절

자기조절의 핵심은 계획적이고 명백한 통제를 지원하는 메커니즘 촉진 방법을 개발하여 이를 통해 암묵적인 조절을 이끌어 내는 것입니다. 신경 영상 기술을 사용한 연구에 따르면 명상은 자기조절과 관련된 뇌 영역의 활성화와 연결성을 개선하는 것으로 나타났습니다. 규칙적인 명상은 평생에 걸쳐 자기조절 능력을 향상시키는 것으로 나타났습니다(Tang et al., 2014).

자기조절을 계발하는 대중적인 증거 기반의 마음챙김 명상 프로그램으로는 마음챙김 기반 스트레스 감소(MBSR)와 마음챙김 기반 강점 연습(MBSP) 두 가지가 있습니다. 한 연구에서는 항불안제를 복용한 성인 환자 276명을 대상으로 8주간의 MBSR 프로그램과 MBSP 프로그램을 비교했습니다. MBSP는 8주 프로그램이기도 합니다. 연구진은 두 가지 방법 모두 심각한 불안 증상을 약 20% 감소시키는 데 동등하게 효과적이라는 사실을 발견했습니다(Hoge et al., 2023). 마음챙김과 성격강점을 통합한 MBSP 프로그램은 윤리 및 자기 성장(Baer, 2015;

Niemiec, 2012), 직장(조직)(Pang & Ruch, 2019), 학교(교육)(Lottman et al., 2017; Wingert et al., 2020), 장애 대상(Shogren et al., 2017) 등에 적용되어 좋은 연구 성과를 보이고 있습니다(Bretherton & Niemiec, 2019; Whelan-Berry & Niemiec, 2021). 이 방법의 매력은 마음챙김(자기인식적인 생활)과 성격강점의 상호 시너지 효과뿐만 아니라 웰빙 및 기타 결과에 있어 MBSR보다 MBSP가 우월하다는 것을 보여 주는 유익이 있습니다(예: Monzani et al., 2021).

희망

희망은 우리가 달성할 수 있다고 믿는 목표(주체성)와 그 목표를 달성하는 방법에 대한 계획(경로)을 포함합니다(Snyder et al., 1991). 주체성과 경로를 통해 목표를 달성한 긍정적인 경험을 중심으로 한 희망 강점 개입은 암과 관련된 심리적, 신체적 증상을 개선하는 데 성공적으로 사용되었습니다(Chan et al., 2019). 증거에 기반한 희망 치료는 강력하고 지속적인 결과를 가져오는 희망을 심어 주고 증가시키는 것을 목표로 존재합니다(Cheavens & Guter, 2018).

한 가지 개입의 예를 들면, 희망감을 촉진하기 위해 가장 작은 목표를 사용합니다(Tomasulo, 2020). 가장 작은 목표는 단기간에 달성할 수 있는 작고 구체적인 목표입니다. 대도시로 이사하는 것은 거시적 목표일 수 있지만, 임대용 원룸 아파트를 찾는 데 30분을 사용하는 것은 미시적 목표가 될 수 있습니다. 희망은 목표 달성에 대한 작은 긍정이며 이는 또한 목표를 달성할 수 있는 충분한 동기와 경로를 제공한다는 점에서 양방향적입니다. 일단 목표를 달성하면 성취감을 통해 긍정적인 경험이 더욱 강화됩니다. 아주 작은 목표를 사용하면 목표 설정에 대한 긍정적인 경험과 목표 달성을 위한 동기 부여 및 수단을 자극할 수 있습니다. 희망감을 높이기 위한 또 다른 개입방법은 토마술로(Tomasulo, 2020)의 연구에서 찾아볼 수 있습니다.

질병 관리

강점 기반 실천 방법을 계발하는 것은 만성 질환의 예방과 대처를 촉진하는 가장 좋은 방법 중 하나가 될 수 있습니다. 앞서 살펴본 건강한 기둥과 그 개입 사례에서 알 수 있듯이, 진행 중인 질병의 관리에서 강점을 구체적으로 촉진하는 방법을 찾는 것은 그 자체로 도움이 되는 전략일 뿐만 아니라 지속적인 치료의 촉진제이자 조력자가 될 수 있습니다. 692명의 환자를 대상으로 한 여덟 개의 연구를 메타분석한 결과 성격강점 기반 개입은 만성 질환 환자의 자존감과 자기효능감을 향상시킬 뿐만 아니라 우울증도 감소시키는 것으로 나타났습니다(Yan et al., 2020).

하버드 대학교 정량적 사회과학연구소의 인간 번영 프로그램에서 진행한 연구에서는 건강 및 은퇴 연구(HRS)의 데이터를 활용했습니다. 연구진은 희망 강점이 우리가 성숙해짐에 따라 배양해야 할 가장 강력한 특성 중 하나라고 결론지었습니다. 연구진은 평균 연령 66세의 약 13,000명의 참가자를 조사했습니다. 이 연구에서 인생의 희망 척도가 가장 높은 사람들은 더 오래 살고, 만성 질환, 암, 만성 통증, 수면 문제가 적은 것으로 나타났습니다. 또한 이들은 삶의 만족도와 목적의식이 훨씬 높았고, 심리적 스트레스가 낮았으며, 긍정적이고 인간관계가 더 좋았습니다. 희망이 낮은 사람들은 불안, 우울증, 외상 후 스트레스 장애의 위험이 높았습니다. 고달픈 미래에 맞서 희망 강점을 갖고 이를 계발하는 것은 질병에 대한 최고의 정서적 예방책이 될 수 있습니다(Long et al., 2020).

헬스케어 및 의료 전문가 지원

신체적 장애 및 질병을 가진 사람들과 함께 일하는 의료진에는 여러 유형이 있습니다. 의학 분야와 의사, 간호사, 의료 보조원, 레지던트 등 많은 의료 전문가가 성격강점 방법으로 연구하였습니다.

의사 직종은 오스트리아에서 진행된 여러 실험을 통해 연구되었습니다. 병원 의사들을 대상으로 한 연구에서는 웰빙과 관련된 수많은 성격강점을 밝혀냈는데, 특히 희망은 성공과, 열정은 업무 몰입 증가 및 감정 소진 감소와 관련이 있고, 끈기와 리더십은 비인격화 감소(Kachel et al., 2021), 자율성(Strecker et al., 2019)과 심리적 웰빙(Huber et al., 2019) 증진과도 연관성이 있는 것으로 나타났습니다. 겸손, 사회지능, 협동심 강점은 일관되게 낮은 상관관계를 보였지만, 인터뷰에서는 모든 성격강점이, 특히 겸손이 직장에서의 웰빙에 중요한 것으로 보고되었습니다(Kachel et al., 2021). 병원 의사를 대상으로 6개월간 추적 관찰한 또 다른 연구에서는 대표강점 적용과 인지된 사회 도덕적 분위기가 상호 긍정적인 영향을 미친다는 사실을 발견했습니다(Höge et al., 2019). 후버 등(Huber et al., 2020)은 다양한 의료 전문가들의 성격강점 프로파일을 조사하였습니다. 그 결과 의대생과 의사는 공정성, 진실성, 판단력, 친절성, 사랑 강점이 가장 높았으며, 일반 외과의사는 진실성과 신중성이 정신과 의사보다 더 높았습니다.

의대생과 레지던트 의사들의 경우 직장에서의 강점 활용은 웰빙 및 정신건강과 긍정적인 관련이 있었지만 신체 건강과는 관련이 없었습니다(Hausler et al., 2017). 호주에서는 개인적 이야기, 체험 실습, 명상 실습, 성찰 실습을 통해 임상적 맥락에서 VIA 분류를 통합한 과정을 이수한 의대생들을 대상으로 연구가 진행되었습니다. 연구 결과 학생들은 덕목에 대한 이해도가 향상되고 의료 실무에 미치는 영향이 커졌다고 스스로 보고했습니다(Seoane et al., 2016). 간호사의 경우, 간호사가 환자를 지원하기 위해 사용할 수 있는 강점의 근거, 개념, 연구 검토 및 개입에 초점을 맞춘 연구가 진행되었습니다(예: Macfarlane, 2019, 2022).

소진(번아웃) 줄이기

2016년에 발표된 메타분석에 따르면 의사의 소진현상이 거의 전염병 수준이라고 합니다(West et al., 2016). 최근의 연구에서도 이러한 현상은 여전한 것으로 나타났습니다(Johns et al., 2022). 의료 종사자들의 친절과 자비심 함양 필요성에 따라 스탠퍼드 대학교에서 8주간의 명상 프로그램인 자비심 함양 교육이 개발되었습니다. 이 프로그램은 교훈적인 방법, 토론, 증거 기반 명상 기법을 사용하여 전문 의료 종사자가 타인뿐만 아니라 자신에 대한 연민을 키울 수 있도록 노력합니다(Department of Psychiatry and Behavioral Sciences, n.d.).

친절성 성격강점을 키우는 것은 다른 사람에게 친절하게 대하거나 자신에 대해 더 나은 느낌을 주는 것 그 이상의 의미가 있습니다. 200개가 넘는 연구를 바탕으로 '연민학(compassionomics)'이라는 용어는 의료 종사자가 전하는 친절이 환자, 의료 시스템, 의료 제공자 모두에게 유익할 수 있음을 시사하는 것으로 발전했습니다(Trzeciak et al., 2017). 예를 들어, 환자의 경우 스트레스와 염증을 줄이고 위약 효과를 증가시키는 것으로 나타났습니다. 의료 시스템에 있어서도 의학적 오류가 줄어들고 더 낮은 비용으로 더 나은 치료적 효과가 나타나고 있습니다. 그리고 의료 서비스 제공자는 스트레스를 완화하고 자존감이 더 높아지는 것으로 나타났습니다. 이 연구가 계속 발전함에 따라 우리는 내면적으로는 자기관리와 자기개발을 위해, 외면적으로는 타인에게 유익을 제공하기 위해 성격강점을 주목하여 사용하는 것과 같이 성격강점 접근 방식, 모델 및 개입 방안을 연민학에 포함시키고 통합할 것을 제안합니다(Niemiec, 2018).

향후 방향

특정 의학적 및 신체적 장애의 원인, 상관관계 및 개입을 조사하기 위해 성격강점을 통합하는 것은 복잡한 영역입니다. 향후 연구 분야를 고려할 때, 우리는 다음과 같이 관심 있는 다양한 질문을 통해 이를 보다 심도 있고 폭넓게 보여 주려고 합니다.

- 성격강점을 과도하게 사용하거나 성격강점을 충분히 사용하지 않는 것(과소사용)이 신체장애를 유발하는 데 어떻게 원인이 될까요? 기존 상태를 어떻게 악화시키게 될까요?

- 성격강점은 성공적인 당뇨병 관리와 어떤 상관관계가 있을까요? 회복탄력성과 말기 암진단을 받는 것의 상관관계는 어떨까요?
- 사람들이 심장병에 대처하는 데 도움이 되도록 어떤 성격강점 개입을 하는 것이 가장 좋을까요? 척수 손상은 어떨까요? 이러한 상태나 다른 상태에서 대표강점의 역할은 무엇일까요?
- 대표강점을 사용하는 것과 같은 대중적인 개입이 수면 개선, 수술 후 문제 대처 또는 과민성 대장 증후군과 같은 위장 문제 극복에 어떻게 적용될 수 있을까요?
- 대표강점 적용은 건강의 5대 기둥을 육성하는 데 중요할까요? 어떤 기둥에 가장 큰 영향이 있을까요?
- 건강의 5대 기둥 중 하나 또는 모두에서 최고 상관관계를 가진 강점에 초점을 맞춘 무작위 연구가 효과적인 개입이 될까요? 그렇다면 어떤 환자에게 가장 도움이 될까요?
- 의사, 간호사 또는 기타 의료 전문가가 환자와의 상호작용에서 대표강점을 사용하는 것의 효과는 무엇일까요? 의료팀과 함께한다면, 의료 문화에 어떤 영향을 미칠 수 있을까요?
- 성격강점 개입을 어떻게 더 큰 규모로 확대하여 환자에게 더 광범위한 영향을 미칠 수 있을까요?
- 성격강점 개입을 어떻게 연민 기반 접근 방식에 통합하여 고객과 의료 서비스 제공자에게 최적의 혜택을 제공할 수 있을까요?

주요 내용

- 건강한 것은 질병이 없는 것 그 이상입니다. 성격강점은 건강하고 질병을 관리하는 데 중요한 역할을 합니다.
- 성격강점 개발은 재활 심리학 개입 도구 상자 목록에 매우 관련성이 높고 중요한 추가 사항이 될 수 있습니다.
- 특정 상태나 진단이 성격강점 방법을 통해 아직 광범위하게 검토되지는 않았지만, 다양한 의학적 및 신체적 상태에 대한 성격강점 연구가 이루어졌습니다.
- 건강한 삶을 위해 건강의 다섯 가지 기둥이 관찰되었으며, 성격강점은 건강한 식습관, 수면, 신체활동(운동), 사회적 활동 및 자기관리라는 중요한 기반을 형성합니다.
- 건강과 관련된 삶의 질 결과에 활력, 자기조절, 희망 및 감사 강점이 가장 강력한 연관성을 보였으며, 건강 행동과는 활력과 자기조절이 가장 강력한 관계가 있었습니다.
- 활력 강점을 기르기 위한 운동과 수면 위생, 자기조절을 용이하게 하기 위한 MBSR(마음챙김 기반 스트레스 감소)과 MBSP(마음챙김 기반 강점 연습) 프로그램, 희망을 키우기 위한 미시적 목표가 성격강점 개입 방안으로 논의되었습니다.
- 질병 관리를 위해 성격강점을 계발하면 긍정적인 영향이 나타날 수 있습니다. 노년기에 희망 강점은 더 오래 살고, 만성 질환이 적고, 암 발생률이 적고, 만성 통증이 적고, 수면 문제가 적고, 삶의 만족도가 높고, 삶의 목적의식이 있고, 심리적 스트레스가 적고, 긍정성이 더 강하고, 인간관계가 더 좋아지는 데 효과가 있습니다.
- 의대생과 레지던트 의사 대상 연구에서 직장에서 대표강점을 사용하는 것은 웰빙 및 정신건강과 긍정적인 관련이 있는 것으로 나타났습니다.
- 연민학은 의료 종사자가 전달하는 친절이 환자, 의료 시스템, 의료 제공자 모두에게 유익할 수 있음을 시사하기 위해 발전되었습니다.

참고문헌

Ai, A. L., Fincham, F. D., & Carretta, H. (2021). ADL and IADL following open-heart surgery: The role of a character strength factor and preoperative medical comorbidities. *Journal of Religion and Health*. https://doi.org/10.1007/s10943-

020-01146-w

Amoury-Naddaf, S., & Lavy, S. (2022). Character strengths development in COVID-19 pandemic: Exploring change in turbulent times. *Journal of Happiness Studies, 24*, 185-210.

Andrewes, H. E., Walker, V., & O'Neill, B. (2014). Exploring the use of positive psychology interventions in brain injury survivors with challenging behavior. *Brain Injury, 28*(7), 965-971.

Baer, R. (2015). Ethics, values, virtues, and character strengths in mindfulness-based interventions: A psychological science perspective. *Mindfulness, 6*, 956-969. https://doi.org/10.1007/s12671-015-0419-2

Baxter, H. J., Johnson, M. H., & Bean, D. (2012). Efficacy of a character strengths and gratitude intervention for people with chronic back pain. *The Australian Journal of Rehabilitation Counseling, 18*(2), 135-147. https://doi.org/10.1017/jrc.2012.14

Bertisch, H., Rath, J., Long, C., Ashman, T., & Rashid, T. (2014). Positive psychology in rehabilitation medicine: A brief report. *NeuroRehabilitation, 34*(3), 573-585.

Bretherton, R., & Niemiec, R. M. (2019). Mindfulness-based strengths practice (MBSP). In I. Ivtzan (Ed.), *Handbook of mindfulness-based programmes* (pp. 385-402). Routledge.

Bu, H., & Duan, W. (2021). Strength-based flourishing intervention to promote resilience in individuals with physical disabilities in disadvantaged communities: A randomized controlled trial. *Research on Social Work Practice, 31*(1), 53-64. https://doi-org.ezproxy.cul.columbia.edu/10.1177/1049731520959445

Casali, N., Feraco, T., Ghisi, M., & Meneghetti, C. (2020). "Andrà tutto bene": Associations between character strengths, psychological distress and self-efficacy during covid-19 lockdown. *Journal of Happiness Studies*. Advance online publication. https://doi.org/10.1007/s10902-020-00321-w.

Casali, N., Feraco, T., & Meneghetti, C. (2021). Character strengths sustain mental health and post-traumatic growth during the COVID-19 pandemic. A longitudinal analysis. *Psychology and Health*. https://doi.org/10.1080/08870446.2021.1952587

Chan, K., Wong, F. K., & Lee, P. H. (2019). A brief hope intervention to increase hope level and improve well-being in rehabilitating cancer patients: A feasibility test. *Sage Open Nursing, 5*, 2377960819844381.

Chaput, J. P., McHill, A. W., Cox, R. C., Broussard, J. L., Dutil, C., da Costa, B. G., et al. (2023). The role of insufficient sleep and circadian misalignment in obesity. *Nature Reviews Endocrinology, 19*(2), 82-97.

Chaves, C., Hervas, G., García, F. E., & Vazquez, C. (2016a). Building life satisfaction through well-being dimensions: A longitudinal study in children with a life-threatening illness. *Journal of Happiness Studies, 17*(3), 1051-1067. https://doi.org/10.1007/s10902-015-9631-y

Chaves, C., Vázquez, C., & Hervás, G. (2016b). Positive interventions in seriously-ill children: Effects on well-being after granting a wish. *Journal of Health Psychology, 21*(9), 1870-1883. https://doi.org/10.1177/1359105314567768

Cheavens, J. S., & Guter, M. M. (2018). Hope therapy. In M. W. Gallagher & S. J. Lopez (Eds.), *The Oxford handbook of hope* (pp. 133-142). Oxford University Press.

Datu, J., & Niemiec, R. M. (2023). *Disability: Character strengths, stigma, and acceptance across different disabilities*. Data from 21,800 people, collected on the VIA Institute on Character website.

Datu, J. A. D., Valdez, J. M., McInerney, D. M., & Cayubit, R. F. (2021). The effects of gratitude and kindness on life satisfaction, positive emotions, negative emotions, and COVID-19 anxiety: An online pilot experimental study. *Applied Psychology Health and Well-Being*. https://doi.org/10.1111/aphw.12306

Department of Psychiatry and Behavioral Sciences. (n.d.). *Compassion cultivation training for physicians and psychologists*. Department of Psychiatry and Behavioral Sciences. Retrieved March 4, 2023, from https://med.stanford.edu/psychiatry/education/cme/cct.html

Emmons, R. A., & McCullough, M. E. (2003). Counting blessings versus burdens: An experimental investigation of gratitude and subjective well-being in daily life. *Journal of Personality and Social Psychology, 84*, 377-389.

Ghosh, A., & Deb, A. (2017). Positive psychology interventions for chronic physical illnesses: A systematic review. *Psychological Studies*. https://doi.org/10.1007/s12646-017-0421-y

Graziosi, M., Yaden, D., Clifton, J., Mikanik, N., & Niemiec, R. M. (2020). A strengths-based approach to chronic pain. *Journal of Positive Psychology*. https://doi.org/10.1080/1743976 0.2020.1858337

Hanks, R. A., Rapport, L. J., Waldron-Perrine, B., & Millis, S. R. (2014). Role of character strengths in outcome after mild complicated to severe traumatic brain injury: A positive psychology study. *Archives of Physical Medicine and Rehabilitation, 95*(11), 2096-2102. https://doi.org/10.1016/j.apmr.2014.06.017

Hausler, M., Strecker, C., Huber, A., Brenner, M., Höge, T., & Höfer, S. (2017). Associations between the application of signature character strengths, health and well-being of health professionals. *Frontiers in Psychology, 8*. https://doi.org/10.3389/fpsyg.2017.01307

Hirsch, J. K., Treaster, M. K., Kaniuka, A. R., Brooks, B. D., Sirois, F. M., Kohls, N., Nöfer, E., Toussaint, L. L., & Offenbächer, M. (2019). Fibromyalgia impact and depressive symptoms: Can perceiving a silver lining make a difference? *Scandinavian Journal of Psychology*. https://doi.org/10.1111/sjop.12598

Höge, T., Strecker, C., Hausler, M., Huber, A., & Höfer, S. (2019). Perceived socio-moral climate and the applicability of signature character strengths at work: A study among hospital physicians. *Applied Research in Quality of Life*. https://doi.org/10.1007/s11482-018-9697-x

Hoge, E. A., Bui, E., Mete, M., Dutton, M. A., Baker, A. W., & Simon, N. M. (2023). Mindfulness-based stress reduction vs escitalopram for the treatment of adults with anxiety disorders: A randomized clinical trial. *JAMA Psychiatry, 80*(1), 13-21.

Huber, A., Strecker, C., Hausler, M., Kachel, T., Höge, T., & Höfer, S. (2019). Possession and applicability of signature character strengths: What is essential for well-being, work engagement, and burnout? *Applied Research in Quality of Life*. https://doi.org/10.1007/s11482-018-9699-8

Huber, A., Strecker, C., Kachel, T., Hoge, T., & Hofer, S. (2020). Character strengths profiles in medical professionals and their impact on well-being. *Frontiers in Psychology*. https://doi.org/10.3389/fpsyg.2020.566728

Huffman, J. C., Mastromauro, C. A., Boehm, J. K., Seabrook, R., Fricchione, G. L., Denninger, J. W., et al. (2011). Development of a positive psychology intervention for patients with acute cardiovascular disease. *Heart International, 6*(2), e14.

Huffman, J. C., Millstein, R. A., Mastromauro, C. A., Moore, S. V., Celano, C. M., Andres Bedoya, C., Suarez, L., Boehm, J. K., & Januzzi, J. L. (2016). A positive psychology intervention for patients with an acute coronary syndrome: Treatment development and proof-of-concept trial. *Journal of Happiness Studies, 17*(5), 1985-2006. https://doi.org/10.1007/s10902-015-9681-1

Johns, G., Samuel, V., Freemantle, L., Lewis, J., & Waddington, L. (2022). The global prevalence of depression and anxiety among doctors during the covid-19 pandemic: Systematic review and meta-analysis. *Journal of Affective Disorders, 298*, 431-441.

Kachel, T., Huber, A., Strecker, C., Hoge, T., & Hofer, S. (2021). Reality meets belief: A mixed methods study on character strengths and well-being of hospital physicians. *Frontiers in Psychology, 12*. https://doi.org/10.3389/fpsyg.2021.547773

Kawashima, M., Uchino, M., & Tsubota, K. (2018). Value of considering psychological strengths in patients with eye pain. *American Journal of Ophthalmology Case Reports, 12*, 91-92. https://doi.org/10.1016/j.ajoc.2018.10.003

Leventhal, K. S., Gillham, J., DeMaria, L., Andrew, G., Peabody, J., & Leventhal, S. (2015). Building psychosocial assets and wellbeing among adolescent girls: A randomized controlled trial. *Journal of Adolescence, 45*, 284-295. https://doi.org/10.1016/j.adolescence.2015.09.011

Leventhal, K. S., DeMaria, L. M., Gillham, J. E., Andrew, G., Peabody, J., & Leventhal, S. M. (2016). A psychosocial resilience curriculum provides the "missing piece" to boost adolescent physical health: A randomized controlled trial of girls first in India. *Social Science & Medicine, 161*, 37-46. https://doi.org/10.1016/j.socscimed.2016.05.004

Liu, Q., & Wang, Z. (2021). Perceived stress of the COVID-19 pandemic and adolescents' depression symptoms: The moderating role of character strengths. *Personality and Individual Differences, 182*, 111062. https://doi.org/10.1016/j.paid.2021.111062

Livneh, H., & Martz, E. (2016). Psychosocial adaptation to disability within the context of positive psychology: Philosophical aspects and historical roots. *Journal of Occupational Rehabilitation, 26*, 13-19.

Long, K. N., Kim, E. S., Chen, Y., Wilson, M. F., Worthington, E. L., Jr., & VanderWeele, T. J. (2020). The role of hope in subsequent health and well-being for older adults: An outcome-wide longitudinal approach. *Global Epidemiology, 2*, 100018.

Lottman, T., Zawaly, S., & Niemiec, R. M. (2017). Well-being and well-doing: Bringing mindfulness and character strengths to the early childhood classroom and home. In C. Proctor (Ed.), *Positive psychology interventions in practice* (pp. 83-105). Springer. https://doi.org/10.1007/978-3-319-51787-2_6

Macfarlane, J. (2019). Exploring how awareness of character strengths can benefit mental health nurses. *British Journal of Mental Health Nursing, 8*(3), 145-152. https://doi.org/10.12968/bjmh.2019.8.3.145

Macfarlane, J. (2022). Positive psychology pioneers: Ryan Niemiec's power and potential to influence mental health nursing. *British Journal of Mental Health Nursing*. https://doi.org/10.12968/bjmh.2022.0032

Martinez-Marti, M. L., Theirs, C. I., Pascual, D., & Corradi, G. (2020). Character strengths predict an increase in mental health and subjective well-being over a one-month period during the COVID-19 pandemic lockdown. *Frontiers in Psychology*. https://doi.org/10.3389/ fpsyg.2020.584567

Mayo Foundation for Medical Education and Research. (2022a, November 1). *5 basics of a well-rounded fitness routine*. Mayo Clinic. Retrieved March 4, 2023, from https://www.mayoclinic. org/healthy-lifestyle/fitness/in-depth/fitness-training/art-20044792

Mayo Foundation for Medical Education and Research. (2022b, May 7). *6 steps to better sleep*. Mayo Clinic. Retrieved March 4, 2023, from https://www.mayoclinic.org/healthy-lifestyle/ adult-health/in-depth/sleep/art-20048379

Monzani, L., Escartin, J., Ceja, L., & Bakker, A. B. (2021). Blending mindfulness practices and character strengths increases employee wellbeing: A second-order meta-analysis and a follow-up field experiment. *Human Resource Management Journal*. https://doi.org/10.1111/1748-8583.12360

Niemiec, R. M. (2012). Mindful living: Character strengths interventions as pathways for the five mindfulness trainings. *International Journal of Wellbeing, 2*(1), 22-33. https://doi.org/10.5502/ijw.v2i1.2

Niemiec, R. M. (2018). *Character strengths interventions: A field-guide for practitioners*. Hogrefe. Niemiec, R. M. (2019a). Six functions of character strengths for thriving at times of adversity and opportunity: A theoretical perspective. *Applied Research in Quality of Life*. https://doi.org/10.1007/s11482-018-9692-2. Full PDF Article

Niemiec, R. M. (2019b). *The strengths-based workbook for stress relief*. New Harbinger. Niemiec, R. M. (2023). Mental health and character strengths: The dual-role of boosting well-being and reducing suffering. Mental Health and Social Inclusion. https://doi.org/10.1108/ MHSI-01-2023-0012

Niemiec, R. M., & Yarova, A. (2018). Character strengths and health: Research summary (part 1). *Chronicle of Advances in Positive Health and Well-being, 1*(1) Available at: http://www.ippa-network.org/positive-health/character-strengths-and-health-research-summary-part-1/

Pang, D., & Ruch, W. (2019). Fusing character strengths and mindfulness interventions: Benefits for job satisfaction and performance. *Journal of Occupational Health Psychology, 24*(1), 150-162. https://doi.org/10.1037/ocp0000144

Peterson, C., Park, N., & Seligman, M. E. P. (2006). Greater strengths of character and recovery from illness. *The Journal of Positive Psychology, 1*(1), 17-26.

Proyer, R. T., Gander, F., Wellenzohn, S., & Ruch, W. (2013). What good are character strengths beyond subjective well-being? The contribution of the good character on self-reported health-oriented behavior, physical fitness, and the subjective health status. *Journal of Positive Psychology*.

Rashid, T., & McGrath, R. E. (2020). Strengths-based actions to enhance wellbeing in the time of COVID19. *International Journal of Wellbeing, 10*(4), 113-132. https://doi.org/10.5502/ijw.v10i4.1441

Reycraft, J. T., Islam, H., Townsend, L. K., Hayward, G. C., Hazell, T. J., & Macpherson, R. E. K. (2020). Exercise intensity and recovery on circulating brain-derived neurotrophic factor. *Med Sci Sports Exercise, 52*(5), 1210-1217.

https://doi.org/10.1249/MSS.0000000000002242

Seligman, M. E. P. (2008). Positive health. Applied Psychology, 57(1), 3-18. https://doi.org/10.1111/j.1464-0597.2008.00351.x

Seoane, L., Tompkins, L. M., De Conciliis, A., & Boysen, P. G. (2016). Virtues education in medical school: The foundation for professional formation. *The Ochsner Journal, 16*(1), 50-55.

Shinichiro, M., Kawashima, M., Uchino, M., & Tsubota, K. (2018). Value of considering psychological strengths in patients with eye pain. *American Journal of Ophthalmology Case Reports, 12*, 91-92. https://doi.org/10.1016/j.ajoc.2018.10.003

Shogren, K. A., Singh, N., Niemiec, R. M., & Wehmeyer, M. (2017). Character strengths and mindfulness. In M. Wehmeyer (Ed.), *Oxford handbooks online*. https://doi.org/10.1093/oxfor dhb/9780199935291.013.77

Smedema, S. M. (2020). An analysis of the relationship of character strengths and quality of life in persons with multiple sclerosis. *Quality of Life Research*. https://doi.org/10.1007/s11136-019-02397-1

Snyder, C. R., Harris, C., Anderson, J. R., Holleran, S. A., Irving, L. M., Sigmon, S. T., Yoshinobu, L., Gibb, J., Langelle, C., & Harney, P. (1991). The will and the ways: Development and validation of an individual-differences measure of hope. *Journal of Personality and Social Psychology, 60*(4), 570-585. https://doi.org/10.1037/0022-3514.60.4.570

Strecker, C., Huber, A., Höge, T., Hausler, M., & Höfer, S. (2019). Identifying thriving workplaces in hospitals: Work characteristics and the applicability of character strengths at work. *Applied Research in Quality of Life*. https://doi.org/10.1007/s11482-018-9693-1

Stuntz, C. P. (2018). Differences in character strengths levels and associations with positive outcomes across contexts. *Journal of Positive Psychology and Wellbeing, 3*(1), 45-61.

Szuhany, K. L., Malgaroli, M., & Bonanno, G. A. (2023). Physical activity may buffer against depression and promote resilience after major life stressors. *Mental Health and Physical Activity, 24*, 100505.

Tang, Y. Y., Posner, M. I., & Rothbart, M. K. (2014). Meditation improves self-regulation over the life span. *Annals of the New York Academy of Sciences, 1307*(1), 104-111.

Tomasulo, D. (2020). *Learned hopefulness: The power of positivity to overcome depression*. New Harbinger.

Trzeciak, S., Roberts, B. W., & Mazzarelli, A. J. (2017). Compassionomics: Hypothesis and experimental approach. *Medical Hypotheses, 107*, 92-97.

Umucu, E., Tansey, T. N., Brooks, J., & Lee, B. (2020). The protective role of character strengths in COVID-19 stress and well-being in individuals with chronic conditions and disabilities: An exploratory study. *Rehabilitation Counseling Bulletin*. https://doi.org/10.1177/0034355220967093

VanderWeele, T. J. (2019). Reimagining health - Flourishing. *Journal of the American Medical Association* (*JAMA*), E1-E2. https://doi.org/10.1001/jama.2019.3035

Vasileiou, D., Moraitou, D., Papaliagkas, V., Pezirkianidis, C., Stalikas, A., Papantoniou, G., & Sofologi, M. (2021). The relationships between character strengths and subjective wellbeing: Evidence from Greece under lockdown during COVID-19 pandemic. *International Journal of Environmental Research and Public Health, 18*.

Waters, L., Algoe, S. B., Dutton, J., Emmons, R., Fredrickson, B. L., Heaphy, E., Moskowitz, J. T., Neff, K., Niemiec, R. M., Pury, C., & Steger, M. (2021). Positive psychology in a pandemic: Buffering, bolstering, and building mental health. *Journal of Positive Psychology*. https://doi.org/10.1080/17439760.2021.1871945

West, C. P., Dyrbye, L. N., Erwin, P. J., & Shanafelt, T. D. (2016). Interventions to prevent and reduce physician burnout: A systematic review and meta-analysis. *The Lancet, 388*(10057), 2272-2281.

Weziak-Bialowolska, D., Bialowolski, P., & Niemiec, R. M. (2021). Being good, doing good: The role of honesty and integrity for health. *Social Science and Medicine, 291*. https://doi.org/10.1016/j.socscimed.2021.114494

Weziak-Bialowolska, D., Bialowolski, P., & Niemiec, R. M. (2023). Character strengths and health-related quality of life in a large international sample: A cross-sectional analysis. *Journal of Research in Personality, 103*. https://doi.org/10.1016/j.jrp.2022.104338

Whelan-Berry, K., & Niemiec, R. M. (2021). Integrating mindfulness and character strengths for improved well-being, stress, and relationships: A qualitative analysis of mindfulness-based strengths practice. *International Journal of Wellbeing, 11*(2). https://doi.org/10.5502/ijw.v11i2.1545

Wingert, J. R., Jones, J. C., Swoap, R. A., & Wingert, H. M. (2020). Mindfulness-based strengths practice improves well-being and retention in undergraduates: A preliminary randomized controlled trial. *Journal of American College Health*. Advance Online Publication. https://doi.org/10.1080/07448481.2020.1764005.

Yan, T., Chan, C. W. H., Chow, K. M., Zheng, W., & Sun, M. (2020). A systematic review of the effects of character strengths-based intervention on the psychological well-being of patients suffering from chronic illnesses. *Journal of Advanced Nursing, 76*(7), 1567-1580. https://doi.org/10.1111/jan.14356

제3부에 해당하는 각 장에서는 다양한 유형의 지적장애 및 발달장애를 가진 사람들과 이들을 지원하고 치료하며 돌보는 사람들을 대상으로 하는 내용과 주제들을 다룹니다.

여기서 다루는 특별 주제는 이중 진단(제8장), 정의, 형평성, 다양성, 포용성(JEDI, 제9장), 영성과 의미의 통합(제10장)에 관한 것입니다. 각 장에서는 각 영역의 중심 개념에 초점을 두고 성격강점이 해당 주제와 관련하여 어떠한 정보를 제공하고, 어떻게 강화하거나 통합되는지에 초점을 맞추는 구조로 기술됩니다. 이어서 각 주제와 관련된 과학적 연구내용이 검토되고 지적장애 및 발달장애인 대상으로 유익을 가져다주는 핵심적인 성격강점 실행 방안에 대한 논의가 이어집니다.

제3부

지적장애 및 발달장애와 성격강점 관련 특별 주제

Character Strengths and Abilities Within Disabilities

Advances in Science and Practice

제8장 이중 진단과 성격강점

우리의 삶은 중요한 일들에 대해 우리가 침묵하기 시작하는 날부터 끝나기 시작합니다.

- 마틴 루서 킹

개념

이중장애 진단(dual diagnosis: DD)은 지적장애 및 발달장애(IDD)와 하나 이상의 정신적 장애가 공존하는 상태를 말합니다(Werner & Stawski, 2012). 이중 진단은 때때로 약물 남용과 정신질환의 공존을 뜻하는 것과 혼동될 수 있다는 점에 유의할 필요가 있습니다. 전 세계 인구의 1%에서 2% 정도가 지적 발달장애를 앓고 있는 것으로 추정되며, 저소득 및 중간 소득 국가에서는 유병률이 2배 더 높은 것으로 알려져 있습니다(Maulik et al., 2011). 지적 발달장애를 가진 사람들의 경우 정신질환 발생이 일반 인구보다 훨씬 더 자주 나타납니다(McConkey et al., 2019).

비교해 보면 일반 인구의 정신건강 장애 발생률은 약 10%로 추정됩니다(Dattani et al., 2021). 분쟁의 영향을 받는 지역의 인구(주요 분쟁으로 인도주의적 위기가 발생한 국가)에서는 이 수치가 22%로 일반 국가에 비해 두 배 이상 증가합니다(Charlson et al., 2019). 그러나 일반 인구와 비교했을 때, 지적 발달장애를 가진 사람들의 정신질환 유병률은 33%로 세 배 이상 높습니다(Mazza et al., 2020). 지적 발달장애 아동의 경우 상황은 더욱 심각합니다. 최근의 한 연구에서는 이들의 정신건강 장애 유병률 추정치가 38%로 나타났습니다(Buckley et al., 2020).

최신판인 『지적 발달장애: 정의, 진단, 분류 및 계획 지원(12판)』을 살펴보면 지적 발달장애에 관한 최고의 권위를 지닌 미국 지적 발달장애 협회(AAIDD)가 지적 발달장애를 "개념적, 사회적, 실제적 기술로 표현되는 개인의 지적 기능과 적응 행동 모두에서 중요한 한계가 있는 상태"(p. 51)라고 정의하고 있습니다. 뇌 발달에 대한 최근 연구에 따르면 지적 발달장애는 22세에 이르기 전 발달적 시기에 발생하는 것으로 확인되었습니다(Schalock et al., 2021).

지적 발달장애를 가진 사람들은 차별받고, 감금당하고, 심지어 살해당하기도 합니다(Reinders et al., 2019). 1800년대 중반에 시작된 지적장애인의 치료와 돌봄에 대한 낙관주의적 접근 방식은 점차 지적장애인을 보호할 필요성을 강조하는 방식으로 바뀌기도 했지만, 이후에는 지적장애인들로부터 사회를 보호해야 한다는 태도와 치료방식으로 전환되었습니다(Ilyes, 2020). 낙관주의에서 개인 보호, 그리고 사회 보호로 강조점이 옮겨 가면서 지적 발달장애 관련 심리적, 교육적, 행동적 기술 개발에 차질을 빚었습니다. 범죄자나 교도소의 경우에서처럼 이들로부터 사회를 보호하는 것이 목표가 되면 이들을 제한, 격리, 한정, 감시하는 방식으로 접근하게 됩니다. 지적 발달장애인에게 이러한 접근 방식을 취하는 것은 그들에게 자신의 상태를 개선시킬 기회를 주지 않고, 그러한 계획도 없이 그들을 사회로부터 격리하고 감금하는 것을 의미했습니다(Tomasulo, 2018). 그들에게 재활이라는 개념은 없었고 그들의 정신건강 지원에 전혀 관심이 없었습니다. 시설에 수용된 사람들은 '격리'되었습니다. 실제로 시설에 수용된 지적장애인을 가리키는 일반적인 용어가 '불치병 환자'였습니다. 이 용어는 그들의 치료에 대한 일반적 태도와 노력이 어떠할지를 함축해 주는 정의입니다.

이제는 그들을 지칭하는 의학적 명칭이 바보, 멍청한 사람, 저능한 사람, 나약한 사람으로부터 점차 바뀌어 가면서 '불치병'에 대한 태도도 바뀌었고, 인간적인 치료 접근 방식으로 전환되었습니다(Herat, 2021). 이처럼 지금까지 상당한 진전이 있었지만, 초기에 있었던 낙인과 일반적인 태도로 인해 지적 발달장애 분야에 있었던 길고 비극적인 역사적 사실을 잊어서는 안 됩니다(Guercio, 2020). 그 역사는 그야말로 방치와 잔혹한 행위로 가득 차 있습니다. 그중에서도 미국에서 가장 악명 높은 기관 중 하나인 스태튼 아일랜드(Staten Island)의 윌로우브룩(Willowbrook) 학교의 20년간에 걸친 지독한 법적 싸움은 가장 대표적인 사례입니다.

1972년, 텔레비전 저널리스트 제랄도 리베라(Geraldo Rivera)는 윌로우브룩의 지적장애 수감자들이 열악한 환경에서 생활하는 모습을 불법으로 촬영했습니다. 이 사건은 지적 발달장애인의 치료와 돌봄에 전환점이 되었습니다. 리베라와 그의 제작진은 10분 만에 영상을 촬영했고, 이 영상은 뉴욕 채널 7번 뉴스에 방영되었습니다. 방영 영상에 포착된 잔혹한 장면은 대중의 공분을 불러일으켰고, 법체계 변화에 불을 붙였습니다.

이 사건은 정신건강에 대한 치료가 시민의 권리가 되게 만든 미국 역사의 전환점이 되었습니다. 윌로우브룩 사건 이전에 기관들은 사회가 정신건강 장애인들로부터 보호되어야 한다는 잘못된 개념을 제공했습니다. 그 결과 장애인 개인에 대한 관리가 당국의 처분에 맡겨지면서 제도적 편견과 학대가 극에 달했습니다. 우리 사회에서 가장 취약한 사람들에 대한 보호는 전혀 고려 대상이 아니었습니다. 하지만 결정적으로 법적 싸움을 통해 성과가 나타났습니다. 뉴스 보도는 윌로우브룩 동의 법령의 원동력이 되었고, 1980년「시설 수용자 인권법」이 통과되는 데 큰 기여를 했습니다. 이제 교도소, 요양원, 그룹홈, 주거 시설 등 시설에 수용된 모든 사람은 자신의 정신건강을 위해 치료받을 권리를 갖게 되었습니다.

이러한 법적 변화는 행동 관리에 대한 심리학적 강조와 행동 원리의 적용을 통해 지적 발달장애인 대상 치료와 돌봄에 변화를 가져오는 전환점이 되었습니다. 그리고 이러한 심리 행동적 접근법이 호응을 얻으면서 부정적이거나 원치 않는 행동을 확인하고, 이를 강화와 처벌의 원리를 통해 바람직하거나 적응적인 행동으로 개선하는 연구가 증가되었습니다(Guercio, 2020). 그런데 이러한 노력에도 불구하고 1980년 이후 이 분야는 주로 강점을 기르기보다는 결함이나 문제 행동을 수정하고 개선하는 데 초점을 맞춰 왔습니다.

최근 상황이 서서히 변화하고 이전보다 더 나은 방향으로 나아가고 있지만, 여전히 세계 여러 지역에서 지적 발달장애인에 대한 차별은 주요 문제가 되고 있습니다(Scior et al., 2020). 현재 미국 지적 발달장애 협회(AAIDD) 및 기타 전문기관에서 중점을 두는 것은 치료 및 측정의 주요 강조점인 지적장애인의 삶의 질입니다(Brown et al., 2022). 문제는 일반인에 비해 3배 이상 높은 수준으로 정신건강의 필요가 지적장애인에게 있음에도 불구하고(Mazza et al., 2020), 이에 대한 적절한 대응이 이루어지지 않고 있다는 점입니다. 여기서 중요한 것은 이들에 대한 치료 및 측정 접근 방식에 대해 전문가가 취하는 태도가 성공적 치료의 핵심이 된다는 점입니다. 이를 위해 직업, 교육, 임상 현장에서 성격강점을 활용하는 것이 정신건강적 필요를 직접적으로 해결하며 삶의 질 주도권을 촉진하는 주요한 도구가 되고 있습니다. 이러한 노력이 지속될수록 지적 발달장애를 가진 사람들의 자존감도 지속적으로 향상될 것입니다(Schwartz et al., 2022).

AAIDD는 지적 발달장애에 대한 정의에 맞게 다섯 가지 필수 가정을 사용하여 치료의 표준을 설정했습니다(Schaloc et al., 2021). 이러한 가정들이 유익한데 이 중 세 번째(고딕체) 가정은 특히 중요합니다.

1. 현재 기능의 한계가 개인의 연령, 또래, 문화 등 일반적인 커뮤니티 환경의 맥락에서 고려되고 평가되어야 합니다.
2. 타당한 평가를 위해 의사소통, 감각, 운동 및 행동 요인의 차이뿐만 아니라 이에 대한 문화적, 언어적 다양성이 고려되어야 합니다.
3. **개인 내에서는 한계와 강점이 공존하는 경우가 많습니다.**
4. 한계(제한 사항)에 대해 설명하는 중요한 목적은 이에 필요한 지원 프로파일을 개발하는 데 있습니다.
5. 지적장애인이 지속적으로 일정 기간에 걸쳐 적절한 개인 맞춤형 지원을 받

으면 일반적으로 그들의 생활 기능이 향상됩니다.

"개인 내에서는 한계와 강점이 공존하는 경우가 많습니다." 이 단순하지만 심오한 가정은 지적 발달장애의 제약으로 가려졌을 수 있는 개인적 강점이 분명히 존재한다는 것을 인정하는 그 이상의 의미를 가집니다. 이 말은 연구자와 실무자가 이중 진단 장애를 가진 개인에게도 고유한 강점이 존재한다는 사실을 이해하고, 이를 찾아내고, 식별하여, 육성하며, 정기적으로 이러한 강점을 존중하고 인정하는 행동을 촉구하는 것입니다. 강점, 특히 성격강점을 함께 발견하는 것은 장애의 영향을 치료하는 실무자의 접근 방식에 새로운 향상을 가져올 수 있습니다. 따라서 실무자가 취해야 할 전략적 자세는 성격 발달을 돕는 안내와 지원을 제공하면서 지적 발달장애의 한계를 인정하는 것입니다. 이러한 방식을 통해 지적 발달장애를 가진 사람들이 번영할 수 있는 방법을 찾을 수 있고, 이중 진단을 받은 사람들이 정신질환에 대처하는 데 따르는 고통을 줄이며 웰빙 증진의 유익을 얻을 수 있습니다.

지적 발달장애를 다루는 사람들의 전문적인 책임에는 당사자에 대한 존중과 함께 임상적 판단을 적용할 때 직업윤리 및 표준을 실천하는 것 등의 인간관계의 일반적인 구성요소가 포함됩니다. 전문적 실천에는 개인의 이익과 사회적 향상을 위해 사람 중심 방식으로 평가하는 증거 기반 실무의 활용이 필요합니다(Luckasson et al., 2022). 이를 위해 관계를 촉진하고 긍정적인 경험을 늘리며 성취를 증진하는 수단으로서 성격강점을 통합하는 접근이 지적 발달장애를 가진 사람들을 위한 맞춤화된 방법이 될 수 있습니다. 성격강점 개입은 증거에 기반한 개인 초점적 방법으로 개인과 사회에 유익을 가져다줍니다. 성격을 개발할 가치가 있는 것으로 보는 이 접근은 기존의 행동 수정 및 응용 행동 분석(ABA)을 통해 얻는 유익을 대체하고자 하는 것이 아닙니다. 오히려 성격 개발은 기존 치료에 대한 부가적인 접근 방식입니다. 행동적, 성격적 표현을 함께 다루는 전인적인 통합적 치료는 이미 얻은 치료 효과가 지속되도록 도움을 줄 것입니다.

연구

윌로우브룩 주립학교는 그 비참한 환경에 대한 대중의 항의에 직면하여 마침내 1987년에 문을 닫았습니다. 그러나 그 여파로 지적 발달장애인을 대상으로 연구를 시도하는 것이 매우 어려운 일이 되었습니다(Iacono, 2006). 윌로우브룩의 환경은 끔찍했는데, 가장 심각한 문제는 연구자들이 기관과 부모의 허락을 받고 연구를 수행하면서 상상할 수 없는 일을 저지른 것과 관련이 있었습니다. 지적 발달장애 아동들이 자신도 모르게 바이러스성 간염에 감염된 것입니다. 이뿐만 아니라 부모로부터 얻은 사전 동의 또한 의심스럽고 강압적으로 이루어졌을 가능성이 있었습니다.

윌로우브룩의 어두운 그늘 때문에 기관생명윤리위원회(IRB: 인간 대상 연구를 허용하는 기관의 관리 기구)는 지나치게 보수적이고 과도한 규제를 하는 경향이 있습니다(Aman & Handen, 2006). 그 결과, 지적 발달장애인을 대상으로 한 연구를 수행하기가 한층 더 어려워졌습니다(Iacono, 2006). 연구대상에 대한 잠재적인 착취와 피해를 방지하는 동시에, 지적 발달장애인이 자신의 복지와 관련되는 연구에 포함되고 참여할 권리는 존중되어야 합니다. 기관생명윤리위원회(IRB)의 기능과 연구 승인 방식을 발전시키기 위한 노력이 제안되었지만, 임상 환경에서 지적 발달장애인을 대상으로 한 연구의 양은 여전히 필요한 양에 비해 매우 부족한 것이 현실입니다. 베리에노그 등(Vereenooghe et al., 2018)의 논문에서 연구자들은 41,232개의 기록을 검색하고 그중 573개의 전체 논문을 검토했습니다. 이 연구는 심각한 지적 발달장애 아동과 성인의 정신건강 문제에 대한 개입 방안을 파악하기 위한 노력이었습니다. 연구진은 3건의 약리학 연구와 심리적 개입을 평가한 2건의 연구만을 발견했습니다. 연구팀의 결론은 지적 발달장애 환자에게 효과적인 치료법을 찾기에는 연구 증거가 너무 제한적이라는 것이었습니다. 573건 중 2건의 논문이라는 통계는 이들의 정신건강 개선을 위한 실질적인 개입으로 연결되는 데 필요한 충분한 연구 승인과 결과 도출이 얼마나 어려운지 그 현실을 보여 줍니다. 증거에 기반한 개입을 하기 위해서는 증거에 기반한 연구 접근 방식으로 충분히 보완되어야 합니다. 그리고 다른 집단 대상에서 효과가 있는 연구가 추천되고 여기서 추론하여 효과가 있는 것으로 알려진 접근 방법을 지적 발달장애 환자에게 적용하는 창의적인 방안도 필요합니다. 이러한 맥락에서 여러 가지 응용 접근법이 사용되고 있는데, 그중 상당수에 증거에 기반한 성격강점 활용의 적용이 포함됩니다(Niemiec et al., 2017; Shogren et al., 2017).

윌로우브룩에서 우리가 배운 것은 안전하다고 느낄 수 있는 기회와 배울 수 있는 기회가 주어질 때 사람들이 번영할 수 있다는 것입니다. 안전과 배움의 기회가 주어진 후에는 학습이 이루어질 수 있도록 돕는 구체적 도구가 중요합니다. 이러한 측면에서 약 20년 전 성격강점 과학의 출현은 심리학의 역사에서 새로운 전환점이 되었으며(Peterson & Seligman, 2004), 또한 심리학자들이 지적 발달장애 치료에 대해 취하는 태도에 전환을 가져왔습니다(Niemiec et al., 2017).

그동안 인간 성공의 주요 척도이자 예측 지표이었던 IQ에서 벗어나 개인의 단점보다는 강점에 초점을 맞추면서 과학과 실천으로서의 심리학에 대한 강조가 급진적인 발전을 가져왔습니다. 역사적으로 기존 심리학 연구와 실천은 병리를 규명하고 고통을 개선하는 데 중점을 두었습니다. 그런데 이러한 접근이 사람들의 웰빙 변화를 지속하도록 돕는 측면에서는 의미 있는 진전을 이루지 못했습니다(Seligman, 2002).

지적 발달장애 분야 안에서 행동적, 심리적 어려움을 보이는 사람에 대해서뿐만 아니라 모든 사람에 대해 생각하는 새로운 방법의 문이 열렸습니다. 요컨대, 개인의 개성 중 긍정적이며 지적으로 서로 관련되지 않는 독립된 구성요소를 측정할 수 있는 도구를 개발하여 제공했습니다. 이로 인해 지적 발달장애를 가진 사람들을 단 하나의 IQ 점수로만 정의하여 바라보는 것이 아니라, 보다 전체적으로 바라볼 수 있게 되었습니다. 철저하게 식별되고 IQ 점수로 정량화될 수 있었던 그들의 약점과 한계가 이제는 결함이 아니며, IQ와 같이 가치 있게 인식되고 측정 가능한 특성 및 자산이 그들 안에 공존하고 있음을 인식하게 되었습니다. 실제로 비네(Binet)는 본래 IQ 평가가 아이들의 강점을 더 잘 이해하고 강점을 중심으로 커리큘럼을 구축하는 데 사용되기를 바랐습니다(Ilyes, 2020). 아마도 성격 개발은 그러한 본래 의도와 바람으로의 회귀가 될 것입니다. 월로우브룩이 지적장애인에 대한 제도적 감금 시대를 마감했다면, 성격강점은 개인의 척도로서 제한된 IQ의 시대를 마감할 수 있을 것입니다.

최근 지적장애 및 발달장애를 가진 개인을 대상으로 VIA 검사(설문조사)를 사용한 임상가의 평가에서 이러한 강점을 소개하고 논의하는 것이 자기지식, 자기이해, 자존감을 촉진하는 체계적 접근으로 이어진다는 사실이 밝혀졌습니다(Schwartz et al., 2022). 이는 매우 고무적인 결과이며, 이 검사(설문조사)가 지적 발달장애인 대상으로 더 쉽게 활용될 수 있도록 개선될 필요가 있음을 시사해 줍니다. 현재는 제3자가 이들을 관찰한 내용을 바탕으로 검사(설문조사)에 반응하며 작성합니다. 현재 VIA 검사(설문조사)를 작성하기 위해서는 읽기가 필수적인 기술이 되고 있는데, 많은 지적 발달장애인이 문해력이 없거나 낮기 때문에 이에 따른 적응형 버전과 기타 측정 접근법이 필요합니다(지적 발달장애인을 위한 측정 전략 및 예시는 제3장 참조).

다른 연구와 마찬가지로 심리학의 역사에서 지적 발달장애를 가진 사람들에 대한 문헌과 연구는 결핍, 장애, 문제가 되는 사안에 초점을 맞춰 왔습니다. 이와 관련하여 문제에만 초점을 맞추면 유용한 정보를 많이 얻을 수 없다는 '부적절한 연구' 문제가 제기되었습니다. 이제는 과학이 발전함에 따라 긍정심리학과 지적 발달장애의 교차점에 분명한 초점을 두어 이를 강조하고, 부각하며, 개발해야 할 역사적인 시점이 되었습니다. 성격강점의 이해, 측정, 촉진 방안은 이러한 개혁과 표현 및 실천을 위한 틀을 마련해 주고 있습니다.

아직 그 수가 적지만 1992년부터 2019년 사이에 이루어진 문헌에 대한 체계적 검토에서는 지적 발달장애가 있는 개인을 포함한 표본을 대상으로 긍정심리적 구성요인을 평가했습니다. 총 16개의 연구에서 12개 이상의 긍정심리 구성요인을 테스트하는 22개의 서로 다른 척도가 사용된 것으로 나타났습니다. 이 중 가장 중요한 것이 긍정적인 정서적 안녕과 성장을 가져오는 성격강점이었습니다(Albaum et al., 2021).

지적 발달장애를 가진 개인의 최적 기능을 이끌어 내는 길(방안)을 찾는 것은 AAIDD(미국 지적 발달장애 협회)가 제시한 가정에 의해 크게 좌우될 것입니다. 특히 연구자와 실무자는 측정 도구(Raley et al., 2020)와 효과적인 강점 기반 개입을 개발하여 개인의 한계와 공존하는 강점을 찾으면서 그 한계를 해결할 방법을 지속적으로 찾아야 합니다. 또한 강점 기반 관점을 구현하는 근거는 지적 발달장애인을 돕는 것 이상의 의미를 갖습니다. 이는 그들의 가족과 그들에게 지원을 제공하는 사람들에게도 중요한 시사점을 제공합니다.

UN 장애인 권리 협약은 장애인 서비스 제공과 관련하여 보호 시설을 통한 관리에서 지역사회 기반 프로그램 활용과 함께 여러 관련 법안을 발의하는 서비스로 전환하는 데 중점을 두어야 한다고 선언했습니다(UN General Assembly, 2006). 비용을 절감하는 동시에 복지를 증진하기 위해 이러한 노력이 계속되면서, 비용 절감과 복지 증진 두 가지 모두가 가능하다는 증거가 있습니다. 흥미롭게도 이는 더 적은 비용과 자원으로 더 높은 삶의 질이 가능하다는 것을 의미합니다. 어떻게 그럴 수 있을까요? 특별히, 좋은 활동 지원을 지속적으로 받는 지적 발달장애인의 삶의 질이 더 높은 것으로 나타났습니다. 정서적 웰빙, 개인 발달, 대인관계, 사회적 포용, 자기결정에 대한 강점 기반 측정 결과 이것이 입증되었습니다. 스태프가 적극적으로 지지하고 상호작용할 때 더 많은 시간을 투자하거나 더 높은 비용을 들이지 않고도 좋은 지원을 제공할 수 있습니다(Beadles-Brown et al., 2021). 다른 연구자들은 장애인 대상 지지 제공자를 위한 마음챙김 실천(강점 기반 접근 방식)을 장려하는 것이 지원 관계를 강점 기반 관계로 바꾸는 데 도움이 된다고 판단했습니다(Singh et al., 2009). 커뮤니티의 제공자가 강점 기반 방식을 지향하며 적극적인 지원을 제공할 때, 결과적으로 적은 비용으로 모두의 삶의 질이 높아질 가능성이 높습니다. 즉, 강점 기반 접근 방식은 심리적으로도 유익하고 실제 비용 측면에서도 효율적입니다.

이어지는 실제(실무) 부분에서 이 개념과 논의에 더 잘 부합하도록 추가적인 과학적 연구가 제시됩니다.

실제(실무)

성격강점을 활용하는 것은 지적 발달장애를 가진 사람들의 삶을 개선하는 데 중요한 영향을 미칩니다. 이 절에서 논의하는 영역은 성격강점을 적용할 가능성이 가장 큰 영역들입니다. 고용, 교육, 치료 분야에서 일반인 대상으로 중요한 진전이 있었으며, 개정을 통해 가장 큰 발전을 이룰 수 있는 분야가 될 것으로 예상됩니다.

사회적 차원에서 고용이 중요한 이유는 취업한 개인이 노동력의 생산성을 높이는 동시에 세금을 납부하여 사회를 지원하는 데 기여하기 때문입니다. 이것이 바로 고용주가 장애인과 함께 일하도록 인센티브를 제공하고, 취업을 원하는 장애인을 교육하고 훈련하는 데 도움을 주는 정부 지원 기관이 많이 있는 이유이기도 합니다. 개인적 차원에서 볼 때 일반적으로 사람들이 고용되면 그들의 삶의 질이 높아지고 정신건강이 개선됩니다. 지적장애가 있는 사람이 일을 하는 경우에도 이와 마찬가지라는 증거가 있습니다(Dean et al., 2018).

지적 발달장애인의 재활을 통해 언젠가는 그들도 취업할 수 있을 것이라는 인식이 있습니다. 중증 및 중증 수준의 지적 발달장애인의 목표는 아닐 수 있지만, 이것이 대부분의 기관과 지역사회 기반 프로그램이 열망하는 목표입니다. 그러나 이렇게 널리 퍼진 목표가 있고, 지적 발달장애인이 직장에서 중요하고 가치 있는 기여를 할 수 있음에도 불구하고 일반적으로 이들은 낮은 유급 상태의 고용을 경험하고 있습니다(Lysaght et al., 2012). 실제로 일반인을 대상으로 이루어진 한 연구에 따르면 성격강점에 대한 이해와 활용이 포함된 구직 활동은 기존의 직업상담(60%)에 비해 취업률(80%)을 높인 것으로 나타났습니다(Littman-Ovadia et al., 2014). 또한 성격강점은 직무 만족도를 높이고 자신의 일을 인생의 소명이라고 느끼는 데 도움이 되는 것으로 밝혀졌으며, 특히 직장에서 여러 가지 대표강점을 활용한다고 보고한 경우 더욱 그러했습니다(Harzer & Ruch, 2015). 연구를 통해 추론해 보면, 자신의 강점을 활용하는 방법을 배운 지적 발달장애 및 정신질환을 가진 사람들은 고용될 가능성이 높고, 직무 만족도가 높으며, 삶의 질이 높고, 더 나은 정신건강을 유지할 수 있습니다. 또한 스스로 돈을 벌고 세금을 통해 지역사회에 다시 기여함으로써 인간적 존엄성을 갖게 될 것입니다.

직장에서의 성격강점 적용과 더불어, 이중 진단 장애를 받은 사람들을 위한 교육에서도 성격강점 적용이 매우 중요합니다. 교육에 성격강점을 추가하면 행동 관리 및 적응 행동 전략이 제공하는 결과를 증폭하고 확장하여 웰빙을 증가시키고 궁극적으로 삶의 질 향상을 가져오게 됩니다. 비장애 학생을 위한 커리큘럼에 성격 교육이 추가되었을 때도 그랬듯이, 이중 진단 장애를 가진 학생에게도 비슷한 영향을 미칠 것으로 보입니다(Yin & Majid, 2018).

특히 이중 진단 장애를 가진 사람들은 2차적인 심리적 장애를 가질 가능성이 높기 때문에 임상적 요구가 더 높아지는데(Vereenooghe et al., 2018), 이러한 측면이 '진단적 은폐'라고 알려진 현상으로 인해 거의 인식되지 않거나 인정되지 않습니다(Reiss et al., 1982). 이 용어는 임상가가 다양한 정신병리를 포괄하기 위해 지적 발달장애라는 우산을 사용하는 경향을 반영해 줍니다. 이로 인해 슬픔과 같이 매우 흔한 정서적 문제조차도 제대로 확인하지 않고 방치되어 결과적으로 자연스럽게 치료되지 않는 상태로 계속 남습니다. 미국심리학회의 『장애인 평가 및 개입 지침』(American Psychological Association, APA Task Force on Guidelines for Assessment and Intervention with Persons with Disabilities, 2022)에서는 '진단적 은폐'를 장애인 치료의 지속적인 장애물이라고 보다 넓게 정의하고 있습니다. 이러한 관점은 삶의 사건, 능력, 강점 등 장애인의 삶 속에 있는 다른 중요한 측면을 간과하고 무시합니다. 이는 특히 지적 발달장애를 가진 사람들의 치료에서 더 두드러집니다. 즉, 심리학자들이 1차 지적 발달장애를 가진 사람을 찾아내거나, 인식하고, 이해하지 않음으로써, 결과적으로 이들을 치료하지 않게 될 것입니다. 미국심리학회(APA) 자체에서도 이러한 심리학자의 준비 부족을 문제로 지적하고 있습니다(American Psychological Association, APA Task Force on Guidelines for Assessment and Intervention with Persons with Disabilities, 2022).

> 심리학자들은 정신건강 문제에 접근하는 방법에 대한 광범위한 교육을 받지만 안타깝게도 장애에 대한 적절한 교육이나 훈련을 받는 경우는 드뭅니다. 장애 관련 교육 과정을 제공하는 대학원 심리학 교육 프로그램은 거의 없습니다. 제한된 교육과 경험으로 인해 많은 심리학자가 장애를 가진 내담자에게 전문적이고 윤리적으로 건전한 서비스를 제공할 준비가 되어 있지 않습니다. 더욱이 많은 심리학자는 정식 교육을 이수한 후에서야 장애에 접근하는 역량을 개발하려고 합니다(p. 2).

이러한 훈련 격차를 개선하기 위한 한 단계는 『지적장애 및 발달장애를 위한 진단 매뉴얼(DM-ID 2)』(Fletcher et al., 2017)을 만드는 것입니다. 이 증거 기반 매뉴얼은 지적 발달장애를 가진 사람들에게 적용되도록 진단 기준의 변화가 강조됩니다. 예를 들어, 비지적장애 집단에서 외상 후 스트레스 장애(PTSD)의 일반적인 증상은 개인이 실제 사망 또는 심각한 부상과 관련되거나 심각한 부상을 위협하는 사건을 경험, 목격 또는 직면한 외상성 사건에 노출되어 있어야 하는데 비지적장애 집단에서 외상성 반응의 활성화를 구성하는 접근은 인지 능력이 제한된 사람과는 크게 다를 수 있습니다. 지적장애 및 발달장애를 위한 진단 매뉴얼(DM-ID)에 따르면,

> "지적장애 환자의 외상 정도를 평가할 때는 발달 단계, 주거 시설 배치에 유의하고, 심지어 성인이라도 합의된 성적 경험과 같은 사건으로 인해 일부 지적장애 환자의 경우 외상 후 반응이 발생했다는 점에 유의할 필요가 있습니다. 잠재적으로 트라우마를 유발할 수 있는 사건의 범위가 발달 연령이 낮은 개인에게 더 크게 나타납니다……." (p. 373)

지적 발달장애를 가진 사람들의 필요에 대해 더 많은 관심과 인식을 촉진하고 그들의 필요를 무시하지 않도록 노력한다고 해서 지적 발달장애를 가진 사람들이 앞서 언급한 연구에서 제외되는 문제가 완화되는 것은 아닙니다. 더 많은 인

식을 가져오기 위해서는 관련된 더 많은 연구가 필요합니다. 1차 지적 발달장애가 더 이상 임상적 양상을 가리지 않더라도 증상과 상태가 어떻게 나타날 수 있는지 그 차이점을 보다 정확히 이해할 필요가 있습니다.

IBT and P-IBT[1]

임상적 요구를 보다 정확하게 충족하기 위해 증거 기반 개입의 적용이 필요합니다. 이러한 맥락에서 저자 중 한 명(토마술로)은 상호작용 행동치료(IBT)와 이후 긍정적 상호작용 행동치료(P-IBT)를 개발했습니다. 두 가지 모두 이중 진단을 받은 사람들에게 효과적인 것으로 알려진 집단 심리치료의 변형된 형태입니다. 문헌에서 도출된 이 모델의 가장 중요한 부분은 다음과 같습니다(Tomasulo, 2014).

IBT는 여러 연구의 주제이자 미국심리학회의 지적 발달장애 환자를 위한 심리치료에 관한 첫 번째 책의 주제였습니다(Razza & Tomasulo, 2005). IBT의 목표는 리모델링된 집단 형식을 사용하여 일반인에게서처럼 지적장애를 가진 성인에게도 동일한 치료 효과를 창출하는 것이었습니다. 재구성되어 적용된 모델은 치료적 요인의 활성화에 중점을 두었습니다. 치료적 요인은 구성원에게 치료적 가치가 있으며 다음과 같이 인식되는 집단 과정의 특징을 갖고 있습니다. 수용 및 응집성, 보편성, 이타성, 희망의 주입, 안내(가이드, 지침), 대리 학습(모델링), 카타르시스, 정보 전달, 자기개방, 자기이해, 대인관계 학습, 원가족의 교정적 효과, 사회적 기술 개발, 실존적 요인 등입니다. 이러한 집단 치료적 요인에 대해서는 다른 곳에서 광범위하게 설명되어 있으며 독자는 이러한 출처를 참조하여 자세한 정보를 얻을 수 있습니다(예: Tomasulo, 2014).

IBT 모델은 역할극 형식을 사용하여 그룹 내에서 자연스럽게 나타나는 치료

1 IBT 및 P-IBT 파트의 일부 자료의 이전 버전은 Tomasulo, D. J. (2014) 논문에 게재되었다. Tomasulo, D. J. (2014). Positive group psychotherapy modified for adults with IDD. *Journal of IDD, 18*(4), 337–350.

적 요소를 활성화합니다. 빈 의자 기법, 보조자 기법, 역할 바꾸기 같은 특정 기법을 사용하여 구성원들이 서로 대화를 주고받을 수 있는 상황에 참여하게 합니다. 이러한 노력의 누적된 결과는 다음 연구에서도 알 수 있듯이 치료적 요인을 활성화하여 구성원들의 행복지수를 높이는 결과를 가져옵니다. 최근에는 긍정심리치료와 함께 성격강점을 효과적으로 사용하는 방법(Rashid, 2020; Rashid & Seligman, 2018)이 IBT 모델에 통합되어 긍정적 상호작용 행동치료(P-IBT)로 이름이 변경되었습니다. 이제 실무자들은 기존의 14가지 치료적 요인뿐만 아니라 개별 구성원에게서 나타나는 24가지 성격강점도 알아차릴 수 있도록 훈련을 받습니다. P-IBT는 치료적 요소를 이끌어 내는 대화형 역할극을 통해 집단역동을 강화하고, 실무자와 집단 구성원이 함께 강점 발견을 하여 개인의 성격강점을 활성화합니다.

집단 치료 형식으로 진행된 긍정심리치료의 한 연구는 P-IBT의 시사점을 강조합니다. 경증에서 중등도의 우울증을 앓고 있는 펜실베이니아 대학교 학생 40명을 치료 집단과 비치료 집단으로 나누었습니다. 치료 그룹은 8~11명의 참가자로 구성된 두 그룹으로 6주 동안 2시간 회기로 운영되었습니다. 각 회기는 지난주에 배정된 연습(활동)에 대한 토론과 새로운 연습(활동)에 대한 소개로 절반씩 진행되었습니다. 참가자들은 숙제를 완료하고 매주 진행 상황을 보고했습니다. 첫 주에는 참가자들이 VIA 성격검사에 참여하여 자신의 대표강점 다섯 가지를 일상생활에서 더 자주 사용하도록 요청받았습니다. 둘째 주에는 하루 동안 있었던 좋은 일 세 가지와 그 이유를 적도록 했습니다. 세 번째 주에 참가자들은 자신이 가장 기억되고 싶은 것, 즉 만족스러운 삶을 살았다는 자서전을 간단한 에세이로 작성하도록 요청받습니다. 다음 회기에서는 평소 감사한 마음을 제대로 표현하지 못했던 사람에게 감사 편지를 작성하여 직접 또는 전화로 읽어 주는 시간을 가졌습니다. 다섯 번째 회기에서는 다른 사람에게서 받은 좋은 소식에 대해 매일 매우 긍정적이고 열정적으로 반응하도록 요청받았습니다. 마지막 여섯 번째 회기에서는 평소에는 시간을 내어 즐기지 못했던 일상의 사건들을 음미하고, 이 경험이 평소에 급하게 처리하던 일과와 비교해 볼 때 어떻게 달랐는지

일기를 쓰도록 했습니다. 이 마지막 회기에서는 연구 종료 후 활용할 수 있도록 연습 문제를 제시하고 조정하는 시간도 가졌습니다.

PPT(긍정심리치료) 집단 참가자들은 무처치 그룹보다 우울증과 삶의 만족도에 대한 평가에서 더 나은 결과를 보였습니다. 하지만 이러한 긍정적인 변화 외에도 눈에 띄는 발견사항이 있었습니다. PPT 그룹은 1년간의 추적 관찰 기간 동안 연구진의 다른 개입 없이도 이러한 개선이 유지되었습니다. 반면, 치료를 받지 않은 집단의 기본 우울증 수준은 변하지 않았습니다.

총 6회, 매회 2시간씩, 총 12시간 동안 진행되었으며, 이후 1년 동안 어떤 강화 회기도 없었습니다. 이는 우울증 연구에서 매우 이례적인 일이며, 이러한 활동이 개입 이후에도 참가자들에게 계속 도움이 되는 자기관리 기능을 포함하고 있다는 점이 주요 효과 요인으로 보입니다. 그러나 이 연구를 자세히 살펴보면 긍정적인 개입의 효과는 강력했지만, 참가자들이 읽고 쓸 수 있어야 한다는 점을 알 수 있습니다. 이에 대해 다음과 같은 질문을 할 필요가 있습니다. 이중 진단을 받은 사람들(읽기와 쓰기가 불가능한 사람)도 유익을 얻을 수 있도록 이러한 개입 방식을 수정하여 일반화할 수 있을까요?

P-IBT 모델은 내용 중심이 아닌 과정 중심의 4단계 형식을 사용합니다. 진행자는 오리엔테이션, 워밍업 및 나눔, 연기, 확증의 각 단계를 통해 구성원들을 안내합니다. 각 단계는 특정 치료적 요인 또는 성격강점과 관련된 행동이 나타나도록 자극하고 이를 자각하고 인정하는 방법을 사용하여 집단의 실행력을 심화하도록 설계되었습니다. 훈련의 일환으로 진행자들은 P-IBT 집단 내에서 치료적 요인과 성격강점이 어떻게 나타나는지 보여 주는 동영상을 시청하고 이를 준비하고 적용하는 방법에 대한 교육을 받습니다.

오리엔테이션 단계에서는 '인지적 네트워킹'이라는 기법을 사용하여 구성원들이 들은 내용에 대해 피드백함으로써 집단 과정 참여를 준비할 수 있도록 합니다. 이 초기 단계의 토론 주제(내용)는 과정(프로세스)만큼 중요하지 않습니다. 구성원들은 참여 준비를 위한 방법으로써 말하고 듣도록 초대받습니다. 1차 장애인 지적 및 정신 병리학적 어려움과 2차 장애(청각, 시각, 주의력 결핍 등)로 인해 참가자가 집단에 적응하는 데 도움이 되는 예비 단계가 필요합니다.

워밍업 및 나눔 단계는 수평적 자기개방(개방 행위 자체에 대한 개방)에서 수직적 자기개방(내용에 대한 심층적 개방)으로 나아갈 수 있도록 집단 구성원을 돕기 위해 고안되었습니다. 지적 발달장애가 있는 사람의 경우 수평적 자기개방은 다음과 같은 형태로 이루어질 수 있습니다. "어제 버스 정류장에서 무슨 일이 있었습니다."라고 말하는 식입니다. 수직적 자기개방은 다음과 같은 형태로 나타날 수 있습니다. "어떤 사람이 저를 저능아라고 불렀는데 그는 저를 비웃고 나를 비참하게 만들었습니다."라고 말하는 방식입니다.

연기 단계에서는 사이코드라마 분야에서 사용하는 행동 기법을 통해 주인공이 선택한 감정적으로 두드러진 장면을 역할극으로 연기하며, 이 장면은 그날 집단 활동의 초점이 됩니다. 여기서 사용되는 세 가지 기법은 빈 의자, 보조자, 역할 바꾸기입니다.

빈 의자는 사이코드라마의 창시자인 제이콥 모레노(Jacob Moreno)가 처음 개발한 기법의 고전적인 버전입니다(Giacomucci, 2021). 주인공은 다른 사람, 미래의 자아나 또는 과거의 자아 또는 다른 존재를 상징하는 빈 의자와 관계를 맺습니다.

보조자를 통해 주인공은 집단 구성원들이 경청하는 동안 상호작용 상황에서 유발된 감정을 표현하도록 초대받습니다. 그런 다음 구성원들은 주인공의 뒤에 서거나(주인공과 일치하는 경우) 혹은 그 옆에 서서 주인공이 느끼는 감정을 말로 표현함으로써 주인공과 하나 되는 정체성을 확립하도록 요청받습니다. 이러한 감정 진술의 정확성 또는 주인공과의 일치 여부는 진행자의 도움을 받아 확인하거나 수정합니다. 다중 보조자의 경우 두 명 이상의 집단 참가자가 주인공과 동일시하도록 요청받습니다. 이는 주인공과 다른 그룹 구성원 모두에게 다양한 관점을 제공하고 주인공에게 이해와 지지를 받고 있다는 느낌을 주며 일반적으로 응집력, 보편성, 이타주의, 희망, 안내, 대리 학습, 정보 전달, 자기개방, 자기이해, 대인관계 학습, 사회화 기술 개발 및 통합의 치료적 요인을 촉진합니다. 지적장애와 수반되는 정신병리를 가진 개인의 일반적인 자기중심적 속성은, 주인공이 보조자의 말을 경청하고 보조자가 주인공에 대해 공감적 이해를 시도함으로써 완화됩니다.

마지막으로 역할 바꾸기 기법은 주인공이 '다른 사람의 입장이 되어 보기'를 요청받음으로써 역할을 명확히 하고, 현실을 테스트하며, 가장 중요한 공감 능력을 개발하는 데 도움이 됩니다. 연기가 완료된 후 시간이 허락된다면 집단 내 다른 사람이 주인공이 되어 연기할 수 있습니다.

처음 세 단계 동안 진행자는 집단 내에서 발생한 치료적 요인과 성격강점의 사례를 인식할 수 있습니다. 누군가가 그룹에 들어올 수 있도록 의자를 옮기는 간단한 행동(이타주의/친절), "괜찮을 거야." 같은 자발적인 발언, "넌 괜찮을 거야."(희망/사랑의 주입) 또는 "나도 그렇게 느꼈어."(보편성)와 같은 즉각적인 발언을 진행자가 인식하고 이에 주목합니다.

확증 단계에서는 진행자가 집단 전체에서 나타난 치료적 요인과 성격강점을 검토하고 이러한 사례를 각 구성원에게 다시 전달할 수 있습니다. 시간이 지남에 따라 집단원들은 이 단계에서 서로에게 피드백을 주는 법을 배우게 되며, 이를 통해 각 회기가 긍정적인 감정으로 마무리될 수 있습니다.

아마도 가장 중요한 개입은 각 P-IBT 집단이 시작되기 전에 성격강점을 파악하는 것입니다. 플뤼키거와 동료들(Flückiger & Grosse Holtforth, 2008)은 심리치료 진행자가 회기 시작 전 몇 분 동안 개별 내담자의 강점에 집중하는 '자원 프라이밍'이라는 절차를 개발했습니다. 그 결과, 프라이밍은 참가자들이 자신의 행동에 대한 긍정적인 관점에 집중하는 자원 활성화로 이어져 증상의 더 큰 감소와 더 높은 수준의 웰빙을 통해 치료의 더 나은 진전이 이루어집니다. 이러한 자원 활성화는 이제 P-IBT 진행자가 집단 시작 전에 치료적 요인과 함께 집중하는 부분 중 하나입니다.

모델의 효율성

연구 수는 적지만 긍정적인 결과가 나온 것은 고무적입니다. 한 연구에서 연구자들은 지적장애인과 비장애인 참가자를 대상으로 17회에 걸쳐 IBT(상호작용 행동치료) 그룹의 치료 효과를 검증했습니다. 여러 측정을 통해 두 유형의 환자 모두 치료 후 유의미한 긍정적 변화를 보였으며, 흥미롭게도 지적 발달장애가 있는 피험자는 대부분의 치료적 요인에서 더 높은 빈도가 나타났다는 결론을 내렸습니다. 또한 각 환자는 목표를 설정한 후 성공 여부를 스스로 평가했습니다. 최종 평가 결과, 치료에서 대인관계 목표에 대한 환자들의 성취도가 기대치를 초과한 것으로 나타났습니다(Blaine, 1993). 다른 연구자들은 IBT가 치료적 요인의 출현을 촉진한다는 사실을 확인했으며(Keller, 1995), 이중 진단 장애인들에게도 효과적인 것으로 나타났습니다. 이 후자의 연구에서는 정신분열증 또는 조현 정동 장애 진단을 받은 만성 정신질환 성인 그룹과 대기자 그룹을 대상으로 매주 16주간의 IBT 모델 회기를 비교했습니다. 여러 임상 평정척도를 사용하여 사회적 기능의 변화와 부정적인 증상을 측정했습니다. 그 결과 다음과 같은 사실이 밝혀졌습니다. ① IBT는 만성 조현병 또는 분열 정동장애를 가진 사람들의 전반적인 사회적 역량을 향상시키고, ② IBT는 종종 이러한 진단을 받은 사람들의 좋지 않은 치료 결과와 관련된 부정적인 증상을 개선하며, ③ IBT는 사회적 역량을 향상시키는 것으로 알려진 치료적 요인들의 출현을 촉진한다는 사실이 밝혀졌습니다(Daniels, 1998).

특히 흥미로운 점은 IBT 치료 16주 만에 전반적인 정신-사회적 기능과 증상 수준을 평가하는 데 사용되는 척도인 **전반적 기능 평가 척도**[American Psychiatric Association: *Diagnostic and Statistical Manual of Mental Disorders, Fourth Edition, Text Revision* (DSM-IV-TR, 2000) 참조] 결과가 치료 집단에서 유의미하게 개선된 것입니다. 이는 IBT 형식이 치료적 요인을 촉진하는 것 외에도 전반적인 사회적 역량의 향상을 가져올 수 있다는 주장을 뒷받침한다는 것을 시사합니다. 응용 행동 분석 접근법의 목표처럼 행동적 요소만을 강화하는 것이 아니라, 원래의 IBT 모델은 대인관계 사회화를 보다 광범위하게 발전시키는 결과를 가져왔습니다.

IBT 모델은 지적장애를 가진 개인이 사별에 대처하는 데 도움이 된다는 가치도 탐구되었습니다(Carlin, 1998). 또한 지적장애와 정신장애를 모두 가진 대상자를 치료할 때 행동 수정 기법과 함께 IBT가 사용되어 그 효과가 입증된 연구도 있습니다(Oliver-Brannon, 2000). 이 이후의 연구는 표본 규모가 작고 무작위 배정 방식이 아니라는 단점이 있습니다. 그럼에도 자료 수집 결과, 행동 수정 대조군에 비해 IBT 그룹의 피험자들이 표적행동의 감소, 문제 해결 능력의 향상, 그리고 공동체에 더 조기에 적응하는 것으로 나타났으며, 이는 보다 큰 전반적인 사회적 역량 강화를 가져온다는 것을 더욱 뒷받침해 주고 있습니다.

흥미로운 한 파일럿 연구(Lundrigan, 2007)에서는 정신건강 서비스에 대한 고객의 만족도에 관한 셀리그먼의 「소비자 보고서」 설문조사(Seligman, 1995)를 기반으로 지적 발달장애 환자를 위한 설문지를 개발하였습니다. 이 연구에 참여한 참가자는 40명에 불과했지만, 그 결과는 치료가 참가자에게 어떻게 도움이 되고 인식되는지에 대한 유익한 정보를 제공합니다. 대부분의 참가자가 글을 읽을 수 없었기 때문에 연구자들은 반구조화된 인터뷰를 통해 40명의 IBT 참가자를 대상으로 설문면접조사를 실시했는데, 참가자 모두는 정신과 진단을 받은 IQ 50~70점 사이의 사람들이었습니다. 참가자들의 설문면접조사 응답에서 알 수 있듯이 그들은 IBT 집단에 참여함으로써 도움을 받았다고 답했으며, 몇몇 참가자가 선정되어 심층 임상 면접을 받았습니다. 설문면접조사에 참여한 40명의 내담자 중 34명(85%)이 IBT 집단에 참여함으로써 도움을 받았다고 느꼈습니다. 이 수치는 셀리그먼의 「소비자 보고서」 연구에서 나타난 87%의 만족도와 거의 일치한다는 점에 주목할 필요가 있습니다. 설문면접조사에서 보고된 높은 만족도는 다른 연구자들이 보고한 IBT 집단의 치료적 요인의 존재를 더욱 뒷받침합니다.

이 연구에 참여한 참가자들은 자신들이 치료를 받는 이유도 밝혔습니다. 우울증, 슬픔, 일반적인 불안, 가족 문제, 결혼 또는 성 문제, 직장 문제, 체중 감량에 대한 욕구, 약물 및 알코올 문제, 섭식장애 등의 순으로 치료를 받게 된 증상이 보고되었습니다. 즉, 「소비자 보고서」의 내용과 동일한 이유로 치료를 받는 것으로 나타났습니다. 같은 연구에서 97%가 치료사의 역량을 보통에서 우수하다고 평가했으며, 모든 참가자가 치료사에 대해 만족에서 완전히 만족한다고 답했습니다. 마찬가지로 「소비자 보고서」 응답자들은 정신과 의사, 심리학자, 사회복지사 중 누구에게 진료를 받든 똑같은 정도의 만족도를 보였습니다. 조사자는 "이러한 유사성은 정신건강 서비스를 받는 사람들의 경험이 치료 유형, 방법, 진단의 심각성 또는 인지 능력과 같은 많은 중요한 차이를 초월할 수 있음을 시사한다."(p. 151)고 보고하고 있습니다.

특히 중요한 것은 IBT 집단 참여의 결과로 나타난 양적 개선(척도) 결과입니다. 참가자의 90%는 치료가 다른 사람들과 어울리는 능력을 향상시켰다고 느꼈고, 82.5%는 직장에서 생산성을 높이는 데 도움이 되었다고 생각했습니다. 80%는 일상적인 스트레스에 대처하는 데 도움이 되었다고 느꼈고, 85%는 IBT가 삶을 더 즐기는 데 도움이 되었다고 생각했습니다. 또한 92.5%는 치료가 개인의 성장과 통찰력에 도움이 되었다고 생각했으며, 95%는 자신감과 자존감이 향상되었다고 답했습니다. 가장 일반적인 치료 이유인 우울증 증상 완화와 관련해서는 85%가 IBT가 우울한 기분을 완화하는 데 도움이 되었다고 답했습니다. 이 수치에서 가장 놀라운 점은 40명의 참가자 중 누구도 (분명 그러한 선택을 할 수 있었음에도 불구하고) 치료로 인해 기분이 더 나빠졌다고 답한 사람이 없었다는 것입니다(Lundrigan, 2007).

심층 면담 결과는 집단 과정이 치료적 유익에 어떤 가치가 있는지에 대한 추가적인 통찰력을 제공했습니다. 비록 다섯 명의 참가자와 함께 면담이 진행되었지만, 면담 참가자들은 집단으로부터 도움을 받는 것뿐만 아니라 도움을 줄 수 있는 기회도 즐거웠다고 답했습니다. 이는 집단 심리치료와 치료적 요인에 관한 얄롬의 독창적인 연구(Yalom, 1995)를 반영하는 결과인데, 특히 이타주의와 안내(가이드)라는 치료적 요인이 나타난 것을 보여 주고 있습니다.

> 치료 집단에서도 환자는 단지 상호 주고받는 순서의 일부로서뿐만 아니라 주는 행위의 본질적인 행위로서 기부를 통해 도움을 받습니다. 치료를 시작하는 정신과 환자들은 사기가 저하되어 있고 자신이 다른 사람에게 도움을 줄 수 있는 가치가 없다는 깊은 자괴감을 가지고 있습니다. 그들은 오랫동안 자신을 짐으로 여겨 왔

> 기에, 자신이 다른 사람에게 도움이 될 수 있다는 것을 발견하는 것은 상쾌하고 자존감을 높여 주는 경험이 됩니다(p. 12).

이러한 연구는 비록 표본 규모가 작고 그 수가 적지만, 이 모델의 잠재력을 보여 주면서 앞으로 더 많은 연구의 필요성을 시사합니다. 일반적으로 더 많은 연구가 이루어지면서 임상가들은 검증된 방안을 다른 집단에서도 계속해서 적용해 볼 필요가 있습니다.

가상 감사 방문(VGV)

감사를 위해 개발된 개입법 중 하나는 마틴 셀리그먼이 개발한 것으로, 자신이 친절한 도움을 받았지만 적절한 감사를 하지 못했다고 생각되는 사람들에게 감사 편지를 쓰게 하는 것입니다(Seligman et al., 2005). 감사 방문을 위해 참가자들은 감사 편지를 써서 대상자에게 전달했습니다. 다른 개입과 비교했을 때 특히 감사 방문을 한 사람들은 단기적으로 모든 참가자 중 우울감이 가장 낮아지고 행복감이 가장 높아진 것으로 나타났습니다. 이 개입의 결과는 감사 성격강점을 직접적으로 증진시킨 초기 사례 중 하나로 간주할 수 있습니다. 또한 감사는 자존감(McCullough et al., 2002), 삶의 만족도(Kashdan et al., 2006), 친사회적 행동(Wood et al., 2008), 대인관계(Tsang, 2007)를 향상시키는 것으로 밝혀졌습니다. 감사 개입은 긍정적 정서를 확장하고 구축하는 능력 향상에 직접적인 영향을 미치는 것으로 밝혀졌으며(Fredrickson, 2004), 지속 가능한 행복으로 이어질 수 있는 주요 개입 중 하나로 주목받았습니다(Lyubomirsky et al., 2005). 중요한 것은 감사가 우울증에 대한 보호 요인으로도 작용한다는 점입니다(Ohlan & Gera, 2022). 감사는 미덕의 여왕이라고 할 수 있습니다(Emmons, 2012).

글을 읽거나 쓸 수 없는 발달장애인의 경우, 감사 편지를 작성하고 전달하는 것이 장벽이 될 수 있습니다. 가상 감사 방문은 감사라는 강점 기반의 감정을 표현하는 데 있어 한계를 없애기 위해 고안되었습니다. 빈 의자 역할극과 역할 바꾸기를 통해 가상의 방문을 실행하는 방식입니다. 원래는 연기 단계에서 P-IBT

형식으로 사용하도록 설계되었습니다.

VGV(가상 감사 방문)는 글쓰기 이외의 방법으로 타인에게 감사를 표현하는 것이 얼마나 강력한 힘을 발휘하는지에 초점을 맞춘 연구에 기반하고 있습니다. 이전 연구에서는 감사일기를 쓰는 그룹과 구두로 감사를 표현하는 그룹을 비교했습니다. 연구진은 감사일기만 쓴 그룹이나 대조군보다 표현 그룹이 더 나은 성과를 거뒀다는 사실을 발견했습니다. 타인에게 감사를 표현한 그룹은 부정적인 감정과 우울증이 감소하여 정서적 균형이 더 잘 유지되었습니다. 연구자들은 타인 지향적 감사는 외적으로 표현할 때 더욱 향상된다는 결론을 내렸습니다. 이 연구는 서면 표현에서 벗어나 강력한 형태의 구두 표현으로 나아가고 있습니다(Goldstein & Winner, 2012). 추론하자면, VGV는 이러한 언어적 표현의 본질을 빈 의자를 사용하여 심리극적 역할극을 통해 다른 사람에게 적용합니다. 이 기법은 드라마 치료(Tomasulo & Szucs, 2016), 사이코드라마(Fong, 2006), 역할극(Nikzadeh & Soudani, 2016) 기법의 연구를 기반으로 하며, 각 기법은 치료적 유익을 제공하는 것으로 나타난 연기 방법을 설명하고 있습니다(Kipper & Ritchie, 2003).

P-IBT 형식의 구조 내에서 집단이 상호작용하는 참여를 준비할 수 있도록 오리엔테이션과 워밍업 및 공유 단계로 설계되었습니다. 연기(실행) 단계에서는 참가자들의 주의와 관심을 끌고 이전 단계의 준비를 활용하기 위한 방법으로 역할극 요소를 도입합니다. 가상 감사 방문을 사용할 때 오리엔테이션과 준비 및 공유 단계에서 자신에게 친절했던 사람들에 대해 이야기하고 그들에 대한 감사를 나누는 데 초점을 맞춥니다. 오리엔테이션 단계에서 감사한 사람에 대해 들은 이야기를 듣고 피드백하는 것이 대화 주제를 만드는 데 도움이 되고, 보편성이라는 치료적 요인을 활성화합니다. 결과적으로 집단이 워밍업과 공유 단계로 넘어가면서 응집력이 높아집니다. 치료적 요인(예: 응집력, 보편성)과 함께 성격강점(예: 사랑, 친절)을 치료자가 표현하고 인정합니다.

연기(실행) 단계에서는 일반적으로 주인공이 자원하여 그룹 중앙에 와서 빈 의자 맞은편에 앉도록 하는 방식으로 VGV를 설정합니다(원할 경우). 빈 의자 역할극을 통해 감사 방문을 실행하는 VGV에서는 실제로 참석할 수 없는 다른 사람들도 개입할 수 있습니다. 이렇게 하면 이 기법의 적용 범위가 상당히 넓어집니다. 그 사람은 현재 살아 있는 사람일 수도 있고, 몇 년 전에 세상을 떠난 사람일 수도 있으며, 연락이 끊긴 사람일 수도 있습니다. 중요한 것은 그 사람들이 주인공에게 친절을 베풀었기 때문에 선택되었고, 그들에게 적절한 감사를 지금까지 표현하지 못했다는 것입니다.

이 기법에서는 두 개의 의자를 배치하는데, 하나는 주인공을 위한 의자이고 다른 하나는 다른 사람(보조)을 위한 빈 의자입니다. 주인공은 관계를 상징적으로 묘사하는 방식으로 의자를 배열합니다. 즉, 의자가 주인공 가까이 있을 수도 있고, 멀리 떨어져 있을 수도 있습니다. 그리고 나란히 있거나 혹은 한쪽이 다른 쪽 뒤에 있을 수 있습니다. 의자의 배치가 역할극의 감정적 분위기를 만들어 줍니다. 그런 다음 주인공은 자신의 의자에 앉아 빈 의자에 있는 상상 속 상대방에게 감사를 표현합니다. 그다음에는 주인공이 역할을 바꾸어 조연이 됩니다. 이때 주인공은 마치 방금 감사를 표현한 것처럼 상대방(조력자)에게 반응합니다. 그런 다음 보조 역할을 멈추고 주인공은 원래의 의자로 돌아가 마무리 발언이나 제스처를 취하며 장면을 마무리합니다. 이것으로 역할 연기가 끝납니다. 지면 관계상 이 기법에서 역할 바꾸기의 힘에 대해 자세히 설명할 수는 없지만, 상대방 역할을 취해 봄으로써 나타나는 이해는 마음 이론을 통해 상대방에 대한 공감과 학습을 촉진하는 요소로 기능합니다(Goldsteing & Winner, 2012). 또한 이러한 역할 바꾸기는 발신자와 수신자 모두의 입장에서 감사를 경험함으로써 감사와 통합의 긍정성을 증폭시킬 수 있습니다.

주인공은 자신의 의자에서 감사를 시작하고 끝내며 감사를 표현하고, 역할을 바꾸어 행한 다음 다시 돌아옵니다. 이를 통해 최적의 통합을 이룰 수 있습니다. 그런 다음 집단은 각자 자신이 목격한 것에 대해 의견을 말하도록 초대받습니다. 이때의 코멘트에는 주인공이 어떤 사람인지, 그리고 역할극을 진행하면서 어떤 느낌을 받았는지에 대한 성찰이 담겨 있습니다. 일반적으로 이 시간은 응집력과 보편성을 강화하는 시간입니다. 또한 희망을 불러일으키고 모델링의 치료적 요인이 나타납니다.

VGV는 근거에 기반한 개입을 새로운 방식으로 사용하는 한 가지 예에 불과합니다. 실무자는 무수히 많은 성격강점 개입방법 중에서 가장 큰 효과를 가져올 수 있다고 생각하는 방법을 선택하기 위해 이러한 노력을 계속해야 합니다. 서비스를 받는 사람들의 다양한 인지적, 적응적, 문화적 요구에 맞게 개입방법을 조정함으로써 성격강점의 효과적인 적용 범위를 IDD(지적장애 및 발달장애)를 가진 사람들에게까지 확대할 수 있습니다.

향후 방향

지적장애 및 발달장애와 정신장애의 이중 진단을 받은 사람들을 위한 치료의 발전과 관련하여 향후 개발해야 할 세 가지 주요 영역이 있습니다. 첫 번째는 치료 계획에 성격강점을 보다 직접적으로 포함시키기 위해 VIA 성격강점검사에 대한 접근성 증진과 성격강점을 활용한 개입에 관한 것입니다. 여기에는 문해력이 낮거나 전혀 없고 주의 집중력이 떨어지는 사람들에게 개입 도구를 제공하는 방법에 대한 재개념화가 포함됩니다. 둘째, 긍정적 개입, 긍정심리치료, 강점 기반 치료 및 프로그램과 관련된 연구 절차에 이중 진단을 가진 사람들을 포함시키기 위해 노력하는 것입니다. 마지막으로, 신경증 집단 대상에서 검증된 증거 기반 개입을 이중 진단을 받은 개인을 위한 증거 기반 개입에 맞게 개선하여 보다 광범위하게 사용하는 것이 필요합니다. 이를 통해 효과적인 것으로 알려진 기존 개입이 다른 대상에 맞게 적절한 수정을 거쳐 신속하게 활용될 수 있을 것입니다.

주요 내용

- 이중 진단(DD)은 지적장애 및 발달장애(IDD)와 하나 이상의 정신과적 장애가 공존하는 상태를 말합니다. 지적장애 및 발달장애를 가진 사람들의 정신건강 요구는 일반 인구보다 3배 이상 높습니다.
- 사회가 발달장애인을 대하는 태도가 낙관주의에서 개인 보호, 그리고 사회 보호로 바뀌어 왔습니다. 이러한 변화는 심리적, 교육적, 행동적 기술을 개발하는 데 장애가 되었습니다.
- 윌로우브룩 동의 법령은 1980년 「시설 수용자의 인권법」이 통과되는 데 큰 기여를 했습니다. 행동 관리에 대한 심리적 강조와 행동 원리의 적용을 통해 발달장애인의 치료와 돌봄에 있어 법적 전환점이 마련되었습니다. 이러한 노력에도 불구하고 1980년 이후 이 분야는 강점을 키우는 것이 아니라 결함 행동을 개선하는 데 중점을 두었습니다.
- 지적 발달장애인을 대상으로 연구를 수행하는 데에는 여러 가지 어려움이 있습니다. 연구자와 실무자들은 측정 도구를 개발하고 성격강점을 함양함으로써 공존하는 강점을 찾으면서도 한계를 해결할 방법을 계속 찾아야 합니다.
- VIA 성격강점을 소개하고 토론함으로써 지적장애 및 발달장애를 가진 사람들과 이중 진단을 받은 사람들에게 자기인식, 자기이해, 자존감을 키워 줄 수 있을 것입니다.
- 『지적장애 및 발달장애를 위한 진단 매뉴얼(DM-ID 2)』은 지적 발달장애인을 위한 진단 기준의 변화를 강조하는 증거 기반 매뉴얼로, 특히 이중 진단에 유용합니다.
- 상호작용 행동치료(IBT)와 그 이후의 긍정적 상호작용 행동치료(P-IBT)는 IDD를 가진 사람들에게 효과적인 것으로 입증된 집단 심리치료의 한 형태입니다.
- P-IBT 진행자는 개인의 강점 표현을 강화하는 동시에 집단 역동의 치료적 요인을 지지하고 촉진하는 특징을 확인합니다.
- 글을 읽거나 쓸 수 없는 발달장애인의 경우, 감사 편지를 작성하고 전달하는 것이 장벽이 될 수 있습니다. 가상 감사 방문은 감사라는 성격강점을 표현하는 데 한계를 없애기 위해 고안되었습니다. 빈 의자 역할극과 역할 바꾸기를 통해 가상의 방문을 실행하는 방식으로 진행됩니다. 이 성격강점 개입에는 연락을 할 수 없는(또는 세상에 없는) 사람도 포함될 수 있으므로 감사를 느낄 수 있는 폭이 훨씬 넓어집니다.

참고문헌

Albaum, C., Chan, V., Sellitto, T., Vashi, N., Hastings, R. P., & Weiss, J. A. (2021). Redressing the balance: A systematic review of positive psychology in the IDD literature. *International Review of Research in Developmental Disabilities, 60*, 1-53.

Aman, M. G., & Handen, B. (2006). Reactions to "Ethical challenges and complexities of including people with IDD as participants in research" by Dr Teresa Iacono. *Journal of Intellectual and Developmental Disability, 31*(3), 180-182.

American Psychiatric Association. (2000). *Diagnostic and statistical manual of mental disorders*. 4th edn. *Text Revision* (*DSM-IV-TR*). American Psychiatric Association.

American Psychological Association, APA Task Force on Guidelines for Assessment and Intervention with Persons with Disabilities. (2022). *Guidelines for assessment and intervention with persons with disabilities.* Retrieved from https://www.apa.org/about/policy/guidelines-assessment-intervention-disabilities.pdf

Beadle-Brown, J., Beecham, J., Leigh, J., Whelton, R., & Richardson, L. (2021). Outcomes and costs of skilled support for people with severe or profound IDD and complex needs. *Journal of Applied Research in IDD, 34*(1), 42-54.

Blaine, C. (1993). *Interpersonal learning in short-term integrated group psychotherapy* (Unpublished Master's thesis). University of Alberta.

Brown, I., Brown, R. I., Edwards, M., Bertelli, M. O., & Schalock, R. L. (2022). Quality of life as an outcome measure. In M. O. Bertelli, S. Deb, K. Munir, A. Hassiotis, & L. Salvador-Carulla (Eds.), *Textbook of psychiatry for IDD and autism spectrum disorder* (pp. 349-367). Springer.

Buckley, N., Glasson, E. J., Chen, W., Epstein, A., Leonard, H., Skoss, R., et al. (2020). Prevalence estimates of mental health problems in children and adolescents with IDD: A systematic review and meta-analysis. *Australian & New Zealand Journal of Psychiatry, 54*(10), 970-984.

Carlin, M. (1998). *Death, bereavement, and grieving: A group intervention for bereaved individuals with cerebral palsy* (Unpublished doctoral dissertation). C.W. Post Campus, Long Island University, USA.

Charlson, F., van Ommeren, M., Flaxman, A., Cornett, J., Whiteford, H., & Saxena, S. (2019). New WHO prevalence estimates of mental disorders in conflict settings: A systematic review and meta-analysis. *The Lancet, 394*(10194), 240-248.

Daniels, L. (1998). A group cognitive-behavioral and process-oriented approach to treating the social impairment and negative symptoms associated with chronic mental illness. *Journal of Psychotherapy Research and Practice, 7*, 167-176.

Dattani, S., Ritchie, H., & Roser, M. (2021). *Mental health*. Published online at OurWorldInData. org. Retrieved from: https://ourworldindata.org/mental-health [Online Resource].

Dean, E. E., Shogren, K. A., Hagiwara, M., & Wehmeyer, M. L. (2018). How does employment influence health outcomes? A systematic review of the IDD literature. *Journal of Vocational Rehabilitation, 49*(1), 1-13.

Emmons, R. A. (2012). Queen of the virtues? Gratitude as human strength. *Reflective Practice: Formation and Supervision in Ministry, 32*.

Fletcher, R. J., Barnhill, J., & Cooper, S.-A. (2017). *DM-ID 2. Diagnostic manual—IDD: A text-book of diagnosis of mental disorders in persons with IDD*. NADD-National Association for the Dually Diagnosed.

Flückiger, C., & Grosse Holtforth, M. (2008). Focusing the therapist's attention on the patient's strengths: A preliminary study to foster a mechanism of change in outpatient psychotherapy. *Journal of Clinical Psychology, 64*(7), 876-890.

Fong, J. (2006). Psychodrama as a preventive measure: Teenage girls confronting violence. *Journal of Group Psychotherapy, Psychodrama & Sociometry, 59*(3), 99-108.

Fredrickson, B. L. (2004). Gratitude, like other positive emotions, broadens and builds. In R. A. Emmons & M. E. McCullough (Eds.), *The psychology of gratitude* (pp. 145-166). Oxford University Press.

Giacomucci, S. (2021). Psychodrama practice in clinical social work with individuals. In *Social work, sociometry, and psychodrama* (pp. 323-342). Springer.

Goldstein, T. R., & Winner, E. (2012). Enhancing empathy and theory of mind. *Journal of Cognition and Development, 13*(1), 19-37.

Guercio, J. M. (2020). The importance of a deeper knowledge of the history and theoretical foundations of behaviorism and behavior therapy: Part 2—1960-1985. *Behavior Analysis: Research and Practice, 20*(3), 174-195. https://doi.org/10.1037/bar0000178

Harzer, C., & Ruch, W. (2015). The relationships of character strengths with coping, work-related stress, and job satisfaction. *Frontiers in Psychology, 6*(165), 1-12. https://doi.org/10.3389/ fpsyg.2015.00165

Herat, M. (2021). Historical learning disabilities: Linguistic abilities of ex-servicemen with 'imbecility', 'feeblemindedness' and 'mental deficiency' in the ministry of pension files. In *Epistolary constructions of Post-World War I identity* (pp. 65-90). Palgrave.

Iacono, T. (2006). Ethical challenges and complexities of including people with IDD as participants in research. *Journal of Intellectual and Developmental Disability, 31*(3), 173-179.

Ilyes, E. (2020). Psychology's eugenic history and the invention of IDD. *Social and Personality Psychology Compass, 14*(7), e12537.

Kashdan, T. B., Uswatte, G., & Julian, T. (2006). Gratitude and hedonic and eudaimonic well-being in Vietnam war veterans. *Behaviour Research and Therapy, 44*, 177-199.

Keller E (1995). *Process and outcomes in interactive-behavioral groups with adults who have both mental illness and mental retardation* (Unpublished doctoral dissertation). C.W. Post Campus, Long Island University, USA.

Kipper, D. A., & Ritchie, T. D. (2003). The effectiveness of psychodramatic techniques: A meta-analysis. *Group Dynamics: Theory Research and Practice, 7*(1), 13-25.

Littman-Ovadia, H., Lazar-Butbul, V., & Benjamin, B. A. (2014). Strengths-based career counseling: Overview and initial evaluation. *Journal of Career Assessment, 22*(3), 403-419. https://doi.org/10.1177/1069072713498483

Luckasson, R., Tassé, M. J., & Schalock, R. L. (2022). Professional responsibility in the field of intellectual and developmental disabilities: Its definition, application, and impacts. *Intellectual and Developmental Disabilities, 60*(3), 183-198.

Lundrigan, M. (2007). *Interactive behavioral therapy with intellectually disabled persons with psychiatric disorders: A pragmatic case study*. (Psy.D Thesis). Graduate School of Applied and Professional Psychology, Rutgers University, USA.

Lysaght, R., Ouellette-Kuntz, H., & Lin, C. J. (2012). Untapped potential: Perspectives on the employment of people with IDD. *Work, 41*(4), 409-422.

Lyubomirsky, S., Sheldon, K. M., & Schkade, D. (2005). Pursuing happiness: The architecture of sustainable change. *Review of General Psychology, 9*, 111-131.

Maulik, P. K., Mascarenhas, M. N., Mathers, C. D., Dua, T., & Saxena, S. (2011). Prevalence of IDD: a meta-analysis of population-based studies. *Research in Developmental Disabilities, 32*(2), 419-436.

Mazza, M. G., Rossetti, A., Crespi, G., & Clerici, M. (2020). Prevalence of co-occurring psychiatric disorders in adults and adolescents with IDD: A systematic review and meta-analysis. *Journal of Applied Research in IDD, 33*(2), 126-138.

McConkey, R., Craig, S., & Kelly, C. (2019). The prevalence of IDD: A comparison of national census and register records. *Research in Developmental Disabilities, 89*, 69-75.

McCullough, M. E., Emmons, R., & Tsang, J. (2002). The grateful disposition: A conceptual and empirical topography. *Journal of Personality and Social Psychology, 82*, 112-127.

Niemiec, R. M., Shogren, K. A., & Wehmeyer, M. L. (2017). Character strengths and intellectual and developmental disability: A strengths-based approach from positive psychology. *Education and Training in Autism and Developmental Disabilities, 52*(1).

Nikzadeh, E., & Soudani, M. (2016). *Evaluating the effectiveness of drama therapy by psycho-drama method on psychological wellbeing and false beliefs of addicts* (pp. 148-155). Canadian Center of Science and Education.

Ohlan, A., & Gera, T. (2022). Character strength of hope and gratitude as protective factor of suicide. *Journal of Positive School Psychology, 6*(9), 2732-2739.

Oliver-Brannon, G. (2000). *Counseling and psychotherapy in group treatment with the dually diagnosed (mental retardation and mental illness—MR/MI)* (Doctoral dissertation). The Union Institute, 2000. Dissertation Abstracts International 60(10-B): 5230.

Peterson, C., & Seligman, M. E. (2004). *Character strengths and virtues: A handbook and classification*. Oxford University Press and American Psychological Association.

Raley, S. K., Shogren, K. A., & Cole, B. P. (2020). Positive psychology and education of students with disabilities: The way forward for assessment and intervention. *Advances in Neurodevelopmental Disorders, 5*, 11. https://doi.org/10.1007/s41252-020-00181-8

Rashid, T. (2020). Positive psychotherapy. In *Encyclopedia of quality of life and well-being research* (pp. 1-8). Springer International Publishing.

Rashid, T., & Seligman, M. P. (2018). *Positive psychotherapy: Clinician manual*. Oxford University Press.

Razza, N. J., & Tomasulo, D. J. (2005). *Healing trauma: The power of group treatment for people with IDD*. American Psychological Association.

Reinders, J., Stainton, T., & Parmenter, T. R. (2019). The quiet progress of the new eugenics. Ending the lives of persons with intellectual and developmental disabilities for reasons of presumed poor quality of life. *Journal of Policy and Practice in IDD, 16*(2), 99-112.

Reiss, S., Levitan, G. W., & Szyszko, J. (1982). Emotional disturbance and mental retardation: Diagnostic overshadowing. *American Journal of Mental Deficiency, 86*, 567-574.

Schalock, R. L., Luckasson, R., & Tassé, M. J. (2021). An overview of IDD: Definition, diagnosis, classification, and systems of supports. *American Journal on Intellectual and Developmental Disabilities, 126*(6), 439-442.

Schwartz, A. E., Caoili, A., Beasley, J. B., Kramer, J. M., & Kalb, L. G. (2022). Clinical applications of the VIA inventory of strengths with individuals with intellectual/developmental disabilities. *Journal of Positive Psychology*. https://doi.org/10.1080/17439760.2022.2036797

Scior, K., Hamid, A., Hastings, R., Werner, S., Belton, C., Laniyan, A., et al. (2020). IDD stigma and initiatives to challenge it and promote inclusion around the globe. *Journal of Policy and Practice in IDD, 17*(2), 165-175.

Seligman, M. E. P. (1995). The effectiveness of psychotherapy: The consumer reports study. *American Psychologist, 50*(12), 965-974.

Seligman, M. E. P. (2002). Positive psychology, positive prevention, and positive therapy. *Handbook of Positive Psychology, 2*(2002), 3-12.

Seligman, M. E. P., Steen, T. A., Park, N., & Peterson, C. (2005). Positive psychology progress: Empirical validation of interventions. *American Psychologist, 60*(5), 410.

Shogren, K. A., Niemiec, R. M., Tomasulo, D., & Khamsi, S. (2017). Character strengths. In M. Wehmeyer (Ed.), *Handbook of positive psychology in intellectual and developmental disabilities* (pp. 189-199). Springer.

Shogren, K. A., Shaw, L. A., Raley, S. K., Wehmeyer, M. L., Niemiec, R. M., & Adkins, M. (2018). Assessing character strengths in youth with IDD: Reliability and factorial validity of the VIA-youth. I*ntellectual and Developmental Disabilities, 56*(1), 13-29.

Singh, N. N., Lancioni, G. E., Winton, A. S. W., Singh, A. N., Adkins, A. D., & Singh, J. (2009). Mindful staff can reduce the use of physical restraints when providing care to individuals with IDD. *Journal of Applied Research in IDD, 22*, 194-202. https://doi.org/10.1111/j.1468-3148.2008.00488.x

Tomasulo, D. J. (2014). Positive group psychotherapy modified for adults with IDD. *Journal of IDD, 18*(4), 337-350.

Tomasulo, D. (2018). American snake pit: Hope, grit, and resilience in the wake of Willowbrook.

Tomasulo, D., & Szucs, A. (2016). The ACTing cure: Evidence-based group treatment for people with IDD. *Dramatherapy, 37*, 100. https://doi.org/10.1080/02630672.2016.1162824

Tsang, J. (2007). Gratitude for small and large favors: A behavioral test. *The Journal of Positive Psychology, 2*, 157-167.

UN General Assembly. (2006). *Convention on the rights of persons with disabilities*, A/RES/61/106, Annex I, available at: https://www.refwo rld.org/docid/4680cd212.html. Accessed 15 Nov 2022.

Vereenooghe, L., Flynn, S., Hastings, R. P., Adams, D., Chauhan, U., Cooper, S. A., et al. (2018). Interventions for mental health problems in children and adults with severe IDD: A systematic review. *BMJ Open, 8*(6), e021911.

Werner, S., & Stawski, M. (2012). Mental health: Knowledge, attitudes and training of professionals on dual diagnosis of IDD and psychiatric disorder. *Journal of IDD Research, 56*(3), 291–304.

Wood, A. M., Joseph, S., & Maltby, J. (2008). Gratitude uniquely predicts satisfaction with life: Incremental validity above the domains and facets of the five factor model. *Personality and Individual Differences, 45*, 49–54.

Yalom, I. (1995). *The theory and practice of group psychotherapy* (4th ed.). Basic Books.

Yin, L. C., & Majid, R. A. (2018). The goodness of character strengths in education. *International Journal of Academic Research in Business and Social Sciences, 8*(6), 1237–1251.

제9장 정의, 형평성, 다양성, 포용성(JEDI)과 지적장애 및 발달장애

악이 승리하기 위해 필요한 것은 선한 사람들이 아무것도 하지 않는 것뿐입니다.

- 에드먼드 버크

개념

긍정심리학은 다양한 소외 계층을 포용하지 못한다는 비판을 받아 왔습니다. 연구대상을 살펴보면 성별, 인종, 민족성의 분포가 불균형하여 적절한 평형을 이루지 못했고, WEIRD(위어드: 서구의, 교육받은, 산업화된, 부유한, 민주적인/Western, Educated, Industrialized, Rich, Democratic) 표본 대상에 치우치는 경우가 많았습니다. 하지만 지난 10년 동안 긍정심리학의 세계화가 진행되며 비서구 국가의 대표성이 증가되면서 이러한 불균형 문제는 개선되고 있습니다(Hendriks et al., 2019). 예를 들어, 전통적으로 여성 연구 참여자가 넘치도록 많지만 여성이 제1저자로는 잘 드러나지 않습니다. 발표된 연구의 분석 대상은 주로 백인이며, 문해력이 있는 사람인 경우가 많고 성별, 인종, 민족 등의 교차 요인이 연구에 잘 반영되지 않습니다(Rao & Donaldson, 2015).

연구 설계, 저자, 연구 주제, 성별, 인종, 민족에 대한 정보가 포함되고 이를 더 확대하는 개선이 필요하다는 제안이 제기되었습니다. 이러한 필요성과 제안은 여러 맥락에서 환영받을 만하며, 이에 대한 수용은 긍정심리학 연구의 범위와 영향력을 넓히는 시작점에 불과하다고 할 수 있습니다.

보다 구체적으로, 성격강점 연구는 정의, 형평성, 다양성, 포용성에 대한 통찰을 촉진하기 위한 조건과 토대가 되며 앞으로 더 비옥하게 발전해 나갈 긍정심리학 연구의 한 측면을 나타내고 있습니다. 그 이유는 VIA 성격강점 분류(Peterson & Seligman, 2004)의 구성이 인간의 보편적인 경험, 즉 문화, 국가, 신념을 초월하여 인간의 가장 우수하고 공통적인 것을 이해하고자 하는 열망에서 시작되었기 때문입니다. 즉, 이 분류는 특정 집단에 국한되지 않고 모든 인간의 보편적 미덕과 강점을 알아보려는 의도에서 시작되었습니다. 이처럼 VIA 설문조사는 보편적인 원리에서 추출한 원칙에 기초하여 인류 전체를 포용하면서도 각 개인의 특성에 맞게 조정되어 서로 비교할 수 있는 수단을 제공합니다. 이를 위해 지금까지 VIA 성격강점검사 또는 VIA 청소년 성격강점검사의 번역 작업이 50개 이상의 언어로 이루어졌으며, 각각 검증 절차를 거쳤습니다. 이러한 보다 보편적인 접근 방식은 정의, 형평성, 다양성, 포용성(JEDI)을 이 작업의 패턴 속에 어느 정도 녹여 내고 있습니다. 성격강점은 이러한 각각의 관심사에 대한 이해를 심화시키고 확장할 수 있는 플랫폼을 반영해 줍니다.

JEDI(정의, 형평성, 다양성, 포용성)의 이슈가 함축하는 방대한 범위의 내용과 이 분야의 많은 움직임, 임무(미션), 그리고 역사적으로 현시대의 작업을 강조하는 것은 이 장의 범위를 벗어나기에, 여기에서는 보다 맞춤화된 접근 방식을 취하고자 합니다.

이 장에서는 지적장애 및 발달장애(IDD)를 가진 사람들을 위한 정의, 형평성, 다양성 및 포용성과 관련된 성격강점에 초점을 맞출 것입니다. 실제로, 그동안 소외되어 온 이 집단은 성격강점을 활용하는 데 있어 어려움과 더불어 잠재력도 가지고 있습니다. 지적장애 및 발달장애를 가진 사람들은 일반적으로 무시당하고, 낙인찍히며, 최소한의 서비스 제공만을 받았지만 실제로는 더 많은 서비스가 절실히 필요한 집단입니다. 특히 이들은 어떤 자원을 요구하거나 불평등을 지적하거나 그들이 받는 처우에 대해 항의할 수 있는 목소리와 능력이 부족한 경우가 많았고, 그들의 변화를 돕는 지원 단체와 자가 옹호자들의 움직임에 의해 조금씩 변화되고 있어서 우리는 이 그룹을 선정하게 되었습니다. 이는 이 집단이 그들의 필요에 대한 관심을 끌기 위해 하는 일과는 별개로 우리 직업상 다른 사람들의 필요를 충족시키기 위해 해야 할 일을 한 결과일 뿐입니다. 정의와 공평의 요구에 부응하기 위해서 활동가들의 목소리에만 의존할 수 없습니다. 다양성과 포용성은 연구자와 실무자의 의도를 통해 원칙적으로 도출되어야 합니다. 이 글은 JEDI와 관련하여 성격강점이 이 집단에 어떻게 적용되고 있는지에 대한 사례를 제공하기 위한 것이지만, 소외된 집단에 성격강점을 적용할 때의 도전과 기회를 인식하도록 하는 데 도움이 되기도 바랍니다.

한 영역에 대해 이야기하다 보면 다른 세 영역에 대해서도 어느 정도 이야기하게 된다는 점에서 JEDI의 네 가지 영역은 상호 연관성이 있습니다. 몇 가지 차이점이 제시되지만 더 넓은 현실을 고려할 필요가 있습니다. 그리고 정의, 형평성, 다양성, 포용성을 가능하게 하고, 촉진하며, 심지어 구현할 수 있는 고유한 경로를 제공할 수 있는 것은 바로 성격강점입니다.

연구

JEDI(정의, 형평성, 다양성, 포용성) 및 성격강점

전 세계 10억 명에 가까운 사람들은 이 문장을 읽지 못합니다. 하지만 대부분의 긍정심리학 개입은 읽고 쓰는 능력과 관련이 있습니다. 특히 긍정심리학 분야의 주요 도구인 VIA 성격강점검사는 이 글을 쓰는 현재 시점에서 문해력이 없는 사람들을 위한 다른 형태의 도구로 아직 제공되지 않고 있습니다. 제3자의 조력을 통해 문해력이 없는 개인을 지원할 수 있지만, 당사자 개인 스스로의 접근성이 높아진다면 그들은 대표강점을 더 잘 이해하고, 지적 발달장애인의 집단적 강점을 더 잘 이해하며, 다른 장애와 비교하는 데도 도움이 될 수 있을 것입니다.

개인의 자존감, 자기이해, 자기인식을 증진하고 체계 간 서비스 조정을 제공하는 강점 기반 개입의 개발에서 VIA 성격강점검사의 가치가 강조되고 있습니다(Schwartz et al., 2022). 강점 기반 플랫폼을 통해 지적 발달장애인을 위한 일상 프로그램에 성격강점 개입을 촉진하면 VIA 성격강점검사의 범위가 이를 가장 필요로 하는 개인에게까지 확대될 수 있을 것입니다(Niemiec et al., 2017).

이러한 접근을 통해 보다 다양한 개인에게 VIA 성격강점검사를 직접 제공할 수 있습니다. 이는 다른 소외된 집단과 마찬가지로 지적 발달장애인이 성격강점 연구에 보다 직접적으로 참여할 수 있는 권리를 부여할 것입니다. 이러한 정보는 지적 발달장애인을 위한 강점 기반 접근법의 유용성을 강화할 뿐만 아니라 보다 다양한 사용자 집단이 스스로 직접 강점을 측정할 수 있도록 그 범위를 넓혀 줍니다(Umucu et al., 2022).

형평성과 성격강점

지적 발달장애인에게 형평성을 적용할 때, 공정성 실행과 관련하여 쉽게 넘나드는 경계선이 있습니다. 이 경계선은 형평성과 소외 사이에 놓여 있습니다. 지적 발달장애를 가진 사람들이 더 쉽게 접근하고 적용하도록 치료, 교육, 서비스를 체계적으로 구축하려고 할 때, 본래의 좋은 의도와는 달리 이것이 오히려 우리가 돕고자 하는 바로 그 개인을 낙인하고 배척하며 소외시킬지도 모릅니다(Shifrer et al., 2013).

형평성의 이슈를 불러일으키는 문제는 대부분 의식적으로 인식하지 못하는 편견에 뿌리를 두고 있습니다. 이러한 편견은 종종 관련성도 없는 부정확한 상상적 관점에 기반을 두고 어떤 한 개인에 대해 부정적이고, 멸시적이며, 그 사람을 하찮게 여기는 잘못된 평가로 이어집니다.

응급실 치료부터 심리치료까지, 의료진은 일상적으로 지적 발달장애를 가진 사람들을 소외시킵니다. (제5장과 제8장에서 설명한) 과소 평가된 진단, 치료를 위한 선별, 부적절한 교육 등으로 인해 전문가들은 그들에게 진정으로 필요한 서비스를 제공하지 않을 수 있습니다. 이것은 종종 부적절하고 암묵적인 편견이 있음을 보여 줍니다(FitzGerald & Hurst, 2017). 이러한 유형의 편견은 진단, 치료 결정 및 치료 수준에 영향을 미쳐 불균형을 초래합니다.

암묵적 편견에 대해 전문가 교육을 통해 이 문제를 개선하기 위한 의도적인 접근이 필요하고 가능합니다. 사람들을 있는 그대로 받아들이는 것은 우리에게 지속적으로 발전되어야 할 프로젝트이며, 이러한 교육을 훈련 커리큘럼에 포함하여 평생교육 학점을 제공하고, 관련 연구를 장려하는 것이 이러한 편견 문제에 대한 인식을 높이는 좋은 방법이 될 수 있습니다.

하지만 교육만이 해답이 될 수 없습니다. 보다 강력한 개입은 암묵적인 편견에 반대하고 이에 대응하는 직접적인 대안을 제시하는 것입니다. 이를 위한 예비연구를 실시하고 그에 따른 올바른 접근 방식을 취하게 하는 것이 도움이 될 수 있습니다. 응급실 의사는 끊임없이 들어오는 환자의 자원과 필요를 바르게 평가하고 이에 대해 적절히 대응해야만 하는 힘든 업무를 수행하고 있습니다. 이들은 수년간의 훈련과 교육에 기반하여 필요한 결정을 단 몇 초 만에 신속하게 해야만 합니다.

응급실에 입원할 때 더 크고 복잡한 요구가 있는 지적 발달장애인이 종종 우선순위에서 밀리는 경우가 많습니다. 이는 부분적으로 암묵적인 편견과 과소 평가된 진단 때문이라는 가설이 제기되고 있습니다. 이 문제에 대한 인식과 교육도 중요하지만, 이런 문제가 생길 수 있는 초기 단계에 다른 접근 방식을 고려하는 것이 중요할 수 있습니다.

이렇게 진단 및 치료 과정에서 암묵적 편견이 작용하는 경우에 다른 평가 도구를 추가하는 것이 도움이 될 수 있습니다. 예를 들어, 응급실 의사에게 성격강점과 그것이 어떻게 인간의 보편적인 특성인지 교육한 후 개인의 강점을 발견하는 것에 대해 훈련할 수 있습니다. 스태프와 함께 지적 발달장애인이 응급실에 들어가는 경우 스태프가 환자의 대표강점을 의료진에게 알려 줄 수 있습니다.

병력 및 문제 증상 평가와 더불어 발생할 수 있는 잠재적인 암묵적 편견에 대응하기 위해 환자의 성격강점에 대해 논의할 수 있습니다. 스태프가 동행하지 않은 환자는 "병원에 오지 않을 때는 무엇을 하고 싶으세요?"와 같은 질문을 통해 그들의 강점을 파악하고 평가할 수 있습니다. 질문에 대한 환자의 답변을 통해 개인의 강점 몇 가지를 파악할 수 있으며, 이를 스태프와 의사가 활용할 수 있습니다. 이러한 유형의 접근 방식은 편견이 적은 사람들의 관점을 강화하는 동시에 편견이 큰 사람들의 관점을 균형 있게 조정해 주는 데 도움이 됩니다. 이는 잠재적으로 나타나는 암묵적인 편견을 바로잡고 환자의 사기를 높이는 데 도움이 될 뿐만 아니라 어려운 시기에 사람과 사람 간의 긍정적 상호작용을 촉진합니다. 이를 통해 개인은 소외됨 없이 주요한 치료를 적절하게 받을 수 있습니다.

포용성과 성격강점

정신건강법 및 인권법과 같은 법률의 공식적인 원칙은 지적장애인이 존엄하고 존중받는 삶을 영위할 권리를 옹호하는 것입니다. 또한 다른 사람과 동일한 기회와 책임이 이들에게 주어져야 한다는 점을 명시적으로 지지하는 것입니다(Hollins et al., 2019).

그러나 교육과 정신건강이라는 두 가지 주요 영역에서 이러한 원칙이 교육이나 치료를 제공하는 시설과 개인의 필요 및 자원 간의 불균형 현실에 부딪히는 경우가 많습니다. 지적 발달장애인이 일반인보다 정신건강 문제와 필요에 더 취약하다는 것은 잘 알려져 있습니다(Buckles et al., 2013). 지적장애와 함께 수반되는 인지적 결함은 종종 학습에 장애를 가져옵니다. 치료 계획에 수정이 필요할 수 있는 심리적 문제나 이에 대한 효과적인 통찰 역량도 지적 발달장애를 가진 사람들과 함께 일하는 정신건강 전문가에게 어려운 과제가 될 수 있습니다. 이로 인해 효과적인 정신건강 서비스에 대한 접근이 제도적 차원과 개인적 차원 모두에서 문제가 될 수 있습니다(Whittle et al., 2019).

그러나 이러한 장애물에도 불구하고 성격강점에 반영된 비인지적 특성은 교육과 안녕(복지)에 가장 효과적이고 역동적인 접근 방식을 제공할 수 있습니다.

교육계에서 지적장애를 가진 사람들은 특수교육을 위해 주 학급(통합 학급)에서 분리되어 다른 개별 교실로 보내지는 경우가 많습니다. 이후 또는 동시에 보조원의 지원을 받아 주 교실에 통합되는 경우도 많습니다. 그러나 이러한 프로그램의 대부분은 기술에 기반하거나 지적 자산에 의존합니다. 개인의 기술과 지적 자산 이 두 영역에서 부족한 부분(약점)을 찾아 그 장애(약점)를 개선하고 이를 향상시키려고 노력합니다.

그러나 최근 교육현장에서 전통적인 커리큘럼과 함께 성격 교육을 지원하는 급진적인 변화가 일어나고 있습니다. 즉, 성격 발달에 대한 인식과 적용이 전통적인 교육과 함께 이루어지고 있습니다. 이러한 접근 방식 결과 그 효과가 잘 검증되었는데, 평균 학점 향상, 품행장애 감소, 우울증 감소, 행복지수 증가 등의 유익을 가져왔습니다. 요컨대, 성격이 발달한 학생이 학교에서도 더 좋은 성적을 얻고 있습니다(Seligman & Adler, 2018).

정신건강 분야에서 지적장애인이 부적절하거나 반응이 없거나 치료를 통해 유익을 얻을 수 없는 존재로 인식되어 온 것이 오래된 문제였습니다. 전문가들의 암묵적인 편견이 실재하고 이것이 강력한 영향을 미치긴 했지만, 이는 사실이 아니었습니다. 지적 발달장애인을 위한 정신건강 치료의 최근 발전을 살펴보면 교육 분야에서 일어난 일이 지적 발달장애인의 심리치료에서도 가능할 수 있음을 시사합니다. 따라서 치료 계획의 일부로 성격 발달에 초점을 맞춘다면 지적 발달장애인은 자존감, 자기인식, 자기효능감 측면에서 도움을 받을 수 있습니다.

VIA 성격강점검사는 대부분의 다른 심리학 도구보다 더 포괄적이고 총체적인 접근 방식을 통해 개발되었습니다. VIA 성격강점검사와 VIA 분류를 주관하는 VIA 성격강점연구소는 수십억 개의 데이터 포인트와 3천만 명의 VIA 성격강점검사 참여자(이 글을 쓰는 시점 기준)가 포함된 전 세계 성격 데이터베이스를 관리하고 있습니다. 그리고 성격강점 패턴이나 유용성을 연구하고자 하는 전 세계 모든 사람에게 측정값 및 데이터베이스 조회에 대한 접근을 제공합니다. 이러한 대규모 접근성 덕분에 정의, 형평성, 다양성, 포용성을 위한 공통 포털(사이트)의 기반이 마련되었으며, 이러한 맥락에서 연구가 진행되고 있습니다. 이 플랫폼은 어떤 비극적인 결과로 이어지기 전에 요구 사항을 파악하고 이에 필요한 변화를 구현하는 최선의 방법에 대해 통찰력을 제공할 수 있습니다.

JEDI와 지적장애 및 발달장애에 대한 연구는 비장애인 소외 집단이 두 가지 주요 이점을 가지고 있다는 것을 이해하는 데서 출발합니다. 첫째, 이들은 자신의 필요를 스스로 옹호할 수 있는 지적 능력과 조직력을 갖추고 있습니다. 둘째, 이들은 자신의 학문적 영향력을 활용하여 우려 사항에 대한 증거 기반의 근거를 제시할 수 있는 역량을 갖추고 있습니다. 성별, 인종, 민족과 같은 보다 전반적인 관심사는 JEDI와 관련하여 이러한 소외된 집단이 어떻게 자신의 입장을 홍보할 수 있는지를 보여 주는 예입니다(Rao & Donaldson, 2015).

지적 발달장애인의 정의(사법체계)에 대한 맥락적 이해를 하기 위해서는 윌로우브룩 법령의 생활적, 법적, 사회적, 정치적 함의와 1980년 시설 수용자 인권법에 미친 영향에 관한 중요한 연구를 살펴볼 필요가 있습니다. 『윌로우브룩 전쟁: 정신장애인을 지역사회로 끌어들이기』(Rothman, 2017)에서는 미국의 정신건강 서비스를 변화시킨 이야기와 법적 투쟁에 대한 자세한 내용을 확인할 수 있습니다. 또한 보다 개인적인 이야기는 『아메리칸 스네이크 피트: 윌로우브룩의 희망, 그릿, 회복탄력성』(Tomasulo, 2018)에서도 자세한 내용을 확인할 수 있습니다.

성격강점 개발은 특히 인간의 존엄성에 대한 욕구를 직접적으로 다룸으로써 지적장애인을 위한 정의와 밀접하게 연결되어 있습니다. 그러나 지적 발달장애인의 성격강점을 다루는 것 이상으로, 정의의 필요성을 살펴볼 때 주목해야 할 점은 타인의 존엄성을 자각한 사람들의 성격강점 활성화(Sheldon & Schüuler, 2011)입니다. 많은 지적 발달장애인이 스스로를 옹호할 수 없기 때문에 그들을 대신하여 옹호해 주거나 그들을 지원할 수 있는 사람들이 그들의 처지를 인식하고 인정해 주어야 합니다. 이를 위한 수단은 법정, 신문, 책, 영화 등 다양한 매체를 통한 스토리텔링입니다. 이 이야기는 정치 환경을 변화시키는 뉴스 영상(Valldejuli, 2022)이나 회고록(Tomasulo, 2018), 법정 내러티브(Dvoskin et al.,

2020)를 통해 전달될 수 있습니다. 스토리텔링의 기초가 목적과 의미를 구체화하는 데 도움이 됩니다(Smith, 2017). 이러한 이야기가 어떻게, 어디서, 누구에게 전달되는지가 시스템적 변화(Whittle et al., 2019) 또는 개인적 변화(FitzGerald & Hurst, 2017)의 기초가 됩니다.

포용성의 영역에서 성격강점을 정신건강 시스템의 발전에 도입해야 한다는 설득력 있는 주장과 이에 대한 근거가 제시되고 있습니다(Niemiec et al., 2017). 전통적, 그리고 개선된 치료 계획과 심리치료에 성격 개발을 접목한 것이 성공적이었다는 새로운 연구 결과가 나오고 있습니다. VIA 분류의 등장 이후 초창기에는 피터슨(Park & Peterson, 2008)과 셀리그먼(Kobau et al., 2011)에 의해 성격강점이 학교 상담사의 접근 방식에서 중요한 부분으로 제안되었습니다. 그 이후로 치료 환경에서 지적장애를 가진 개인의 강점, 최적의 기능 및 복지에 초점을 맞춘 문헌이 꾸준히 증가했습니다(Albaum et al., 2021). 정신건강 치료에 초점을 맞추면서 특수교육 환경에서도 성격강점 기반 활용에 대한 인식을 갖고 이에 중점을 두어야 할 필요성에 대한 좋은 증거와 근거가 제시되고 있습니다(Raley et al., 2021). 성격강점 인식의 긍정적 효과에 대한 강조는 학생이 학교생활 초기부터 시작하여 평생에 걸쳐 성격 발달 과정을 지속하면서 삶의 만족도를 높일 수 있습니다.

아직 개발 초기 단계이지만, 치료 커뮤니티에서는 강점 기반 치료와 훈련이 유용하다는 사실이 발견되고 있습니다(Schwartz et al., 2022). 강점 기반 치료는 일반적인 응용 분야(Shogren et al., 2017a, b)에서 계속 사용될 뿐만 아니라 변증법적 행동치료(Seavey, 2012), 집단 비디오 피드백(Szucs et al., 2019), 영화치료(Smieszek, 2019), 마음챙김(Szucs et al., 2020), 드라마치료(Tomasulo & Szucs, 2015), 집단 심리치료와 같은 특정 방법과 함께 사용되어 효과를 가져오는 명확한 근거와 증거가 있습니다(Tomasulo, 2015). 또한 회복의 촉진(Slade, 2010)과 급성 정신장애(Kouvaras et al., 2022) 영역에서 유의미한 결과를 가져오는 긍정심리치료는 여러 대상에게 영향을 미칠 수 있는 매뉴얼화된 개입 체계를 제공하고 있습니다(Rashid, 2015, 2020; Rashid & Seligman, 2018).

IDD 및 JEDI 적용에서 성공의 핵심은 성격강점에 대한 인식, 이해, 활용의 초기 토대에 달려 있습니다. 초기에 이루어지는 오리엔테이션에서 대표강점의 인식과 적용을 통해 개발될 수 있는 자신의 긍정적인 특성을 강조하는 것이 중요한 특징입니다. 지적장애인을 위한 심리치료의 적용에서, 성격강점을 추가하고 긍정성과 강점을 강조하는 것은 지적 발달장애인(O'Driscoll, 2008; Thompson Prout & Browning, 2011)과 그들의 보호자에게 지금까지 시도된 치료법 적용에 있어 새롭고 중요한 변화가 되고 있습니다(Manesh, 2017).

실제(실무)

이론, 방법, 연구 등 심리학의 모든 노력에도 불구하고 개인 치료에 대한 진정한 변화와 영향은 과학과 연구 결과를 통해서보다는 우리를 안내하고 이끌어 가는 법적 변화에서 비롯됩니다. 어떤 면에서는 정책 변화가 필요한 핵심 실천사항이 됩니다.

교육(Klarman, 2007), 차별금지법(Graham, 1992), 환자의 의료 권리장전(Annas, 2004) 등이 그 예입니다. 정신건강 분야에서도 마찬가지입니다. 미국에서 시민권으로서의 정신건강은 윌로우브룩 주립학교로 알려진 뉴욕 스태튼 아일랜드의 시설에서 지적장애인을 학대하는 사건으로부터 비롯되었습니다. 윌로우브룩 이전에는 시설에 있는 동안 개인이 정신건강을 위해 치료를 받을 권리가 전혀 관심 밖의 문제였습니다. 사람들은 당국의 제한 속에서 열악한 대우를 받았고, 우리 중 가장 취약한 사람들에 대한 보호는 고려 대상이 아니었습니다. JEDI는 정신건강 문제의 핵심이 되고 있으며, 미국 정신건강 치료와 질에 있어 전환점이 되었습니다. 수십 년 동안 학대와 유린이 계속된 후에야 마침내 변화를 위한 법적 싸움이 시작되었습니다. 변화와 지속되는 차이를 가져오는 데 20년이 넘는 세월과 100회 이상의 법정 심리가 필요했습니다. 결국, 시스템이 바뀐 것은 좋은 심리적 개입 때문이 아니라 사람들의 행동에 책임을 요구하는 강력한 법적 소송이 있었기 때문입니다. 이를 계기로 심리 과학이 원하는 변화가 촉진될 수 있는 기회가 열렸습니다.

윌로우브룩 주립학교는 일종의 지옥과 같았던 곳으로, 1963년에는 4,275명을 수용할 수 있는 공간에 6,000명 이상을 수용하는 미국 최대 규모의 주립시설이 되었습니다.[1] 처음부터 인력이 부족했던 이곳은 대부분 히틀러의 독일과 여러 세계(즉, 개발도상국)에서 온 의료진과 난민 의사들로 구성되었습니다. 1964년 뉴욕의 한 입법 위원회는 이 시설을 둘러보고 학대, 방치, '악취'에 경악을 금치 못했습니다. 그들의 기밀 보고서에 이 시설의 잔인함과 잘못된 관리방안이 강조되었지만, 1965년 상반기에 폭력적인 사망 사건이 발생하고 나서야 이 시설이 뉴스에 보도되었습니다. 한 남성과 10세 소년이 열악한 배관 시설과 미숙한 시설관리로 인해 샤워기에 화상을 입고 사망하는 사건이 발생했습니다. 한 수감자는 다른 수감자의 주먹에 목을 맞아 사망했고, 12세 소년은 구속 장치에서 벗어나기 위해 몸부림치다 목이 졸려 사망했습니다. 이러한 사망 사건과 그에 따른 우려가 지역 신문에 보도되었습니다. 어떤 문제에 충분한 관심을 기울이고 결국 법적 시스템을 동원하기 위해서는 종종 재앙이 발생해야 하는 경우가 있습니다. 이 끔찍한 사건이 발생한 후, 당시 미국 뉴욕의 상원의원이었던 로버트 케네디가 예고 없이 이곳을 방문했습니다. 그는 직접 상황을 살펴보고 언론에 "특히 윌로우브룩의 경우, 수용자들이 동물원의 우리보다도 덜 쾌적하고 안락하지 않은 방에서 오물과 흙먼지의 누더기를 입고 생활하는 것이, 마치 뱀 구덩이에 가까운 상황이라고 생각한다."라고 말했습니다. 이에 대한 모든 악의적인 언론 보도와 정치권의 감시에도 불구하고 실제 상황은 더 악화되었습니다. 정의가 실현되려면 많은 사람의 관심이 필요합니다. 일반적으로 지적 발달장애를 가진 사람들이 시위대를 조직하고 대의를 위해 로비할 수 있는 인지능력이 부족했기에 그러한 불의가 다른 사람들에게까지 영향을 미치고 나서야 사람들이 이에 관심을 갖

---

1 이하 내용은 『아메리칸 스네이크 피트: 윌로우브룩의 희망, 그릿, 회복탄력성』(Tomasulo, 2018)에서 가져와 요약 · 제시한 것이다.

게 되었습니다.

성격강점은 정의감을 키우는 데 많은 역할을 합니다. 공정성, 용감성, 협동심, 사랑 강점이 높은 사람이 대의를 위해 지도력을 발휘하는 리더가 될 수 있습니다. 초기 변화에 동기를 부여하는 것은 영향을 받고 있는 개인들의 성격강점이 아니라 이들의 어려움을 목격하고 이에 반응하는 사람들입니다.

이것은 심리학과 법이라는 두 가지 렌즈를 통해 그 상황을 교차하여 바라보는 것이기 때문에 민감한 초점이 됩니다. 이를 이해하기 위해서는 정의가 필요한 사람과 정의를 실현할 수 있는 사람의 시각을 통해 정의의 필요성을 바라보아야 합니다.

의사의 편견에 치우친 관점과 행정 당국의 방치가 결합되어 결코 참을 수 없는 상황이 일상화되었고, 그것이 표준이 되었습니다. 심리학자 필 짐바르도(Phil Zimbardo, 2011)는 이러한 패턴을 루시퍼 효과라고 불렀습니다. 짐바르도의 연구에 따르면 기관 내 개인이 잔학행위에 무감각해지고, 자행되는 악이 하나의 관행으로 받아들여지는 패턴을 윌로우브룩이 따랐다고 합니다. 정의의 본질은 바로 공정성이라는 성격강점에 달려 있습니다. 하지만 통치 기관의 공정성이 부족하거나 공정성이 과도하게 치우쳐 사용된다면 어떻게 될까요? 편견, 당파성, 분열이 발생할 수 있습니다. 실제로 윌로우브룩에서 발견된 모든 것이 그랬습니다.

홀로코스트, 베트남의 마이 라이 대학살, 가이아나의 인민사원 집단 자살, 텍사스의 다윗교, 아부 그라이브의 미군에 의한 이라크 포로 고문 등 역사에는 이와 비슷한 수많은 예가 있습니다. 각 사례는 비인간적인 행위가 어떻게 천천히 교묘하게 하나의 일상적 문화가 되어 가는지를 보여 줍니다. 윌로우브룩의 경우, 관련 당국의 문제가 된 불균형한 시각으로 인해 초기에는 이에 대한 해결이 법적 측면에서 이루어졌지만, 장기적인 관점에서의 교정과 변화는 심리적으로 이루어졌습니다. 윌로우브룩에서는 궁극적으로 법적인 시스템이 잘못된 일이니 이를 법을 통해 바꿔야 한다고 말할 것입니다. 그러나 이러한 변화가 실제로 어떻게 가능한지 연구하고 이러한 변화를 만들어 내는 것은 심리학의 과학적 적용입니다. 넓은 의미에서 법체계는 공정성의 정의를 새롭게 하고 재정립했습니다.

심리학의 관점에서 볼 때 공정성의 정의가 기존에는 포기하였던 치료적 목표의 실행을 통해 이루어졌습니다.

고통의 치료를 위한 과학으로서의 심리학이 안게 된 문제는 심리적 안녕을 위해 의학적 모델을 적용한 것에서 비롯되었습니다. 이것이 바로 윌로우브룩에서 일어난 일입니다. 윌로우브룩의 정신과 의사들은 수감자들을 불치병 환자로 분류하는 것 외에 더 나은 방법을 몰랐습니다. 당시 의사의 시각으로 볼 때 지적 발달장애를 가진 사람들은 개선될 능력이 거의 없었고, 그래서 그들에게 어떤 자원도 투입해서는 안 되었습니다. 간단히 말해 그들은 돈, 시간, 자원을 쓸 가치가 없는 대상이었습니다. 사실 이 기간 동안 많은 재정이 베트남 전쟁에 투입되고 있었습니다.

이러한 의료적 접근 방식은 학대와 방치를 부추기는 환경과 규약을 조장했습니다. 수감자들은 개선될 수 없다고 믿었기 때문에 그들은 중요하지 않았습니다. 이처럼 잘못된 가정은 의사들이 도울 방법을 몰랐고 따라서 환자들은 개선될 수 없다는 왜곡된 시각에서 비롯되었습니다. 무지와 창의성 부족, 그리고 공정성의 부재는 학대를 용인하는 환경을 조장했습니다. 당시에는 의사가 환자를 치료 우선순위에 따라 분류했습니다. 윌로우브룩의 전체 수감 대상이 희망이 없는 대상으로 간주되었기 때문에 이들을 위한 개선, 존엄성, 교육, 복지에 대한 목표도 설정되지 않았습니다. 한 역사학자의 표현을 빌리자면, 윌로우브룩은 "포커 게임에서처럼 버려진 사람들을 버리는 쓰레기장이었다."고 할 수 있습니다. 재활을 위한 노력은 전혀 이루어지지 않았고 최소한의 보호 관리만 강조되었습니다. 개선을 위한 치료 목표가 없는 이 시설은 결국 사람들을 가두어 두는 창고가 되었습니다.

자각이 있는 두 명의 의사, 마이클 윌킨스(Michael Wilkins) 박사와 윌리엄 브론스톤(William Bronston) 박사는 이러한 비참한 상황을 원장에게 보고하기 시작했습니다. 그들은 공정성, 용감성, 협동심, 리더십, 끈기, 진실성, 사랑이라는 성격강점을 발휘한 것으로 보입니다.

윌킨스와 브론스턴은 행정부에 영향을 미치려는 그들의 시도(공정성과 용감성)

가 실패하자 윌로우브룩의 학부모 모임인 자선협회(협동심과 사랑)로 자리를 옮겨 항의 시위를 시작했고, 1971년 12월에는 학부모들이 정기적으로 시위를 벌이기 시작했습니다. 윌킨스는 1월에 해고되었습니다. 윌킨스는 뉴욕 채널 7 뉴스에서 일하던 제랄도 리베라(Geraldo Rivera)라는 변호사 친구에게 윌로우브룩의 건물 열쇠를 자신이 아직 가지고 있다고 말하며 리베라에게 이 잔혹한 상황을 동영상으로 찍을 것을 제안했습니다. 이 동영상은 잔학행위와 학대, 제도화된 학대를 집중 조명했습니다. 이 사건은 법체계를 움직였고 결국 윌로우브룩 동의령은 1980년 시설 수용자 인권법 통과에 큰 기여를 하게 되었습니다. 그리고 이때가 바로 미국 역사에서 정신건강이 시민의 권리가 되는 시점이 되었습니다.

이 비극적인 사건은 미국인들에게 악이 무관심을 어떻게 대체하는지 알려 주었습니다. 부모, 대중, 국회의원들은 혐오감을 느꼈지만 동시에 변화를 위한 동기부여를 받았습니다. 그들의 성격강점이 발휘되고 표현되면서 이러한 차이와 변화를 만들었습니다.

이제 윌로우브룩 덕분에 정신건강은 시민의 권리가 되었고, 어떤 기관, 요양원, 교도소, 병원에 있는 사람들도 정신건강 치료를 받을 권리를 갖게 되었습니다. 윌로우브룩에서 배울 수 있는 것은 사람들이 안전하다고 느낄 수 있는 기회와 배울 수 있는 기회가 주어질 때 비로소 번영할 수 있다는 것입니다. 이상하게도 이러한 기회를 얻는 데 드는 비용은 제대로 운영되지 않는 시설의 비참한 환경에 사람들을 방치하는 데 드는 비용에 비하면 일부에 불과합니다.

심리적 개입에 적용하는 주된 수단이 행동주의였지만, 치료 목표는 성격의 변화를 추구하는 것이었습니다. 성격강점과 미덕 및 선함과의 관계가 아직 분류되고 작동되지 않았지만, 변화는 인간 존엄성의 향상에 달려 있었습니다. 성격강점 개발은 미덕의 습관을 개발함으로써 인간의 존엄성을 증진합니다(Morales-Sáchez & Cabello-Medina, 2015). 이러한 방식으로 1970년대와 1980년대의 행동수정 노력은 긍정적인 행동 반응을 강화하는 동시에 부정적이거나 원치 않는 행동 반응을 줄였습니다. 이제는 더 큰 개인적, 사회적인 가치를 우리의 습관으로 바꾸어 가면서 우리는 성격강점을 적용하여 인간의 존엄성을 발전시키고 있습니다(Sheldon & Schüer, 2011).

사례 예시

이 사례 연구는 윌로우브룩 교도소에서 30년 연상의 남성과 여성 두 사람의 만남을 다루고 있습니다. 이 두 수감자(제이크와 프랜이라는 가명으로 부릅니다)는 가장 암울했던 시기에 시설 내 별도의 병동에 수용되어 있었습니다. 저자(토마술로)는 이 부부가 만난 지 30년이 지난 후 이들과의 인터뷰를 통해 두 사람이 함께한 여정에 대한 자세한 이야기를 들을 기회를 가졌습니다.

두 사람은 당시 시설 내에 충분한 음식이나 적절한 의복이 없었다고 기억합니다. 그들은 거주 시설뿐만 아니라 거주자들을 통제하기 위한 체벌과 언어적 위협을 가하는 일부 직원들로 인해 그곳이 얼마나 안전하지 않았는지에 대해 이야기했습니다. 제이크와 프랜은 자신들만의 방식으로 그 절망적인 상황과 그때 느낀 좌절감을 표현했습니다. 하지만 두 사람은 서로의 일과를 잘 알고 있었고, 그 당시 아직은 짝이 되지 않았던 파트너가 일행과 함께 걸어갈 때 상대를 엿보기 위해 기다리고 있다가 마치 우연히 지나치는 것처럼 행동했던 사실을 회상하며 서로 웃음을 지었습니다. "주방 근무를 하러 다른 사람들과 함께 걸어가는 저를 그곳에서 기다리고 있을 줄 알았어요."라고 그는 웃으며 말하곤 했습니다. 두 사람은 따로 또는 함께 진행한 인터뷰에서 제랄도 리베라(Geraldo Rivera)와 법적 절차의 여파에 대해 이야기했습니다. 두 사람 모두 그때의 법적 소송이 아니었다면 지금 이 자리에 있지 못했을 것이라는 사실을 알고 있었습니다.

두 사람 모두 그 이야기 속의 정의와 '그 지옥 같은 곳'을 그들이 마침내 떠날 수 있게 해 준 법적 판례인 윌로우브룩 법령에 대해 구체적으로 알고 있다고 강조했습니다. 두 사람은 기관시설에서 몇 차례에 걸쳐 서로가 사적 만남을 즐겼지만, 결코 연인관계까지 완성된 적은 없었고, 당시에 법령에 따라 다른 곳으로 옮겨진 채 초기 고기능자 그룹에 각자 속해 있었습니다. 두 사람은 뉴욕의 한 에이전시를 통해 이 사실을 알게 되었습니다. 두 사람은 지역사회에서 서로 다른 거주지에 배치되었지만 그 기관에서 주최하는 대규모 행사나 사교 행사에서 서로를 다시 볼 수 있었습니다. 한 기관에서 평생을 보낸 두 사람은 그들의 관계를 친밀하게 발전시키는 역학 관계에 대해 모두 미숙했고 순진했습니다.

당시 이 기관은 뉴욕시에서 지적장애인을 위한 데이트 서비스를 개발하는 중이었습니다. 이 집단구성원에게 형평성과 더불어 관계 형성을 촉진하기 위해 개발된 혁신적인 접근 방식이 심리교육 집단의 발전을 통해서 더욱 확대되었습니다. 그리고 이러한 '데이트' 그룹에서 사람들은 데이트의 역학 관계, 우정, 지인, 데이트의 차이점, 그리고 좋아하고 원하는 사람과 데이트할 때와 그렇지 않은 사람과 데이트할 때의 규칙이나 매너에 대해 배웠습니다. 커리큘럼의 주제는 상대방의 관심을 끄는 방법(유혹하는 방법)부터 파트너에게 콘돔을 씌우는 방법까지 다양했습니다. 두 사람 모두 품위와 적절성, 정상성을 회복하기 위해 이 프로그램에 참여했습니다. 이 법령은 그들에게 다른 사람들이 원하는 것을 그들도 원할 수 있는 자유를 주었습니다.

제이크와 프랜은 성공적으로 데이트하는 법을 배운 후 서로 정식으로 사귀게 되었습니다. 몇 년 후 약혼한 두 사람은 결혼 상담사에게 서로에 대한 기대치를 관리하고 함께 살면서 겪게 될 우려에 대해 도움도 요청했습니다. 그들이 상담을 의뢰한 기관과 그들에게 배정된 상담사에게는 지적 발달장애를 가진 커플이 약혼을 하고 함께 살면서 결혼 상담을 받은 적이 전혀 없었습니다. 제이크와 프랜을 맡으면서 상담소는 더욱 다양해졌고, 부부 상담사는 이들에게 더 효과적인 상담을 하기 위해 전문 교육을 받으러 다녔습니다.

그들은 기관에서 재정적으로 후원하는 아파트로 이사했습니다. 하지만 이 아파트는 뉴욕시의 일반 주거용 건물이었습니다. 이 건물에 사는 다른 사람들과 마찬가지로 그들은 아파트에 대한 책임을 지고 다른 사람들과 함께하는 생활에 대해 협상하며, 음식을 사고, 준비하고, 집안일을 하는 등 공동 주택 생활을 하는 데 따르는 모든 일상적인 일을 처리해야 했습니다. 시간이 지남에 따라 그들은 주택 공동체, 이웃, 교회, 뉴욕의 집단 사회의 구성원이 되었습니다. 프랜이 세상을 떠났을 때 이웃들은 제이크를 위해 음식을 가져다주고, 꽃을 사기 위한 돈을 모았으며, 일부는 장례식에 참석하기도 했습니다. 제이크와 프랜의 사례는 포용성의 정의 그 자체를 보여 주었습니다.

이들의 이야기는 우리가 주목할 수 있는 다양한 성격강점에 기반을 두고 있는데, 이에 대한 몇 가지 예를 소개합니다. 윌로우브룩에서의 우연한 만남은 **사랑**이라는 성격강점이 만들어 낸 것입니다. 서로가 우연히 마주친 것처럼 서로 만날 수 있는 방법을 고안해 낸 **창의성**, 작은 행동을 되돌아보고 음미할 줄 아는 **유머**감각, 부당한 대우를 받았다고 자각하는 **공정성**, 제랄도 리베라와 윌로우브룩 법령에 대한 **감사**함 등이 있었기에 가능했습니다. 그들은 인생의 대부분의 시간 동안 살아왔던 곳을 떠나 새로운 곳으로 이사 가는 **용감성**과 **끈기**를 보여 주었습니다. 부부가 함께 아파트로 이사하면서 서로에 대한 변함없는 **사랑**과 **친절성**을 나누고 **학구열**을 나타내 보였습니다. 주거 커뮤니티와 이웃의 중심이 되는 방법을 찾는 과정에서 **사회지능**과 **협동심**을 나타내 보였습니다. 실제로 서로의 허물에 대한 **용서**, 관계에서 의미를 찾고, 교회 출석을 통해 **영성**을 찾는 것을 포함하여 24가지 강점 각각을 그들의 이야기에서 찾을 수 있습니다. VIA 분류와 VIA 설문조사가 아직 개발되지 않았을 때이지만, 삶의 기반이 된 여러 원칙(강점)이 이미 제이크와 프랜의 삶 속에 깊이 내재되어 있었습니다.

향후 방향

소외된 다양한 집단 대상에 대한 연구 결과들이 발표됨에 따라 여러 소외 계층에 대한 새로운 관점과 시각이 보다 발전할 것으로 기대합니다. 지역사회 구성원 중에 연구 참여 수행 역량이 부족하여 소외된 인구집단이, 다른 연구자들의 연구에 연구대상으로 포함될 수 있기를 기대합니다. 이는 일반적으로 긍정심리학뿐만 아니라, 특히 성격강점과 그 발달에 대한 우리의 이해를 보다 풍부하게 하고 우리의 집단적 인간성을 더욱 증진하는 데 도움이 될 것입니다.

주요 내용

- 성격강점은 정의, 형평성, 다양성, 포용성에 대한 우리의 이해를 심화시키고 확장할 수 있는 통로를 제공합니다.
- 지적 발달장애를 가진 사람들은 일반적으로 무시되고, 낙인찍히고, 소외되었지만 서비스가 더욱 절실히 필요한 집단입니다.
- 미국에서 인권으로서의 정신건강은 뉴욕주 스태튼 아일랜드에 있는 윌로우브룩 주립학교라는 시설에서 지적장애인을 학대하는 사건에서 비롯되었습니다.
- 짐바르도의 연구에 따르면 윌로우브룩은 시설에 수용된 개인들이 잔학행위에 무감각해지고, 짐바르도가 주장한 것처럼 악이 관행으로 받아들여지는 패턴(루시퍼 효과)을 따랐습니다.
- 윌로우브룩의 의료적 접근 방식은 학대와 방치를 조장하는 환경과 치료 계획을 가져왔습니다. 윌로우브룩 동의령은 1980년 시설 수용자 인권법이 통과되는 데 큰 기여를 했습니다. 이것이 미국 역사에서 정신건강이 시민의 권리가 된 시점입니다. 이제 윌로우브룩 덕분에 정신건강은 어느 기관, 요양소, 교도소, 병원 등 모든 시설에 있는 사람들의 시민권이 되었고, 누구나 치료를 받을 수 있는 권리가 생겼습니다.
- 성격 발달은 미덕의 습관을 길러 인간의 존엄성을 키웁니다.
- 성격강점에 반영된 비인지적 특성은 교육과 복지를 위한 효과적이고 역동적인 경로를 제공합니다.
- 치료 계획의 일부로 성격 개발에 초점을 맞추면 지적 발달장애를 가진 사람들이 자존감, 자기이해, 자기효능감을 높일 수 있습니다.
- 성격강점 개발은 특히 인간의 존엄성에 대한 욕구를 직접적으로 해결함으로써 지적장애인을 위한 정의의 필요성 충족과 밀접하게 연결됩니다.
- 많은 지적 발달장애인이 스스로를 옹호할 수 없기 때문에, 그들을 대신하여 그들을 옹호하고 지원할 수 있는 사람들이 그들의 처지를 인식하고 이해해야 합니다. 이를 위한 수단 중 하나는 법정, 신문, 책, 영화 등 다양한 매체를 통한 스토리텔링입니다.
- 정의, 형평성, 다양성, 포용성을 지원하기 위한 VIA 분류 및 VIA 성격강점검사를 포함한 성격강점 연구를 확대하려면 모든 역량을 가진 사람들이 이 연구 및 작업을 이용할 수 있도록 노력하고 개인, 직원 및 가족을 위한 치료 계획, 프로그램, 지원 서비스 개발 등의 기본적 접근 방식이 실행되도록 노력해야 합니다.

참고문헌

Albaum, C., Chan, V., Sellitto, T., Vashi, N., Hastings, R. P., & Weiss, J. A. (2021). Redressing the balance: A systematic review of positive psychology in the intellectual disability literature. *International Review of Research in Developmental Disabilities, 60*, 1-53.

Annas, G. J. (2004). *The rights of patients: The authoritative ACLU guide to the rights of patients* (Vol. 1). NYU Press.

Buckles, J., Luckasson, R., & Keefe, E. (2013). A systematic review of the prevalence of psychiatric disorders in adults with intellectual disability, 2003-2010. *Journal of Mental Health Research in Intellectual Disabilities, 6*(3), 181-207.

Dvoskin, J. A., Knoll, J. L., & Silva, M. (2020). A brief history of the criminalization of mental illness. *CNS Spectrums, 25*(5), 638-650.

FitzGerald, C., & Hurst, S. (2017). Implicit bias in healthcare professionals: A systematic review. *BMC Medical Ethics, 18*(1), 1-18.

Graham, H. D. (1992). The origins of affirmative action: Civil rights and the regulatory state. *The Annals of the American Academy of Political and Social Science, 523*(1), 50-62.

Hendriks, T., Warren, M. A., Schotanus-Dijkstra, M., Hassankhan, A., Graafsma, T., Bohlmeijer, E., & de Jong, J. (2019). How WEIRD are positive psychology interventions? A bibliometric analysis of randomized controlled trials on the science of well-being. *The Journal of Positive Psychology, 14*(4), 489-501. https://doi.org/10.1080/17439760.2018.1484941

Hollins, S., Lodge, K. M., & Lomax, P. (2019). The case for removing intellectual disability and autism from the mental health act. *The British Journal of Psychiatry, 215*(5), 633-635.

Klarman, M. J. (2007). *Brown v. Board of Education and the civil rights movement*. Oxford University Press.

Kobau, R., Seligman, M. E., Peterson, C., Diener, E., Zack, M. M., Chapman, D., & Thompson, W. (2011). Mental health promotion in public health: Perspectives and strategies from positive psychology. *American Journal of Public Health, 101*(8), e1–e9.

Kouvaras, S., Guiotto, M., Schrank, B., Slade, M., & Riches, S. (2022). Character strength- focused positive psychotherapy on acute psychiatric wards: A feasibility and acceptability study. *Psychiatric Services, 73*(9), 1051–1055.

Manesh, N. E. (2017). Effectiveness of positive psychotherapy on stress in mothers of children with intellectual disability. *Journal of Exceptional Children, 17*(4), 5–14.

Morales-Sánchez, R., & Cabello-Medina, C. (2015). Integrating character in management: Virtues, character strengths, and competencies. *Business Ethics: A European Review, 24*, S156–S174.

Niemiec, R. M., Shogren, K. A., & Wehmeyer, M. L. (2017). Character strengths and intellectual and developmental disability: A strengths-based approach from positive psychology. *Education and Training in Autism and Developmental Disabilities, 52*(1), 13.

O'Driscoll, D. (2008). Psychotherapy and intellectual disability: A historical view. In T. Cottis & A. Alvarez (Eds.), *Intellectual disability, trauma and psychotherapy* (pp. 27–46). Routledge.

Park, N., & Peterson, C. (2008). Positive psychology and character strengths: Application to strengths-based school counseling. *Professional school counseling, 12*(2), 2156759X0801200214.

Peterson, C., & Seligman, M. E. (2004). *Character strengths and virtues: A handbook and classification*. Oxford University Press and American Psychological Association.

Raley, S. K., Shogren, K. A., & Cole, B. P. (2021). Positive psychology and education of students with disabilities: The way forward for assessment and intervention. *Advances in Neurodevelopmental Disorders, 5*, 11–20.

Rao, M. A., & Donaldson, S. I. (2015). Expanding opportunities for diversity in positive psychology: An examination of gender, race, and ethnicity. *Canadian Psychology, 56*(3), 271.

Rashid, T. (2015). Positive psychotherapy: A strength-based approach. *The Journal of Positive Psychology, 10*(1), 25-40.

Rashid, T. (2020). Positive psychotherapy. In *Encyclopedia of quality of life and well-being research* (pp. 1-8). Springer International Publishing.

Rashid, T., & Seligman, M. (2018). *Positive psychotherapy: Workbook*. Oxford University Press.

Rothman, D. J. (2017). *The Willowbrook wars: Bringing the mentally disabled into the community*. Routledge.

Schwartz, A. E., Caoili, A., Beasley, J. B., Kramer, J. M., & Kalb, L. G. (2022). Clinical applications of the VIA inventory of strengths with individuals with intellectual/developmental disabilities. *Journal of Positive Psychology, 18*, 439.

Seavey, M. (2012). Adapting Dialectical Behavior Therapy for clients with developmental disabilities and borderline personality disorder.

Seligman, M. E. P., & Adler, A. (2018). Positive education. *Global Happiness Policy Report*, 52-73.

Sheldon, K. M., & Schüler, J. (2011). Wanting, having, and needing: Integrating motive disposition theory and self-determination theory. *Journal of Personality and Social Psychology, 101*(5), 1106.

Shifrer, D., Callahan, R. M., & Muller, C. (2013). Equity or marginalization? The high school course-taking of students labeled with a learning disability. *American Educational Research Journal, 50*(4), 656-682.

Shogren, K. A., Niemiec, R. M., Tomasulo, D., & Khamsi, S. (2017a). Character strengths. In K. A. Shogren, M. L. Wehmeyer, & N. N. Singh (Eds.), *Handbook of positive psychology in intellectual and developmental disabilities: Translating research into practice* (pp. 189-199). Springer.

Shogren, K. A., Thompson, J. R., Wehmeyer, M. L., Seo, H., & Hagiwara, M. (2017b). Assessment in the application of positive psychology to intellectual and developmental disabilities. In *Handbook of positive psychology in intellectual and developmental disabilities: Translating research into practice* (pp. 37-46). Springer.

Slade, M. (2010). Mental illness and well-being: The central importance of positive psychology and recovery approaches. *BMC Health Services Research, 10*(1),

1-14.

Smieszek, M. (2019). Cinematherapy as a part of the education and therapy of people with intellectual disabilities, mental disorders and as a tool for personal development. *International Research Journal for Quality in Education, 6*(1), 30-34.

Smith, E. E. (2017). *The power of meaning*. Random House.

Szucs, A., Schau, C., Muscara, K., & Tomasulo, D. (2019). Character strength activation for people with intellectual and developmental disabilities using video feedback in groups. *Journal of Education and Learning, 8*(1), 12-20.

Szucs, A., Deebrah, M. R., & Hess, M. (2020). Hope at play: Mindfulness-informed group practices in action with people with intellectual and developmental disabilities before and during COVID-19. *International Journal of Arts Humanities and Social Sciences Studies, 5*(10).

Thompson Prout, H., & Browning, B. K. (2011). Psychotherapy with persons with intellectual disabilities: A review of effectiveness research. *Advances in Mental Health and Intellectual Disabilities, 5*(5), 53-59.

Tomasulo, D. J. (2014). Positive group psychotherapy modified for adults with intellectual disabilities. *Journal of Intellectual Disabilities, 18*(4), 337-350.

Tomasulo, D. J. (2015). *Action methods in group psychotherapy: Practical aspects.* Taylor & Francis.

Tomasulo, D. (2018). *American snake pit: Hope, grit, and resilience in the wake of Willowbrook*.

Tomasulo, D., & Szucs, A. (2015). The ACTing cure: Evidence-based group treatment for people with intellectual disabilities. *Dramatherapy, 37*(2-3), 100-115.

Umucu, E., Lee, B., Genova, H. M., Chopik, W. J., Sung, C., Yasuoka, M., & Niemiec, R. M. (2022). Character strengths across disabilities: An international exploratory study and implications for positive psychiatry and psychology. *Frontiers in Psychiatry, 13*, 863977. https://doi.org/10.3389/fpsyt.2022.863977

Valldejuli, J. M. (2022). "Together we arrived and together we shall leave": The gouverneur parents association and the politics of race and disability in postwar

New York. *Latino Studies, 20*(4), 428–454.

Whittle, E. L., Fisher, K. R., Reppermund, S., & Trollor, J. (2019). Access to mental health services: The experiences of people with intellectual disabilities. *Journal of Applied Research in Intellectual Disabilities, 32*(2), 368–379.

Zimbardo, P. (2011). *The Lucifer effect: How good people turn evil.* Random house.

제 10장 지적 및 발달 장애인의 영성

개념

영성은 인간 경험에서 중요하면서도 복잡하며 보편적인 부분으로, 초월적인 것, 성스러운 것 또는 신성한 것에 대한 믿음, 의식, 경험, 실천의 측면에서 다양한 모습으로 나타납니다(Niemiec et al., 2020; Peterson & Seligman, 2004). 과학자들은 대체적으로 영성을 성스러운 것을 찾거나 성스러움과 교감하는 것이라고 정의하는데(Pargament et al., 2013), 과학자의 3분의 2 정도가 이 정의를 사용하고 있습니다(Kapuscinski & Masters, 2010). 다른 사람과의 친밀감, 자연과의 연결, 유신론적 존재나 초월자 또는 모든 생명체와의 하나됨 등이 성스러운 경험의 예가 될 수 있습니다(Davis et al., 2015). 영성은 인간의 이해를 넘어서는 우주의 신비에 대한 믿음이나 이해와 관련됩니다. 영성은 제도적 종교, 종교의식, 믿음, 공동체 등을 통해 발현될 수 있기에 종교는 영성으로 가는 여러 경로 중 하나입니다. VIA 분류의 24가지 성격강점 중 하나인 영성은 특성과 유사하며, 우주에서 자신의 위치와 목적, 삶의 의미에 대한 일관된 믿음을 갖는 것을 뜻하고, 개인은 이러한 믿음을 통해 타인 및 세계와의 관계를 형성합니다(Peterson & Seligman, 2004).

『영성과 지적장애』의 공동 편집자인 가벤타와 쿨터(Gaventa & Coulter, 2001)는 영성은 질병, 장애 또는 기타 요인에 의해 가려지거나 차단될 수 있지만 영성의 의식적 표현이 약해져 없어지거나 줄어드는 것은 아니라고 설명하면서, 의식은 뇌의 속성일 수 있지만 영성은 전인적 존재의 속성, 즉 인간 존재의 주관적 본질(핵심)이라고 강조하고 있습니다.

지적 발달장애를 가진 사람의 영성이란 매주 교회나 사원 또는 절에 가고, 식사 전이나 취침 전에 기도하고, 전해 내려오는 특정 종교적 믿음을 공유하는 것과 같은 가장 구체적인 표현만을 의미한다고 보는 고정관념이 있습니다. 실제로 이러한 것들이 성스러운 것과 연결되고 삶의 의미를 활용하는 방법이지만, 우리는 영성을 성격강점일 뿐만 아니라 삶을 살아가며 다른 사람들과 충만하고 의미 있게 연결되도록 상호작용하는 방식으로서의 영성에까지 더 넓은 관점으로 바라볼 필요성을 상기시키고자 합니다.

또한 24가지 성격강점을 살펴보면 지적 발달장애를 가진 개인과 그렇지 않은 개인 모두를 위한 다양한 영성 도구가 있음을 알 수 있습니다. 24가지 성격강점 중 어느 것이든 영성적인 것으로 간주되고 그렇게 표현될 수 있지만, 광범위한 영성 분야의 신학자, 영성적 인물, 과학자들은 특히 몇몇 성격강점이 본질적으로 '영적'이라는 데 동의할 것입니다(Niemiec et al., 2020). 여기에는 사랑, 겸손, 감사, 용서, 용감성, 친절, 희망, 공정성, 심미안(경외감), 열정, 그리고 앞서 언급한 영성 강점 등이 포함됩니다(Carlisle & Tsang, 2013 Davis & Hook, 2014; Saroglou et al., 2008). 따라서 지적 발달장애를 가진 사람들도 자신의 영성을 경험하고 표현할 수 있는 수많은 성격강점을 가지고 있는 것입니다.

영성 개념 및 실천과 성격강점 개념 및 실천 간의 상호 관계가 통합의 두 가지 중심 경로인 근거 기반 경로와 성화 경로로 표현되었습니다(Niemiec et al., 2020).

근거 기반 경로: 성격강점 → 영성 → 온전성

성화 경로: 영성 → 성격강점 → 온전성

근거 기반 경로는 난해하거나 이해할 수 없거나 모호해 보일 수 있는 영성에 보다 쉽게 접근하도록, 이를 단계적이며 실체적이고 의미 있게 만드는 방법으로 성격강점을 사용합니다. 성화 경로는 영성의 성스럽고 깊은 연결의 측면을 성격강점에 가져오는 것을 말합니다. 즉, 자신의 최고의 자질에 의미와 중요성을 부여하여 하나 이상의 성격강점을 활용하거나 표현할 때 여기에 영성으로 동기부여하는 힘을 불어넣는 것입니다. 두 가지 경로 모두 자신의 상처를 포용하고 삶을 긍정하며 폭넓고 깊이 있는 방식으로 삶을 조직함으로써 더 큰 온전성(전체성)을 지향합니다(Pargament et al., 2016; Russo-Netzer, 2017).

연구

전 세계적으로 지적 발달장애를 가진 사람들의 영적 및 공동체적 통합에 있어 배제의 문화, 또는 진정성이 없는 형식주의가 남아 있는 경우가 대부분입니다(Raji & Gangemi, 2022). 영성은 지적 발달장애를 가진 사람들의 삶, 특히 비언어성 자폐증을 가진 사람의 삶에서 특별히 잘 이해되는 영역은 아닙니다(Hills et al., 2016). 지적 발달장애를 가진 사람들의 영성을 조사한 연구는 많지 않고, 대개 조직화된 종교에 더 초점을 맞추는 경향이 있습니다(Ault, 2010). 지적 발달장애 문헌의 많은 연구는 종교와 영성을 통합하고 개인을 위한 통합을 가정하는 경향이 있습니다. 대규모 문헌에 따르면 영성과 종교성의 공통점이 있기는 해도 영성이 종교성보다 웰빙과 성장에 더 많은 유익을 주는 것으로 나타났기 때문에 그 둘의 구분이 중요하며, 현재까지 가장 큰 규모의 메타분석(N=666,085)에서도 영성이 삶의 만족도에서 종교성보다 크게 앞서는 것으로 나타났습니다(Yaden et al., 2022).

이 절에서는 연구 결과에 충실하기 위해 둘 간의 일반적인 '융합' 접근 방식을 취하되, 가능한 경우에는 종교와 영성의 구분을 명확히 할 것입니다. 우리는 지적 발달장애를 가진 사람들의 생생한 경험, 영적 공동체의 포용성에 관한 연구, 그리고 영적 수행에 초점을 두고자 합니다.

영성과 지적 발달장애를 가진 사람들에 관한 문헌을 검토하면서 에릭 카터

(Erik Carter, 2021)는 다음과 같은 몇 가지 공통된 주제를 관찰해 냈습니다.

1. 영성은 지적 발달장애를 가진 사람과 그 가족의 삶과 관련이 있다.
2. 영성은 매우 중요할 수 있다.
3. 영성은 매우 다양한 방식으로 경험되고 표현된다.
4. 영성은 정적인 경우가 거의 없다.
5. 영성은 영향력이 매우 클 수 있다.
6. 영성을 위해서는 계획과 지원이 필요할 수 있다(p. 425).

이러한 주제는 지적 발달장애를 가진 사람들의 삶에서 영성이 갖는 상당한 잠재력과 중요성을 반영해 줍니다. 이러한 사실은 지적 발달장애와 자폐증을 가진 사람들이 자신의 장애를 긍정하고 수용하며 삶에서 신앙과 영성의 중요성을 공유하는 인터뷰 연구를 통해 지지되었습니다(예: Liu et al., 2014). 장애를 가진 사람들과 그들 부모의 삶의 경험에서 영성의 역할을 조사한 또 다른 연구에서는 영성이 내면의 힘, 평화, 희망, 의미를 제공할 뿐만 아니라 장애를 겪으며 더욱 성숙해지고 자비를 갖게 되는 자기 변화의 경험을 촉진한다는 점이 강조되었습니다(Zhang & Rusch, 2005). 이러한 주제 중 일부는 램보우(Rambow, 2016)의 혼합 연구방법 접근에 반영되었는데, 그는 성별과 삶의 상황에 관계없이 50명의 지적 발달장애를 가진 사람들을 대상으로 영적 웰빙과 삶의 질 사이에 유의미한 긍정적 관계가 있는 것을 발견했으며, 15건의 인터뷰를 통해 이러한 결과를 확인하고 영성이 내적 웰빙, 정체성, 연결성, 기여할 수 있는 기회, 삶의 체계 등을 제공한다는 것을 밝혀냈습니다.

인터뷰 연구에 따르면 아동기에 발병한 장애를 가진 성인과 성인기에 발병한 장애를 가진 성인 간에 영성의 의미에 대해 서로 다른 인식이 있는 것으로 나타났습니다(Schulz, 2005). 12명을 대상으로 한 소규모 연구였지만, 연구 결과 영성은 일반적으로 감정과 행동을 통해 연결 및 표현되는 것으로 간주되었으며 성인기에 발병한 장애의 경우에는 장애가 영적 각성을 위한 촉매제 역할을 하는 것으로 나타났습니다. 한편, 아동기에 발병한 장애를 가진 사람들은 영성이 삶의 목적과 의미를 연결하고 표현하는 것이며, 장애가 하나님의 목적을 발견하는 수단이라고 답했습니다.

영적 공동체와 연결

종교 활동에 정기적으로 참여하는 비율은 외식, 쇼핑, 오락 등 다른 커뮤니티 활동보다 훨씬 낮은 것으로 나타났지만, 종교 예배에 참여하는 비율은 여전히 높은 것으로 나타났습니다. 12,000명 이상의 성인을 대상으로 한 연구에 따르면 거의 절반이 지난달에 한 번 이상 종교 예배에 참석했으며, 35%는 한 달에 세 번 이상 참석하는 것으로 나타났습니다(Carter et al., 2015).

한 연구에서는 지적 발달장애를 가진 사람들과 보호자 모두 혹은 둘 중 하나를 인터뷰한 결과, 신앙 기반 돌봄 서비스를 받는 사람들이 비신앙 기반 돌봄을 받는 사람들보다 삶의 질 측정에서 더 높은 점수를 받은 것으로 나타났습니다(Sango & Forrester-Jones, 2022). 또한 상고와 포레스터-존스(Sango & Forrester-Jones, 2017)는 1990년부터 2015년까지 지적 발달장애, 영성, 사회적 돌봄 서비스에 대한 체계적인 검토를 수행했는데, 검토에 포함되는 기준을 충족하는 실증 논문은 5편에 불과했습니다. 지적 발달장애를 가진 사람들과 관련하여 논문에서 강조된 핵심 주제는 영적 개념 이해, 활동 참여에 대한 지원과 장애물, 자아 정체성과 관련된 실천에 관한 것이었습니다. 이 연구를 바탕으로 지적 발달장애를 가진 사람들의 사회 집단과 소속감의 중요성이 강조되었습니다. 상고와 포레스터-존스(Sango & Forrester-Jones, 2018)는 신앙을 기반으로 하는 지적 발달장애를 가진 사람들의 그룹이 신앙을 기반으로 하지 않는 그룹보다 더 큰 사회적 지원 네트워크를 가지고 있다는 사실을 발견했습니다. 이 연구자들은 또 다른 연구에서 이러한 지원에 관심이 있는 지적 발달장애를 가진 사람들을 지원하기 위해 영적 돌봄 훈련과 교육의 중요성을 강조하였습니다(Sango & Forrester-Jones, 2019).

소속감은 연구에서 반복되는 중요한 주제이며, 제3장에서 논의한 바와 같이 신앙 공동체에 소속된 지적 발달장애를 가진 사람들의 역동, 과정 및 전략은 에릭 카터(Erik Carter)에 의해 연구되고 옹호되어 왔습니다. 카터와 그의 동료들은 개인과 그 가족에 대한 심층 인터뷰를 통해 지적 발달장애를 가진 사람들이 신앙 공동체에 소속되는 데 필요한 10가지 핵심 주제를 도출했습니다. 여기에는 참석하고, 초대받고, 환영받고, 알려지고, 수용되고, 지원받고, 돌봄을 받고, 친구가 되고, 필요로 하고, 사랑받는 것 등이 포함됩니다(Carter, 2016; Carter et al., 2016). 이러한 주제는 연구자뿐만 아니라 실무자, 지원 전문가, 가족, 영적 지도자에게 지적 발달장애를 가진 사람들과 소통하고 그들이 지역사회에서 인정받고 필요한 존재라고 느끼도록 돕기 위해 필요한 작동 로드맵을 제공합니다.

영적 실천

예를 들어, 식사 전 기도하기, 영적 문제에 대해 가족과 대화하기, 매주 안식의 날 실천하기, 자연을 통해 신성과 연결되기, 예술, 음악, 춤, 글쓰기를 통해 영적 수행하기 등 카터와 바움(Carter & Boehm, 2019)의 연구에서 수집된 지적 발달장애 가진 사람들의 수많은 영적, 종교적 실천 방안이 있습니다. 또한 카터와 바움은 13~21세 자녀를 둔 440명의 부모에게 물어본 결과 10가지의 영적 및 종교적 실천이 어느 정도 규칙적으로 이루어지고 있는 것을 발견했고, 또한 부모 중 57%가 그들의 자녀가 삶의 의미와 목적을 찾기 위해 영성에 의지한다고 답했습니다. 또 다른 연구에 따르면 경증에서 중등도 지적 발달장애를 가진 41명의 그룹에서 기도와 긍정적인 종교적 대처 전략(부정적인 종교적 대처 전략이 아닌)이 공통적으로 나타났다고 보고합니다(Shogren & Rye, 2005). 영적 발달을 촉진하기 위한 실제적인 전략이 전문가를 위한 구체적인 맥락에서 논의되어 왔는데, 예를 들어 장(Zhang, 2010)은 특수교육 교사를 위한 개입을 제안하고 있습니다.

영성은 자연과의 연결(Ferguson & Tamburello, 2015; Ryff, 2021) 및 마음챙김(Ivtzan, 2015; Lazaridou & Pentaris, 2016)과 같은 강력한 실천성이 있는 다른 영

역과 연결되어 있습니다. 지적 발달장애를 가진 사람들을 위한 마음챙김 연구는 이론적(Shogren et al., 2017) 지원과 사례 연구(Singh et al., 2003)의 지원을 받아 왔습니다. 지적 발달장애를 가진 사람들을 위한 마음챙김 실천에 대한 예비 연구 결과에 의하면 마음챙김이 웰빙을 증진하고 스트레스를 관리하며(Lake & MacHale, 2021), 자신감을 증진하고 걱정을 줄이는 것으로 밝혀졌습니다(Clyne et al., 2021). 자폐증의 특성상 덜 친환경적인 행동과 관련이 있는 것으로 밝혀졌지만(Taylor et al., 2021), 자폐증 환자에게 자연이 주는 이점이 있다는 위탁 연구(Blakesley et al., 2013) 결과가 발표됨에 따라 자폐증과 지적 발달장애와 자연과의 연관성을 밝히는 연구의 필요성이 대두되고 있습니다. 또 다른 연구에서는 다른 신경발달장애인 ADHD를 가진 아동이 사람이 만든 야외 또는 (실내 놀이 환경이 아닌) 야외 및 녹지 환경에서 놀 때 증상이 감소한다는 사실을 발견했습니다(Taylor & Kuo, 2011). 이러한 연구 결과들은 지적 발달장애를 가진 사람들에게 자연과 마음챙김의 잠재적 가치와 영성을 경험하고 표현하는 잠재적 메커니즘에 대한 관심과 탐구 욕구를 불러일으킵니다.

실제(실무)

일반적인 예비교육

실무자가 지적 발달장애를 가진 사람의 영성을 다룰 때 중요한 출발점은 자신의 지향성과 그 사람을 바라보는 방식을 이해하는 것입니다. 바라보는 방식은 실무자 또는 조력자들의 영성과 그들이 자신의 개인적 영성을 검토, 부정, 수용 및 작업한 정도에 따라 영향을 받습니다. 콜터(Coulter, 2001)는 지적 발달장애를 가진 사람들의 영성에 대한 글에서 사람을 바라보는 세 가지 방법을 제안하고 있는데, 이는 비장애와 장애의 스펙트럼, 문화, 종교 및 영적 신념에 걸쳐 적용될 수 있습니다. 첫 번째 방법은 그 사람을 내담자나 사례가 아닌 개별적인 고유한 인간, 즉 영적인 존재로 바라보는 것이라고 설명합니다. 즉, 그 사람이 누구인지, 어디에서 왔는지, 누구를 사랑하는지, 무엇을 소중히 여기는지 등 그 사람의 존재의 영적 근거를 이해하고 이를 연민과 공감으로 바라보는 것을 말합니다. 콜터의 두 번째 관점은 그 사람이 자신과 같은 인간이자 영적인 존재라는 공통적인 영성을 바라보는 것이라고 말합니다. 이 관점에서는 자신의 영성을 보는 것처럼 그 사람의 영성, 존재, 생명력, 사람으로서의 가치를 바라봅니다. "우리 자신의 영성에 대한 이러한 인식을 통해 우리는 우리 자신 존재의 중심이 되는 것을 다른 사람에게서도 인식하려고 노력합니다. 내가 살아 있다는 것이 나에게 어떤 의미인지 알면 상대방이 살아 있다는 것이 어떤 의미인지도 깨달으려고 노력할 수 있습니다."(p. 6) 세 번째 방법은 상대방에게서 모든 존재의 근거, 초월적인 것, 즉 신적인 것을 바라보는 것입니다. 콜터는 이 세 번째 관점은 앞의 두 가지 관점과 달리 매우 드물며 우리가 통제할 수 없고 신이나 더 높은 힘의 은총에 의해 일어날 수 있는 것이라고 설명합니다.

평가

실제적인 것을 고려할 때 먼저 영성에 대한 평가 또는 최소한 영성에 대한 탐구부터 시작하는 것이 유용합니다. VIA 청소년 성격강점검사(즉, VIA 청소년 설문조사)는 영성 강점을 포함하여 8~17세 청소년의 24가지 성격강점을 측정합니다(VIA Institute, 2023). 이 검사의 영성에 관한 항목은 용서, 친절, 겸손과 같은 영적 지향의 성격강점과 충돌하지 않으면서 청소년의 영성을 대중적인 방식으로 평가한 최초의 과학적 접근입니다. VIA 청소년 성격강점검사는 전반적으로 포괄적이며 청소년이 접근하기 쉽게 구성되었으며(Shogren et al., 2018), 참고 자료도 도움을 주는 사람들이 잘 안내할 수 있도록 특별히 설계되었지만(Shogren et al., 2015), 앞으로 지적 발달장애를 가진 사람들이 보다 접근하기 쉽도록 구체적인 문항으로 추가적 개선이 필요합니다(Schwartz et al., 2022).

20여 년 전, 가벤타(Gaventa, 2001)는 국제 지적 발달장애 과학연구협회에서 지적 발달장애인을 평가하는 다섯 가지 중심 차원 중 하나로 적응 기술, 심리 및 정서, 신체 건강, 환경 외에 '영적 고려 사항'을 추가해야 한다고 주장했습니다. 그는 믿음 및 의미, 소명 의식 및 사명, 성스러운 또는 신성한 경험 및 감정, 용기 및 성장, 의식 및 실천, 공동체, 개인이 지도 및 권위를 찾는 곳(개인의 내부에서, 외부에서) 등 영적 평가에 포함될 수 있는 다양한 영역을 명확히 제시하고 설명했습니다.

지적 발달장애를 가진 사람들의 영성에 대한 평가 척도나 이에 대한 일련의 질문 문항을 사용할 때, 실무자는 개인에게 개별화되고 능동적이며 건강한 영성을 강조하는 접근 방식을 취하는 것이 좋습니다. 가벤타는 이를 삶과 성장의 차원으로, 의미와 목적 및 대처의 차원으로, 선택과 자기 결정의 관점에서 바라봅니다(Gaventa, 2001).

공동체

영적 공동체가 장애인에 대한 배제에서 벗어나 이들을 포용하고 더 나아가 이들에게 소속감을 주는 공동체로 성장할 수 있도록 지원하기 위해 여러 가지 접근 방식을 취할 수 있습니다. 이는 교회, 사원이나 절, 명상 및 요가 그룹과 기타 영적 커뮤니티에도 적용될 수 있습니다. 이와 관련하여 카터(Carter, 2021)는 성찰하기, 반응(응답)하기, 초대하기, 준비하기, 지원하기, 친구 되기, 영향력 끼치기 등의 일곱 가지 핵심 영역에 걸쳐 개인과 가족을 지원할 것을 제안합니다.

1. 성서 및 경전, 교리, 실천에서 나타나는 다른 사람들을 포용하라는 부르심에 응답합니다. 다시 말해 설교 내용을 실천하는 것입니다.
2. 포용을 위한 처방적 접근 방식을 따르기 전에 공동체 자체의 장애물, 필요, 자원, 그리고 개인의 관점에 대해 성찰합니다.
3. 직접적이면서 잠재적으로 새로운 방식을 통해 사람들을 초대합니다. 포용, 지원, 접근성에 대한 메시지(뉴스레터, 공지사항 등)를 일관되게 공유하고 장

애인 기관과 협력하여 명확한 메시지를 전달합니다.

4. 지지 자원과 이해 및 포용에 대한 공동체 마음가짐을 구축하고 준비하는 것은 필수적인 조치입니다.
5. 개인의 고유한 요구 사항을 충족하는 지원과, 그중 일부는 더 집중적이고 개인적인 지원을 하여 새로운 적응을 촉진하며, 관련 지원 그룹 또는 지원 활동을 포함할 수 있습니다.
6. 각자가 건물 공간에만 존재하는 것이 아니라 서로에게 알려지고, 필요로 하며, 사랑받을 수 있도록 도와줌으로써 사람들이 서로 친구가 되게 합니다. 개인 각자가 서비스 또는 프로그램에서 역할을 맡을 수 있는 기회를 갖게 하여 커뮤니티의 다른 사람들이 그들을 알도록 합니다.
7. 장애를 가진 사람의 참여가 주는 유익과 강점, 지역사회에 미치는 영향에 대해 소통함으로써 지역사회의 다른 사람들에게 영향을 미칩니다.

실천 전략

다음으로, 잠재적인 영적 표현을 위한 몇 가지 실용적인 전략을 고려하고자 합니다. 고틀립(Gottlieb, 2012)이 각 전략을 검토하고 연구하고 실천하면서 우리에게 상기시킨 바는 명상, 기도, 봉사 등 어떤 수행이든 영적 미덕의 발달을 촉진할 때만 영적이라는 것입니다. 다음 전략은 영적 성격강점과 미덕을 발전시키는 강력한 메커니즘 또는 잠재력입니다. 따라서 각각에 대해 지적 발달장애를 가진 사람이 이러한 전략을 사용하여 성격강점을 통합한 내용이 포함되어 있습니다.

봉사, 일, 자원봉사: 개인이 이웃, 도시, 직장, 학교, 봉사 커뮤니티 등 자신이 속한 커뮤니티의 일원이 되고 공동체에 기여하기 위해 무엇을 할 수 있을까요? 더 나은 공동체를 만들기 위해 개인이 자신의 성격강점을 바탕으로 무엇을 공유하거나 할 수 있을까요? 지윤 씨는 발달장애를 앓고 있는 중년 여성으로 수많은 건강 문제를 안고 있습니다. 지윤 씨는 자신의 영성을 표현하는 방법으로 기여하며 '환원'하고 싶었습니다. 지윤 씨는 차 안에서, 집에서, 친구들과 함께 있을 때 자주 노래를 부르며 노래에 흥미를 느꼈습니다. 지윤 씨는 자신의 열정으로 일주일에 한 번씩 양로원에 가서 주민들에게 노래를 불러 주기로 결정했습니다. 그녀는 노래 편곡을 생각해 내는 창의력과 50곡을 외울 정도로 학구열을 발휘했고 친절성과 열정으로 청중들에게 정성을 다해 음악을 전달했습니다. 그녀는 이 경험을 통해 기쁨을 만끽했고 주민들은 매주 지윤 씨의 공연을 매우 기대했습니다.

커뮤니티 그룹 및 신앙 공동체: 자기지지의 형태로 자신을 옹호하고 더불어 가족, 공동체 구성원, 공동체 리더가 자신을 지지하는 형태로 자신이 선택한 영적 공동체에 포용되고 소속될 수 있도록 노력합니다. 이도 씨가 일주일에 한 번씩 모이는 불교 명상 그룹에 친구 몇 명이 있었는데, 그 모임에 참석하면서 평화를 지속적으로 느꼈습니다. 이도 씨는 더 많은 갈망을 느꼈고, 자신의 용감성과 진실성 강점을 살려 명상 그룹 리더와 대화를 나누며 자신의 더 깊은 참여를 촉진하기로 결심했습니다. 두 사람은 브레인스토밍을 통해 아이디어를 얻었고, 이도 씨는 한 달에 두 번, 명상의 시작과 끝을 알리는 종을 치고 그룹이 묵상할 수 있도록 짧은 글을 읽어 주는 방식에 서로 공감했습니다. 이도 씨는 자신의 역할을 진지하게 받아들였고, 종을 울리고 낭독할 때마다 자신의 강점인 신중성과 사랑 강점을 발휘했습니다. 이도 씨는 이러한 참여에 대해 매우 기뻐했고, 회원들로부터 긍정적인 피드백을 받았는데 이러한 피드백은 이도 씨와 다른 회원들이 꾸준히 공동체에 연결될 수 있도록 이끌었습니다.

마음챙김: 호기심과 개방성을 가지고 현재 순간에 주의를 기울이는 연습은 대화, 야외 작업, 설거지, 저녁 식사, 장난감 놀이 등 삶의 모든 장면에 적용될 수 있습니다. 지수 씨는 하루 중 15초 동안 잠시 멈춰 숨을 들이쉬고 내쉬며 스스로에게 '지금 내 성격강점 중 어떤 것을 사용할 수 있을까?'라는 질문으로 마무리

하는 간단한 두 단계 마음챙김 일시정지라는 활동에 대해 배웠습니다(Niemiec, 2014). 지수 씨는 하루에 두 번씩 이 방법을 연습하여 자신과 더 잘 연결되어 있다고 느끼며 자신이 하는 일에 더 몰입할 수 있었습니다. 종종 자신에게 하는 질문에서 지수 씨에게 자꾸 떠오르는 성격강점은 감사였습니다. 그런 다음 그녀는 자신이 어디에 있든, 무엇을 하고 있든 "감사합니다."라는 말을 하곤 했습니다. 예를 들어, 태양, 타고 있던 그네, 마시고 있던 커피, 또는 작동하고 있던 전자기기에 대해 자주 감사를 표했습니다.

자연과의 연결: 의도적으로 자연, 즉 지구와 연결하기 위해 야외에서 시간을 보내는 것은 많은 사람이 영적인 안정감과 행복감을 느끼기 위해 흔히 하는 일입니다. 서희 씨는 뒷마당에 있는 숲을 산책하면 기분이 상쾌해질 뿐만 아니라 목적의식이 생기고 더 큰 무언가와 연결된다는 것을 알고 있었습니다. 서희 씨는 매일 아침 혼자서 짧은 산책을 하고, 일주일에 한 번은 친구를 초대하여 이 깊은 유대감을 다른 사람들과 공유하기로 했습니다. 산책을 하는 동안 서희 씨는 심미안 강점이 솟아나는 것을 쉽게 느꼈고, 마주치는 다양한 종류의 나무와 작은 동물들을 이해하려는 학구열을 느꼈습니다.

자신의 삶에서 신, 더 높은 힘 또는 인도하는 힘의 역할을 생각해 보세요: 열린 마음으로 탐구해 보세요. 그것에 대해 글을 쓰고 다른 사람들과 토론하세요. 주혜 씨에게 가장 중요한 것은 토론의 길이었습니다. 주혜 씨는 활기찬 에너지와 유쾌한 유머를 공유하는 것을 좋아했고, 동시에 열린 마음으로 다른 사람의 이야기를 경청하는 것을 중요하게 여겼습니다. 주혜 씨는 일주일에 한 번씩 파트너와 '영성 토론'을 하기로 계획을 세웠습니다. 그리고 일요일 저녁에 의식을 만들어 매주 같은 시간에 이 연습을 하기로 결정했습니다. 짧은 시간 동안 조용히 명상한 후, 두 사람은 돌아가면서 각자 자신의 삶에서 '영(영성)'의 움직임이라고 느끼거나 생각되는 모든 것에 대해 서로 나누고 경청했습니다. 그들의 주제는 요가 수련, 교회에서 읽은 경전, 온라인에서 본 재미있지만 의미 있는 영적 밈,

서로의 관계를 더욱 의미 있게 만드는 방법 등 다양했습니다.

일상생활: 많은 사람에게 영성은 특질과 같은 특성일 뿐만 아니라 삶의 경험과 그 안의 감정, 욕망, 투쟁, 기쁨을 되돌아보는 기본적인 접근 방식입니다. 우리는 이 중요한 체계를 삶에 현실화하기 위해 고틀립의 중요한 학술 서적『영성: 그것이 무엇이며 왜 중요한가』(Gottlieb, 2012, pp. 7-8)에 나오는 실용적인 제안을 참고할 수 있습니다. 고틀립은 사람들이 안고 있는 다양한 문제와 악습에 영성을 접목하여 문제를 직면, 관리 또는 초월할 수 있는 간단한 전략을 제시합니다. 각 예시마다 24가지 강점(**고딕체로 표시**) 중 하나 이상을 추가했으며, 이는 각 시나리오에서 영적 통로로 자연스럽게 흐르게 됩니다. 이 중 다수는 장애를 가진 당사자에게 적용되는 반면, 일부는 다른 사람에게도 더 광범위하게 적용됩니다.

- 주의가 산만하거나 불안할 때는 **자제력(자기조절)**을 발휘하여 전자기기를 끄고 조용히 앉아 있습니다.
- 화가 나면 화를 내는 사람에 대한 공감(예: **사회지능, 사랑**), 자신의 어려움에 대한 진실성, 분노의 기저에 있는 슬픔이나 두려움에 직면할 **용감성**을 발휘합니다.
- 다른 사람이 가진 것을 갈망한다면, 그 욕망의 무한한 에너지를 볼 수 있는 **통찰력**을 사용합니다.
- 지나치게 경력이나 지위를 추구하여 공허함이나 성취감을 느낀다면 **사랑**으로 눈을 돌려 의미 있는 것을 추구해 봅니다.
- 상실이나 부정적인 변화로 인해 절망에 빠져 있다면 **사회지능**과 **용감성**을 발휘해 슬픔의 깊이를 느끼고 **영성**과 **심미안**을 통해 삶의 단순한 선함을 찾아봅니다.
- 만성 질환을 앓고 있다면 **진실성**을 활용하여 자신의 집착과 현실을 받아들이지 않으려는 거부감을 바라보고 **끈기**를 발휘해 더 나빠지지 않도록 마음을 다잡아 봅니다.

- 사랑하는 사람이 아프거나 자기파괴적이거나 그들의 고통으로 당신을 괴롭히는 경우, **용서**와 **통찰력**을 통해 인간 고통의 불가피성을 받아들이고 그들을 **사랑**하고 평화의 원천이 되어 봅니다.
- 음식, 섹스 또는 물질에 중독되어 있다면 자신이 누구인지 **진실**해지고, **용감성**을 발휘하여 상처를 준 사람들에게 보상하고, **용서**를 통해 고통을 흘려보내며 더 높은 손길인 하늘의 권한, 즉 신에게 맡겨 봅니다.
- 자녀의 장애로 슬퍼하고 있다면 **용감성**으로 상실의 깊이를 직시하고 사랑으로 **인내**하여 자녀가 누구인지, 그리고 자녀에게 줄 수 있는 **사랑, 공정성, 호기심, 희망, 감사**함을 소중히 여겨 봅니다.
- 하나님 또는 우주의 더 큰 힘과의 관계가 단지 자동적으로 반복되는 일상이 되었다면, 활력을 발휘하여 당신의 헌신을 다시 일깨우고 **판단력**과 **호기심**을 발휘하여 익숙한 기도문의 각 단어의 의미를 탐구해 봅니다.
- 배가 고프면 먹을 것을 줄 사람을 찾고(**겸손**, **친절성**), 슬프면 위로할 사람을 찾고(**유머**, **희망**), 이해가 필요하면 이해를 나눌 사람을 찾고(**사회지능**), 돌봄이 필요하면 가서 누군가를 돌봐 줍니다(**사랑**).

향후 방향

지적 발달장애를 가진 사람들의 영성 경험에 대해서는 알려진 것보다 알려지지 않은 것이 더 많습니다. 이 장의 여러 연구에서는 지적 발달장애를 가진 사람들의 영성에 대한 '생생한 경험'의 측면에 대해 논의하고 있습니다. 이는 다음과 같은 여러 연구로 이어집니다. 혼합 방법 연구를 통해 의미와 목적의 유형, 초월적 경험, 성스러운 것과 연결되는 무수한 방법에 대해 더 깊이 탐구할 수 있는 기회를 제공할 수 있습니다. 지적 발달장애를 가진 사람의 성격강점과 영성의 통합은 기초 연구와 응용 연구 모두에서 잠재력이 있는 미개척 분야입니다. 지적 발달장애를 가진 사람들에 대한 개입 연구는 거의 없으며, 영성과 의미에 대한 연구는 더더욱 드물지만 이러한 연구는 인간 기능의 핵심 영역에서 인과적 메커니즘과 잠재적으로 가치 있는 결과를 이해하는 데 도움이 될 것입니다.

주요 내용

- 영성은 인간 경험의 보편적인 부분으로, 과학자들이 가장 공통적으로 정의하는 영성의 의미는 성스러운 것을 추구하거나 성스러운 것과 교감하는 것이라고 봅니다.
- 영성은 질병이나 장애로 인해 숨겨지거나 차단될 수 있지만, 그렇다고 해서 지적 발달장애를 가진 사람들에게 영성이 없거나 적다고 평가절하해서는 안 됩니다. 영성은 모든 사람의 속성, 즉 인간 존재의 본질(핵심)입니다.
- 24가지 성격강점 중 상당수는 영적인 것으로 볼 수 있으며, 따라서 영성이 내면의 성격강점을 더욱 신성하고 의미 있게 표현할 수 있는 경로를 제공하는 것처럼 VIA 분류는 각 개인에게 영성으로 향하는 경로를 제공합니다.
- 지적 발달장애를 가진 사람들의 영성에 대한 연구는 미흡하지만, 문헌에 따르면 영성은 발달장애인과 그 가족에게 관련성이 있고 그들에게 중요하며 그들이 종종 경험하고 표현한다는 점에서 설득력이 있습니다.
- 영성과 웰빙, 정체성, 연결성 사이의 긍정적인 관계가 연구자들에 의해 밝혀졌습니다.
- 영적 공동체에서 연결되고 그 안에서 소속감을 느끼는 것은 지적 발달장애를 가진 사람들에게 중요하며, 공동체가 이러한 소속감을 촉진할 수 있는 과정과 방법을 설명하기 위한 체계가 개발되었습니다.
- 지적 발달장애를 가진 사람들의 영성을 평가하고 개입할 수 있습니다.
- 지적 발달장애를 가진 사람들이 가정과 지역사회에서 유익하다고 보고하는 여러 가지 영적 실천 방법이 있습니다.
- 수행이 영적인 것이 되려면 영적인 덕목 및 성격강점의 발달을 촉진할 필요가 있습니다.
- 봉사/일/자원봉사, 공동체 그룹/신앙 공동체, 마음챙김, 자연과의 연결, 신/전능자/이끄는 힘의 역할, 다양한 일상생활의 악습, 감정 및 갈등에 대한 사례 예시와 함께 영적 성격강점 활용법에 대해 살펴볼 수 있습니다.

참고문헌

Ault, M. (2010). Inclusion of religion and spirituality in the special education literature. *The Journal of Special Education, 44*(3), 176189. https://doi.org/10.1177/0022466909336752

Blakesley, D., Rickinson, M., & Dillon, J. (2013). Engaging children on the autistic spectrum with the natural environment: Teacher insight study and evidence review. *Natural England Commissioned Reports*, NECR116.

Carlisle, R. D., & Tsang, J. A. (2013). The virtues: Gratitude and forgiveness. In K. I. Pargament, J. J. Exline, & J. W. Jones (Eds.), *APA handbook of psychology, religion, and spirituality (Vol. 1): Context, theory, and research* (pp. 423–437). American Psychological Association.

Carter, E. W. (2016). A place of belonging: Research at the intersection of faith and disability. *Review and Expositor, 113*(2), 167–180.

Carter, E. W. (2021). Spirituality and supports for individuals with intellectual and developmental disabilities and their families. In L. M. Glidden, L. Abbeduto, L. L. McIntyre, & M. J. Tassé (Eds.), *APA handbook of intellectual and developmental disabilities: Clinical and educational implications: Prevention, intervention, and treatment* (pp. 419–442). American Psychological Association. https://doi.org/10.1037/0000195-016

Carter, E. W., & Boehm, T. L. (2019). Religious and spiritual expressions of youth with intellectual and developmental disabilities. *Research and Practice for Persons With Severe Disabilities, 44*(1). https://doi.org/10.1177/15407969i9828082

Carter, E. W., Kleinert, H. L., LoBianco, T. E., Sheppard-Jones, K., Butler, L. N., & Tyree, M. S. (2015). Congregational participation of a national sample of adults with intellectual and developmental disabilities. *Intellectual and Developmental Disabilities, 53*(6), 381–393. https://doi.org/10.1352/1934955653.6.381

Carter, E. W., Biggs, E. E., & Boehm, T. L. (2016). Being present versus having a presence: Dimensions of belonging for young people with disabilities and their families. *Christian Education Journal, 13*(1), 127–146.

Clyne, C., Jackman, C., Tully, M., Coyle, D., & O'Reilly, G. (2021). We live in the moment—Experiences of people with intellectual disabilities and clinicians of computer-assisted mindfulness and relaxation. *British Journal of Learning Disabilities, 50*(3), 422-432. https://doi.org/10.1111/bld.12386

Coulter, D. L. (2001). Recognition of spirituality in health care: Personal and universal implications. *Journal of Religion, Disability & Health, 5*(2-3), 1-11.

Davis, D. E., & Hook, J. N. (2014). Humility, religion, and spirituality: An endpiece. *Journal of Psychology and Theology, 42*, 111-117. https://doi.org/10.1177/009164711404200112

Davis, D. E., Rice, K., Hook, J. N., Van Tongeren, D. R., DeBlaere, C., Choe, E., et al. (2015). Development of the sources of spirituality scale. *Journal of Counseling Psychology, 62*, 503. https://doi.org/10.1037/cou0000082

Ferguson, T. W., & Tamburello, J. A. (2015). The natural environment as a spiritual resource: A theory of regional variation in religious adherence. *Sociology of Religion, 76*(3), 295-314. https://doi.org/10.1093/socrel/srv029

Gaventa, W. C. (2001). Defining and assessing spirituality and spiritual supports: A rationale for inclusion in theory and practice. *Journal of Religion, Disability & Health, 5*(2-3), 29-48. https://doi.org/10.1300/J095v05n02_03

Gaventa, W. C., & Coulter, D. L. (2001). *Spirituality and intellectual disability: International perspectives on the effect of culture and religion on healing body, mind, and soul*. Haworth Press.

Gottlieb, R. S. (2012). Spirituality: What it is and why it matters. Oxford University Press.

Hills, K., Clapton, J., & Dorsett, P. (2016). Towards an understanding of spirituality in the context of nonverbal autism: A scoping review. *Journal of Disability & Religion, 20*(4), 265-290. https://doi.org/10.1080/23312521.2016.1244501

Ivtzan, I. (2015). *Awareness is freedom: The adventure of psychology and spirituality*. Changemakers Books.

Ivtzan, I., Chan, C. P. L., Gardner, H. E., & Prashar, K. (2011). Linking religion and spirituality with psychological wellbeing: Examining self actualisation, meaning in life, and personal growth initiative. *Journal of Religion and Health, 51*, 13-30.

Kapuscinski, A. N., & Masters, K. S. (2010). The current status of measures of spirituality: A critical review of scale development. *Psychology of Religion and*

Spirituality, 2, 191–205. https://doi.org/10.1037/a0020498

Lake, S., & MacHale, R. (2021). Mindfulness matters: A pilot study of a mindfulness-based stress reduction group for adults with intellectual disabilities. *British Journal of Learning Disabilities, 50*(3), 412–421. https://doi.org/10.1111/bld.12435

Lazaridou, A., & Pentaris, P. (2016). Mindfulness and spirituality: Therapeutic perspectives. *Person-Centered & Experiential Psychotherapies, 15*(3), 235–244. https://doi.org/10.108 0/14779757.2016.1180634

Liu, E. X., Carter, E. W., Boehm, T. L., Annandale, N., & Taylor, C. (2014). In their own words: The place of faith in the lives of young people with intellectual disability and autism. *Intellectual and Developmental Disabilities, 52*, 388–404. https://doi.org/10.1352/1934-9556-52.5.388

Niemiec, R. M. (2014). *Mindfulness and character strengths: A practical guide to flourishing*. Hogrefe.

Niemiec, R. M., Russo-Netzer, P., & Pargament, K. I. (2020). The decoding of the human spirit: A synergy of spirituality and character strengths toward wholeness. *Frontiers in Psychology, 11*, 2040. https://doi.org/10.3389/fpsyg.2020.02040

Pargament, K. I., Mahoney, A., Exline, J. J., Jones, J., & Shafranske, E. (2013). Envisioning an integrative paradigm for the psychology of religion and spirituality. In K. I. Pargament, J. Exline, & J. Jones (Eds.), *APA handbooks in psychology: APA handbook of psychology, religion, and spirituality: Vol 1, context, theory, and research* (pp. 3–20). American Psychological Association.

Pargament, K. I., Wong, S., & Exline, J. J. (2016). Wholeness and holiness: The spiritual dimension of eudaimonics. In J. Vittersø (Ed.), *Handbook of eudaimonic Well-being* (pp. 379–394). Springer.

Peterson, C., & Seligman, M. E. P. (2004). *Character strengths and virtues: A handbook and classification*. Oxford University Press/American Psychological Association.

Raji, O., & Gangemi, C. (2022). Intellectual disability. In C. C. H. Cook & A. Powell (Eds.), *Spirituality and psychiatry*. Cambridge University Press.

Rambow, T. (2016). The *relationship of spiritual wellbeing to quality of life in adults with intellectual and developmental disabilities* [Unpublished master's thesis].

Waterford Institute of Technology, Waterford, Ireland.

Russo-Netzer, P. (2017). Healing the divide through wholeness: Holding on to what makes us human. *International Journal of Existential Positive Psychology, 7*, 17.

Ryff, C. (2021). Spirituality and Well-being: Theory, science, and the nature connection. *Religions, 12*(11). https://doi.org/10.3390/rel12110914

Sango, P. N., & Forrester-Jones, R. (2017). Intellectual and developmental disabilities, spirituality and religion: A systematic review 1990-2015. *Journal of Disability & Religion, 21*(3), 280-295. https://doi.org/10.1080/23312521.2017.1317224

Sango, P. N., & Forrester-Jones, R. (2018). Spirituality and social networks of people with intellectual and developmental disability. *Journal of Intellectual & Developmental Disability, 43*(3), 274-228. https://doi.org/10.3109/13668250.2017.1310820

Sango, P. N., & Forrester-Jones, R. (2019). Spiritual care for people with intellectual and developmental disability: An exploratory study. *Journal of Intellectual & Developmental Disability, 44*(2), 150-160. https://doi.org/10.3109/13668250.2017.1350834

Sango, P. N., & Forrester-Jones, R. (2022). Spirituality and the quality of life of individuals with intellectual disability. *Journal of Long-Term Care*, 193-204. https://doi.org/10.31389/jltc.139

Saroglou, V., Buxant, C., & Tilquin, J. (2008). Positive emotions as leading to religion and spirituality. *Journal of Positive Psychology, 3*, 165-173. https://doi.org/10.1080/17439760801998737

Schulz, E. K. (2005). The meaning of spirituality for individuals with disabilities. *Disability and Rehabilitation, 27*(21), 1283-1295.

Schwartz, A. E., Caoili, A., Beasley, J. B., Kramer, J. M., & Kalb, L. G. (2022). Clinical applications of the VIA inventory of strengths with individuals with intellectual/developmental disabilities. *Journal of Positive Psychology*. https://doi.org/10.1080/17439760.2022.2036797

Shogren, K. A., & Rye, M. S. (2005). Religion and individuals with intellectual disabilities: An exploratory study of self-reported perspectives. *Journal of Religion, Disability & Health, 9*(1), 29-53. https://doi.org/10.1300/J095v09n01_03

Shogren, K. A., Wehmeyer, M. L., Forber-Pratt, A. J., & Palmer, S. B. (2015). *VIA inventory of strengths for youth (VIA-youth): Supplement for use when supporting youth with intellectual and developmental disabilities to complete the VIA-youth*. Kansas University Center on Developmental Disabilities. Document available here.

Shogren, K. A., Singh, N., Niemiec, R. M., & Wehmeyer, M. (2017). Character strengths and mindfulness. In M. Wehmeyer (Ed.), *Oxford handbooks online*. https://doi.org/10.1093/oxfor dhb/9780199935291.013.77

Shogren, K. A., Shaw, L. A., Raley, S. K., Wehmeyer, M. L., Niemiec, R., & Adkins, M. (2018). Assessing character strengths in youth with intellectual disability: Reliability and factorial validity of the VIA-youth. *Intellectual and Developmental Disabilities, 56*(1), 13-29. https://doi.org/10.1352/1934-9556-56.1.13

Singh, N. N., Wahler, R. G., Adkins, A. D., & Myers, R. E. (2003). Soles of the feet: A mindfulness-based self-control intervention for aggression by an individual with mild mental retardation and mental illness. *Research in Developmental Disabilities, 24*(3), 158-169.

Taylor, A. F., & Kuo, F. E. (2011). Could exposure to everyday green spaces help treat ADHD? Evidence from children's play settings. *Applied Psychology: Health and Well-Being, 3*(3), 281-303. https://doi.org/10.1111/j.1758-0854.2011.01052.x

Taylor, E. C., Livingston, L. A., Callan, M. J., Hanel, P. H. P., & Shah, P. (2021). Do autistic traits predict pro-environmental attitudes and behaviors, and climate change belief? *Journal of Environmental Psychology, 76*. https://doi.org/10.1016/j.jenvp.2021.101648

VIA Institute (2023). *VIA assessments*. Available here: https://www.viacharacter.org/researchers/assessments

Yaden, D. B., Batz-Barbarich, C. L., Ng, V., Vaziri, H., Gladstone, J. N., Pawelski, J. O., & Tay, L. (2022). A meta-analysis of religion/spirituality and life satisfaction. *Journal of Happiness Studies, 23*, 4147-4163. https://doi.org/10.1007/s10902-022-00558-7

Zhang, K. C. (2010). Spirituality and disabilities: Implications for special education. *Intellectual and Developmental Disabilities, 48*(4), 299-302.

Zhang, D., & Rusch, E. R. (2005). The role of spirituality in living with disabilities. *Journal of Religion Disability & Health, 9*(1), 8398. https://doi.org/10.1300/J095v09n01_06

부록 1
VIA 성격강점연구소 소개

VIA 성격강점연구소의 사명은 간결하지만 심오합니다. 성격강점에 대한 과학과 실천을 발전시키는 것입니다.

미국 오하이오주 신시내티(Cincinnati)에 위치한 VIA 성격강점연구소는 성격강점 과학을 전 세계에 알리는 데 전념하는 비영리 단체입니다. 성격 및 관련 구성요인에 대한 설문조사를 만들어 검증하며, 성격강점에 대한 이해, 탐구, 적용의 폭과 깊이를 넓히기 위한 과학적 연구를 수행하고, 측정 도구와 자료를 제공하여 연간 수백 명의 연구자를 지원하며, 다양한 교육자료(강좌, 맞춤형 보고서, 동영상 및 실습)를 제공하고, 상담사, 관리자, 교육자 등 개인과 전문가를 위한 실용적인 강점 기반 도구를 개발하고 있습니다.

VIA 성격강점연구소의 핵심은 인간의 선함(예: 성격강점)의 넓은 범위와 깊은 차원을 이해하려는 엄격하고 과학적인 추구가 근본적으로 인류의 궤도를 더 나은 방향으로 전환할 도구, 실행, 방법을 개발하여 사용 가능하게 하고 이를 장려하며, 인간 경험의 개선 방안을 발견하고 이를 위한 전략을 창출하는 열쇠가 된다는 믿음입니다.

역사적으로 보면 2000년대 초, VIA 성격강점연구소는 긍정적인 성격의 본질에 대한 중추적인 연구를 지원하였습니다. 크리스토퍼 피터슨과 마틴 셀리그먼 박사가 주도하고 전 세계 55명의 과학자가 3년간에 걸쳐 진행한 조사는 대표적

교재인 『성격강점과 미덕의 분류 핸드북』으로 정점을 찍었습니다. 이 프로젝트에는 성인용 강점검사(구어체로 VIA 설문조사라고도 함)와 청소년용 VIA 성격강점 검사라는 두 가지 타당한 무료 심리검사도 포함되었습니다.

약 20년이 지난 2023년 초에는 VIA 성격강점 검사 참여자가 3,000만 명이 넘었고, 성인용 검사가 52개 언어로 번역되었으며, 청소년용 검사가 28개 언어로 번역되었고, VIA 사이트에 성격강점에 대한 900여 건의 연구 결과가 요약되어 있으며, 전체 195개 국가에서 VIA 성격강점 검사가 실시되었습니다.

'VIA[비-아]'는 한때 'Values in Action(행동하는 가치, 행동하는 가치 연구소, 행동하는 가치 분류)'의 약자였지만, 2006년에 조직의 업무를 보다 정확하게 반영하기 위해 명칭이 변경되었습니다. VIA는 라틴어로 '길' 또는 '방법'을 의미하는 단어로, 가교 역할을 하는 단어입니다. 실제로 VIA 성격강점이 더 나은 웰빙, 더 나은 관계와 건강에 이르게 하고, 스트레스와 역경을 관리하는 길이 된다는 것이 과학적으로 입증되었습니다. 동시에 성격강점 작업은 과학과 실천을 위한 다리이자 일반 대중이 보다 만족스러운 삶을 영위할 수 있도록 돕는 다리를 제공하는 역할을 하고 있습니다.

부록 2
성격강점 기반 개별화 교육 계획(IEP) 및 개별화 강점 계획(ISP): 자료표

IEPs: 성격강점 기반 개별화 교육 계획	ISPs: 개별화 강점 계획
∨ 모든 공식적인 IEP에 성격강점을 포함시켜 어려움이나 역경에 대처할 수 있도록 합니다. ∨ 성격강점은 학생이 어떤 목표에 도달하는 데 도움이 되는 길이자 어려움이나 도전에 대한 지지자원으로 여깁니다. ∨ 이러한 접근 방식은 전형적인 결점 기반의 문제 중심 접근 방식에 균형을 가져옵니다.	∨ 모든 학생을 위해: ISP는 학생의 성격강점 중 가장 상위에 있는 대표강점에 초점을 맞춥니다. ∨ 학생, 교사, 학부모 및 지원 전문가가 참여하는 협력적 접근 방식입니다. ∨ 웰빙을 증진하고 스트레스/갈등/역경을 관리하기 위해 성격강점 목표에 집중합니다.

새로운 IEP와 ISP는 팀이 강점에 대해 어떻게 얘기하고 사용할지를 재구성합니다.

팀에서 "이 학생의 장점은 …입니다." 또는 "진이는 야구를 좋아합니다." 또는 "수영이는 수학을 잘합니다."와 같은 방식으로 학생의 강점에 대해 이야기하는 경우가 너무 많습니다. 이러한 의견은 긍정적이지만 실행 가능한 방식으로 연결되기 어렵거나 학생이 누구인지, 즉 학생의 핵심 정체성에 초점을 맞추지 않을 수 있습니다. 따라서 IEP/ISP팀은 "이 학생의 가장 좋은 점은 무엇인가?", "무엇이 이 학생을 빛나게 하는가?"와 같이 성격강점에 대한 토론으로 재구성할 수 있습니다.

예를 들어, 수학에 어려움을 겪는 학생의 경우, 다른 과목과 상황에서 자신의 성격강점을 어떻게 잘 활용할 수 있을까? 호기심을 이용해 주제를 탐구하는가? 학습 방법을 계획하는 데 신중성을 사용하는가? 그룹에서 잘 협력하는 것을 더 선호하는가(팀워크)?
강점 기반 IEP/ISP는 각 기술 세트와 수행목표에 성격강점을 반영하는 것을 목표로 합니다.

교사가 IEP/ISP가 '성격강점 기반'이 되게 하는 방법을 배울 수 있는 유용한 정보:

대표강점을 파악하기 위해서 VIA 성격강점 검사 및 VIA 청소년 성격강점 검사를 사용하기	수업에서 그리고 모든 IEP 회의에서 모든 학생과 함께 강점 발견 연습하기	핵심 정체성을 활용하기 위해 성격강점을 IEP 목표에 접목하기	~위한 도구 및 경로로 성격강점을 포함시키기 위해 IEP 템플릿을 확장하기

<table>
<tr><th colspan="2">성격강점 IEP 및 ISP의 예시</th></tr>
<tr><td>IEP 목표의 전통적 예:
선영이는 다른 사람의 감정을 이해하는 모습을 보여 줄 것입니다.</td><td rowspan="2">ISP(개별화 강점 계획):
선영이는 매일 교실에서 자신의 대표강점을 활용합니다. 선영이는 호기심 강점을 사용하여 동료들에게 하루에 한 가지씩 새로운 질문을 할 것입니다. 선영이는 용감성을 발휘하여 일정 변경에 따른 불편함을 직면할 것입니다. 선영이는 압도감을 느낄 때 신중성 강점을 발휘하여 당면한 과제를 작은 단계로 계획할 것입니다.
선영이의 부모님과 교사는 선영이의 대표 강점을 강화하고 가정과 교실에서 선영이의 강점을 발견하는 연습을 할 것입니다.</td></tr>
<tr><td>성격강점이 강화된 IEP:
선영이는 자신의 강점인 사랑과 호기심을 사용하여 다른 사람의 감정을 이해합니다. 교사는 선영이가 감정을 이해하기 위해 질문을 사용할 때 그녀에게서 강점 발견하기를 실행합니다.</td></tr>
</table>

찾아보기

ㄹ

ㅁ

ㅂ

ㅅ

ㅌ

ㅍ

ㅎ

저자 소개

라이언 니믹(Ryan M. Niemiec)은 모든 사람에게서 발견되는 성격강점을 연구하는 국제적인 인물이다. 과학자이자 교육자, 실천가인 라이언은 오하이오주 신시내티에 위치한 유명한 비영리 단체인 VIA 성격강점연구소에서 연구와 교육의 최고 책임자로서 성격강점 과학의 세계적 발전을 주도하고 있다. 라이언은 여러 수상 경력이 있는 심리학자로서 펜실베이니아 대학교에서 매년 강사로 활동하고 있으며, 14권의 저서와 100편이 넘는 학술 논문, 공동 논문을 집필했다. 그의 저서로는 베스트셀러인 『The Power of Character Strengths』, 『Character Strengths Interventions』, 『Mindfulness and Character Strengths』 등이 있다. 그는 전 세계에서 100명 이상의 공동 연구자 및 약 100만 명의 연구 참여자와 연구 협력을 진행하고 있다. 그는 국제 긍정심리학 협회(IPPA)의 회원이자 자문위원회에서 활동하고 있으며, 영성 및 의미 분과학회의 공동 창립자 겸 회장이다. 2023년에는 IPPA로부터 레이몬드 파울러 봉사상을 수상했다. 라이언은 지적장애 및 발달장애를 위한 성격강점 통합 사례를 제시하는 장애 분야의 대표 논문을 포함하여 여러 동료와 논문을 공동 집필했으며, 지역 및 전국 콘퍼런스에서 광범위하게 발표했고, 지적장애 및 발달장애, 심리적 장애, 의료 및 신체장애 등의 다양한 영역에서 수백 명의 개인과 직접 협력해 왔다. 그에게 성격강점을 가장 잘 가르치는 스승은 다운증후군을 앓고 있는 한 자녀와 ADHD를 갖고 있는 두 명의 자녀이다.

댄 토마술로(Dan Tomasulo)는 컬럼비아 대학교 사범대학 영성심신연구소(SMBI)의 아카데미 책임자이다. 그는 펜실베이니아 대학교에서 심리학 박사, 글쓰기 석사, 응용 긍정심리학 석사학위를 받았다. 프린스턴 대학교의 강의 교수이자 교육 연구원이기도 한 그는 『Frontiers in Psychology』 리뷰 편집자이며, 컬럼비아 대학교 사범대학에서 수여하는 연례 교육상을 수상했다. 다섯 권의 책을 저술했으며, 미국심리학회에서 처음으로 출간한 IDD 환자를 위한 심리치료서의 공동 저자이기도 하다. 수상 경력이 있는 그의 회고록 『American Snake Pit』는 미국에서 가장 악명 높은 정신병원 수감자들의 희망, 그릿(grit, 투지), 회복탄력성을 보여 준다. 댄은 지적장애인의 외상 후 스트레스 장애 기준을 식별하는 것에 관한 진단 매뉴얼-지적장애(DM-ID) 섹션을 공동 집필했으며, 이러한 사람들에게 전문적인 치료를 제공할 수 있는 NADD 임상 자격증 소지자이다. 댄은 미국 집단 심리치료 및 사이코드라마 학회의 회원이며, 우울증에 관한 영향력 있는 10대 온라인 인플루언서 중 한 명으로 선정되었다. 국제 긍정심리학 협회로부터 아방가르드 임상 개입상을 두 번이나 수상한 그는 지적장애인을 위한 그룹 심리치료의 한 형태로 널리 사용되는 긍정적 상호작용 행동치료(P-IBT)의 개발자이다.

역자 소개

김광수(Kim Kwangsoo)

서울대학교 대학원에서 상담교육전공으로 석사학위와 박사학위를 받았고, 미국 University of Georgia 연구교수로 학교심리 및 긍정심리를 연구하였다. 한국청소년상담복지개발원(전 한국청소년상담원)에서 상담교수로 재직했고, 서울교육대학교 대학생활문화원장, 한국초등상담교육학회장을 역임했다. 현재 한국상담학회 수련감독 전문상담사이며 서울교육대학교 교육학과 교수 및 교육전문대학원 상담교육전공 교수로 재직 중이다. 주요 저서로는 『용서를 통한 치유와 성장』, 『용서의 심리와 교육 프로그램』, 『용서상담 프로그램』, 『한국형 초등학교 생활지도와 상담』, 『학교폭력의 예방과 상담』, 『KICS 아동진로성격강점검사 전문가지침서』, 『KICS-L 저학년용 아동진로성격강점검사 전문가지침서』, 『아동성격강점카드 전문가지침서』, 『청소년성격강점카드 전문가지침서』, 『사과를 통한 치유와 성장』, 『인간발달과 상담』, 『긍정심리학 성격강점 기반 인성교육: 아동 · 청소년 행복을 위한 교육과 상담』이 있고, 번역한 책으로는 『용서하는 삶』, 『학교긍정심리학 1, 2』, 『긍정심리학과 강점축하교육법』, 『긍정심리학 성격강점기반 스트레스 대처와 성장 워크북』 등이 있으며, 그 외 다수 관련 학술 논문을 발표하였다.

이혜연(Lee Hyeyeon)

서울교육대학교 교육심리 · 상담 · 특수교육 전공의 박사과정 중에 있으며 성균관대학교 교육학과 상담교육전공 석사학위를 받았다. 중앙대학교 사범대학 부속중학교에서 전문상담교사로 재직했고, 덕풍초등학교를 거쳐 현재 성남교육지원청에서 초등 전문상담교사로 재직 중이다. 대학교 학생 상담센터(중앙대 다빈치캠퍼스, 경희대 국제캠퍼스, 순천향대, 한신대 등)에서 시간제상담원으로 개인상담 및 집단상담을 하였고, 청소년 및 아동 상담센터 등에서 아동 · 청소년과 학부모를 대상으로 한 상담 및 강의를 하였다. 전문상담교사 1급, 한국상담심리학회 상담심리사 2급, 정신보건상담사, 기업상담전문가 외 다수 자격증을 보유하고 있으며, 『긍정심리학 성격강점기반 스트레스 대처와 성장 워크북』을 공동 번역 출간하였다.

성격강점과 장애 안에 잠재된 능력

장애와 문제를 넘어, 인간의 잠재력을 이끌어 내는 강점 연구와 실제

Character Strengths and Abilities Within Disabilities
Advances in Science and Practice

2025년 10월 30일 1판 1쇄 인쇄
2025년 11월 10일 1판 1쇄 발행

지은이 • Ryan M. Niemiec · Dan Tomasulo
옮긴이 • 김광수 · 이혜연
펴낸이 • 김진환
펴낸곳 • (주) 학지사
04031 서울특별시 마포구 양화로 15길 20 마인드월드빌딩
대표전화 • 02)330-5114 팩스 • 02)324-2345
등록번호 • 제313-2006-000265호

홈페이지 • http://www.hakjisa.co.kr
인스타그램 • https://www.instagram.com/hakjisabook

ISBN 978-89-997-3563-9 93180

정가 20,000원

역자와의 협약으로 인지는 생략합니다.
파본은 구입처에서 교환해 드립니다.

이 책을 무단으로 전재하거나 복제할 경우 저작권법에 따라 처벌을 받게 됩니다.

출판미디어기업 학지사

간호보건의학출판 **학지사메디컬** www.hakjisamd.co.kr
심리검사연구소 **인싸이트** www.inpsyt.co.kr
학술논문서비스 **뉴논문** www.newnonmun.com
교육연수원 **카운피아** www.counpia.com
대학교재전자책플랫폼 **캠퍼스북** www.campusbook.co.kr